W0364346

Als deutsche Erstausgabe
in den ›Informationen zur Zeit‹

Über dieses Buch

Wer von Rassismus in den USA reden will, muß von der Black Panther-Bewegung reden. Im Gegensatz zu Martin Luther Kings Bürgerrechtsbewegung haben sie einen entschiedenen Klassenstandpunkt eingenommen, was die herrschenden Schichten mit einer in den USA bisher nicht gekannten Welle rassistischer Verfolgung und Unterdrückung beantworten. Die Prozesse gegen Bobby Seale, Huey P. Newton und Angela Davis sind dafür nur die prominentesten Beispiele.
Die Black Panthers stehen in dem Ruf, mit blinder Gewalttätigkeit und Terror die USA zu verunsichern. Laut FBI-Chef Edgar J. Hoover sind sie die »größte Gefahr für die innere Sicherheit« der USA.
Gegen diese Verleumdungskampagne richtet sich Bobby Seale, Vorsitzender der Black Panther Party. Sein Buch ist Autobiographie, Geschichte der Black Panther-Bewegung und Darstellung ihrer Klassenkampf-Praxis in einem. Und damit: der umfassende authentische Bericht über die Bewegung und ihre wichtigsten Vertreter, Huey P. Newton und Eldridge Cleaver.
Die ersten Kapitel des Buches entstanden im Herbst 1968 in Zusammenarbeit mit der Redaktion des *Rampart-Magazins*. Den zweiten Teil hat Bobby Seale im Landesgefängnis von San Franzisko im Herbst 1969/Winter 1970 diktiert.

Bobby Seale

Wir fordern Freiheit

Der Kampf der Black Panther

Fischer Bücherei

Deutsche Erstausgabe

Aus dem Amerikanischen übertragen
von Regine Wolf

In der Fischer Bücherei
März 1971

Umschlagentwurf: Jan Buchholz/Reni Hinsch
unter Verwendung eines Fotos (Foto: AP)

Titel der Originalausgabe: ›Seize the Time. The Story of the Black Panther Party and Huey P. Newton‹
Erschienen 1970 bei Random House, Inc., New York

Fischer Bücherei GmbH, Frankfurt am Main und Hamburg

Satz: Gutfreund & Sohn, Darmstadt
Druck und Bindearbeit: Clausen & Bosse, Leck/Schleswig
Printed in Germany
ISBN 3 436 01312 9

Inhalt

Vorwort

Über die Black Panther Party gibt es viele falsche Vorstellungen. Dieses Buch habe ich geschrieben, um der Öffentlichkeit besseren Einblick in die Arbeit unserer Partei zu geben, damit man sie richtiger versteht – was sie wirklich tut, was ihre Mitglieder für Menschen sind, wie der Alltag dieser Menschen aussieht; ich wollte auch die Geschichte der Partei schildern.

Vieles, was die Massenmedien über uns verbreiten, ist entstellt. Außerdem haben die hetzerischen Politiker das Volk belogen über die Partei und darüber, wer der wahre Feind ist. Aber hier sind die Tatsachen – ein Bild der Black Panther Party, wie sie wirklich ist und wie sie arbeitet. Dieses Buch beschreibt die Entwicklung unserer Partei aus den sozialen Mißständen eines ungerechten, tyrannischen Systems heraus. Es zeigt auch, daß Unterdrückung ein natürliches Ergebnis unserer technisierten, durch eine kleine Minderheit beherrschten Wohlstandsgesellschaft ist.

Marx und Lenin würden sich wahrscheinlich im Grabe umdrehen, wenn sie sehen könnten, wie die lumpenproletarischen Afro-Amerikaner die Ideologie der Black Panther Party zustande gebracht haben. Marx und Lenin haben immer wieder erklärt, das Lumpenproletariat würde nicht das geringste für die Revolution tun. Aber heute, in einer modernen, hochtechnisierten Gesellschaft, die ihre CIA und ihr FBI hat, ihre Elektronenhirne und Polizisten, die für den Massenmord bewaffnet und ausgerüstet sind – heute *verlangen* wir schwarzen Amerikaner unsere verfassungsmäßigen Rechte, wir *verlangen*, daß man uns unsere grundlegenden Forderungen und Bedürfnisse gewährt; so werden wir zu Bahnbrechern einer Revolution, trotz aller Versuche, uns gänzlich auszulöschen.

Wir sind nicht deshalb zu Bahnbrechern geworden, weil wir es gern gewollt hätten, sondern durch das Blut und den Tod unserer Mitglieder und dadurch, daß jetzt fast hundert von uns politische Häftlinge sind. Darum betrachte ich dieses Buch als das Werk unseres Anführers und Verteidigungsministers Huey P. Newton, als das Werk von Alprentice ›Bunchy‹ Carter, von Bobby Hutton, John Huggins, Fred Hampton, Mark Clark und all unseren ermordeten Brüdern; auch als das Werk der politi-

schen Häftlinge wie Erica Huggins, Langdon Williams, Rory Hithe, der Panther 21 in New York und der Panther 14 in Connecticut, der im politischen Exil Lebenden wie Eldridge und Kathleen Cleaver und all der aufopferungsvollen Mitglieder der Black Panther Party, die überall im Lande tätig sind.
Das Leben der Black Panther Party und die Ideologie der Partei in ihrer Entwicklung ergeben eine Biographie der unterdrückten Amerikaner – Schwarzer und Weißer –, die bis jetzt in keinem Zeitungsbericht, keinem Dokumentarfilm des Fernsehens, keinem Buch und keiner Illustrierten zu finden war; denn damit hätten die Massenmedien ja die Bevölkerung informiert, was *wirklich* vor sich geht, wie die Dinge sich ereignet haben und wie wir um unsere Freiheit ringen. Deshalb habe ich die wahre Geschichte der Black Panther Party zusammengestellt – ehe die Machthaber durch ihre Polizeischweine noch mehr von den Unseren ermorden oder noch mehr von uns zu politischen Häftlingen machen in ihrem uralten Bestreben, uns »Nigger«, wie sie gern sagen, »an unserem gehörigen Ort« festzuhalten.
Ich widme dieses Buch meiner Frau Artie sowie Erica, der Witwe von John Huggins, meinem Sohn Malik Nkrumah Stagolee Seale und seinem Bruder. Ein Vorname meines Sohnes stammt von den lumpenproletarischen, politisch unwissenden Brüdern der Straße. Stagolee kämpfte gegen seine Brüder und Schwestern, das hätte er nicht tun sollen. Die Stagolees von heute sollten die Botschaften von Malcolm X so annehmen, wie es Huey Newton getan hat, um sich dieser rassistischen, kapitalistischen Unterdrückung zu widersetzen, der unser Volk und auch andere Völker ausgesetzt sind.
Malik darf nicht gegen seine Brüder kämpfen. Einer von ihnen ist nach Revolutionären unserer Zeit genannt und nach mir, der ich sie beide liebe. Ich wünsche der Jugend Macht; alle Macht dem Volk, und Macht auch dem Jüngstgeborenen in der Black Panther Party, dem kleinen Huey Bunchy (Li'l) Bobby John Eric Eldridge Seale, dem Sohn von Rose Mary! Brüder und Schwestern werden einträchtig von einer Generation zur anderen miteinander für die Zersprengung der Fesseln und für die Freiheit kämpfen, mit der gleichen Liebe wie wir Väter und Mütter, die wir unseren Kindern das Leben gegeben haben.
Wir widmen dieses Buch der gesamten Jugend Amerikas, im Namen von Huey, dem Zentralkomitee und all den opferbereiten Mitgliedern der Black Panther Party.

Bobby Seale
Vorsitzender der Black Panther Party
unter dem Anführer, Verteidigungsminister Huey P. Newton

Landesgefängnis zu San Franzisko, 1969–1970

Huey P. Newton, Verteidigungsminister der Black Panther Party, der tollste Bursche, der je Geschichte gemacht hat. Huey P. Newton, der Bruder, der Schwarze, ein Nigger, ein Sklavenabkömmling, der im Herzen des Gettos nachts in einer Gasse seinen Mann stand, als sich Rassistenschweine mit Pistolen gegen ihn stellten, und der zu ihnen sagte: »Mein Name ist Huey P. Newton. Ich bin der Verteidigungsminister der Black Panther Party. Ich bestehe auf meinen verfassungsmäßigen Rechten. Ich werde mich nicht von euch zum Vieh machen lassen. Ich werde euch daran hindern, weiterhin mein Volk zum Vieh zu machen. Ihr habt eure Gewehre, ihr Schweine, ich habe meins. Wenn ihr auf mich schießt, dann schieße ich zurück.«

Wie ich aufgewachsen bin: Vor der Parteigründung

Über mich selbst

Als 1965 Malcolm X getötet worden war, lief ich die Straße hinunter. Ich ging zum Haus meiner Mutter und holte sechs lose rote Ziegelsteine aus dem Garten. Dann lief ich an die Ecke und brach die Dinger mittendurch. Ich wollte so viele Würfe wie möglich haben – an diesem Tage, als Malcolm getötet wurde. Jedesmal, wenn ich einen Weißen in seinem Wagen vorbeifahren sah, hob ich einen halben Ziegelstein auf und warf damit nach den Schuften. Als ich die Hälfte der Ziegelsteine geworfen hatte, fing ich an zu heulen wie ein kleines Kind. Regelrecht geheult habe ich. Ich hatte gründlich genug und war wütend. Sooft ich einen von diesen Weißen sah – zack! warf ich einen Ziegelstein, daß er an das Auto knallte, und peng! sausten sie die Straße herunter, und ich warf die Ziegelsteine für einen Mordskerl. Ich fand, mehr könnte ich nicht tun. An dem Tag war ich bereit zu sterben.
Kenny Freeman und die anderen Kulturnationalisten* kamen an, um mich zu holen, und ich sagte ihnen, sie sollten mich in Ruhe lassen. »Haut ab«, sagte ich, »ihr Nigger seid verrückt.« Ich wurde wild, und ich schlug ein Fenster im Haus kaputt. Ich fuhr mit der Faust durch die Scheibe. Ich sagte jedem: »Verdammt noch mal, ich will selbst so ein Mordskerl wie Malcolm X werden, und wenn sie mich umbringen wollen, dann sollen sie das tun.« Damals ging eine große Veränderung in mir vor. Die anderen haben das nie verstanden.
Eldridge sagt, daß Malcolm X auf jeden eine durchschlagende Wirkung hatte; auf mich hatte er sie ganz bestimmt.

Als meine Frau Artie einen kleinen Sohn bekam, sagte ich: »Dieser Nigger heißt Malik Nkrumah Stagolee Seale.«
»Den Namen mag ich nicht für ihn!« meinte Artie.
Ich hatte das ganze Buch mit der Geschichte von Stagolee durch-

* Die ›Cultural Nationalists‹ bemühen sich vor allem darum, die kulturellen Traditionen und Eigenarten der Schwarzen in ihrem Unterschied zur Kultur der Weißen zu pflegen. *(Anm. d. Übers.)*

gelesen, diese volkstümliche Geschichte der Schwarzen, weil ich damals von der Sache besessen war, und so sagte ich: »Malik Nkrumah *Stagolee* Seale!«
»Warum denn Stagolee?« fragte Artie.
»Weil Stagolee ein alter Nigger von der Straße gewesen ist, der sich von keinem einen Dreck gefallen ließ. Man hätte ihn nur zu organisieren brauchen, wie Malcolm X, und ihn politisch bewußt zu machen. Und wir haben weiter nichts zu tun als einen Staat zu organisieren, so wie es Nkrumah versucht hat.«
Nkrumah war ein toller Kerl, und Malcolm X war ein toller Nigger. Huey P. Newton hat mir klargemacht, daß der Getto-Nigger zehn Kerle wert ist, wenn man ihn nur politisch ausbildet und ihn organisiert. Ich sagte: »Stagolee, gib ihm den Namen Stagolee dazu«, denn Stagolee war ein unorganisierter Nigger, für mich wie ein Bruder* aus dem Getto. Zu Huey P. Newton fand ich eine Beziehung, weil Huey die Getto-Nigger dazu brachte, zu kämpfen. Huey war ein Nigger, der vorankam, und er vereinigte in sich Malcolm X, Stagolee, Nkrumah – alle miteinander.
»Der Nigger, der aus dem Gefängnis kommt, *weiß Bescheid*«, sagte Huey oft. »Der Nigger, der aus dem Gefängnis kommt, hat den Menschen nackt und frierend gesehen; und wenn der Nigger aus dem Gefängnis sich zusammengerappelt hat, wird er genau so herauskommen, wie Malcolm X aus dem Gefängnis gekommen ist. Du brauchst dir gar keine Sorge um ihn zu machen. Der geht mit dir.« Darauf berief sich Huey, und ich sagte: »Malik für Malcolm**, Nkrumah Stagolee Seale.«

Ich bin am 22. Oktober 1936 in Dallas/Texas geboren. Ich bin zusammen mit einem Bruder, einer Schwester und einem Vetter, Alvin Turner, aufgewachsen, der bei uns wohnte. Er war der Sohn von meiner Mutter Zwillingsschwester. Nach und nach lernte ich, was es für mich zu lernen gab, wie alle anderen auch. Ich bin nicht anders als andere Menschen, die aufwachsen und leben und lernen. Ich wurde so erzogen wie jeder durchschnittliche Schwarze, wie jeder Bruder im schwarzen Gemeinwesen. Vieles machte mir solchen Eindruck, daß ich einen Blick für die Dinge bekam. Huey ist für mich von großer Bedeutung gewesen; aber schon vorher, ehe Huey meine Einstellung bestimmte, hat mich vieles beeindruckt – Ungerechtigkeiten, die ich mit angesehen habe.
Meine früheste Erinnerung ist die, daß ich einmal unverdient von meinem Vater geschlagen worden bin – das werde ich nie

* Die Schwarzen in Amerika bezeichnen sich untereinander vielfach als ›Brüder‹ bzw. ›Schwestern‹. *(Anm. d. Übers.)*
** Malcolms Moslem-Name lautete El Hajj Malik Shabazz. (Im sogenannten ›Black Muslim Movement‹, der in Amerika entstandenen ›Moslem-Bewegung der Schwarzen‹, die nicht mit dem eigentlichen Islam zu verwechseln ist. *Anm. d. Übers.*)

vergessen. Meine Eltern hatten gerade eine Auseinandersetzung, und ich sollte im Hinterhof unseres Hauses in San Antonio ein Hemd waschen. Ich war das älteste von uns drei Kindern und damals ungefähr sechs Jahre alt. Ich erinnere mich noch ganz lebhaft, daß ich da hinten gespielt hatte und daß mein Vater mir sagte, ich sollte den Waschzuber holen, ihn mit Wasser füllen und sein Hemd waschen. Ich versuchte, sein Hemd zu waschen, aber dann habe ich wohl wieder angefangen zu spielen. Die Auseinandersetzung meiner Eltern hatte etwas mit diesem Hemd zu tun. Dann kam mein Vater heraus und war wütend auf mich, weil ich das Hemd nicht fertig gewaschen hatte; er schnallte seinen Gürtel ab und schlug mich tüchtig. Dann ging er zurück ins Haus und stritt sich weiter mit meiner Mutter. Ich saß und weinte. Als er dann noch einmal herauskam und mich wieder schlug, kam meine Mutter dazu und hinderte ihn, mich weiter zu schlagen; sie riß ihm den Gürtel aus der Hand; aber er holte sich ihn wieder, und der Streit mit meiner Mutter ging weiter. Dann stieß er sie beiseite und schlug mich noch einmal. Er sagte, ich sollte das Hemd waschen. Diese Schläge habe ich nie vergessen, niemals, weil sie ungerecht waren. Der Wortwechsel meiner Eltern bezog sich direkt darauf, daß er mir das Hemd zum Waschen gab, und die Strafe war nicht gerecht.
Mein Vater war Zimmermann in Port Arthur/Texas. Meine Mutter hatte ihn ein paarmal verlassen, und einmal, als sie wieder zusammengekommen waren, baute er allein ein ganzes Haus. Er war ein Meister im Zimmermannshandwerk. Was ich von der Zimmermannsarbeit verstehe, habe ich bei ihm gelernt. In der Schule lernte ich wohl, Zeichnungen zu machen, aber wie ein gezimmertes Haus konstruiert ist, weiß ich von meinem Vater. Er hat es mir und meinem Bruder in unserer Jugend nach und nach beigebracht.
So wuchs ich auf wie alle anderen Brüder. Manchmal hatten wir kein Geld. Während des Krieges war etwas Geld da, aber als mein Vater das Haus gebaut hatte, ging er nach San Antonio, und danach waren wir wieder arm. Es war noch Krieg, und etwas Geld war da; aber ich besinne mich, daß meine Eltern jedesmal, wenn sie ein Haus mieteten, die Hälfte an andere Leute, an eine ganze Familie, als Untermieter abgaben.

Zum ersten Male habe ich mich wohl gegen das, was ich sah, aufgelehnt, als wir im Cordonices Village wohnten, einem Wohnungsbauprojekt der Regierung in Berkeley. Die Leute dort waren ganz oder teilweise arm. Wir wohnten sehr beengt mit der Zwillingsschwester meiner Mutter und ihrem Sohn zusammen. Es war dort immer schmutzig. Meine Mutter versuchte dauernd, etwas Geld zusammenzusparen; doch sooft

mein Vater zwischendurch arbeitslos war, wurde das Geld wieder aufgebraucht. (Er konnte damals nicht in die Gewerkschaft hineinkommen. Später sind er und noch drei andere die einzigen Schwarzen in der Zimmermannsgewerkschaft von ganz Kalifornien gewesen.)
Daß wir meistens in Armut lebten, lag an der minderwertigen Erziehung meines Vaters. Sein Vater war grob mit ihm umgegangen; er selbst ist in manchen Zeiten meines Lebens noch gröber gegen mich gewesen, aber doch etwa so, wie er es von seinem Vater her kannte. Sein Vater hat ihn oft geschlagen, und eines Tages wollte mein Vater nicht länger für ihn arbeiten und ging von ihm weg. Ich machte es genauso. Eines Tages tat ich nicht mehr mit und wollte nicht weiter für ihn arbeiten, weil er mir den Lohn nicht auszahlte. Damals habe ich nicht gewußt, was man unter ›Ausbeutung‹ versteht, aber genau das ist es gewesen, und ich lehnte es ab und widersetzte mich.
Meine Mutter hat nie wirklich Geld gehabt. Als ich dreizehn Jahre alt war, verdiente ich mir selbst etwas mit Austragen von Lebensmitteln und mit Rasenmähen. Es lohnte sich nicht immer; aber manchmal konnte ich doch hier und dort einen oder zwei Dollar verdienen, zusammen mit ein paar Freunden. Als Vierzehn- bis Sechzehnjähriger trieb ich mich mit verschiedenen Jungenhorden herum.
Ein anderer Vetter, der im Zweiten Weltkrieg schon erwachsen war, kam und wohnte in Port Arthur/Texas bei uns. Damals habe ich zum ersten Mal wirklich etwas über die Geschlechter erfahren.
Durch ein Astloch beobachtete ich, wie mein Vetter mit seiner Frau Liebe machte. Meine Schwester, mein Bruder und ich steckten miteinander in dem kleinen Wandschrank. Der Schrank hatte nach innen keine gemauerte Wand, und wir waren eines Tages gerade zufällig darin beim Spielen, als der Vetter mit seiner Frau Liebe machte. Er war Soldat und bereitete sich auf seine Einberufung vor. So sahen wir sie durch das Astloch. Damals bekam ich den ersten Begriff von Geschlechtlichkeit. Wir sagten ›äugen‹ dazu, weil wir durch ein Loch äugten. Meine Mutter begriff nicht, was da vorging, sie fragte nur: »Was habt ihr denn da drin alle zu äugen?« Daher hatten wir den Ausdruck. Als mein Vetter im Krieg auf Urlaub kam, wußten wir, daß er und seine Frau ›äugen‹ würden.
Als ich sechzehn Jahre alt geworden war, hatte sich mein Widerspruch gegen die bürgerliche Gesellschaft, gegen ihre Ungerechtigkeiten und Mißstände noch gesteigert, wenn er auch ziemlich unbestimmt war. Als ich Geschichte lernte, schnappte ich allerhand darüber auf, wo Unrecht geschehen war — und mir wurde allmählich klar, wie scheußlich man die Indianer behandelt hatte; das war zu der Zeit, als ich Steve Brumfield

kennenlernte. Er war ungefähr einen Monat jünger als ich, und jetzt ist er tot. Man sagt, daß er sich das Leben genommen hat. Wir waren gegen die Weißen, weil sie den Indianern das Land weggenommen haben, und wir identifizierten uns mit den Indianern, weil unsere Eltern Indianerblut hatten. Damals wußten wir noch nicht über Afrika Bescheid.

Als ich dann in das Merritt College kam, wurde es mir sehr leicht, mich mit Afrika zu identifizieren. Ich hatte mich als Sechzehnjähriger von den schablonenhaften Vorstellungen über die Indianer frei gemacht; als dann die ›Afro-American Association‹ (AAS, Afro-Amerikanische Vereinigung) anfing, von Identifikation zu sprechen, konnte ich das ohne weiteres begreifen und die Tarzan-Vorstellungen von Afrika loswerden.

Vor meiner Collegezeit, als ich noch beim Militär war, wußte ich nicht über Bürgerrechte Bescheid; ich hatte in den Zeitungen davon gelesen, mich aber nicht so intensiv damit beschäftigt. Damals lag mir selbst mehr daran, mich irgendwie zu bilden. Ich ging oft in die Leihbücherei und las sehr viel; aber ich bemühte mich auch, etwas zum Anziehen zu bekommen; außerdem kaufte ich mir eine Serie von Nachschlagewerken. Und ich hatte angefangen, Schlagzeug zu lernen. Ich hatte mir für 600 Dollar ein Schlagzeug besorgt, das ich in Raten bezahlte. Ich habe damals den Fehler gemacht, mir zu viel aufzuladen, und ich kam bei dem Schlagzeug um drei Raten in Rückstand.

Ich hatte das Schlagzeug in Oakland gekauft, und nachdem ich zwei Raten nicht bezahlt hatte, schickte man Einziehungsbeamte nach mir. Ich war damals, im Jahre 1958, beim Fliegerhorst der Luftwaffe in Ellsworth/Süd-Dakota. Sie kamen bis dahin, um das Geld von mir zu kassieren. Colonel King, der kommandierende Offizier der Schwadron, war zufällig mit den Besitzern der Einziehungsstelle verwandt und drohte mir, er würde mich ins Gefängnis stecken, wenn ich meine Rechnungen nicht bezahlte. Ich war vier Monate lang überall im Fliegerhorst herumgelaufen und hatte versucht, einen Sergeanten vom Stab zu finden, der für mich bürgen würde, daß ich eine Anweisung bekäme; danach sollte der Betrag automatisch von meinem Sold zurückbehalten werden, damit ich so die Rechnung abzahlen könnte. Ich wollte gern mein Schlagzeug behalten, weil ich von dem Gedanken besessen war, ein regelrechter Jazzdrummer zu werden. Das war sozusagen ein Ventil für mich; man konnte ja sonst nirgends hingehen, ausgenommen die paar Male, wenn man in eine der abgelegenen Städte kam und sich mit einem Mädchen oder einer Freundin traf. So kam ich nachmittags mit den anderen Jazz-Spielern zusammen; die waren Musiker, und wir hatten eine richtige ›Band‹. Wir übten und probten, dann

zogen wir zusammen ins Kino oder ins Militärkasino, aßen jeder ein Schnitzel, und danach gingen wir zurück und ins Bett.
Eines Tages holte mich Colonel King in sein Büro und erklärte mir ungefähr zum fünften Male, wenn ich meine Rechnung nicht bezahlte, würde er mich ins Gefängnis stecken. Ich war mittlerweile ziemlich am Ende, und mein Schlagzeug wollte ich behalten; so sagte ich zu ihm: »Colonel King, ich versuche, das Zeug jetzt zu bezahlen. Ich tu alles, was ich kann.« Er antwortete, ich solle mich gefälligst aus seinem Büro rausscheren und die verdammten Rechnungen bezahlen.
An dem Abend ging ich hinunter und spielte bei einer Jazz-Party, auf die Art bekam ich 15 Dollar. Es kam noch jemand an und brachte mir ein Glas Whiskey, und ich war dermaßen fertig und verzweifelt über die ganze Lage, daß ich irgendwie einen ganz schönen Schwips kriegte. Ich mußte bis Mitternacht wieder im Fliegerhorst sein, aber als ich schließlich dort ankam, war es halb eins. Und der Sergeant wartete schon auf mich. Er sagte, er müßte das melden, und dann ging er los. Jetzt war ich ganz erledigt und noch deprimierter als vorher.
Einmal kam einer von den Burschen und gab mir etwas, das ich ihm reparieren sollte — ich war Walzblechmechaniker —; und danach kam er wieder mit einem anderen Stück; das konnte ich ihm nicht reparieren, weil ich nicht die richtigen Pressen dafür hatte. Ich versuchte, daran herumzubasteln und die Sache anders zurechtzubringen. Er hatte es schrecklich eilig, kam gleich wieder und fluchte auf mich.
»Du Mistkerl«, sagte ich, »du brauchst nicht auf mich zu fluchen. Hau gefälligst ab hier!« Ich war so gereizt und erledigt, ich wollte nicht, daß mir noch jemand in den Kram reinfuhrwerkte, und er ging dann auch. Kurz darauf wurde ich über den Lautsprecher gerufen, und der Kerl da sagte zu mir: »He, Seale, was denken Sie sich eigentlich, daß Sie das Ding für den Kameraden da drüben nicht reparieren wollen!« Der Schuft war den ganzen Weg bis zum Meldebüro im nächsten Block gelaufen.
»Ich habe dem blöden Kerl gesagt«, antwortete ich, »daß ich das Ding nicht reparieren kann, weil ich nicht die richtige Presse dafür gefunden habe. Ich versuche, das verdammte Ding anders hinzukriegen, und da muß er halt warten; er soll mich nicht dauernd drängen und soll nicht immer herkommen und fluchen.«
»Ja zum Teufel nochmal, was glauben Sie denn, wem Sie fluchen können!« sagte der Wachhabende. »Sie kommen wegen dem Knaben da vors Kriegsgericht, ist Ihnen das klar?«
Da sagte ich: »Verflucht nochmal, ihr Hundesöhne!« und riß einfach den Lautsprecher aus der Wand. Dann klingelte das Telefon. Ich packte den Apparat und riß eben das Telefon von

der Wand los. Danach ging ich wieder in das kleine Büro, wo ich meinen Werkzeugkasten stehen sah. Er erinnerte mich daran, daß diese dämlichen Kerle da mich für Werkzeuge verantwortlich machen wollten, die irgendein Schuft aus meinem Kasten geklaut hatte, und ich schleuderte den Werkzeugkasten quer durch den Raum. Dann packte ich den Tisch und kippte ihn um, ging in das Meldebüro zurück und kippte einen von den Schreibtischen um.

Als mein Kamerad Rabbit hereinkam und sah, was da im Gange war, schlug er mich k.o. Ja, er schlug mich tatsächlich k.o. Er war ein Kamerad und versuchte mir wirklich zu helfen. Weil er sah, daß ich am Ende war, schlug er mich k.o., packte mich in einen Lastwagen und brachte mich zur Kaserne. Als ich wieder zur Besinnung gekommen war, lief ich durch die ganze Kaserne, trank Wein und landete schließlich in einem anderen Kasernenblock; dann war ich völlig hin.

Am nächsten Morgen kam Rabbit zu mir herein, weckte mich und richtete mir aus, daß Colonel King mich sprechen wolle. Ich hatte mich inzwischen schon darauf eingestellt, ins Gefängnis zu gehen. Also kam ich in das Büro, ohne dieses Ekel auch nur zu grüßen; ich dachte mir: »Der denkt, er ist ein weißer Gott oder sowas.«

»Sie haben diese Rechnungen noch immer nicht bezahlt, he?« sagte er, und ich sah ihn bloß an. »Also, ich rate Ihnen, daß Sie endlich diese verflixten Rechnungen bezahlen!« Er nahm das kleine Modellflugzeug aus Metall von seinem Schreibtisch, fuchtelte mir mit dem Ding vor dem Gesicht herum und redete davon, daß er mich ins Gefängnis stecken würde. Als er sagte, mein Arsch würde im Gefängnis landen, ging ich hoch und packte nach dem Flugzeugmodell. Da kam der Sergeant hinter mir an, grabschte nach mir, legte mir den Arm um den Hals, zog mich nach hinten und brachte mich aus dem Gleichgewicht. Ein anderer kam dazu, faßte mich am rechten Arm, dann schleppten sie mich raus und stießen mich gegen die Wand.

»Laßt mich in Ruhe«, sagte ich, »und bestellt dem Colonel King, er soll mich auch in Ruhe lassen. Wenn ihr mir das Schlagzeug wegnehmen wollt, dann tut es doch! Ihr braucht mich nicht ins Gefängnis zu stecken. Der will bloß deshalb das Geld für das Schlagzeug haben, weil er mit den Affen da in der Stadt zusammenhält.«

Als ich so weit gekommen war, traten sie zurück und ließen mich los. Der Sergeant sagte: »Dann gehn Sie doch selbst da rein und sagen ihm das! Aber behalten Sie lieber die Ruhe.«

Ich ging auch wieder rein, setzte mich auf einen Stuhl und guckte ihn nur an. Ich saß ein ziemliches Stück von ihm entfernt. Er sah zu mir hoch, er war dabei, etwas über mich aufzuschreiben, das konnte ich wohl sehen.

»Dieser Mistkerl«, sagte ich mir. »Verdammt, warum soll ich denn hier sitzen und zusehn, wie er mich heruntermacht.« Der Sergeant und der andere hatten gesehen, wie ich mich dort hinsetzte, sie hielten sich zurück; so stand ich denn auf und ging ganz einfach aus dem Büro hinaus.
Ich ging zur Kaserne rüber und dachte: »Ich könnte eigentlich von diesem schäbigen Kerl abhauen. Ich weiß nicht, warum ich hier bleiben soll. Ich habe mich noch nie ›ohne Urlaub vom Dienst entfernt‹, aber sie sollen es meinetwegen nennen, wie sie wollen. Ich bin drei Jahre und vier Monate lang in diesem Saftladen hier gewesen, und ich habe mal wieder gründlich die Nase voll. Die machen mich hier fertig. Von denen hab ich jetzt erst mal genug.« Also fing ich an, meine Zivilsachen anzuziehen. Einen Augenblick später hatten sie achtundzwanzig Polizisten da, die packten mich und legten mir Handschellen an.
Ich schimpfte laut auf Colonel King, wie er es verdiente. Ich beschimpfte ihn auf dem ganzen Weg durch die Straßen. Eine große Horde von Bengels guckte zu und hörte sich an, wie ich ihn beschimpfte, als sie mich vor der Kaserne herführten und auf dem ganzen Weg über den Rasen vor dem Hauptquartier der Schwadron. Sie steckten mich in einen Lastwagen, ich beschimpfte den Colonel immer weiter auf dem ganzen Weg. Dann habe ich sie sozusagen alle durchgestrichen, ich dachte einfach nicht mehr an sie. Ich wurde ins Gefängnis gebracht.
Ich wollte mit keinem reden und zu niemandem etwas sagen. So hieß es, sie würden mich zu einem Psychiater schicken. Sie dachten, ich wäre verrückt. Zwei und einen halben Monat lang trieben sie es mit mir und verhörten mich vor dem Kriegsgericht.
King erklärte mir, er würde mich entlassen, und zwar wegen schlechter Führung; er sagte: »Wenn Sie hier herauskommen, werden Sie nirgends Arbeit kriegen, Seale.«
»Was zum Henker bringt Sie denn auf die Idee, ich hätte da draußen vorher Arbeit gefunden, ehe ich hierher kam?« fragte ich und lachte ihn aus.
»Also«, sagte er dann, »Sie haben fünf Minuten Zeit, diesen Fliegerhorst zu verlassen.«
»Was wollen Sie denn mit den übrigen vier Minuten und neunundfünfzig Sekunden anfangen?« fragte ich ihn; »ich brauche nämlich gar keine Zeit, um hier wegzukommen.«

Da der Colonel mir das mit der Arbeit angedroht hatte, nahm ich mir vor, mir nichts daraus zu machen. Ich arbeitete in allen größeren Flugzeugfabriken und Flugzeugverbänden, sogar in denen, die einen Staatsvertrag hatten. Ich war ein erstklassiger Walzblechmechaniker im Flugzeugwesen. Nach rund zwei Monaten wurde ich meistens an die Luft gesetzt, weil sie dann

dahinterkamen, daß ich wegen schlechter Führung entlassen war. Man stellte mich gewöhnlich sofort ein, weil man mich brauchte, aber nach zwei Monaten oder so kam man dahinter.
Sechs Monate lang arbeitete ich bei ›Kaiser Aerospace Electronics‹ in der Nähe von Oakland. Dann gingen sie meine Papiere durch, kamen an und erklärten, ich hätte ihnen über meine Entlassung etwas vorgeschwindelt. »Wenn ich Ihnen die Wahrheit gesagt hätte, dann hätte ich keine Stelle gekriegt«, sagte ich. »Jedenfalls mach' ich die Arbeit für Sie. Wenn Sie mich an die Luft setzen wollen — bitte! Wenn Sie mich nicht entlassen wollen, dann vergessen Sie es doch, und ich werde die Arbeit tun.« Sie brauchten da draußen jemanden für den Nachtdienst, und ich wußte über die ganze Herstellung Bescheid; also entschloß sich der Ingenieur, die Sache unter den Tisch fallen zu lassen, und er ließ mich in Ruhe. Das war bei dem Zwillingsgeschoß-Projekt. Ich testete die Fehlerfreiheit. Dazu gehören Untersuchungen auf mikroskopisch feine Risse im Metall durch ein kompliziertes chemisches und magnetisches Verfahren. Es ist eine Arbeit, die man gründlich lernen muß, und ich hatte sie gründlich gelernt. Fünfzehn Monate später gab ich die Arbeitsstelle auf, weil der Krieg noch weiterging und ich das Gefühl hatte, daß ich die Unternehmungen der Regierung unterstützte.
Mittlerweile wollte ich gern nach Afrika gehen. Ich hatte jetzt nichts mehr für die Regierung übrig und war allmählich ziemlich auf Draht. Wenn ich Nachtdienst hatte, ging ich tagsüber ins Merritt College. Wenn ich am Tage arbeiten mußte, dann ging ich abends ins College. Als 1959 und 1960 durch den Streik in den Stahlwerken die Arbeit knapp wurde, arbeitete ich als Zeichner. Ich kannte mich mit allen Arten von Präzisions-Lichtpausen bestens aus.
Zuerst wollte ich Ingenieur werden, als ich im College war, aber ich kam bald davon ab, weil ich anfing, mich für die Geschichte der Schwarzen in Amerika zu interessieren, und weil ich einige ihrer Fragen zu lösen versuchte. Vor dem Kriegsgericht hatte man mich gefragt, was ich von der Bürgerrechtsbewegung hielte. Ich hatte nicht gewußt, was diese Frage bedeutete, aber ich war so dumm und hatte etwas über die Kommunisten gelesen; also sagte ich: »Na, die wird doch von den Kommunisten geleitet, stimmt's?« — Es ist komisch, auf welche Art man die Dinge kennenlernt und wie sie einen beeinflussen.
Ich blieb das ganze Jahr 1959 und bis Mitte 1960 in Los Angeles. Als ich 1960 im Merritt College anfing, habe ich ab und zu in Komödien mitgespielt. Ein Semester lang setzte ich aus, aber im Januar 1961 fing ich wieder an. Huey habe ich im September 1962 kennengelernt. In dem Jahr bin ich in zwei oder drei Klubs in der Gegend von Oakland und bei privaten Gesellschaften in

Komödien aufgetreten. Ich glaube, daß Komödienspieler ziemlich viel zu wissen bekommen. Sie wissen eine Menge von dem, was bedrückend und unrecht ist.
Als ich Huey P. Newton kennenlernte, sind wohl meine Erfahrungen von manchem, was ich in der Wohngemeinde der Schwarzen gesehen hatte, zutage gekommen – von den Morden, die ich mit angesehen hatte, wie sich Schwarze gegenseitig töteten –; auch meine eigenen Erfahrungen kamen heraus, einfach mein Leben, wie ich versuchte, damit zurechtzukommen und etwas damit anzufangen. All das kam heraus, als ich im Merritt College Huey Newton kennenlernte. In den neun Jahren seitdem habe ich immer auf die eine oder andere Art im Kampf gestanden.

Wie ich Huey kennenlernte

Bruder Huey P. Newton hat die Black Panther Party in Gang gebracht. Bruder Huey ist der Verteidigungsminister und der Anführer der Black Panther Party. Augenblicklich ist er politischer Häftling, aber er ist noch immer der philosophische Theoretiker, der Praktiker, der oberste Leiter und beste offizielle Sprecher der Black Panther Party. Man kann gar nicht von der Black Panther Party sprechen, ohne zuerst von Huey P. Newton zu reden; denn Bruder Huey hat alles in Gang gebracht. Wir reden manchmal von dem »Genie Huey P. Newtons«.

Ich habe Huey P. Newton zu Anfang der sechziger Jahre kennengelernt, zur Zeit der Blockade von Kuba, als es im Westen von Oakland in der Umgebung des Merritt Junior College immerfort Massenversammlungen in den Straßen gab. Eines Tages wurde viel über die Schwarzen und über die Blockade gegen Kuba diskutiert. Die Menschen versammelten sich vor dem College, auf den Straßen, in Gruppen zu zweihundert, auch zweihundertfünfzig und mehr. Huey stand in einer Gruppe von rund zweihundertfünfzig Leuten; ich war auch in dieser Gruppe. Er führte zuerst die Diskussion auf die Art, die man damals ›abschießen‹ nannte. Das heißt, jeder schoß los mit dem, was er wußte, und brachte Tatsachen an; danach stellten die Leute Huey Fragen oder gingen auf das ein, was er gesagt hatte. Sie wollten ihn gern fertigmachen und zitierten dazu einen Abschnitt aus einem Buch über das Diskussionsthema; aber im nächsten Augenblick zog Huey ein Exemplar von E. Franklin Fraziers ›Black Bourgeoisie‹ heraus, zeigte dem Sprechenden die Seite, den Abschnitt und machte ihm klar, wo er sich geirrt hatte.
Ich hatte wohl die Vorstellung, daß ich im College Fragen stel-

len sollte; also ging ich zu Huey hinüber und fragte den Bruder, ob nicht all die Bürgerrechtsgesetze, um die sich die NAACP (National Association for the Advancement of Colored People, die Nationale Vereinigung zur Förderung der Farbigen) für uns bemühte, gut für uns wären. Und er schoß mich ebenso ab, wie er eine ganze Anzahl anderer Teilnehmer abgeschossen hatte: Er sagte, das wäre alles Geldverschwendung, denn die Schwarzen hätten in unserem Lande nichts, was ihnen zugute käme. Weiter sagte er, sogar die schon erlassenen Gesetze nützten den Schwarzen nicht viel; es hätte doch keinen Sinn, neue Gesetze zu machen; zuerst einmal müßte man die schon bestehenden Gesetze wirklich zur Geltung bringen. Und darum wäre all das Geld, das man Martin Luther King und den anderen gäbe, die solche Gesetze für die Schwarzen durchdrücken wollten, eine Geldverschwendung der Schwarzen. Ich war bereit, das einzusehen, aber er führte noch viel mehr Tatsachen an, um seine Meinung zu stützen.

Huey nennt immer grundlegende, praktische Tatsachen; das ist seine Art, mit einem zu reden und einem die Dinge zu erklären. Er führt auf einen Punkt, den man einfach nicht umgehen kann, dann muß man die Tatsachen sehen.

In einer solchen Atmosphäre habe ich Huey kennengelernt. Und alle Konflikte in dieser Versammlung, alle Unruhe auf den Straßen an jenem Tage in der Kuba-Krise, all das war in seine Beziehung zur Afro-Amerikanischen Vereinigung mit eingeschlossen. Viele Argumente brachen zusammen. Viele Leute diskutierten mit drei oder vier Mitgliedern der Afro-Amerikanischen Vereinigung, die die erste nationalistische Philosophie der Schwarzen an der Westküste entwickelt hat.

Sie nahmen mich gefangen. Bei ihnen hatte ich das Gefühl, daß ich helfen müßte, daß ich dazugehören und etwas tun sollte, um ihnen irgendwie zu helfen. Einen oder zwei Tage darauf ging ich in der Schule auf die Suche nach Huey und kam in die Bücherei. Dort fand ich ihn und fragte ihn, wo die Versammlungen gehalten würden. Er gab mir eine Anschrift und sagte, es würde über Bücher diskutiert. Dann nannte er mir das Buch, über das sie gerade sprachen: Es war ›Black Bourgeoisie‹.

Hueys Einfluß auf dem ganzen Campus* war sehr groß. Ich bekam heraus, wo Huey dort war. Ich war damals nicht immer mit Huey zusammen, aber ich traf ihn öfter auf der Straße. Wir waren alle ganz begeistert von Bruder Huey, und ich glaube, daß alle seinen Verstand und auch seine Courage schätzten. Es war seine Art, niemanden zu überfahren, aber er ließ sich auch

* ›Campus‹ ist in den U.S.A. die Bezeichnung für den Universitäts- oder College-Bereich. *(Anm. d. Übers.)*

selbst nicht von irgendwem überfahren, vor allem nicht auf heftige und grobe Weise; Huey hatte nämlich eine Art heimlichen Ruf bei den Getto-Brüdern. Damals wußte ich das noch nicht, aber ich habe es dann später gemerkt.
Es gab überall im Westen und im Osten von Oakland Kerle, die als üble Strolche bekannt waren, und sie waren in der ganzen Wohngemeinde verrufen. Huey hatte keinen schlechten Ruf. Die üblen Strolche hielten die Wohngemeinde in Atem – und Huey hielt die üblen Strolche in Atem. Man erzählte sich eine Menge Geschichten über Huey. Beispielsweise hatte Huey eines Abends bei einer Party aus Versehen einen Bruder auf die Füße getreten; Huey trat zurück und sagte: »Entschuldige bitte, Bruder!« Der Bruder – er war schlecht, einer von diesen üblen Strolchen – antwortete: »Du Mistkerl, erlaube mal; daß du mir nicht noch mal die Schuhe polierst!« Huey kannte seine Brüder sehr gut. Als der Strolch seitlich zurückwich und seinen Arm so eben nach rechts unten bewegte, hinter seinen rechten Oberschenkel*, bemerkte Huey das. Er wußte, daß es jetzt an der Zeit war, auf ihn loszugehen. Im selben Augenblick hatte er ihn schon fertiggemacht und flachgelegt. All die anderen Strolche auf der Party, die mit diesem aufs Kreuz gelegten Strolch befreundet oder bekannt waren, meinten, was sich der Kerl da eigentlich einbildete. So sprangen sie auf und fanden, Huey müßte den Arsch voll kriegen; aber Huey erklärte: »Ich will wohl mit euch allen nacheinander einzeln kämpfen oder auch mit euch allen zugleich. Ihr braucht nicht etwa draußen auf mich zu warten, ich warte draußen auf euch.« Damit ging er hinaus und wartete und forderte sie heraus, zu ihm zu kommen.
Und das ist etwas, meine ich, was Huey auch verstand: Er jagte sie alle in Schrecken, weil er es mit den berüchtigten Strolchen in der Gegend aufnehmen konnte. Er jagte sie in Schrecken, weil er Mut genug hatte, mit ihnen allen zu kämpfen. Sie kamen heraus in der Meinung, sie könnten sich seitwärts davonmachen, manche wollten auch um ihn herumschleichen und ihn umlegen; aber schon hatte Huey ein vierzehn- oder fünfzehnzölliges breites Messer in der Hand und versuchte sie auf den Kopf zu schlagen und am Hintern zu treffen, daß es nur so eine Art hatte. Da liefen die Nigger nach allen Seiten auseinander.

Huey focht auch manchmal Kämpfe mit den Kumpels aus, die mit in seinem Wagen fuhren. Ungefähr um die Zeit, als er aus der Oberschule kam und so zwischen sechzehn und siebzehn Jahren alt war, hatte er einen Wagen, der das ›graue Rotauge‹ genannt wurde.

* daß er also nach der Hosentasche griff, in der man sein Messer oder seine Pistole trug. *(Anm. d. Übers.)*

Huey geriet immer an gefährliche Ecken, wenn er mit seinem Wagen die Straße heruntersauste. Einmal bog er um die Ecke, und einen Häuserblock weiter war ein Eisenbahnübergang; dort schwankte eine kleine rote Lampe als Zeichen, daß gleich ein Zug durchfahren würde. Direkt an der Ecke stand außerdem ein hohes Haus, das die Sicht versperrte. Huey beschleunigte sein Tempo. Er wußte nicht, wo dieser Zug genau war, aber er wußte, daß er irgendwo hinter dem Haus käme. Gleich darauf fuhr er direkt über den Bahnübergang, und alle die Kerle in seinem Wagen fluchten auf ihn. Er versuchte ihnen klarzumachen, daß er nicht ans Sterben dachte. Er sagte, er dächte nicht ans Sterben, denn: »Warum soll ich tausendmal sterben, wo man doch nur ein einziges Mal sterben kann?«

Dann stoppte Huey und stieg mit seinen Kumpels aus, um zu kämpfen. Nachher stiegen alle wieder in den Wagen ein. Er fuhr weiter, und seine Kumpels wollten auch weiter mit ihm fahren. Ich kann mir nicht denken, daß Huey irgend jemanden töten wollte. Sie waren seine Kumpane, sie fuhren mit in seinem Wagen, und sie hatten den Burschen gern. Sie kämpften miteinander, aber sie fuhren weiter mit ihm. Wenn er solche Sachen anstellte, sagten sie, er wäre wahnsinnig, aber sie dachten, daß er ihnen allen über wäre. Und vor allem: Huey verteidigte seine Freunde – und jeden, der bei ihm war.

Der Bruder war zu seiner Zeit einfach große Klasse, und das wußten sie alle. Ich kenne ein paar Homosexuelle, Kriminelle und regelrechte Gangster aus dem Getto, die Huey kannten und achteten. Manche von ihnen waren Kerle, gegen die Huey öfter kämpfte. Mit einigen war er in knifflige Situationen geraten. Sie wußten recht gut, daß er es ihnen ordentlich geben würde, wenn sie sich ins Unrecht setzten.

Einmal ging Huey in einen Getränkeladen und kaufte sich Wein. Man weiß ja, wie manche Brüder dauernd an der Ecke vor dem Getränkeladen herumstehen. Als Huey wieder herauskam, sagte einer zu ihm: »He, Nigger, gib mir was von dem Wein da!« Er antwortete: »Bruder, du kannst gern etwas von meinem Wein haben, aber bitte frag mich nicht so danach, als ob du ihn mir wegnehmen wolltest!« Der Strolch legte los und wollte Huey wegstoßen; also trat Huey zurück und zerschlug die Flasche auf seinem Kopf. All die anderen Taugenichtse standen an der Ecke und sahen auf diesen einen Strolch, dem Huey eins versetzt hatte.

Das hat zu einem der schlimmsten Kämpfe geführt, die es je in West-Oakland gegeben hat. Huey und ein wirklich arger Kerl – Mackelvain hieß er – haben dort eine halbe Stunde lang miteinander gekämpft. Zuerst warf Huey Mackelvain zu Boden, dann legte Mackelvain Huey hin. Es war sozusagen eine ›distanzierte‹ Angelegenheit, weil alle Kumpels von Huey sich in der Distanz hielten und im Hintergrund saßen, und die Kumpels von Mackelvain machten es ebenso. Ich glaube, daß Mackelvains Freunde nicht gern den Freunden von Huey ins Gehege kommen wollten, also kletterten sie auf die Zäune und auf die Autos, um zuzusehen, wie diese zwei schwarzen Männer, beides Brüder von der Straße, dort auf der Straße die Angelegenheit kräftig austrugen.

Sie kämpften sich über die ganze Straße hin, bis sie kaum noch fähig waren, die Hand zum Schlag zu heben. Schließlich waren sie so erschöpft, daß sie sich nur noch abwechselnd schlugen und zu Boden warfen. Dann glaubte Huey, er hätte Mackelvain endgültig geschlagen, und ging davon. Er hatte vor dem Kampf viel Wein getrunken, also ließ er sich mitten auf der Straße auf ein Knie nieder und fing an, den ganzen Wein wieder von sich zu geben. Im nächsten Augenblick sah er Sterne; später wurde ihm klar, daß er einen Schlag auf den Kopf bekommen hatte. Mackelvain war wieder auf die Beine gekommen, und das hatte Huey nicht gesehen. Huey merkte noch, wie er über das Pflaster rollte, aber er rappelte sich hoch, kam zu Mackelvain zurück und schlug ihn wieder zu Boden.

Schließlich rief jemand die Polizeischweine. Erst das brachte die Sache zum Ende. Die Brüder sahen einen Polizeiwagen mit seinem blinkenden Warnlicht die Straße herunterkommen, und alle liefen auseinander. Huey schwor überall, wenn er Mackelvain das nächste Mal träfe, würde er ihn töten; und Mackelvain schwor, Huey umzubringen.

Etwa drei Jahre später ging Huey mit einem Freund, der bei dem Kampf zugesehen hatte, die 7. Straße in Oakland entlang. Hueys Freund Buddy erkannte Mackelvain wieder, als sie auf ihn zukamen, aber Huey erkannte ihn nicht. Mackelvain war ziemlich dick geworden. Er war in einer Vergnügungsstätte als Gewichtheber aufgetreten.

Buddy sah Huey an und fragte: »Mensch, weißt du, wer das da ist?« Huey sagte, er wüßte es nicht. Dann sah Buddy Mackelvain an und fragte ihn: »Weißt du denn, wer das ist, der hier neben mir steht?« — »Nee«, meinte Mackelvain. Da sagte Buddy: »Mann, ihr beiden Kerle kennt euch nicht?« Sie schüttelten den Kopf, und so erklärte Buddy: »Ihr Nigger habt einen der schlimmsten Kämpfe ausgefochten, die es jemals in West-Oakland gegeben hat.« Die beiden sahen einander an, und Mackelvain sagte: »Mensch, ist das Newton? Verdammt!« So fragte Buddy: »Wollt ihr jetzt das Kriegsbeil begraben?« Irgendwie haben sie sich dann geeinigt, daß sie das Kriegsbeil begraben und die Sache vergessen wollten, so gingen sie zusammen ein Glas Wein trinken.

Als Huey täglich im Getto herumlief und mit einigen der zähesten Brüder zusammenlebte, war er ebenso zäh wie die anderen.

Er hat alles mit ihnen ausgefochten, und er hat sich in dieser Umgebung behauptet.
Eines Tages sagte jemand in der Schule, ein weißer Junge, etwas über ein Mädchen, mit dem Huey befreundet war. Huey ging auf ihn zu und sagte: »Ich möchte nicht noch einmal was über meine Beziehungen zu dem Mädchen hören.« Der weiße Junge tat wieder den Mund auf, und Huey erklärte: »Ich habe gesagt, ich möchte, daß du über meine Beziehungen zu diesem Mädchen nichts mehr behauptest oder sagst.« Der weiße Junge setzte noch einmal zum Reden an, da warf Huey ihn um, er legte ihn auf den Basketballplatz dort auf dem Schulgelände.

Und damals ist es gekommen, daß ich den Bruder mochte. Er war einem wirklich ein Bruder, er sprach die Dinge deutlich aus, er erklärte sie; und er merkte so ziemlich, ob man ehrlich war oder nicht, ob man log oder Blödsinn redete. Er hat so etwas wie ein Gefühl dafür, daß er solche Dinge bei gewissen Leuten merkt. Ich konnte Huey treffen und zu ihm sagen: »Mann, leih mir doch mal einen Dollar«, dann gab er mir einen Dollar; oder er konnte mich treffen und sagen: »Mensch, gib mir doch mal ein paar Dollar« – so war das bei uns.
Manchmal traf ich ihn in einem Café oder so, dann saß er da voller Zorn über irgend etwas; es konnte alles mögliche sein, die Gesetze, die nationalistische Philosophie der Schwarzen, die Art und Weise, wie wir an das System gebunden waren, die Dekadenz des Systems; es waren Tatsachen, die er angriff. Er redete nicht nur so daher. Wenn man Huey kannte und ihn gern hatte, dann war man auch auf seiner Seite, wo es zu einer Auseinandersetzung kam; denn man wußte, daß Huey regelrechte Tatsachen und einen philosophischen Gesichtspunkt anführen würde, so daß man verstand, worum es ging.
So habe ich ihn kennengelernt, und so habe ich immer von dem Mann gedacht. Er ist ein Mann von solcher Art, daß man ihn stets achtet. Er ist ein gutherziger Mensch. Man kann seine Güte nicht ausnützen, aber er wird sie jederzeit verschenken. Wenn man ihn so sieht, fragt man sich: Was für ein Mann ist das? Dieser Bruder hier ist etwas ganz Besonderes.

Huey bricht mit den Kulturnationalisten

Bei allen Brüdern ist Huey immer wegen seiner Einsicht geschätzt gewesen. Ich hatte Gelegenheit, viele von den Brüdern zu treffen, mit denen er zusammen gewesen ist. Sie hatten alle Achtung vor seinen Fähigkeiten, seinem Scharfblick und seiner Art, ihnen klarzumachen, wie das System gegen sie arbeitet. Er konnte ihnen immer einen einleuchtenden Grund dafür ange-

ben, wie sehr sie im Recht waren bei allem, was sie taten, wenn sie sich zu behaupten versuchten.
Als Huey zum College ging, belegte er nie mehr als acht oder neun Kurse im Semester, und er legte immer Wert darauf, eine Eins oder doch eine sehr gute Note zu bekommen; aber er holte sich diese Noten nicht nur deshalb, weil ihm an den Einsen im College gelegen hätte.
Huey war geradezu besessen von dem Gedanken, zur Schule zu gehen. Es war seinem Verstand ein Vergnügen. Aber er erklärte die Einsen: Als er die Oberschule mit recht mäßigen Noten verließ – man hatte ihn mehr oder weniger durch die Oberschule hindurchgehetzt –, da wurde ihm von einem Berater gesagt, er sei wahrscheinlich nicht geeignet, zum College zu gehen. So etwas sagte ihm sein Berater! Er verwarf überhaupt die Einrichtung mit diesen Kerlen in den Schulen, diesen Beratern, die ihm erzählt hatten, er eigne sich nicht für das College. Ich sah, daß es seinem Verstand ein Vergnügen war – er sagte das selbst – und daß er die Dinge zu begreifen versuchte. Dabei lehnte er einen weißen Berater ab, der höchstwahrscheinlich ein Rassist wäre und ihm sagen würde, er könnte es im College nicht schaffen. Sechs oder sieben Kurse belegte er jedesmal, und er besorgte sich immer noch Literatur überall her. Er gab sich Mühe, Beweise zu finden und alles stichhaltig zu machen; darum ging er den Hinweisen nach, die ein Autor etwa gab, ebenso der Spezialliteratur, die er vielleicht verfaßt hatte oder die in der Schule benutzt wurde. So war er in der Klasse sehr gut auf dem laufenden, was bei jedem Thema richtig war und was falsch; er erkannte, ob die angeführten Tatsachen stimmten.
Mit alledem hing natürlich seine enge Verbindung zu den Schwarzen zusammen, die in den engen Grenzen des dekadenten Systems lebten, zu dem schwarzen Volk, das sich behaupten, das sich selbst und seine Geschichte kennen sollte. Huey war wohl seit einigen Jahren am Merritt College, als er ein Seminar für experimentelle Soziologie belegte. Er kam zu mir und machte mir richtig klar, dies Seminar wäre etwas für alle, die sich mit einem besonderen Problem der menschlichen Gesellschaft befaßten. Er brachte auch die ganze Klasse zu der Ansicht, daß man in den Schulen unbedingt über die Geschichte des schwarzen Volkes unterrichten müßte. Huey P. Newton gehörte zu den maßgebenden Leuten im ersten Seminar über die Geschichte der Schwarzen, das im Merritt College entwickelt wurde, mit vielen anderen Teilnehmern des Seminars für experimentelle Soziologie. Ich weiß noch gut, wie er mir davon erzählte, und ich war ganz begeistert, denn ich hatte mich schon selbst ziemlich viel mit der Geschichte des schwarzen Volkes befaßt.

Also gab es im nächsten Semester ein Seminar über die Geschichte der ›Neger‹. Ich schrieb mich für das Seminar ein. Dann holte ich eines Tages Huey und bat ihn, mit dorthin zu kommen, denn die Klasse war ganz festgefahren. Der Kerl, der dort unterrichtete, wußte selbst nicht, was er tat. In Wirklichkeit unterrichtete er nicht über die Geschichte des schwarzen Volkes, sondern über die Geschichte Amerikas; dabei kam er auf die Sklaverei zu sprechen und auf die Zeit des Sklavenhandels. Er redete in der schon längst üblichen Weise von dem Sklaventum der Schwarzen. Eines Tages kam Huey in die Klasse, in der Rodney Carlisle, ein weißer Lehrer, unterrichtete. Wie zu erwarten, schoß Huey Carlisle ab mit seinen Zitaten aus Basil Davidsons Werken über Afrika und aus seinem Buch ›Black Mother‹ und mit dem, was er über den afrikanischen Sklavenhandel sagte. Huey machte ihn fertig mit dem Bericht über die Piraterie, durch die der Sklavenhandel angefangen hatte. Huey regte viele Brüder und Schwestern an, ihr Studium sehr gründlich zu betreiben und zu begreifen, daß sie unbedingt etwas über sich selbst als das Volk der Schwarzen wissen müßten.

Etwa drei Jahre vorher war ich in die Afro-Amerikanische Vereinigung gegangen, und ungefähr zwei Monate danach trat Huey aus ihr aus. Ich machte mir Gedanken, warum Huey wohl die Afro-Amerikanische Vereinigung verließ. Seine Freunde John Thomas und Richard Thorn, mit denen er damals viel zusammen war, waren College-Studenten. Sie waren keine Straßenjungen. Sie meldeten sich auch aus der Afro-Amerikanischen Vereinigung ab. Huey fing an zu erklären, wie Donald Warden die Afro-Amerikanische Vereinigung als Mittel benutzte, die Schwarzen zu täuschen; er zeigte, daß Donald Warden über eine Menge historischer Tatsachen gut Bescheid wußte und daß er diese Tatsachen dazu benutzte, den Schwarzen sein Programm als richtig hinzustellen. Aber Huey hatte schließlich Donald Warden und sein Programm durchschaut.
Eines Tages fing in San Franzisko, in der Fillmore-Straße, eine weiße Bande an, sich aus einem Fenster der oberen Stockwerke zu lehnen; dabei riefen sie Flüche und lügenhaftes Gerede herunter. Einige von ihnen kamen die Treppe herab. Sie gingen drauflos, als ob sie jemanden umschmeißen wollten. Huey und ein anderer Bruder waren dabei, die gebrauchten ihre Fäuste, daß manche von den Kerlen auf ihrem Hintern landeten. Aber Donald Warden wollte nicht mittun und nicht für unsere Grundsätze kämpfen. Das kann man wohl von Huey sagen: Er steht zu den Grundsätzen. Damals war die nationalistische Philosophie der Schwarzen mit seinen Grundsätzen verknüpft. Als jemand versuchte, auf die Brüder an der Straßenecke los-

zugehen, wo die Afro-Amerikanische Vereinigung eine Versammlung hielt, machte sich Huey einfach auf, ging hin und gebrauchte seine Fäuste. Ich glaube, daß er damals anfing, Donald Warden zu durchschauen. Von da ab begann er zu erklären, wie Donald Warden den alten kirchlichen Stil, die Haltung und die Vorstellungen des Predigertyps, ausnutzte, um die Leute so auf seine Seite zu bringen; er fing damals an, davon zu reden, daß man »das schwarze Geschäft selber machen« könnte. Hier war der eigentliche Bruch in den Zielen der nationalistischen Philosophie der Schwarzen damals. Huey sah ein, daß das schwarze Volk mehr kooperativ, mehr im sozialistischen Sinne handeln müßte, um sich gegen das System zu stellen. Er hat oft erklärt, daß ein schwarzer Geschäftsmann, der den gleichen oder gar noch einen höheren Preis berechnet als ausbeuterische weiße Geschäftsleute, selbst nichts anderes ist als ein Ausbeuter. Warum sollten dann also die Schwarzen auf diese Art von System zusteuern? — In solchem Sinne hat er das immer behandelt.

Als wir in die höheren Klassen kamen, habe ich Huey oft längere Zeit nicht gesehen. Dann traf ich ihn eines Tages wieder, er sprach über einen Rechtsfall, den er gerade durchfocht. Er hatte sich selbst vor Gericht verteidigt und eine Verhandlung über einen geringfügigen Diebstahl ausgefochten. Er erzählte eben, wie er Olsen überführt hatte. Olsen war der Dekan des Merritt College. Olsen war in den Zeugenstand getreten und hatte ausgesagt, er habe die Polizei geholt, damit sie Huey P. Newton festnähme, und er habe die Polizei veranlaßt, Huey in sein Büro zu bringen; denn irgendein weißer Junge drüben im Laden hatte Huey beschuldigt, er hätte ein Buch gestohlen. Huey erzählte mir, daß Olsen ihn gefragt hatte, ob diese Bücher ihm gehörten. Huey hatte gesagt: »Ja, sie sind mein Eigentum.« Und das vor den Ohren dieses Polizisten. Olsen hatte erklärt: »Schön, ich will diese Bücher mal behalten.« Da hatte Huey ihm geantwortet: »Nein, Sie werden diese Bücher nicht behalten. Sie haben mich aus irgendeinem Grunde hier in das Büro geholt. Ich weiß nicht, was Sie von mir wollen, aber mein Eigentum behalte ich.« Damit riß ihm Huey die Bücher wieder aus der Hand und sagte: »Wenn Sie mich festnehmen wollen, dann müssen Sie das eben tun, aber ich möchte nicht hier herumstehen und reden.« So ging er direkt aus dem Büro heraus.
Dann kam diese Sache vor Gericht, und Huey fragte Olsen im Zeugenstand: »Dekan Olsen, warum haben Sie mich nicht in Arrest gesetzt, wenn Sie geglaubt haben, daß ich die Bücher gestohlen hätte?« (Huey schreckte nicht vor Vorwürfen zurück; man weiß das, wenn man ihn einmal im Gericht bei einer Verhandlung erlebt hat; er bringt seine Angriffe so an, als wäre er

ein gelernter Jurist.) Dekan Olsen sagte: »Nun, damals wußte ich eben nicht, ob ich das Recht hätte, Sie in Arrest zu setzen.« Huey sah die Geschworenen an, dann den Dekan Olsen, dann wieder die Geschworenen, und meinte: »Mr. Olsen, Sie sind Dekan eines College und haben Ihren Dr. phil. in Pädagogik. Ich hier bin nur ein College-Student, der noch dabei ist, zu lernen, was er für Rechte hat. Und da sagen Sie mir, Sie als Dr. phil., Sie hätten nicht über Ihre *Rechte* Bescheid gewußt?« Huey machte mir weiter klar, wie das bei den Geschworenen eingeschlagen hatte und wie sie ihn freigelassen hatten. Er wurde sehr, sehr berühmt, sehr bekannt und sehr gefürchtet bei allen, die ihm irgendwo im College Unrecht getan hatten. Ein beliebter Kerl, ein beliebter Bruder. Er war sehr freundlich im Umgang. Und er hatte eine sehr menschliche Art.

Noch etwas ist von Huey zu sagen. Ich besinne mich auf eine Zeit, in der auf dem Campus einige schwarze Nationalisten, Kulturnationalisten, waren, die diesen ganzen Kulturnationalismus entwarfen.* Sie waren dermaßen vom Kulturnationalismus eingenommen, daß sie die Weißen *haßten*, schon wegen ihrer Hautfarbe. Daher kommt Hueys und meine Ansicht über den Kultur-Nationalismus. Einmal hatte Huey einer Schwester die Tür aufgehalten, damit sie hindurchgehen könnte. Man weiß doch wohl, wie ein Mann für eine Frau die Tür aufhält. Zufällig kam nun ein weißes Mädchen direkt hinter der Schwester her und ging also auch mit durch die Tür. Da lief einer von den Kulturnationalisten auf Huey zu und sagte: »Wie kommst du dazu, diesem weißen Mädchen die Tür aufzuhalten?« Huey drehte sich zu ihm um und sah ihn an. Er sagte: »Sieh mal, mein Lieber, ich bin ja doch ein menschliches Wesen, und ich bin kein Narr. Ich hatte die Tür für die Schwester geöffnet. Nun kam gerade eine Weiße hinter ihr her. Diese Weiße greift mich nicht an. Sie tut mir nichts. Also ist doch nichts dagegen zu sagen, wenn ich die Tür offen halte, damit sie auch hindurchgehen kann.« Und die Kulturnationalisten waren ganz außer sich und übertrieben den Kram gewaltig. Dies ist nur ein Beispiel, an dem man Hueys Menschlichkeit allen gegenüber sieht; das ist so seine Art.

Wenn ich mich jetzt an manches erinnere, was Huey damals

* Die Kulturnationalisten und die Black Panthers stehen in vieler Hinsicht zueinander im Widerspruch. Der Kultur-Nationalismus betrachtet den weißen Mann grundsätzlich als den Unterdrücker und macht im Gegensatz zu den Panthern keinen Unterschied zwischen rassistischen Weißen und nicht-rassistischen Weißen. Die Kulturnationalisten sagen, ein schwarzer Mann könne kein Feind des schwarzen Volkes sein; die Panther dagegen halten schwarze Kapitalisten für Ausbeuter und Unterdrücker. Die Black Panther Party glaubt zwar an den Nationalismus der Schwarzen und an die Kultur der Schwarzen; sie glaubt jedoch nicht, daß der Kultur-Nationalismus etwa zur Befreiung der Schwarzen oder zum Umsturz des kapitalistischen Systems führen könnte; vielmehr sei er in der Hinsicht wirkungslos. *(Anm. d. amer. Hg.)*

gedacht hat, und an vieles, was er damals schon verstand, dann weiß ich, daß ich es zu der Zeit noch nicht begriffen hatte; aber ich hielt mich an Huey, weil er mir diese Dinge klarmachte.

Der ›Soul Students Advisory Council‹*

Ich hatte mich etwa zwei oder drei Jahre lang an einige Kulturnationalisten gehalten, an die sogenannte Untergrund-RAM (Revolutionary Action Movement, Revolutionäre Aktionsbewegung) des Westküstengebietes. Diese Leute haben mich sehr enttäuscht. Es kam mir nicht so vor, als ob sie irgend etwas unternehmen würden, und ich verlor den Mut, weiter mit ihnen zu arbeiten. Sie hatten eine Menge verrückter Probleme, und sie fingen an, mir alles mögliche vorzuwerfen. Sie hatten so viele lächerliche Verdachte, daß ich nicht mit ihnen umgehen konnte.
Also löste ich mich von diesen Kerlen. Eines Abends kriegte ich die Wut auf sie und schlug ihnen die Tür ein. All diese Nigger versteckten sich hinter ihren blöden Betten. Von dem Augenblick an wollte ich nichts mehr mit ihnen zu tun haben, weil sie sich nicht verteidigen wollten, nicht einmal gegen meine arme Wenigkeit. Es waren vier oder fünf von ihnen in der Bude, aber sie gingen laufen. Ich hatte einfach keine Achtung mehr für sie. Ich dachte mir: Diese Taugenichtse sollen mir jetzt egal sein. Ich will mir einen richtigen Kumpanen suchen, mit dem ich richtig zusammengehen kann.

Ich hatte Huey tatsächlich über ein Jahr lang nicht mehr gesehen. Eines Abends saß ich gerade an der Straße vor dem Haus von James Oliver, etwa einen halben Häuserblock vom Merritt College entfernt, als Huey vorbeikam. Zuerst erkannte ich ihn nicht. Ich saß da in meinem Wagen, trank ein Bier oder sowas Ähnliches, da blinkte Huey mit einer kleinen Taschenlampe zum Fenster herein. Ich hatte ihn ein paarmal die Straße entlanggehen sehen, aber er wird wohl meinen Wagen erkannt haben. Ich sagte mir: Was ist denn das? *Hier* ist ja der Mann, mit dem ich zusammengehen sollte! — Vorher hatte ich gewünscht, daß Huey mit in meine Gruppe von Kulturnationalisten käme, aber diese Strolche hatten ihn nicht in ihrer Organisation haben wollen. Ich kam zuerst nicht dahinter weshalb, aber ich erinnere mich noch, daß ich Huey gebeten hatte, einmal zu uns auf die Bude zu kommen; und als er wieder gegangen war, erhob sich Kenneth Freeman, dieser dumme Esel, und

* ›Beratungskreis für schwarze Studenten‹. Im amerikanischen Negerslang bedeutet das Wort ›soul‹ (eigentlich ›Seele‹) soviel wie ›Schwarzer‹. *(Anm. d. Übers.)*

sagte so lächerliches Zeug wie: »Huey P. Newton kommt aus einer Bourgeoisie-Familie.«
Huey P. Newton war regelrecht im Getto erzogen worden, und es war natürlich Kenny Freeman, der aus einer Bourgeoisie-Familie stammte. Dann sagte er noch: »Mensch, der Kerl ist beschwipst.« Ich antwortete: »Na, was ist schon dabei? Er hat eben manchmal einen sitzen – und ich trinke Whiskey.« Wenn ich mir's so überlege, dann glaube ich, daß Kenny Freeman uns gewöhnliche Nigger nicht grad besonders schätzte. Ich meine zwar nicht, daß er uns irgendwie angriff. Denn er wußte, daß Huey von der Sorte war, die sich keinen Dreck gefallen läßt, und ich glaube, er hatte ein bißchen die Angst eines selbstsüchtigen Bourgeois-Esels davor, daß Huey manchmal irgendeinen Mistkerl auf dem Hintern landen ließ, und auch vor der Art, wie Huey alles so geradheraus sagte.
An jenem Abend also, als Huey mit seiner Taschenlampe kam, dachte ich mir: Das ist der, an den ich mich halten muß – der Bruder Huey. Der kann alles richtig in Ordnung bringen, und er läßt sich von niemandem einen Scheißdreck gefallen. Und der wird zu mir halten. – So dachte ich über diesen Bruder, den ich ja nun inzwischen seit vier oder fünf Jahren kannte.
Ich fing an, ihm von dem Streit zu erzählen, und er hat sicher gemerkt, daß ich ziemlich enttäuscht war von den Kulturnationalisten, mit denen ich es so lange gehalten hatte, von dieser sogenannten Untergrund-RAM.
Einmal besuchte ich ihn und fragte ihn, ob er Fanon gelesen hätte. Ich hatte ›Die Verdammten dieser Erde‹ sechsmal gelesen. Ich wußte, daß Fanon recht hatte und daß er die Lage richtig beschrieb – aber wie konnte man solche Gedanken ausbreiten? Huey lag halb aufgerichtet im Bett, er dachte nach und plante. Er hatte mir erzählt, daß er Pläne machte, wie er etwas Geld verdienen könnte. Er war immer mit dem Gedanken beschäftigt, wie er von einem Tag zum anderen durchkäme. Das ist ja das Normale bei allen Gettobrüdern.
Nein, sagte er, Fanon hatte er nicht gelesen. So brachte ich ihm eines Tages den Fanon rüber. Der Bruder fing an, Fanon zu lesen, und das kann ich wohl sagen: Als Huey Fanon in die Hände kriegte und ihn las – da gab er sich ans Nachdenken. Ganz intensiv. (Ich hatte immer gedacht, daß wir diese oder jene Organisation haben müßten, aber nie etwas wirklich Konkretes.) Wir saßen oft zusammen über dem Buch ›Die Verdammten dieser Erde‹ im Gespräch, gingen einen Abschnitt oder ein Kapitel von Fanon durch, und Huey erklärte es, richtig von Grund auf. Nun hatte ich zum ersten Male jemanden, der mir klar und deutlich auseinandersetzen konnte, was eigentlich in einem Satz, einem Abschnitt oder Kapitel gemeint war; und er brauchte es dazu nicht erst ein zweites Mal durchzulesen. Er

wußte es gleich. Dann ging er auf die Straße. Wir gingen zusammen durch die Straßen, kamen mit anderen ins Gespräch, und im Laufe der Diskussionen und Auseinandersetzungen führte Huey die Tatsachen und das Material an, so daß einem alles einleuchtete. Er machte uns damals ebenso die Grundbegriffe klar wie heute, aber sein Horizont ist jetzt weiter und umfassender, weil er als Anführer der Black Panther Party eine Menge Erfahrungen gemacht hat. Heute steht er in seiner Entwicklung an der Spitze des revolutionären Kampfes. Er hatte aber schon immer diese besondere Fähigkeit, wirklich zu handeln und dabei die Dinge richtig zu sehen. Er konnte einem das Wesentliche klarmachen und die Sachen in Gang bringen.

Huey verstand es, etwas richtig durchzuführen, und ich glaube, daß dadurch die Black Panther Party gestartet wurde. Denn sobald Huey sich einmal in diese Sache vertieft hatte, fing er an, uns klarzumachen, daß wir etwas in Gang bringen müßten. Vor der Black Panther Party kam der Beratungskreis für schwarze Studenten. Manche von den Kulturnationalisten im College und noch ein paar von denen, mit denen ich auseinandergeraten war und mit denen ich mich nicht mehr herumschlagen wollte — sie haben Blödsinn über mich geredet und tun es noch immer —, manche von ihnen überlegten sich die Sache aber besser. Sie redeten davon, daß sie eine Organisation für den Campus gründen wollten. Huey und ich fingen an, uns für die Geschichte zu interessieren, ebenso ein paar andere, Virtual Murrell und Alex Papillion. Wir fingen an, das zu besprechen, was wir organisieren wollten und was wir dann den Beratungskreis für schwarze Studenten genannt haben. Wir bauten die Sache so auf, daß wir wirklich untereinander ganz und gar demokratisch handelten. Huey lag auch sehr daran, daß die Angelegenheit wirklich sinnvoll sein sollte; die sogenannte Führungsgruppe des Beratungskreises für schwarze Studenten bestand dann also aus Virtual Murrell, Alex Papillion, Bobby Seale, Huey P. Newton, Isaac Moore und noch ein paar jüngeren ehemaligen Kulturnationalisten.

Huey und ich nahmen uns vor, alles zu versuchen, damit die Sache wirklich klappte; wir wollten eine Gruppe für den Campus gründen und dafür sorgen, daß eine Führung entstand; wir wollten auch in die schwarze Gemeinde gehen und ihr auf revolutionäre Weise dienen. Ich war immer mit Huey zusammen. So ging es voran mit dem ›Soul Students Advisory Council‹, und inzwischen steckten Huey, ich, Alex Papillion und Virtual Murrell eine Menge harter, wirklich sehr harter Arbeit hinein, um einiges in Gang zu kriegen. Die Aushebungen der Schwarzen aus den Colleges zum Militär waren eine große Sache; natürlich gab es gerade über diese Aushebungen starke Meinungsverschiedenheiten. Aber wir hatten eben angefangen, über den

Militärdienst der Schwarzen zu sprechen. Wir organisierten eine der größten Massenversammlungen, die es jemals im Merritt College gegeben hat. Fünf- oder sechshundert Schwarze nahmen daran teil, und wir machten ihnen die Sache klar. Von da ab waren Huey, Virtual, Alex und ich als die Leiter des ›Soul Students Advisory Council‹ bekannt.

Eines Abends saßen Huey, ich und Weasel – einer der Brüder aus dem Campus – zusammen im Auto. Wir wollten uns ein paar Schallplatten kaufen von T-Bone Walker, Lightnin' Hopkins und Howlin' Wolf, diesen Dixieland-Brüdern. Ich schlug vor, zum Campus von Berkeley zu gehen, weil da oben herum mehr Langspielplatten von T-Bone Walker, Howlin' Wolf und all den Brüdern zu haben sind als in dem regulären schwarzen Schallplattengeschäft.

Wir machten uns auf, gingen die Straße herunter am Telegraphenamt vorbei zum Forum, einem Restaurant dort in der Gegend. Wir waren noch etwa einen Häuserblock vom Forum entfernt, als die Brüder mich baten, eins der Gedichte aufzusagen, die ich immer so gern hatte. Das eine hieß »Burn, Baby, Burn« (Brenne, Baby, brenne). Das andere war »Uncle Sammy Call Me Fulla Lucifer« (Onkel Sam, nenne mich Luzifer). Ich sagte das Gedicht »Burn, Baby, Burn« auf unserem Weg die Straße entlang bis zum nächsten Häuserblock; dann baten mich Huey und Weasel, das andere Gedicht, »Uncle Sammy Call Me Fulla Lucifer« herzusagen.

So fing ich denn an, dieses Gedicht zu rezitieren. Ich sagte zwei oder drei Worte, und als wir gegenüber dem Forum waren, auf der anderen Straßenseite, ging einer der Brüder – es war Weasel – hinüber und holte einen Stuhl. (Das Forum ist eine Art Straßenrestaurant.) Er sagte: »Hier, Bobby, stell dich hier drauf!« Wir setzten den Stuhl dort an den Straßenrand, und ich stieg hinauf und legte los: »Uncle Sammy Call Me Fulla Lucifer«; ich machte weiter und sagte das ganze Gedicht. Danach meinte jemand: »Nochmal! Sag das nochmal, Mann!« So kam ich zu der Stelle des Gedichtes, an der es heißt: »You school my naive heart to sing red-white-and-blue-stars-and-stripes songs.« Da kam ein Polizeischwein in Uniform an und blieb ein paar Schritte weiter stehen. Ich sagte: »You school my naive heart to sing red-white-and-blue-stars-and-stripes songs and to pledge eternal allegiance to all things blue, true, blue-eyed blond, blond-haired, white chalk white skin with U.S.A. tattooed all over.«*

* »Ihr lehrt mein kindliches Herz, zu singen von rot-weiß-blauen Sternen und Streifen« (dem Sternenbanner der U.S.A.) »und ewige Treue zu schwören allem Blauen, Treuen, Blauäugig-Blonden, Kreideweißen, weißer Haut, über und über mit ›U.S.A.‹ tätowiert.«

Du meine Güte, als ich das gesagt habe, kommt dieser Bulle her und sagt: »Sie sind verhaftet.« Ich stieg von dem Stuhl herunter und fragte: »Was sagen Sie da ›Sie sind verhaftet‹? Wieso verhaftet? Was haben Sie für einen Grund, zu sagen, daß ich verhaftet bin?« Er sagte: »Sie versperren den Gehsteig.« Darauf ich: »Wieso meinen Sie, daß ich den Gehsteig versperre? Ich stehe doch hier drüben.« Ich sah noch, daß Huey an meiner linken Seite stand. Im nächsten Augenblick packten ein paar Leute nach mir: »Sie sind verhaftet, Sie sind verhaftet.« Na, da fing ich an, mich von ihnen loszureißen. Dann, als Huey da oben kämpfte, warfen mich drei Weiße nieder und banden mich am Boden fest. Einem von den Weißen, die mich hielten, gab Huey ein paar Schläge über den Kopf, und ein paar andere Brüder traten sie. So kam ich frei. Das war ein mächtiger Kampf. Aber das ist wahr, man erzählt sich, daß Huey manche von den Burschen da tüchtig verprügelt hat. Er hat ordentlich seine Fäuste gebraucht.

Darum sage ich, daß Huey sich immer für seine Kumpels auf jeden Kampf einließ. Das hat er so an sich. Er fühlt sich einfach mit allen Brüdern verbunden, mit denen er zusammen ist. Er läßt es nicht zu, daß irgendwer seinen Freunden oder jemandem, der bei ihm ist, in die Quere kommt. Das ist seine Art, so geht er mit seinen Leuten um – gegen das rassistische, dekadente System. Und so, wie ich es erzählt habe, behandelt er jeden, der ihm oder seinen Freunden, seinem Volk und seiner Familie irgend etwas tun will. – Das war eine große Sache.

An dem Abend haben sie Huey und mich verhaftet. Ich führte sie eine Weile an der Nase herum, wurde dann aber einen Häuserblock weiter festgenommen. Da wir zu der Zeit die Leiter des ›Soul Students Advisory Council‹ waren, und da Huey und ich einen Anwalt brauchten, ging Virtual Murrell zur SSAC-Kasse, holte dort fünfzig Dollar und gab uns jedem fünfundzwanzig, damit wir uns Anwälte nehmen könnten, sobald wir gegen Kaution aus dem Gefängnis entlassen würden. Drei Tage hat es gedauert, bis wir Huey gegen Kaution frei hatten. Er stand in Bewährungsfrist, und zuerst hielt ihn sein Bewährungshelfer ziemlich kurz, aber später ließ er ihm mehr Freiheit.

Drei Wochen, nachdem man Huey gegen Kaution freigelassen hatte, wurde ein Bruder direkt vor unserem Wagen verhaftet. Huey war drauf und dran, auf die Polizeischweine loszugehen, weil er wußte, daß der Bruder gar nichts anstellte. Er war nur ein Zivilist, der da herumstand und zusah, etwa sechs bis acht Schritte von unserem Wagen entfernt, und die Bullen gingen auf ihn zu und wollten ihn ganz ohne Grund festnehmen. Huey sagte: »Wir haben etwas Geld in der SSAC-Kasse. Wir werden dafür sorgen, daß dieser Bruder gegen Kaution freikommt.«

Alex Papillion und ich hielten Huey zurück. Es kamen noch mehr von den Polizeischweinen, die zwangen Alex und mich, uns an der Wand aufzustellen, und hielten Pistolen gegen uns im Anschlag. Dann verhafteten sie den Bruder, der nur da herumgestanden hatte. So gingen wir und hinterlegten eine Kaution, damit er freikam. Wir wollten nun den SSAC benutzen, um allmählich unsere Erfahrungen zu machen, wie wir unseren Leuten nützen könnten. »Der Bruder ist ohne Grund auf einen erlogenen Hinweis hin festgenommen worden. Der wird gegen Kaution losgekauft«, sagten wir.

Wir gehen auf die Straße

Bald darauf hatten wir eine Versammlung des SSAC mit über zweihundert Leuten, die sich viele Sorgen machten, worauf der SSAC hinaus wollte. Die Kulturnationalisten hatten überall im Campus verbreitet, daß wir dem Council Schaden antäten. Sie warfen uns vor, wir klauten Geld aus der Kasse. In Wirklichkeit ist kein Geld geklaut worden. Das Geld wurde als Kaution gebraucht und um für Huey und mich Anwälte zu bekommen.
Die Kulturnationalisten warfen uns auch vor, wir nähmen Geld von Weißen an. Wir hatten Geld von Bob Scheer bekommen, einem früheren Herausgeber der Zeitschrift ›Ramparts‹, der für den Kongreß kandidierte. Scheer war zu uns gekommen und hatte uns dafür um Unterstützung gebeten, und wir haben ihm gesagt, wir hielten es nicht für nötig, irgend jemanden politisch zu unterstützen; wir glaubten nicht, daß unsere Meinungen dort richtig zur Sprache gebracht werden könnten. Wir haben Scheer um hundert Dollar gebeten, und er hat sie uns gegeben. An das Geld waren keine Bedingungen geknüpft. Wir haben einfach gesagt: »Wir brauchen hundert Dollar als Hilfe, damit wir hier im Merritt College die Dinge in Gang bringen können.«
Wir meinten wohl zu wissen, was wir tun wollten, denn Huey hatte der Führungsgruppe des SSAC schon klargemacht, daß wir uns bewaffnen müßten. Das war, ehe wir die Black Panther Party organisierten, etwa elf Monate vorher. Huey hatte es Douglas Allen, Isaac Moore, Kenny Freeman und Ernest Allen erklärt, daß wir unbedingt die schwarze Wohngemeinde mit einbeziehen müßten. Huey begriff genau, warum Fanon sagt, daß man zuerst das Lumpenproletariat organisieren muß. Fanon erklärt das ganz deutlich: Wenn wir das Lumpenproletariat nicht organisieren, wenn die Organisation sich nicht mit dem Lumpenproletariat verbindet, wenn sie nicht die Grundlage schafft, um den Bruder zu organisieren, der ein Homosexueller, ein Kuppler, ein Arbeitsloser, ein Entrechteter ist, den Bruder,

der Banken ausraubt, der nicht politisch bewußt ist – sie alle sind mit dem Wort ›Lumpenproletariat‹ gemeint –, wenn wir uns also nicht mit diesen Burschen verbinden, dann werden die Machthaber diese Burschen gegen uns organisieren.

Huey sagte im SSAC-Zentralkomitee, wir müßten den Gettobrüdern zeigen, daß wir eine Organisation haben, die das Volk vertritt, und wir müßten ihnen das wirklich sehr deutlich zeigen.

So schlug Huey der Führungsgruppe vor, daß wir die Brüder von der Straße sichtbar bewaffnet zum Campus brächten und daß wir die Presse auch dorthin brächten. Wir konnten die Wohngemeinde erreichen (die Presse würde darauf erpicht sein) und ihr am Geburtstag von Malcolm X, am 19. Mai, klarmachen, daß Malcolm X sich für die bewaffnete Selbstverteidigung gegen die rassistischen Machthaber ausgesprochen hatte; und wir konnten den rassistischen weißen Machthabern zeigen, daß wir die Gewehre zur Verteidigung unseres Volkes gebrauchen wollen. All diese Kulturnationalisten, diese jämmerlichen Leute von der Untergrund-RAM, sie alle waren bange und lehnten das ab. Ich muß sogar sagen, daß Virtual Murrell nicht übermäßig eifrig war. Auch Alex Papillion war nicht grade besonders begeistert. Die einzigen, die wirklich an dem Gedanken hingen, waren Huey P. Newton als Anführer und ich – ich schloß mich an Huey P. Newton an, weil ich ihn verstand, weil ich zu wissen glaubte, wovon er denn zum Kuckuck redete; denn diesmal erklärte er mir, daß man das, wovon Fanon schreibt, nur praktisch verwirklichen kann, nicht durch viele Worte.

Huey erläuterte uns, daß nach dem Gesetz jeder das Recht hat, Waffen zu tragen, so steht es im zweiten Zusatz dieser blöden Verfassung der Vereinigten Staaten. Er sagte: Diesen Zusatz werden wir jetzt ausnützen; denn letzten Endes wird man behaupten, es gäbe gar keinen zweiten Zusatz zur Verfassung. Es ist sehr wichtig, das zu begreifen. Wenn also Huey sagte: »Wir wollen das jetzt ausnützen«, dann meinte er: Bezieht euch vor allem auf das, was Malcolm X gewollt hat, bezieht euch nicht so sehr auf Malcolms Persönlichkeit, sondern darauf, was er uns zu tun geraten hat. Und das versuchte Huey in der Gruppe des SSAC zu verwirklichen, schon eine ganze Weile, ehe die Black Panther Party entstand. Diese Jammergestalten haben es alle abgelehnt. Douglas Allen und die anderen waren bange. Sie waren erschrocken. Huey hat sie einen Haufen ängstlicher Feiglinge genannt.

Von da ab hatten wir wirklich, ganz ernstlich, ein Hühnchen zu rupfen mit diesen Kulturnationalisten im SSAC. Sie warfen uns vor, wir klauten Geld, und dann lehnten sie den Vorschlag mit den Gewehren und der Bewaffnung unserer Leute ab. Sie fingen an, uns Vorwürfe zu machen, und sie wollten sich auf dem Campus schlecht benehmen wie schäbige Straßenstrolche. Es gibt solche Kulturnationalisten, die meinen, daß sie schäbig sind, schäbiger als sonst irgendwer. Dazu sagt Huey: »Wenn sie meinen, daß sie schäbig sind, dann holen wir unseren Kram da weg.«

Ich hatte eine 9-mm-Pistole, und Huey holte seine Freunde zusammen – die Kuppler, die Halsabschneider von der Straße (die Leute nennen sie immer ›Halsabschneider‹) – und er holte seinen Neffen dazu, der wie die Gettobrüder einfach Spaß am Kampf hatte. Sie strengen sich nicht gern bei irgend etwas an, außer beim Kämpfen, und sie hatten Huey gern und achteten seine Gedanken; so haben wir eine ganze Versammlung durch nur Waffen gestapelt, während der ganzen Versammlung am letzten Tag. Es war der Tag, an dem Huey und ich vom SSAC zurücktraten, zusammen mit den Brüdern von der Straße, und Huey sagte: »Komm! Diese Nigger denken, sie wären schlecht. Wir wollen ihnen nun zeigen, ob sie schlecht sind.« Wir hörten dort auf, und wir bekamen Gewehre und Leute, die anpackten, und so weiter. Buddy Boy war da mit einigen von seinen Jungen, auch einer von Hueys Neffen mit seinen neun oder zehn Brüdern von der Straße und noch ein paar Vettern von ihm. Wir wollten den anderen damals den Hintern versohlen. Aber die Kulturnationalisten hauten ab und kriegten es mit der Angst und wurden bange, weil sie wußten, daß es uns ernst war.

Huey war im hinteren Zimmer, und ich war dort und stand drei oder vier Meter von Isaac Moore entfernt. Isaac Moore fing an, etwas daherzureden, ich sollte mich hinsetzen. Ich sagte zu ihm: »Komm her, mal sehen, ob du mich dazu bringst, daß ich mich setze!« Denn ich wußte ja, daß ich eine 9-mm-Pistole gegen ihn hatte. Es heißt, Isaac Moore könnte ein bißchen Karate, aber wenn er sich schäbig benehmen wollte, dann würde ich dem Nigger zeigen, daß man mit Karate nicht gegen Flintenschrot und Pistolenkugeln ankann.

Huey im hinteren Zimmer forderte Kenny Freeman auf, aus der Ecke herauszukommen, und Kenny Freeman erhob sich von seinen vier Buchstaben da in der Ecke, setzte sich auf einen anderen Platz und blieb ruhig, denn bekanntlich war Huey P. Newton ein Mordskerl. Er kann es nicht haben, wenn jemand seine Freunde heruntermacht. Huey hat eins an sich: Er gibt. Er ist ehrlich, er ist anständig, und er gibt gern, aber er läßt sich deshalb von niemandem fertigmachen. Und genau das hat Kenny Freeman versucht: Huey deswegen fertigzumachen, weil er Dinge hergeben kann. Huey läßt es nicht zu, daß sich irgendwer einmischt wegen etwas, das er seinen Leuten oder sonst jemandem geben möchte – das ist eben seine Anständigkeit und seine Ehrlichkeit. Kenny Freeman konnte nicht verstehen, daß

Huey bereit war, etwas herzugeben, und Huey war ganz für seine Leute da.
Sie haben all den Quatsch erzählt, daß wir Geld nähmen, und haben die blöden Intellektuellen im College so weit gekriegt, daß sie wirklich dachten, wir klauten Geld. Wir haben den Mistkerlen gesagt, daß wir kein Geld geklaut haben, daß wir das Geld als Kaution für einen Bruder im Gefängnis hinterlegt haben, und Virtual Murrell sagte: »Ich habe fünfzig Dollar genommen; davon habe ich die Hälfte Huey P. Newton und die Hälfte Bobby gegeben, damit sie sich einen Rechtsanwalt besorgen könnten für diese scheußliche Sache, die da vor dem Telegraphenamt passiert ist.« Die Kulturnationalisten haben sich so durch das System verblöden lassen und haben einen solchen Kadavergehorsam gegenüber dem System, daß sie es nicht glauben konnten. Sie wollten es auch nicht glauben. Sie wollten verräterisch und gemein sein, wie die Machthaber, so sehr sind sie schon auf das System geeicht. Sie haben eine Neigung, sich da ganz und gar hineinzuversetzen.
Also sprangen Huey und ich auf und sagten: »Na, dann zum Teufel damit! Wir ziehen uns hier heraus. Wir werden in die schwarze Wohngemeinde gehen, und wir wollen in der schwarzen Wohngemeinde eine Organisation auf die Beine stellen, die im Befreiungskampf der Schwarzen an der Spitze stehen soll.« Huey trichterte ihnen das alles ein. »Für euch haben wir keine Zeit übrig«, sagte er. »Ihr macht nur faulen Zauber in diesen Colleges. Ihr verkrümelt euch im College hinter eurer vornehmen Zurückgezogenheit, und ihr seid Schwindler und Betrüger.« Das war der eigentliche Bruch mit dem SSAC, den Huey zustandebrachte.
Damit gingen wir und meinten: »Diese jämmerlichen Kunden kommen auch noch mal dran, diese unehrlichen Schufte im College.« Wir gingen einfach auf die Straße, wo wir eigentlich von Anfang an hingehört hätten — das haben uns die vier oder fünf Jahre vor dieser Geschichte gezeigt —, und Huey, der Bruder von der Straße, hatte die Straße im Grunde nie wirklich verlassen.

Als wir uns entschieden, auf die Straßen zu gehen, stand in der Hauptsache das eine dahinter: daß Huey P. Newton bereit war, auf die Straßen zu gehen. Ehe Huey sich entschloß, das College zu verlassen, hatte er die Dinge dort zustande bringen wollen; er hatte denen, die auf der College-Ebene standen, verständlich machen wollen, daß es nötig ist, auch die Brüder von der Straße auf die College-Ebene zu bringen und das College-Wissen mit dem Straßenleben in Verbindung zu setzen. Das war Hueys eigentliches Ziel, denn er sah ein, daß dies unbedingt passieren müßte. Aber Huey sah gleichzeitig auch ein: Wenn die Jungens vom College nicht auf die Straßen kommen wollten, dann mußte man sie halt lassen. Und so ist es geworden; die Jungens vom College, die Kulturnationalisten und all die unehrlichen Stutzer, die dauernd Blödsinn reden und niemals an den wirklichen Revolutionskampf heran wollen, an den Kampf für die Befreiung der Schwarzen in unserem Lande — von denen sagte Huey: »Gut, lassen wir sie! Dann gehen wir auf die Straßen.« Und ich sagte dazu: »Huey, ich bin dabei, Bruder. Wir wollen uns jetzt ranmachen.« So sind wir also auf die Straßen gegangen, und das war das Richtige.

All die Buchseiten, die Fanon beschrieben hat, beschrieb Huey sozusagen noch mal: Wir haben immer viel unterstrichen. Ich wollte, ich hätte die Bücher jetzt hier mit den unterstrichenen Abschnitten drin: mit all dem, was Fanon über die Gewalt, die spontane Gewaltanwendung sagt, wie die spontane Gewalt denen, die ihrer Stellung und Begabung nach das Volk führen können, beibringt, was getan werden muß. Fanon hat die Kulturnationalisten *völlig* fertiggemacht. Er redet von ihnen, als wären sie *Hunde*. Darum haben viele Kulturnationalisten wirklich, ganz buchstäblich, Fanons Buch in die Ecke geworfen. Malcolm X hatte von einer Organisation gesprochen und davon, daß man etwas tun müßte, regelrecht losgehen und es wirklich tun. Die Kulturnationalisten andererseits wollten sich hinsetzen und dummes Zeug reden, aber Huey P. Newton wollte hinausgehen und etwas auf die Beine stellen.

Das ist ganz wichtig. Das ist tatsächlich der Unterschied, die Trennungslinie zwischen den Revolutionären und denen, die in vornehmer Zurückgezogenheit in den Colleges sitzen und Unfug reden. Huey und ich fingen an, eine Menge Dinge zu besprechen. Wir gingen jetzt wirklich ganz intensiv an die Fragen heran, wie diese Sache laufen würde und wie sie unserer Meinung nach laufen sollte. Wir waren von Leuten in San Franzisko, im Merritt College und im Campus von Berkeley abgelehnt worden; denn wir sagten, daß unser Volk mit Gewehren bewaffnet werden sollte, und wir betonten, wie nötig das wäre. Die Kulturnationalisten und viele der führenden weißen Liberalen sagten dazu nur: »Ihr könnt doch nicht zum Gewehr greifen. Es ist unmöglich, zum Gewehr zu greifen.« Darauf wollten sie hauptsächlich hinaus. Das konnte man bei all ihren schönen Reden merken. Aber Huey sagte: »Nein, ihr müßt zum Gewehr greifen, denn ihr schafft es nur mit dem Gewehr.«

Meine Arbeit im Armenhilfe-Programm

Im Juni 1966, in dem Sommer vor der eigentlichen Gründung der Black Panther Party, nahm ich im Nachbarschaftsprogramm für Armenhilfe von Nord-Oakland eine Stelle als Werkmeister im Jugendprogramm an. Die Stelle brachte mir monatlich 660 bis 670 Dollar ein. Ich hatte schon einmal in einem solchen Armenhilfe-Programm gearbeitet, damals hatte man mich an die Luft gesetzt; ich hatte nämlich den jungen Leuten etwas über die Geschichte der Schwarzen beigebracht, und ich hatte ihnen gesagt, sie sollten sich nicht ausnützen lassen mit den 1,35 Dollar pro Stunde, die man ihnen gab. Ich versuchte, sie dahin zu bringen, daß sie nicht wie Onkel Tom* dächten, sondern sie sollten immer überlegen, wie die Schwarzen in ihrer Wohngemeinde sich behaupten und sich zusammentun könnten. Durch meine Arbeit in der Armenhilfe lernte ich viele von den Jungen kennen, die wohl später einmal Lumpenproletarier sein würden.

Huey arbeitete im gleichen Sommer als Gemeinschafts-Organisator, und so waren wir beide sehr oft zusammen. Huey kannte viele von den älteren Leuten in der Wohngemeinde. Weil er die Dinge so klar aussprach, mochten ihn die Brüder, die im allgemeinen als Rowdies und Kriminelle galten, gut leiden.

In diesem Sommer bot das Arbeitsprogramm Stellen für etwa hundert Jugendliche – für fünfundzwanzig Mädchen und fünfundsiebzig Jungen. Sie arbeiteten in der Wohngemeinde mit Rasenmähen, Heckenschneiden, Umgraben und ähnlichem. Eigentlich sollten sie auch Zäune und Treppen reparieren und so weiter, aber dafür war das nötige Werkzeug nicht da. Im ganzen gab es vier solcher Programme, so daß die Armenhilfe in Oakland nur 400 Jugendliche beschäftigte.

Mir ging es bei diesem Programm darum, den jungen Leuten nach Möglichkeit etwas von der Geschichte der Schwarzen in Amerika beizubringen und sie auch ein wenig zur Verantwortung zu führen; nicht zur Verantwortung im Sinne der alten Einrichtungen, sondern zur Verantwortung für ihr eigenes Volk in ihrem Gemeinwesen. Die jungen Brüder versuchten bei der Armenhilfe oft zu mogeln und dachten, sie könnten kuppeln, oder sie meinten, sie könnten jemanden mit Spielen oder Reden oder Schlagen fertigmachen. Manche trieben dummes Zeug und trugen Messer, denen mußte ich ordentlich Bescheid sagen wegen der Messer. Ich wollte bei meiner Arbeit im Armenhilfe-Programm nie gern die autoritären Taktiken alter Schule anwenden; die hatte ich selbst abgelehnt, und ich wußte, daß diese jungen Brüder sie auch ablehnten. Sie tranken Wein, sie trieben Würfelspiele und ähnliches. Ich wußte, daß ich zu diesen Brüdern einen Zugang finden konnte, weil ich nicht so sehr anders

* ›Onkel Tom‹, berühmte Figur aus dem Roman ›Onkel Toms Hütte‹ von Harriet Beecher-Stowe, ist zur Bezeichnung für einen Schwarzen geworden, der weißenfreundlich bis zur Unterwürfigkeit ist. *(Anm. d. Übers.)*

war als sie. Ich verstand auch Wein zu trinken, mit Würfeln und Karten zu spielen und den Frauen nachzugehen.

Manchmal erwischte ich die Jungs beim Kartenspiel und mußte sie dazu bringen, daß sie aufhörten. Dann sagte ich: »Mann, ihr könnt doch jetzt nicht Kartenspielen, ihr habt ja eure Arbeit zu machen.« Aber im allgemeinen wollte ich nicht autoritär sein. Ich habe dort vieles getan, was nicht üblich war. Ich versuchte die Brüder zu der Einsicht zu bringen, daß sie ein Recht hatten, für ihre Arbeit etwas zu fordern. Ich wußte, daß sie später wahrscheinlich Arbeiter sein würden, jedenfalls wenn wir jemals das jetzige System ändern sollten. Wenn ich zehn Jungen für eine Arbeit hatte, dann sagte ich zu ihnen: »Schön, ihr habt heute sechs Stunden zu arbeiten. Eine Stunde habt ihr zum Mittagessen frei. Wenn ihr jetzt alle gut zusammenarbeitet bei dieser Sache, dann könnt ihr sie in vier Stunden schaffen, das weiß ich.« Und ich sagte: »Dann werde ich euch für die nächsten zwei Stunden freigeben und werde dafür sorgen, daß ihr trotzdem euren Arbeitslohn für sechs Stunden bekommt.« Die Verwalter da oben wußten wahrscheinlich nicht, was ich machte; aber ich wollte die Jungen dazu bringen, ihre eigene Arbeit und ihre Verantwortung zu achten, damit sie drangingen und wirklich etwas taten.

Das hat viel mit meiner eigenen Vergangenheit zu tun. Als ich noch jünger war, vielleicht dreizehn oder vierzehn Jahre alt, sagte meine Mutter immer: »Nun macht eure Betten und putzt euer Zimmer!« Mein Bruder und ich bummelten dann eine halbe oder Dreiviertelstunde herum und versuchten, uns nach draußen durchzumogeln und um die Sache herumzukommen. Endlich eines Tages überschlug ich das Ganze und sagte: »Zum Teufel noch mal, wir hätten in zehn oder fünfzehn Minuten die Betten gemacht und das Zimmer geputzt haben können, dann wären wir schon draußen.« Diese Entdeckung, die ich als kleiner Junge gemacht hatte, benutzte ich, um den Brüdern zu zeigen, daß sie mit ihrer Arbeit die Sache tatsächlich schaffen konnten, wenn sie wirklich voranmachten und sich Mühe gaben.

Ab und zu erwischte ich immer mal einen Faulpelz. Wenn das passierte, ging ich dahin, wo er zu arbeiten hatte, und machte mich ordentlich ans Werk, und dann arbeiteten wir wirklich, ganz hart, und fingen allen Ernstes an, die Geschichte in Ordnung zu bringen. Ich versuchte nicht, dem Faulenzer den Lohn zu kürzen oder ihn rauszusetzen, sondern ich kriegte all die anderen Brüder zusammen; und dadurch, daß ich selbst arbeitete, wollte ich ihnen zeigen, wie es gehen müßte. Dann sahen mir die anderen Brüder gewöhnlich anerkennend zu und lachten den Faulpelz aus. Auf diese Weise fingen viele von den Jungs an zu begreifen, daß sie etwas schaffen könnten. — Mr. Allen, der Leiter des Armenhilfe-Programms, war einer von der alten Schule, sehr genau und sehr streng. Er wollte das Rechte tun, aber seine Ideen und Vorstellungen trafen auf alte, konservative Menschen zu. Sie hießen im wesentlichen: »Tu das, was das System von dir will, dann machst du alles richtig.« Aber das ist ja gar nicht wahr. Manchmal kam Mr. Allen einem auf die Schliche, dann kürzte er ihm den Lohn. Die jungen Brüder versuchen tatsächlich zu mogeln. Sie versuchen, krumme Dinger zu drehen, und sie sehen gar nicht ein, daß die Leute nicht lauter Dummköpfe sind.

Am ersten Tag habe ich alle Jungen im Zimmer versammelt; und ich habe damit angefangen, daß ich ihnen etwas über die Geschichte der Schwarzen beibrachte. Ich weckte ein wenig ihr Interesse dafür, und ich sagte ihnen »Burn, Baby, Burn« von Marvin Jackman. Das Gedicht ist ein reizvolles kleines Ding, aber viele von den Jungen konnten es nie in seiner Beziehung auf die politische, soziale und wirtschaftliche Unterdrückung der Schwarzen verstehen. Das Gedicht will eigentlich sagen, daß ein Schwarzer genug Mut aufbringen muß, um sich zu wehren und Widerstand zu leisten. Wenn sie das Gedicht verstanden, dann hätten sie damit den Anfang einer revolutionären politischen Ideologie. Dann würden sie sehen – wie die Black Panther Party –, daß spontane Erhebungen nicht so von ungefähr kommen.

Aber Gewalt kann, wie Fanon sagt, eine Kraft oder eine Schwäche sein. Die Gewalt der vielen Aufstände vor der Gründung der Black Panther Party war eine Kraft; denn sie hat zu einer solchen Organisation wie der Black Panther Party geführt und hat auch andere Organisationen entschlossener gemacht, nach einer besseren, revolutionäreren Ideologie zu suchen, die das Volk leiten könnte. Sie sahen, daß so viele Menschen getötet wurden, einfach weil sie nicht organisiert waren. – Ich habe also den Brüdern und Schwestern dieses Gedicht mehr oder weniger erklärt. Ich habe es ihnen gesagt, und sie haben sich gründlich damit befaßt. Dann rezitierte ich »Uncle Sammy Call Me Fulla Lucifer«. Das stammt von Ronald Stone aus New York. Ich habe den Brüdern diese Gedichte sehr dramatisch rezitiert. Dann habe ich ihnen erklärt: Das ist der Grund, warum der Mann euch wirklich herumgekriegt hat, für 1,35 Dollar Stundenlohn zu arbeiten. »All ihr Jungen hier, die ihr sechzehn bis einundzwanzig Jahre alt seid«, sagte ich, »er zahlt euch 1,35 Dollar Stundenlohn, weil er eure Seelen kennt. Er weiß, daß ihr euch an die Arbeit gemacht habt, um diesem System zu widerstehen. Ich möchte euch gern zeigen, daß ihr euch nicht mehr an die Arbeit zu machen braucht, um dem System auf diese Weise zu widerstehen.« – Das Gedicht haben sie wirklich begriffen.

Sonnabends gab es ein oder zwei Stunden lang irgendwelchen Unterricht und dann ein Baseballspiel. Die Bengels wurden dafür bezahlt, daß sie zu den vier Stunden am Sonnabend kamen. Nach dem Unterricht am Morgen hatten dann manche keine Lust zum Baseballspiel. Sie setzten sich zusammen und fingen an, Schwarzer Peter oder sonst ein Kartenspiel zu spielen. Bobby Hutton gehörte mit zu diesen Bengeln. Den kleinen Bobby lernte ich dadurch kennen, daß ihn einer seiner Freunde zu mir brachte und mich fragte, ob ich ihm Arbeit verschaffen könnte. Ich sagte: »Tja, da unten sind noch drei oder vier offene Stellen. Die müßten doch wohl so viel Geld haben, daß sie dir eine Stelle geben könnten.« Bobby sagte, er wäre sechzehn Jahre alt, aber ich wußte, daß das nicht stimmte. Ich sah es seinem Gesicht an, doch ich sagte: »Ich werde eben sagen, daß er sechzehn Jahre alt ist, und werde zusehn, daß er seinen Job bekommt, denn er braucht einen Job.« Sein Freund hatte ihm erzählt: »Wir haben einen Werkmeister, der ist nicht so wie die anderen.« Das hatte ich gehört. Und sein Freund hatte zu ihm gesagt: »Ich weiß, daß er dir einen Job geben wird. Der versteht wirklich alle Brüder.«
Eines Sonnabends wollte niemand von der ganzen Gruppe Baseball spielen. Also erklärte ich: »Hört mal, ihr Strolche, ihr könnt doch nicht ohne mich Kartenspielen! Ich weiß schon, ihr denkt alle, ihr könntet mich im Spiel übertreffen. Na, dann wollen wir uns mal drangeben!« Sie spielten um fünf und zehn Cents. »Ja warum spielt ihr denn überhaupt?« meinte ich. »Ihr braucht gar nicht erst zu spielen, das Spiel steht ja doch immer gegen euch.«
»Oh, Mann, du weißt wohl nicht, wovon du redest, du Baby! Du bist ja nur einer von diesen dämlichen Quadratschädeln, Bobby.«
»So, ihr meint also, das Spielen ist das Wahre – hm!« sagte ich. Dabei dachte ich mir: »Na, mir scheint, diese Brüder sind nicht grade lahm im Spielen. Ich werde ihnen wohl so einen kleinen Denkzettel geben müssen.« Sie spielten gerade Schwarzen Peter, so kam ich in das Spiel herein, fünf Cents und zehn Cents, und noch einmal fünf Cents und zehn Cents. Dann sagte ich: »Wir wollen doch mal die Einsätze erhöhen, Kinder. So kann ich ja nichts gewinnen, Mensch. Ihr verdient doch gut.« Die Bengels saßen bloß so da. »Einen viertel Dollar, Mann, einen viertel Dollar«, sagte ich. »Was seid ihr denn für eine Sorte Spieler? Seid ihr alle geizige, billige, kümmerliche Spieler?« Also sagte der Junge, der am Kartengeben war: »Setz halt einen viertel Dollar, wenn du das willst.«
Ich sagte: »Einen halben Dollar.«
Er darauf: »Also einen halben Dollar.«
Ich: »Genau richtig.«

Ich schlug zu und setzte einen halben Dollar ein, und ich verlor ungefähr fünfzehn halbe Dollar. Endlich kam ich ans Kartengeben. Ich hatte die zehn Dollar, mit denen ich gekommen war, fast ganz verloren. So sagte ich: »Na schön. Wer spielt gegen mich mit dieser Münze?« Ich hatte noch fünfundsiebzig Cents bei mir: »Hier sind genau fünfundsiebzig Cents.« Einer von den Brüdern sagte: »Ich tu mit.« Ich sagte: »Gut, spielen wir eine Runde.« Rums! Wir spielten eine Runde, und ich gewann.

Ich sagte: »Wer spielt mit mir um diese anderthalb Dollar, die ich hier habe?« Jeder dachte: »Dieser jämmerliche Kerl!« Sie meinten alle, ich müßte verlieren. Ich hätte verlieren können, aber ich hatte ein bißchen Glück. Ich gewann, und ich brachte es auf etwa fünf Dollar. Ich sagte: »Nun mal los, der Himmel ist die Grenze. Jeder kann so hoch spielen, wie er will!« Einem ging das Geld aus. Er sagte: »Ich möchte um die Löhnung vom nächsten Zahltag spielen.«

»Einsatz die Löhnung vom nächsten Zahltag«, sagte ich. «Mir ist alles recht. Ich nehme jeden solchen Einsatz auf der Stelle an. Ich komme rum, Kleiner, verstehst du mich?« Ich trieb es weiter und warf alle Karten aus. Ich hatte wirklich angefangen zu gewinnen, aber jetzt verlor ich das verflixte Spiel.

Na, da hatte ich eben verloren; und es wurde eifrig weitergespielt mit Einsätzen vom nächsten Zahltag. Also sagte ich wieder: »Der Himmel ist die Grenze.« Einer wollte es ganz schlau anfangen. »Wie hoch willst du spielen?« fragte er mich. »Ich setze hundert Dollar«, sagte ich. Die anderen fanden: »Richtig so! Der Bobby verdient seine sechshundertfünfzig Dollar im Monat. Von dem Geld will ich mir jetzt was holen.«

»Also hundert Dollar«, meinte ich. Rums! Ich gewann. *Der* Bengel hatte keine Lust mehr, weiterzumachen. So ging ich zu einem anderen und kriegte mir den. Ich ging und spielte noch ein paar Runden. Ich hatte das Spiel in der Hand, und das bißchen Kleingeld, das sie noch bei sich hatten, wurde ihnen knapp. Endlich kriegte ein Bursche mich unter. Ich sagte: »Hundert Dollar.« Ich verlor.

»Ich setze nochmal hundert«, sagte ich.

Ich verlor.

»Einsatz vom nächsten Zahltag«, sagte ich, »ich spiele wieder um hundert.«

Ich verlor.

Fünf Runden verlor ich noch. Ich hatte siebenhundert Dollar Schulden. Dieser Bursche hatte ein widerliches Grinsen über das ganze Gesicht, kann ich sagen. Er wußte sich gar nicht zu lassen. So kicherte er nur, und all die anderen Bengels wollten auch mit mir spielen, weil sie sich dachten, ich wäre ein Dummkopf.

So ging es weiter. Einsatz vom nächsten Zahltag. Hundert Dollar. Wieder verloren. Neuer Einsatz vom nächsten Zahltag. Hundert Dollar. Und auch verloren. Dann kriegte ich einen Joker und gewann alles zurück.

»Einsätze vom nächsten Zahltag«, schlug ich vor.

»Och, Mann«, sagten sie alle.

»Nichts da mit ›Och Mann‹«, erklärte ich. »Ich habe um meine Löhnung mit euch gespielt. Jetzt könnt ihr auch um eure Löhnung mit mir spielen. Ich mach sowieso den größten Gewinn bei dieser dusseligen Sache. Was wollt ihr jämmerlichen Kerls denn jetzt anfangen? Hier herumsitzen und plappern wie ein Haufen kleiner erbärmlicher Küken und euch winden? Oder wollt ihr spielen wie Männer? Ihr habt doch gesagt, ihr könntet spielen.« Ich wollte ihnen jetzt wirklich einen Denkzettel geben, ich hatte nämlich vor, sie immer zu überbieten. Wir gingen ein Stück hinaus zu den Bänken mitten im Park; da setzten wir uns hin und fingen ordentlich zu spielen an. Es waren etwa fünfzehn Jungen dabei. Alle, die glaubten, sie wären oberschlau, wollten spielen. Ich blieb im Spiel obenauf, und bald waren zwei von ihnen mir jeder zweitausend Dollar schuldig.

So meinte ich denn: »Jetzt seid ihr erst richtige Spieler, nicht?«

»Jaha«, sagten sie.

»Und seht ihr jetzt wohl, was ich mit euch gemacht habe?« erklärte ich. »Ich habe immer höher gesetzt als ihr.« Ich hatte einen von den Jungen dort mit tausend Dollar in der Klemme. »Weißt du, was du tun mußt? Das nächste Mal um zweitausend Dollar spielen! Spiele um zweitausend Dollar, Mann!« sagte ich. »Kommt nur her, alle Jungens, die ihr jetzt in Schulden steckt. Ein paar von euch müssen doch gewinnen. Dich« — ich zeigte auf einen — »habe ich jetzt mit sechshundert Dollar fest, dich mit fünfhundert, und dich da mit dreihundert Dollar.«

Ich hatte die Jungen alle in der Klemme, und ich sagte ihnen, sie müßten regelrecht spielen; also erhöhten sie ihre Einsätze. Und ich gewann jede Runde, wirklich jede Runde gewann ich. Sie wollten nicht mehr spielen. Ich sagte: »Nu macht schon, los! Was habt ihr denn?« Sie fingen an, herumzureden: »Ich verdiene doch nicht so viel wie du. Ich kann so viel Geld nicht bezahlen.«

»Und ihr werdet mir bezahlen«, sagte ich. »Macht mir ja nichts vor! Ihr werdet mir bezahlen, denn ich kriege eure Schecks für den Zahltag, ich gebe euch eure Schecks und kein anderer. Versteht ihr? Und ich bin es, der eure Arbeitsstunden in die Bücher einträgt.« Ich war wirklich sehr streng mit ihnen — jedenfalls klang es streng. Dann sagte ich: »Ja, sicher. Ich könnte manchen von euch etwas erlassen, weil ich weiß, daß ihr es nicht bezahlen könnt. Aber ihr Burschen werdet mir zahlen! Ihr wer-

det mir jeden Cent zahlen. Ich will mir von euch nichts gefallen lassen.«
Na, die hatten gründlich genug! Am nächsten Montag war Zahltag. Sie bekamen zweimal im Monat ihren Lohn ausgezahlt, am 15. und am Letzten des Monats. Als nun also der Zahltag kam, holte ich sie alle zusammen. Ich hatte ihre Namen in ein Heft eingetragen. Ihre Schecks hatte ich besonders beiseite gelegt. »Na kommt, Jungens«, sagte ich. »Vorwärts! Steigt in den Lastwagen, steigt ein!« Ich hielt sie alle in einer Gruppe für sich und ging mit ihnen zusammen zur Bank. Da gab ich ihnen ihre Schecks. Ich sagte: »Also denn. Du bist mir — hmm — zweitausend Dollar schuldig. Stimmt's?« Der Junge sagte: »Ja.«
»Schön«, meinte ich, »ich will die Hälfte von deinem Scheck haben, und damit ist dann deine Schuld erledigt.«
»Wahrhaftig, Mann?«
»Jawohl«, sagte ich, »damit ist sie erledigt. So, hier ist dein Scheck. Nun löse ihn ein.«
Und so berechnete ich für jeden, der mir weniger schuldig war, einen entsprechend kleineren Anteil. Bei manchen kam es nur darauf hinaus, daß sie mir ein paar Dollar zahlten. Aber die Hauptsache ist: Danach sagte ich zu ihnen: »Jetzt spielt aber nicht noch mal! Das Spiel wird euch schlagen. Ich bin in Reno gewesen. Ich weiß Bescheid. Das Spiel schlägt euch. Das soll euch ein Denkzettel sein.« Ich nahm das Geld, und dann schenkte ich es ihnen wieder für eine große Party, die sie zusammen feierten. Außerdem kaufte ich mit einigen von den Jungen, die schon einundzwanzig Jahre alt waren, all ihr Bier für den Rest des Sommers.
Ein anderes Mal erwischte ich einige von ihnen beim Weintrinken auf der Arbeitsstelle. Ich sah zwei zusammen in einem Wagen sitzen und aus einer Flasche trinken. Ich holte mir den Bruder, der bei dieser Arbeit die Aufsicht hatte: »He, Mann! Siehst du die Taugenichtse hier? Die haben faul rumgesessen und haben eine Weinflasche bei sich versteckt. Siehst du sie, Mann?« Der Junge, der die Aufsicht führen soll, sieht mich an. »Mensch«, sagte ich, »diese Bengel sitzen hier rum und quatschen und bummeln, die arbeiten überhaupt nichts, und das ist deine Schuld. Aber das Dollste dabei ist, daß sie Wein im Wagen haben, Mann!«
Der Aufsichtführende dachte, jetzt würde ich beinah im Ernst böse, aber etwas kannte er mich ja, so fing er denn an zu lachen und zu feixen. Zu den Burschen im Auto sagte ich: »Jetzt ist's aber genug! Macht die Tür auf und kommt aus dem Wagen da raus!« Dann meinte ich zu dem Jungen, der die Aufsicht hatte — er war einundzwanzig Jahre alt —: »Diese Burschen haben Wein und wollten uns nichts davon abgeben, nicht einen

Schluck sollten wir mitkriegen, Mann! Da sie also jetzt die halbe Flasche Wein ausgetrunken haben, gehört der Rest doch uns beiden, meinst du nicht auch, Bruder?« Er war der gleichen Ansicht.

»Ist bei dir alles in Ordnung, Bruder?« fragte ich einen von den Strolchen, die beim Trinken gewesen waren.

Er sagte: »Sicher, alles OK.«

So stoppten wir das ab, und wir tranken den Wein aus. Dann sagten wir: »Jetzt ist alles in Ordnung. Ihr geht alle wieder an die Arbeit, klar?«

Sie sagten: »Klar, Mann.« — Das war im Anfang der Arbeit. Sie hatten gemeint, ich würde sie melden. Aber ich wollte den Brüdern klarmachen, daß sie mehr verantwortlich handeln müßten, nur wollte ich das anders anfangen, nicht mit Schlägen an den Kopf.

Ich wußte recht gut, daß die Bürschchen schon Wein getrunken hatten, ehe sie mich kennenlernten. Wenn man es ihnen kräftig einbleuen würde, wie die Behörden, und ihnen eins auf den Kopf hauen und sie fertigmachen, dann würden sie es erst recht tun. Besser war es, sie mit dem Wein zu schnappen und ihnen das Gefühl zu geben, daß sie keine Kriecher waren und sich vor niemandem versteckten, und sie dann wieder an die Arbeit zu schicken. Wenn ich nun den Wein weggegossen und auf die Erde geschüttet hätte, dann hätten sie mich gehaßt. Ich würde selbst einen Jungen verachten, der den ganzen Wein ausgeschüttet hätte.

Das ist etwa die Art der gegenseitigen Beziehungen, die ich mit den Brüdern aufgebaut habe. Gelegentlich wurde einigen Brüdern, die sich bei verschiedenen Dingen erwischen ließen, der Lohn gekürzt. Manchmal ließ ich es dabei, aber sehr oft hob ich die Kürzung wieder auf, wenn ich sah, daß einer sich wirklich Mühe gab, voranzukommen und seine Arbeit zu schaffen. Außerdem war es mir sehr wichtig, die Kerle möglichst dahin zu kriegen, daß sie ihre Arbeit schnell und dabei gut erledigten. Dadurch blieb uns etwas mehr Zeit, uns zusammenzusetzen und über die Geschichte des schwarzen Volkes und seine Erlebnisse zu sprechen, auch darüber, wie das System tatsächlich gegen uns arbeitet, und daß wir aufstehen und mehr unternehmen müßten.

Bobby Hutton hatte zuerst gesagt, er wollte nicht wieder zur Schule gehen, aber im Laufe des Sommers redete ich ihm zu, es doch zu tun. Als er tatsächlich wieder zur Schule ging, wurde er natürlich bald hinausgeworfen. Ich arbeitete zu der Zeit an einer anderen Stelle im gleichen Armenhilfe-Zentrum, so kam er zu mir und erzählte mir das. Ich redete ihm so lange zu, bis er zum zweiten Mal zurückging, aber nach etwa einer Woche wurde er wieder hinausgeworfen. Nun bat er mich, ihm eine Arbeit in der Armenhilfe zu verschaffen. Ich meinte: »Ja, das wäre auch besser für dich, als wenn du auf den Straßen herumläufst; denn das wird ja doch mit dir passieren, Junge.« Eines Tages verhafteten ihn die Polizeischweine, und er sagte ihnen, daß er grade versuchte, da drüben Arbeit zu kriegen; so ließen sie ihn vor dem Büro der Armenhilfe stehen. Ich war zufällig eben da draußen und sagte ihnen: »Jawohl, ich bin dabei, mich um eine Arbeit für ihn zu bemühen.« Ich glaube, sie hatten ihn mit einem Bierkrug oder etwas Ähnlichem festgenommen. Ich brachte dann den dortigen Oberaufseher dazu, ihm einen Job zu geben. Manche von den Brüdern bei diesem Programm gehörten zu den ersten Mitgliedern der Partei; aber Bobby Hutton war das allererste Mitglied der Black Panther Party.

Was für mich bei diesem Sommerprogramm besonders viel bedeutete, das war die gute Beziehung, die ich zu den jungen Brüdern gefunden hatte. Zu den schmerzlichen Erfahrungen gehörte es, daß man immer dieses autoritäre Zeug durchdrükken und die Burschen dadurch zum Arbeiten bringen wollte. Man zitierte die Regeln des Marquis von Queensbury und solchen Kram. Und die Hälfte der Brüder konnte nicht mal lesen. Manche kamen schon aus der höheren Schule. Einige waren abgesprungen, und manche von den Achtzehn- und Neunzehnjährigen hatten eine Prüfung geschafft, aber viele konnten nicht einmal lesen.
Der Versuch, die Bürschchen zu unterrichten, war schwierig. Von den Mädchen konnten die meisten lesen. Die Jungen konnten solche Wörter wie ›dies, das, tat, getan, trotzdem‹ und ähnliche lesen, aber weiter brachten sie es gewöhnlich nicht. Die meisten Jungen kamen von der Straße. Sie wollten gerissen sein, sie wollten Frauenhelden sein, sie versuchten die ganze Zeit, etwas von einem der Mädchen mitzukriegen. Es war nicht leicht, aber es gelang mir, sie dahin zu bringen, daß sie zu den Schreib- und Lesekursen kamen, die zu dem Programm gehörten. Die Arbeitsgruppen waren verpflichtet, eine bestimmte Anzahl von Stunden in den Kursen mitzumachen. Meistens gingen sie eine oder zwei Stunden lang zu so einem Kursus und hörten dann wieder auf. Ich versuchte, ihnen begreiflich zu machen, was es wert ist, wenn man lesen kann und wenn man etwas gelernt hat, etwas mehr als nur die Geschichte der Schwarzen. Ich wollte ihnen helfen zu verstehen, daß alles miteinander zusammenhängt.

›Kontakte‹ zwischen Polizei und Bevölkerung

Unsere beste Erfahrung, wie man mit den Machthabern umgeht, ergab sich, als jemand im ›Department of Human Resources‹ in der Stadt für unsere Gruppe eine Fahrt zum Polizeipräsidium arrangierte. Mr. Allen, der Leiter des Programms, sagte: »Mr. Seale, morgen werden alle Mädchen und Jungen, die ganze Belegschaft hier, ins Polizeipräsidium gehen.« Das war am Freitag.

»Ins Polizeipräsidium?« fragte ich.

Er sagte: »Ja, sie werden dort hinfahren, und es wird gewünscht, daß sie einmal hinkommen und einen Rundgang durch die Polizeiwache machen, damit sie die Verwaltung der Stadt besser verstehen; und auf die Art kann die Polizeibehörde besseren Kontakt zur Bevölkerung finden.«

»Gut«, sagte ich, »geht in Ordnung. Ich werde dafür sorgen, daß sie morgen alle mit dorthin kommen.« Im stillen dachte ich mir: »Wenn diese Brüder und Schwestern da hinkommen und mit gar zu vielen Polizisten ins Gespräch geraten, dann werden sie es selbst dahin bringen, daß sie verhaftet werden.« Ich wußte, daß sie immer wieder mal geringfügige kleine Dinger drehten. Oft genug hatte ich sie zu einer Arbeit in die Stadt geschickt, eine Gruppe von zehn oder zwölfen, und dann hatten sie sich in einem Geschäft an der Ecke im Ladendiebstahl versucht oder so etwas. Einmal mußte ich hineingehen und den Mann überreden, daß er sie nicht festnehmen ließ, weil sie geklaut hatten, das Zeug dieses Mannes geklaut, und dabei hatten sie Geld in der Tasche. Ich mußte ihnen klarmachen, daß sie es nicht nötig hätten, Sachen zu stibitzen, wenn sie Geld in der Tasche hatten.

»Die kleinen Vergehen können euch ruinieren«, erzählte ich ihnen. »Das soll nicht heißen, ich hielte es mit dem System, aber wenn ihr selbst bares Geld habt, dann solltet ihr das nach Möglichkeit gescheit verwenden.« Am nächsten Tage dachte ich, ich wollte lieber dort noch einmal vorbeischauen, denn ich kannte ja die Brüder. Die würden hingehn und klauen, wenn sie auch fünfzig Dollar in der Tasche hatten. Also fuhr ich dort vorbei, und richtig, zwei von ihnen waren in dem Laden. Sobald ich hereinkam, sah ich, wie einer von den beiden eine Packung Kekse unter seinem Gürtel versteckte. Dann kam er heraus.

Ich sagte: »He, Junge, komm mal her. Ich dachte, ich hätte euch klargemacht, daß ihr hier nicht betrügen sollt, betrügen und stehlen. Der alte Mann da drin möchte nichts lieber als euch Schlingel auf eine lächerliche Anzeige hin verhaften lassen.« Dann fragte ich ihn: »Na, wieviel Geld hast du denn bei dir? Ich werde dir gleich ein Bier spendieren. Aber sag mir, wieviel du bei dir hast.«

»Och, Mann. Was ist denn los mit dir? Bist du nicht bei Verstand?«
»Doch, ich bin durchaus bei Verstand. Aber du bist nicht gescheit genug, um zu begreifen, daß dieser alte blöde Kerl hier gleich einen Bullen ranholen wird.« Ich zupfte an seinem Mantel und brachte die Kekse in den Laden zurück. Dann sagte ich zu dem Schlingel: »Jetzt komm her. Geh da wieder rein und entschuldige dich bei dem Mann.«
»Mensch, bist du nicht bei Trost?« Er drehte sich um und ging hinaus. Ich dachte mir: »Ja, vielleicht hätte ich das nicht tun sollen.« So ging ich hinter ihm her und sagte zu ihm: »Sieh mal, vielleicht war das nicht richtig, daß ich gesagt habe, du sollst dich entschuldigen. Aber mir geht es doch darum, zu verhindern, daß der Mann die Polizei ruft. Er ist ja verrückt, Mensch. Er möchte die Polizei holen und neun oder zehn von euch Jungs, die hier arbeiten, festnehmen lassen.«
»Ich habe hier ein paar Häuser weiter noch eine Arbeit«, sagte ich. »In diesem Bezirk werden noch neun oder zehn andere Jungs arbeiten. Ihr werdet alle zu diesem blöden Laden kommen, und ihr werdet nächstens alle wegen einer lächerlichen Anzeige eingesperrt werden, weil ihr nicht genug Vernunft habt, um einzusehen, daß ihr doch Geld in der Tasche habt, und Kekse kosten schließlich nicht grade viel.«
»Ja, ich glaub, du hast recht, Bobby. Hast recht, Mensch. Verdammt nochmal. Ich bin auch ein Esel.«
Ich sagte: »Wenn du so weitermachst, bist du's bestimmt, Bruder.«
»Stimmt!« sagten sie und gingen ihrer Wege.

Am Freitag sollten wir auf die Polizeiwache kommen, also holte ich am Donnerstagabend alle zusammen. Ich ging zu allen Arbeitsstellen und gabelte die Hälfte der Burschen auf. »Hört mal, morgen sollt ihr alle zu einem Rundgang auf die Polizeiwache kommen«, erzählte ich ihnen. Die Bengels sagten: »Auf die Polizeiwache?« Und das sagten sie wirklich abweisend.
»Jawohl«, sagte ich.
»Mensch, Bobby, was soll das denn?«
»Mann, das kommt doch nicht von mir«, sagte ich. »Ich will doch nicht zu so einer blöden Polizeiwache gehen.« Einige Schwestern meinten: »Verflixt, ich mag da nicht hingehn zu diesen dämlichen Kerlen.« Aber ein kleines Mädchen fand: »Ich möchte wohl hingehn. Ich möchte mal sehn, wie das da ist.« Die Hälfte wollte gern gehen, und die andere Hälfte mochte nicht. Bei denen, die gern gehen wollten, kam der Wunsch ganz einfach aus Neugier.
»Tja, wir müssen da nun mal hin«, sagte ich. »Das ist als Besichtigung mit eingeplant, und ihr müßt mitmachen, also

gehn wir alle hin. Aber wenn wir da drin sind, dann redet ja nicht mit den Polizisten! Die werden versuchen, euch auszufragen. Ich kenne doch diese Bullen. Sie werden euch irgendwie ausfragen wollen, über euch selbst, über Banden und über Leute in der schwarzen Wohngemeinde, sie können euch da so richtig anvisieren. Das heißt, sie versuchen euch so auszunützen, wie in Deutschland einmal Kinder ausgenützt worden sind«, erzählte ich ihnen, »auch wenn das hier nicht so durchorganisiert ist. Aber ich kenne die Leute. Gebt auf keine Fragen eine Antwort! Guckt euch nur alles dort an, und was sonst noch bei der Fahrt dabei ist. Ich weiß nicht, was es da noch geben wird, aber ich werde bei euch sein.«
»Klar, geht in Ordnung.«
»Gut«, sagte ich.
»Richtig, alles OK. Das klappt prima.«
Am nächsten Tag fuhren wir mit Autobussen zur Polizeiwache. Wir gingen hinein und wurden in einen großen Raum geführt, in eine Art Polizeibüro. Darin standen eine Menge Stühle. Ein Leutnant, der die jüngste Division anführte, saß schon da und wartete, zusammen mit dem Polizei-Obersten. Dieser Leutnant sprang auf und sagte: »So, es ist schön, daß wir euch alle hier haben. Kommt mal mit und seht euch die Polizeiwache an. Wir haben eine Menge Sachen, die ihr alle heute zu sehen bekommt. Ihr könnt nachher zum Verbrechermuseum raufgehn, ihr werdet auch den Schießstand sehen, und ihr werdet herumgehen und unsere Einrichtungen für den Nachrichtendienst besichtigen.« Er hatte wirklich eine Stimme wie ein Bulle. »Die Nachrichtenabteilung oben und die ganze Polizeiwache werdet ihr euch ansehen; das gehört nämlich alles mit dazu, daß wir ... ehem ...« — er sprach durchaus nicht in einem menschlichen Ton — »daß wir ... hm ... einen guten Kontakt zur Bevölkerung herstellen wollen; dann ... ehem ... ja, dann kommen wir in der — in der Gesellschaft besser zurecht.«
Dann aber legte dieser Bulle direkt los: »Ich weiß recht gut, daß verteufelt viele von euch Strolchen zu einer Bande gehören.« Jetzt klang seine Stimme richtig grob. Er sprach weiter: »Und viele von euch sind in verschiedenen Organisationen und Gruppen. Und, hm, einigen von euch möchte ich ein paar Fragen stellen.« Ich beobachtete die drei oder vier Bullen, die noch mit im Raum waren, sie hatten Schreibblöcke herausgeholt und saßen da bereit. Mit den Schreibblöcken. Einer saß weiter drüben an der Seite, der hatte auch einen Notizblock auf den Knien liegen.
Ich dachte mir: »Diese Mistkerle!«
»Und — ehem — wir hatten viele Aufstände. Es hat sich allerlei getan, und, hm, manche unter euch sind ja gute Jungs, und ihr wißt, daß wir diesen Sommer da unten ein paar gute Jobs

für euch haben. Hm, also wenn ihr welche von den Strolchen kennt, die hier durch die Gegend gelaufen sind und geplündert haben und all sowas, dann sollt ihr uns ihre Namen sagen und — hm — die Namen der verschiedenen Organisationen und Gruppen da draußen, und sollt uns erzählen, wo sie sich aufhalten, und . . .«

Ich sprang auf und sagte: »Aufhören! Aufhören! Sofort aufhören! Kein Wort weiter! Und ihr, Brüder, daß mir keiner ein Wort sagt! Daß mir ja keiner ein Wort sagt!«

Der Bulle sah mich an, ich sah ihn an und sagte: »Nein, mein Herr!«

»Was denn«, meinte er, »das gehört eben zu der Besichtigung.«

»Nein! Sie werden diese Jugendlichen hier nicht auf die Art fertigmachen«, sagte ich. »Sie wollen sie dazu bringen, andere Leute aus der Wohngemeinde zu denunzieren, und wenn ihr Bullen euch die holt, dann wird die Hälfte der Jugendlichen rausgesetzt und drangsaliert.«

»Nein, mein Herr!« erklärte ich. »Sie werden uns hier nicht in eine Aktion hineinziehen, bei der das Polizeipräsidium uns dazu bringt, uns selbst zu denunzieren. Sie haben vom guten Kontakt zur Bevölkerung geredet. Was Sie hier machen, hat nichts mit gutem Kontakt zur Bevölkerung zu tun. Dies ist eine gemeine Kriminaluntersuchung, und Sie werden die hier nicht dafür ausnützen! — Wir wissen schon, wie wir es anzufangen haben, daß wir diese Brüder dahin bringen, keine Verbrechen und Ähnliches zu begehen, und wie wir sie organisieren, damit sie etwas lernen; aber das hier gibt es nicht.«

Das paßte ihnen nun wirklich nicht. So kam denn auch gleich Mr. Allen herein und sagte: »Seale, ich glaube, Sie sollten den Beamten weitermachen lassen.«

Ich sagte: »Jawohl, OK.«

Also versuchte er es nochmal, dieser Bulle: »Na, hat irgendwer von euch etwas, das er mir da draußen sagen möchte?« Niemand sagte ein Wort. »Also, hat jemand von euch irgendwelche Fragen über das Polizeipräsidium?« Schweigen. »Hat denn sonst jemand Fragen?« Wieder Stille. »Wenn jemand etwas über das Polizeipräsidium fragen möchte, braucht er nur die Hand zu heben, dann können wir darüber sprechen und hier eine gemeinsame Diskussion halten.« Niemand ließ auch nur einen Laut hören. Die Brüder und ich und die Schwestern, wir waren uns darin alle einig. Sie sagten keinen Mucks. Dann gingen die Polizisten hinaus, und der Polizeichef ging hinüber zu Mr. Allen und sprach mit ihm. Endlich gingen sie auch hinaus.

Als ich den Gang entlangwanderte, entdeckte ich links von mir einen Bruder, der hatte ein gewaltig großes, langes, altes Patent-Taschenmesser. Er hatte es auf den Knien liegen, aber er machte sich damit die Fingernägel sauber, mit dieser großen, langen Messerklinge, etwa zwölf Zentimeter lang. »Um Gotteswillen«, dachte ich, »damit sitzt er hier nun mitten im Polizeigebäude!« Ich ging hin, beugte mich zu ihm hinunter und flüsterte ihm zu:

»Bruder!«

»Ja, Bobby?«, antwortete er. »Was ist denn, Mann?«

»Heb nicht die Hände hoch, laß sie unten«, sagte ich, »und mach das Messer zu, steck's in die Tasche! Mensch, ist dir klar, daß du mitten in der Polizeiwache sitzt und hast ein gesetzlich verbotenes Messer bei dir? Und wenn du nach Hause kommst, Junge, dann laß bloß das Ding zu Hause liegen. Was denkst du dir denn nur?«

»Ja, Mann. OK. Tut mir leid. Du hast recht, Mensch. Hast recht.« Er kriegte einen ganz ordentlichen Schock. Er begriff, daß er wegen einer lächerlichen Anzeige eingesperrt werden könnte.

Einige von den Brüdern, die am nächsten dabei saßen, hörten uns reden und fingen an zu kichern. »Ha ha, hi hi, du verdammter Narr du!« Sie verspotteten sich gegenseitig reichlich viel. So sagte ich: »Ihr habt überhaupt keinen Grund, ihn einen Narren zu nennen, denn ihr hättet es wahrscheinlich ebenso gemacht. Warum hört ihr Bengels denn nicht auf, euch auszulachen?«

Dann wurde ich nach draußen gerufen, und der Polizeileutnant sagte: »Nun, Bobby — ehem — Sie haben hier wohl anscheinend die Dinge unter Kontrolle. Hm, wollen Sie uns gar keine Fragen stellen lassen?« Mr. Allen sagte: »Bobby, ich meine, Sie müssen sie doch Fragen stellen lassen. Sie müssen den Kleinen da drüben sagen — ich weiß, daß die Sie gern haben und so, Bob — aber Sie müssen doch wenigstens zulassen, daß sie Fragen vorbringen, und daß diese Beamten hier sich darum kümmern, ob sie irgendeine Untersuchung vornehmen müssen.«

»Hören Sie, Mr. Allen«, sagte ich, »von einer Untersuchung will ich nichts wissen, und zwar wegen der Art und Weise, wie die Polizei arbeitet. Die Hälfte von dem Zeug, das sie rauskriegt, ist erfunden. Es ist erfunden, weil so ein Kind sicher mal sagt: ›Vielleicht hat der Joe dies getan, vielleicht hat der Jim das getan.‹ Die meisten Kinder wissen nicht, was sie sagen, und sie haben keine Ahnung von den Gesetzen.«

Der Polizist versuchte es mit: »Nun, wir wollen ihnen doch etwas über die Gesetze beibringen.«

»Nein, Sie bringen ihnen gar nichts über die Gesetze bei«, widersprach ich, und wir gerieten sofort in eine kleine Auseinandersetzung. »Sie bringen ihnen nichts über die Gesetze bei. Wahrscheinlich hat keiner von denen jemals das Straf-

gesetzbuch in der Hand gehabt. Im allgemeinen wissen sie überhaupt nicht, was ein Gesetz ist oder welches Gesetz irgendwann übertreten wird. Manche von ihnen sind nicht in Ordnung, manche tun vielleicht etwas Verbotenes, aber ich sehe nicht ein, warum Sie sie hier überfallen sollen.
Sie arbeiten sowieso mit lauter Irrtümern in der Polizei«, erklärte ich ihnen. »Sie holen sich hier eine kümmerliche Auskunft und da auch eine, und Joe hat dies gesagt, und Jim hat das gesagt, und Jack hat jenes gesagt, und dabei kommt heraus, daß die Hälfte von den Leuten, die Sie verhaften, nicht mal wirklich etwas verbrochen hat; oder jedenfalls nicht das, was Sie ihnen vorwerfen, weil der Wie-heißt-er-noch an irgendeinem Abend den Namen irgendeines Menschen erwähnt hat. In so etwas wollen Sie die Kinder da drin hereinziehen, und das lasse ich nicht zu. Wir sind zusammen hier, wir werden auch zusammenhalten. Und, Mr. Allen, selbst wenn Sie mich jetzt an die Luft setzen, weiß ich doch, daß ich im Recht bin, weil ich die da drin beschütze.«
Dann meinte Mr. Allen: »Nun ja, aber ich finde doch, daß die Kinder ein paar Fragen stellen sollten in Verbindung mit dem Programm der Kontaktaufnahme zur Bevölkerung.«
»Gut«, sagte ich, »lassen wir sie ein paar Fragen stellen, aber ich gehe mit hinein und sage ihnen das.« — Was ich ihnen aber sagte, war nicht etwa: »Nun mal ran, jetzt stellt eure Fragen!«, sondern: »Wollt ihr hier Fragen stellen, oder wollt ihr das nicht?«
Einer von den Brüdern sagte: »Ach, Mann, ich will hier keine Fragen stellen.«
Darauf sagte ich: »Na, wir wollen mal sehn, was sich machen läßt, damit wir irgendwas vorbringen; ich glaube nämlich doch, daß ihr Brüder etwas darüber zu sagen habt, was die Polizei in unserer Wohngemeinde tut, statt daß wir uns dauernd nur Vorschriften von denen machen lassen.«
Einer meinte: »Das ist auch wahr, denn es ist eine ganze Menge passiert, Mensch, was ich weiß, was viele von diesen Polizisten gemacht haben.« All die anderen Brüder riefen: »Richtig, das stimmt!« Die gingen wirklich ran.
Ich sagte: »Gut. Aufhören, aufhören!« Dabei hob ich die Hand. Sie waren immer still, sobald ich sagte »Aufhören«. Ich meinte: »Also schön. Ich werde noch mal mit diesem Polizeileutnant reden und sehen, was wir nächstens da machen können.« Damit ging ich hinüber und sagte: »Mr. Allen, warum lassen Sie die nicht jetzt einfach den Rundgang beenden? Und wenn wir es gemeinsam vorbereiten, könnten die uns doch zu einer von den Unterrichtsstunden am Sonnabendvormittag jemanden von den richtigen Polizeistreifen in den Straßen schicken, der zu den Kindern spricht.«

»Sehr richtig, Seale«, fand er. »Das ist vernünftig.«
Also führten sie den Rundgang zu Ende. Ich ging dabei mit ihnen und sah mir all die verschiedenen Sachen in dem Haus an.
Bei dem Rundgang traf ich einen der regulären Polizeiwachtmeister, einen Polizisten, den wir kannten, einen Schwarzen, mit dem Huey und ich schon seit einer Weile bekannt waren; der sprach mir sein Lob aus. »Bobby«, sagte er, »das hast du richtig gemacht, denn diese Kerle erfinden wirklich eine Menge Blödsinn über viele Brüder.« Huey und ich verstanden uns gut mit ihm, denn er hatte uns gesagt, er würde nur dann auf jemanden schießen, wenn wirklich ein Menschenleben in Gefahr wäre oder wenn der Strolch tatsächlich ein Verbrechen beginge. »Aber wenn es beispielsweise Krawalle gibt oder so etwas«, sagte er zu uns, »wenn die Rabauken vielleicht Fenster einschlagen — ich werde nicht wegen eines Menschen Eigentum auf jemanden schießen, dann werde ich ihn halt festnehmen.« Huey und ich hatten deshalb große Achtung vor ihm: weil er sagte, wenn er den Befehl bekäme, bei einem Krawall einzugreifen, dann wollte er lieber seine Stelle verlieren als da hingehen und schießen und töten.
Dieser Polizist meinte immer, er könnte innerhalb der Polizei eine ganze Menge ausrichten, aber er war isoliert, er stand in dem ganzen Polizeirevier allein. Er gab uns eine Menge statistisches Material und viele Informationen über die Polizei in Oakland, zum Beispiel daß 75 bis 85 Prozent von den Leuten Rassisten waren. Dieser schwarze Polizist kam bei dem Rundgang zu mir und sagte mir, sie wollten mich oben gern sprechen. Ich sagte: »Schön, ich kann ja mit denen reden.« Damit ging ich nach oben; dort waren Mr. Allen, die Werkmeisterin und noch ein Mitglied des ›Department of Human Resources‹. Sie mochten mich nicht, weil ich die Sache abgestoppt hatte. Der Polizeichef und der Chef-Assistent Gain (inzwischen ist er selbst Polizeichef) saßen da und hatten bestimmte Denkmodelle im Kopf, die sie gern anbringen wollten.
»Na, Bob, hm, das war, glaube ich, hm, nicht grade gut, wissen Sie, daß die Offiziere nicht zu den Jugendlichen reden konnten.«
»Nun, ich meine, die Offiziere sollten zur Bevölkerung kommen. Kommen Sie doch in den Park, wo wir uns sonnabends treffen! Wenn Sie Kontakte zur Bevölkerung herstellen wollen, dann kommen Sie doch und hören sich die Kinder an. Die haben auch ihre Kümmernisse. Sie möchten gern die Polizei manches fragen, aber sie wollen nicht von der Polizei hierher gebracht und ausgefragt werden. Die Polizei versucht dauernd, uns auszufragen«, sagte ich. »Jetzt möchten wir, daß die Bevölkerung und die Jugend einmal der *Polizei* Fragen stellen kann. Das ist eine bessere Art, Kontakte herzustellen.

Es können ja beide Teile Fragen stellen, aber wir möchten dabei auf unserem eigenen Grund und Boden sein. Schicken Sie uns doch vier oder fünf reguläre Offiziere aus dem Revier, junge und alte, und dann können wir da anfangen. Ich bin ziemlich sicher, daß sie feste mitmachen, in der Stunde am Sonnabend vor dem Baseballspiel.«

Am nächsten Tag kamen sie zu uns — sie waren tatsächlich am anderen Morgen da. Der gleiche Polizeileutnant war dabei. Sie hatten einen ganzen Stoß Flugschriften mit einem sehr dramatischen Foto, auf dem man drei Polizisten strammstehen sah. Es war von unten her aufgenommen, mit dem modernen Gebäude des Polizeipräsidiums und der amerikanischen Flagge im Hintergrund; die Polizisten auf dem Foto hatten ein Lächeln aufgesetzt, und obendrüber stand in großen Buchstaben: »KONTAKTE ZWISCHEN POLIZEI UND BEVÖLKERUNG«. Wenn man so eine Flugschrift durchblättert, sieht man lauter hübsche, reizende Sachen. Da sieht man etwa ein Bild, auf dem ein Polizist einem kleinen weißen Mädchen über die Straße herüberhilft. Das Kind ist hübsch und nett angezogen und sauber. In der ganzen verdammten Flugschrift war nirgends ein Schwarzer zu sehen. Jawohl, das habe ich darin nachgeguckt!

»Verdammt«, habe ich mir da gedacht, »das ist doch alles nur auf Schau gemacht und eine unehrliche Angelegenheit. Der Polizeichef sagt lauter hübsche, nette Sächelchen, und er sagt kein Wort von den Brutalitäten, die die Polizei in den Wohngemeinden begeht, er sagt auch nichts von den Rassisten und den Fanatikern.« Sie verteilten die Flugschriften an alle. Dann sagte der Polizeileutnant: »Na, ehem, Bob, wollen Sie das hier jetzt in die Hand nehmen?« Er wollte sich gern vor den Kindern freundlich gegen mich zeigen.

»Ja, ich nehme es in die Hand«, sagte ich. »He, ihr! Jetzt legt mal los mit all den Fragen, über die wir gestern gesprochen haben, als wir vom Polizeipräsidium kamen. Aber bitte nur wirkliche Tatsachen, an die ihr euch entweder selbst erinnert oder über die ihr Leute sprechen gehört habt, wenn sie euch ganz zuverlässig vorkommen. Keine Übertreibungen. Ihr könnt diese Polizisten nach den Brutalitäten und Ungerechtigkeiten der Polizei fragen, die manche von euch selbst gesehen haben. Ihr dürft jetzt losschießen und sie danach fragen. Sie sagen, daß sie hier Kontakte zur Bevölkerung suchen; und ich weiß, daß ihr verflixt viel selbst bezeugen könnt.«

Den Tag hasse ich deshalb, weil ich dieses Gespräch nicht auf Tonband aufgenommen habe; darum hasse ich den Tag. Mann, diese jungen Dinger fielen über die Polizisten her! Sie fielen regelrecht über sie her. Sie erzählten von Bullen. Sie erzählten wirklich von den Brutalitäten der Polizei, die die Hälfte von ihnen tatsächlich gesehen hatte. Dann redeten sie von Sachen, die sie gehört hatten. Ich bestand darauf, jedesmal zu fragen: »Hast du das selbst gesehen, oder hast du es nur erzählen hören? Sei jetzt ehrlich und sag das ganz genau!« Ich versuchte, sie dazu zu bringen, möglichst objektiv zu sein, obwohl auch die Dinge, die sie gehört hatten, wirklich von Bedeutung waren. Das machte die Polizisten geradezu rasend, und sie sahen aus wie Rasende.

»Was war das denn damals«, fragte ein kleines Mädchen, »unten auf der 14. Straße vor dem Tanzsaal, gegenüber der ›Zypresse‹, als drei Bullen eine schwarze Frau gepackt und mit einem Knüppel zu Boden geschlagen haben?« Sie war auch richtig ärgerlich, als sie das fragte. Sie brachte es fertig, daß ein Bulle einen ganz roten Kopf bekam. »Finden Sie das denn richtig, daß ein starker Polizist, so etwa 1,80 Meter groß, eine Frau von ungefähr 1,50 Meter auf den Boden wirft und sie mit einem Knüppel auf den Kopf haut?« Einer von den Offizieren, der einigermaßen nervös wurde und dabei versuchte, ernst und sachlich zu sein, antwortete: »Weißt du, vielleicht hatte sie eine Waffe in der Hand.«

»Ja, sie hatte eine Waffe, und die haben sie ihr weggenommen. Aber als sie das gemacht hatten, erst dann haben sie sie geschlagen, und das war nicht richtig. Ich finde, daß kein Polizist das Recht hat, eine Frau zu schlagen.« Die Schwester war ganz wild, sie brachte das mit allem Temperament, das in ihr steckte; dann setzte sie sich wieder hin. Oha, das hat diese Bullen fertiggemacht!

Manche von unseren Jungen wurden sehr deutlich, und manchen war es sehr ernst mit dem, was sie zu sagen hatten. Einige waren geradezu wütend, andere wieder nicht. Manche schilderten nur die Fälle, von denen sie gehört hatten, und redeten darüber, was daran recht war und was unrecht. Einiges aus den Gesetzen zitierten die Polizisten falsch. Ein Bulle stand doch tatsächlich auf und behauptete: »Nein, ihr habt nicht das Recht, euch zu verteidigen.« Da sagte ich: »Moment mal! Wollen Sie mir, wollen Sie uns, all diesen jungen Menschen hier erzählen, wenn wir von einem Polizisten zu Unrecht verbrecherisch angegriffen und schikaniert würden, dann hätten wir nicht das Recht, uns zu verteidigen?«

»Nein, Sie haben nicht das Recht, sich zu verteidigen«, sagte der Offizier. »Sie müssen es hinnehmen, und dann können Sie ja kommen und eine Beschwerde einreichen.«

»So? Und die von uns, die jetzt tot sind?« fragte ich ihn. Du liebe Güte, das brachte sie alle aus der Fassung! »Die können nicht mehr kommen und eine Beschwerde einreichen«, sagte ich.

»Na ja — ehem — Sie werden doch wissen, daß — ehem — daß diese Fälle übertrieben worden sind.«

»Übertrieben, zum Teufel noch mal!« sagte ich. »Fünfzig Prozent davon. Die übrigen fünfzig Prozent, mein Lieber, sind eindeutige Fälle von Polizeibrutalität und Polizeimord! Es kann ja sein, daß die anderen fünfzig Prozent mit irgendwelchen verbrecherischen Handlungen zusammenhingen, denn wir wissen, daß die Brüder wirklich Verbrechen begehen. Wir versuchen gar nicht, das zu vertuschen. Aber fünfzig Prozent dieser Fälle sind eindeutig Polizeischikane.« Mann, das brachte sie alle miteinander aus der Fassung!
Dann stand diese Kleine wieder auf und sagte: »Sagen Sie mal was dazu!« Sie war etwa sechzehn Jahre alt, und sie zeigte auf einen Polizisten.
»So darfst du ihn aber nicht behandeln!« meinte ich.
»Bobby, ich behandle ihn so, wie ich das will, weil die mich so schlimm behandelt haben.«
»Dann entschuldige bitte, Schwester«, sagte ich und lehnte mich wieder zurück.
Dieser Bulle, auf den sie gezeigt hatte, kriegte einen roten Kopf. Er zitterte. Sie fragte ihn: »Sind Sie schon mal bei einem Psychiater gewesen?«
So fragte sie den Bullen tatsächlich! Der Bulle sah nur zu ihr hin, und der Polizeileutnant setzte an, um etwas zu sagen, aber sie redete weiter:
»Ich habe gehört, die Polizisten sollten erst zu einem Psychiater gehen, damit man weiß, ob sie die psychologischen Fähigkeiten haben, Polizisten zu werden. Sind Sie schon mal bei einem Psychiater gewesen?« Er kriegte jetzt wahrhaftig das Zittern.
»Danach, wie Sie jetzt zittern«, sagte sie, »wie Sie zittern und sich benehmen, danach müssen Sie ja eine ganze Menge auf dem Kerbholz haben! Und dabei hab ich keine Waffe und gar nichts. Das ist hier doch nur ein gewöhnliches Treffen von Polizisten und Leuten aus der Wohngemeinde, den Teenagern in diesem Programm, und da zittern Sie. Sie müssen nicht nur zum Psychiater gehn, Sie müssen aus der Polizei wieder raus!«
Mensch, die Göre war rein wahnsinnig. Es war eine höllische Szene. Ich habe noch nie so etwas Herrliches erlebt. Diese Kinder wußten Fälle. Die wußten Bescheid, Mensch, die wußten wirklich Bescheid. Das war das Tolle dabei. Und damals bin ich zum Feind des Polizeipräsidiums von Oakland geworden. Das war etwa drei oder vier Monate, ehe die Black Panther Party gegründet wurde.

Die meisten von den Brüdern haben das Armenhilfe-Programm und die Art, wie ich es betrieb, wirklich anerkannt. Ich bin ziemlich sicher, daß der größte Teil dieser jungen Leute eine Menge gelernt hat. Ich habe sogar Brüder getroffen, die technische Zeichnungen machen konnten. Ich hatte das technische

Zeichnen selbst gründlich gelernt; so fing ich an, dem Beratungsausschuß vorzuschlagen, daß die Brüder in diesen Programmen mehr lernen sollten und daß wir auch in der Wohngemeinde mehr Kurse einrichten sollten, damit solche Brüder, die wie Huey P. Newton gern etwas lernen wollten, die Gelegenheit dazu bekämen.
»Sie sollten von solchen Leuten unterrichtet werden, denen wirklich etwas an den Brüdern liegt, und nicht von diesen altmodischen weißen Rassisten, die nur versuchen, über sie zu herrschen, und die sie auf falsche Wege leiten statt dahin, daß sie sich mit allen anderen Schwarzen zusammentun und ihnen helfen.«

Das war also diese Szene, und sie war einfach großartig.

Huey gründet die Black Panther Party

Das Programm der Black Panther Party

Eines Tages sagte Huey: »Es wird Zeit, daß wir die Organisation starten, wir wollen jetzt anfangen.«
Das war Ende September 1966. Etwa in der Zeit vom 1. bis zum 15. Oktober gingen Huey und ich daran, im Armenhilfe-Zentrum in Nord-Oakland ein Zehn-Punkte-Programm der Black Panther Party zu entwerfen. Huey hat es selbst Wort für Wort formuliert. Ich habe nur ein paar Anregungen gegeben.
Huey sagte: »Wir brauchen ein Programm. Wir müssen ein Programm für das Volk haben, ein Programm, das das Volk anspricht und das die Leute verstehen; ein Programm, das die Leute sehen und lesen können und das ihre Forderungen und Bedürfnisse ausdrückt. Es muß sich auch mit dem philosophischen Sinn unseres Lebens in dieser Welt befassen, aber der philosophische Sinn muß sich zugleich auf etwas Konkretes beziehen.«
Das war Huey sehr wichtig. Darum gliederte er es in die Abschnitte ›Was wir wollen‹ und ›Was wir glauben‹. Unter ›Was wir wollen‹ stehen die praktischen, konkreten Dinge, die wir brauchen und die wir haben sollten. Gleichzeitig haben wir philosophisch, aber doch konkret gesagt, was wir glauben. So haben wir das Programm Stück für Stück zusammengestellt: Punkt 1 ›Was wir wollen‹ und Punkt 1 ›Was wir glauben‹; Punkt 2 ›Was wir wollen‹ und Punkt 2 ›Was wir glauben‹. So sollten die Leute es ansehen. Es ist eine knappe Zusammenstellung aller leiblichen Bedürfnisse und aller philosophischen Grundsätze in einem grundlegenden, unterrichtenden Schrieb, den sie verstehen können – nicht ein Haufen esoterisches Gerede.
Es spielt gar keine Rolle, wie einer von den Burschen im Getto sonst ist – wenn er auf nichts anderes anspricht, auf das Zehn-Punkte-Programm der Black Panther Party kann er bestimmt ansprechen.
Huey sagte: »Die Schwarzen, vor allem die Gettobrüder, müssen zu einem politischen Bewußtsein kommen.«

Wir schrieben es auf. Melwin Newton, Hueys Bruder, kam zu uns herüber und las es auf die sprachliche Form hin durch. So haben wir es zusammengestellt. Alles Papier, das wir brauchten, nahmen wir von den Vorräten des Armenhilfe-Programms. Wir haben das ganze Zehn-Punkte-Programm dort im hinteren Büroraum zusammengeschrieben.

Huey sagte: »Was wollen wir denn vor allem?« Und er beantwortete seine Frage selbst: »*Wir wollen Freiheit.*«

Also schrieb ich: »Wir wollen Freiheit.«

Dann sagte er: »Wir wollen die Vollmacht haben, das Schicksal unseres schwarzen Volkes zu bestimmen.«

Ich meinte: »Richtig, Bruder, das ist gut. Und was kommt dann?«

»Wir wollen Vollbeschäftigung für unser Volk.«

»Was noch?«

»Sonst nichts.«

»OK, Bruder, so ist es richtig.«

Ich dachte darüber nach, und er hatte recht. Genau das wollen wir. Wir wollen Vollbeschäftigung für unser Volk. Das ist ein grundlegendes Programm für unsere Leute, denn sie werden sich klarmachen, daß sie genau das brauchen, und sie werden sich nicht für irgend etwas anderes entscheiden – für einen Haufen esoterisches Gerede und eine schrecklich lange Abhandlung.

Dann sagte Huey: »Wir wollen, daß die weißen rassistischen Geschäftsleute aufhören, die schwarzen Wohngemeinden zu berauben und auszubeuten.« So schrieben wir das auf.

Dann schrieben wir: »Wir wollen anständige, menschenwürdige Wohnungen.«

»Was noch, Bruder Huey?«

Huey saß da und dachte ein paar Augenblicke nach. Er sagte: »Jetzt müssen wir zum Thema Bildung kommen. Ich glaube, das ist wichtig. Wir haben die Beschäftigung, die Macht in unserem eigenen Volk und anständige Wohnungen. Jetzt wollen wir noch eine ordentliche Ausbildung haben, die uns über das wahre Wesen dieses dekadenten amerikanischen Systems aufklärt, eine Ausbildung, die uns unsere wahre Geschichte und unsere Stellung in der heutigen Gesellschaft verstehen lehrt.«

Danach steuerte er direkt auf den Punkt los: »Wir wollen, daß alle schwarzen Männer vom Militärdienst befreit werden.«

So haben wir das ausgedrückt. Wir brauchten uns nicht weiter darüber zu verbreiten, weil wir wußten, daß die Schwarzen im Getto das verstehen würden, und darum geht es uns; vor allem darum und um nichts anderes.

Dann sagte Huey: »Sieh dir mal die rassistischen Machthaber an. Mit denen müssen wir uns auch befassen. Wir müssen uns

darüber klar sein, daß wir die sofortige Beendigung der Polizeibrutalität und der Morde an schwarzen Menschen wollen.«
Ich schrieb das ganz genau so hin.
Huey ging zum nächsten über: »Wir wollen, daß alle Schwarzen aus den Bundes-, Kreis-, Staats- und Stadt-Zuchthäusern und -Gefängnissen freigelassen werden.«
Ich sagte: »Gut!« und schrieb es auf.
Dann sagte Bruder Huey: »Wir wollen, daß jeder Schwarze, der vor Gericht kommt, dort von Geschworenen beurteilt wird, die seinesgleichen sind, wie es in der Verfassung der Vereinigten Staaten vorgesehen ist.«
Für einen Schwarzen heißt das: von Leuten aus der schwarzen Wohngemeinde.
Weiter sagte Huey: »Fassen wir diese Punkte jetzt zusammen: Wir wollen Land, wir wollen Brot, wir wollen Wohnungen, wir wollen eine Ausbildung, wir wollen Kleidung, wir wollen Gerechtigkeit, und wir wollen einigermaßen Frieden haben.«
So hat Huey es ausgedrückt, und ich habe es aufgeschrieben. Wir sahen das Ganze noch einmal durch und setzten unsere Kommas und Punkte ein, und dann machten wir die Abschnitte »Was wir glauben«. Wir gingen alles durch, was wir glauben und was mit dem, was wir wollen, eng zusammenhängt.
Huey sagte: »Dieses Zehn-Punkte-Programm sagt, was wir wollen und was wir glauben. Das alles ist nicht einfach vom Himmel heruntergefallen. Es ist das, was die Schwarzen schon die ganze Zeit, über hundert Jahre lang, seit der Emanzipationserklärung und auch schon vorher gesagt haben. Es bezieht sich alles genau auf das, was wir gehabt haben, ehe wir Afrika verließen.«

Als wir das Programm fertig hatten, sagte Huey: »Wir müssen so etwas wie eine Ordnung haben. Was willst du sein«, fragte er mich, »Vorsitzender oder Verteidigungsminister?«
»Ist mir ganz gleich«, meinte ich. »Was bist du denn lieber, Vorsitzender oder Verteidigungsminister?«
»Dann will ich Verteidigungsminister sein«, sagte Huey, »und du bist der Vorsitzende.«
»Ist mir recht«, antwortete ich; und so ist es gekommen, daß Huey der Verteidigungsminister und ich der Vorsitzende der Black Panther Party wurde. So und nicht anders.
Mit dem Zehn-Punkte-Programm und mit uns beiden wurde die Partei am 15. Oktober 1966 in einem Büroraum des Armenhilfe-Programms von Oakland/Kalifornien offiziell vom Stapel gelassen.
Wir holten meine Frau und Hueys Freundin LaVerne dazu, und sie haben das Programm für uns auf Matrizen geschrieben, in diesem Büroraum des Armenhilfe-Programms. Am nächsten

Abend haben wir die Matrizen genommen und über tausend Abzüge von dem Zehn-Punkte-Programm gemacht.
Huey sagte: »Damit können die Brüder und Schwestern bestimmt etwas anfangen, denn es ist das, was sie wollen; es ist das, was sie mir gesagt haben und was sie jedem Führer in unserem Lande auch gesagt haben.«
Man muß sich immer darüber klar sein, daß Huey den Unterschied zwischen einer Reform und einer Revolution wohl verstand: Man kommt den augenblicklichen Forderungen und Bedürfnissen des Volkes entgegen, man versucht, sie auszubilden und politisch zu unterrichten in dem Sinne, daß dies ihre grundlegenden politischen Forderungen und Bedürfnisse sind — und es wird eine Revolution aus dem Volke selbst losbrechen, weil es dafür sorgen will, daß ihm diese grundlegenden Forderungen und Bedürfnisse erfüllt werden.
Das hat Huey P. Newton gesagt, das hielt er für politisch, darin sah er den Grund, warum ein unterdrücktes Volk sich auf eine Revolution einlassen wird. Das bleibt mir im Gedächtnis, das weiß ich und empfinde ich, und das werde ich von Huey niemals vergessen. Er hat immer an das Volk gedacht. Er kam immer direkt auf die Nahrung, auf das Brot und die Arbeit, anständige Wohnungen und eine ordentliche Ausbildung; er dachte daran, wie die Mistkerle, der Präsident und alle anderen, uns im Militärdienst heruntermachen; er dachte an die Polizeischweine, an das Morden und die Brutalität; an die Gerichtshöfe, an die Brüder im Gefängnis und daran, daß sie wieder freigegeben werden müßten.
Als Huey anderthalb Jahre später im Gefängnis saß, sagte er, zum zehnten Punkt müßte noch etwas hinzugefügt werden. Er las damals die Arbeit von Bruder Eldridge Cleaver über eine Volksabstimmung der Schwarzen in den Vereinigten Staaten, die von der UNO durchgeführt werden solle. (Dieser Gedanke bezieht sich unmittelbar auf das, was Malcolm X gesagt hat.) Huey berief sich nicht nur auf die Persönlichkeit von Malcolm oder Mao Tse-tung oder Fanon. Er berief sich auf das, was wir nach der Ansicht all dieser revolutionären Anführer in der ganzen Welt tun müssen, was wir durchsetzen müssen, was wir zur festen Einrichtung machen müssen. Das ist sehr bedeutend, und in diesem Sinne ist auch das Programm geschrieben. Huey hatte immer die Forderungen und politischen Bedürfnisse des Volkes im Sinn. Er hatte auch immer die revolutionären Taktiken und Mittel im Sinn, mit denen das Volk arbeiten müßte, damit ihm diese grundlegenden Forderungen und Notwendigkeiten erfüllt würden.
Darauf kommt das ganze letztlich heraus: auf das, was das Volk braucht — nicht auf das, was irgendein Intellektueller persönlich wünscht oder was ein paar Kulturnationalisten wie LeRoi Jones

wollen oder was ein blöder Esel vom Untergrund-RAM möchte oder was irgendein verlogener Kerl in einem College sagt, der dort dummes Zeug studiert und esoterisches Gerede macht von der zugrunde liegenden sozialökonomischen Struktur und den widrigen Umständen, denen wir unterworfen sind — so daß es kein schwarzer Mann versteht. Huey redete von Vollbeschäftigung, von anständigen Wohnungen, von der Ausbildung und davon, daß diese Polizeischweine uns nicht länger drangsalieren und ermorden dürfen.

Dann erschien Huey mit ein paar Gewehren auf der Straße. Etwa anderthalb Monate, nachdem wir dieses Programm geschrieben hatten, versuchte Huey P. Newton den Intellektuellen zu erklären, daß es nun an der Zeit wäre, den revolutionären Kampf aufzunehmen, daß jetzt nicht die Zeit dafür wäre, nur herumzureden. »Besorgt euch ein paar Gewehre und redet nicht nur herum!« Huey wollte Brüder von der Straße dabei haben — Brüder, die Bankraub begangen hatten, die homosexuell waren, die mit Rauschgift gehandelt hatten, Brüder, die sich keinen Scheißdreck gefallen ließen, die mit Polizeischweinen gekämpft hatten; denn Huey P. Newton wußte: Sobald sie sich einmal auf dem Gebiet der politischen Bildung zusammenfinden würden (und das war nicht schwierig, ihre politische Bildung würde in dem Zehn-Punkte-Programm bestehen), sobald er die Brüder organisierte, mit denen er umging, mit denen oder gegen die er kämpfte — er kämpfte härter gegen sie als sie gegen ihn —, sobald er diese Brüder organisierte, hatte er Nigger, hatte er Schwarze, hatte er Revolutionäre, die ganz hervorragend sein würden.

Nachdem wir in dieses Zehn-Punkte-Programm eingestiegen waren, machte sich Huey daran, die Stimmung des schwarzen Volkes festzustellen. Er wählte dafür Oakland/Kalifornien; dort sind fast 40 Prozent der Bevölkerung Schwarze, und es ist als schwarze Wohngemeinde typisch für alle anderen schwarzen Gemeinden in den Staaten. Ich schere mich nicht darum, ob ein schwarzer Bruder in den Südstaaten wohnt, denn wir haben hier in Oakland Schwarze von überall aus den Südstaaten, wir haben auch Brüder aus New York, aus Chikago und wer weiß woher noch. Huey betrachtete Oakland als typische schwarze Wohngemeinde; also nahmen wir unsere tausend Abzüge des Zehn-Punkte-Programms und gingen damit in die schwarze Gemeinde. Er gab den Leuten das Programm nicht nur einfach in die Hand. Er blieb bei ihnen stehen, redete mit ihnen und besprach die einzelnen Punkte des Programms mit all den schwarzen Brüdern und Schwestern von der Straße, auch mit Müttern, die den weißen Frauen ihre Küche gescheuert hatten. Wir sprachen mit Brüdern und Schwestern in Colleges und höheren

Schulen, mit solchen, die bedingt oder auf Bewährung aus dem Gefängnis entlassen waren, mit Brüdern und Schwestern, die aus dem Zuchthaus kamen oder die den Eindruck machten, als ob sie bald dort landen würden. Sie erzählten von Gerichtsverhandlungen. Huey interessierte sich immer für jede Gerichtsverhandlung, die jemand etwa gehabt hatte, der so aussah, als käme er bald ins Gefängnis. Daran nahm er stets Anteil. Er sprach dann davon, daß ein solcher Bruder womöglich ohne ordentliche Verhandlung in ein Zuchthaus oder Gefängnis gesteckt werden könnte. Huey kannte das, weil er es selbst erlebt hatte und die schlimme Lage des Bruders verstand, den die Machthaber dorthin befördern konnten, auch ohne daß er verurteilt war.

So verbreiteten wir beide, Huey P. Newton und ich, tausend Abzüge des Zehn-Punkte-Programms in der schwarzen Wohngemeinde. Der kleine Bobby Hutton kam dazu und blieb anderthalb Monate lang bei uns; er half uns, dieses Zehn-Punkte-Programm bekannt zu machen und gleichzeitig zu sagen, daß wir uns gegen diese Polizeischweine bewaffnen müssen, die unsere Leute gemordet und brutalisiert haben, und gegen diese Rassisten, Birchisten* und Ku-Klux-Klan-Leute, die sich in den Polizeipräsidien eingenistet haben, den Schweinepräsidien, die — wie Huey P. Newton sagt — »unsere Wohngemeinden besetzt halten, als ob sie ausländische Truppen wären«. Wir müssen uns gegen sie verteidigen, denn sie schlagen uns die Türen ein, erschießen schwarze Brüder auf der Straße und prügeln unsere Schwestern auf den Kopf. Sie sind hauptsächlich deshalb bewaffnet, weil sie das Volk einschüchtern wollen, damit es sich nicht in Organisationen zusammenschließt, um so die Erfüllung seiner politischen Forderungen und Bedürfnisse zu erreichen. Die Machthaber benutzen die faschistische Polizei gegen Menschen, die ihre Freiheit fordern. Sie hindern den Zusammenschluß unseres Volkes; aber unser Programm soll das Volk überall zusammenschließen und soll es lehren, sich zu verteidigen.

Als wir anfingen, das Programm in der Umgebung des Armenhilfe-Zentrums zu verteilen, wurden wir manchmal gefragt: »Warum wollt ihr denn so ein wildes Tier wie ein Panther sein?«

Dann warf Huey ein: »Der Panther ist ein Tier, das niemals angreift. Aber wenn er angegriffen oder bedrängt wird, dann erhebt er sich und löscht den, der ihn angreift oder überfällt, aus — absolut, entschlossen, völlig, gründlich, ganz und gar.« Das *wollten* sie nicht verstehen.

* Die John Birch-Society ist eine einflußreiche rechtsradikale Organisation, die z. B. hinter dem gescheiterten Präsidentschaftskandidaten Barry Goldwater stand. *(Anm. d. Übers.)*

Hier ist das Zehn-Punkte-Programm, wie es jede Woche in unserer Zeitung erscheint:

OKTOBER 1966
BLACK PANTHER PARTY
PROGRAMM
WAS WIR WOLLEN
WAS WIR GLAUBEN

1. *Wir wollen Freiheit. Wir wollen die Vollmacht haben, das Schicksal unseres schwarzen Volkes zu bestimmen.*
Wir glauben, daß wir Schwarzen nicht eher frei sein werden, als bis wir nicht über unser Schicksal selbst bestimmen können.

2. *Wir wollen Vollbeschäftigung für unser Volk.*
Wir glauben, daß die Regierung der Vereinigten Staaten dafür verantwortlich und dazu verpflichtet ist, jedem Menschen Arbeit oder ein gesichertes Einkommen zu verschaffen. Wir glauben, wenn die weißen amerikanischen Geschäftsleute uns keine Vollbeschäftigung gewähren, dann sollten die Produktionsmittel den Geschäftsleuten genommen und dem Volk übergeben werden, damit alle Angehörigen des Volkes organisiert und beschäftigt werden können und einen hohen Lebensstandard erreichen.

3. *Wir wollen, daß unser schwarzes Volk nicht länger durch den weißen Mann ausgeraubt wird.*
Wir glauben, daß diese rassistische Regierung uns ausgeraubt hat, und wir fordern jetzt die überfällige Schuld von »vierzig Äckern und zwei Mauleseln« ein. Vierzig Äcker und zwei Maulesel sind uns vor hundert Jahren als Wiedergutmachung für Sklavenarbeit und Massenmord an Schwarzen versprochen worden. Wir nehmen dafür auch den Gegenwert in Geld an, das wir an unsere vielen Wohngemeinden verteilen werden. Die Deutschen helfen jetzt den Juden in Israel wegen des geschehenen Rassenmords am jüdischen Volke. Die Deutschen haben sechs Millionen Juden ermordet. Die amerikanischen Rassisten haben sich an der Ermordung von über fünfzig Millionen Schwarzen beteiligt; wir halten deshalb unsere Forderung für bescheiden.

4. *Wir wollen anständige, menschenwürdige Wohnungen.*
Wir glauben, wenn die weißen Hausbesitzer unserem schwarzen Volk keine anständigen Wohnungen geben, dann sollten Häuser und Land in genossenschaftliches Eigentum verwandelt werden, damit unser Volk mit Hilfe der Regierung für seine Leute bauen und ihnen anständige Wohnungen schaffen kann.

5. Wir wollen für unser Volk eine Ausbildung, die das wahre Wesen der dekadenten amerikanischen Gesellschaft aufdeckt. Wir wollen eine Ausbildung, die uns unsere wahre Geschichte und unsere Stellung in der heutigen Gesellschaft verstehen lehrt.
Wir glauben an ein Bildungssystem, das unserem Volk ein Verständnis seiner selbst vermittelt. Wenn ein Mensch nicht ein Verständnis seiner selbst sowie seiner Stellung in der Gesellschaft und in der Welt besitzt, dann hat er auch kaum Aussicht, irgend etwas anderes zu verstehen.

6. Wir wollen, daß alle schwarzen Männer vom Militärdienst befreit werden.
Wir glauben, daß wir Schwarzen nicht gezwungen werden sollten, im Militärdienst zur Verteidigung einer rassistischen Regierung zu kämpfen, die uns nicht beschützt. Wir wollen nicht Angehörige anderer farbiger Völker in der Welt bekämpfen und töten, die wie wir Schwarzen von der weißen rassistischen Regierung Amerikas betrogen werden. Wir wollen uns gegen den Zwang und die Gewalt der rassistischen Polizei und des rassistischen Militärs schützen, welche Mittel auch immer dazu nötig sein mögen.

7. Wir wollen die sofortige Beendigung der POLIZEI-BRUTALITÄT und der MORDE an schwarzen Menschen.
Wir glauben, daß wir der Polizei-Brutalität in unseren schwarzen Wohngemeinden ein Ende setzen können, indem wir Gruppen von Schwarzen zur Selbstverteidigung organisieren, die sich der Aufgabe widmen, unsere schwarzen Gemeinden gegen rassistische Unterdrückung und Brutalität der Polizei zu verteidigen. Der Zweite Zusatz zur Verfassung der Vereinigten Staaten gewährt das Recht, Waffen zu tragen. Darum glauben wir, daß sich alle Schwarzen zur Selbstverteidigung bewaffnen sollten.

8. Wir wollen die Freilassung aller Schwarzen, die in Bundes-, Staats-, Kreis- und Stadtgefängnissen oder -Zuchthäusern inhaftiert sind.
Wir glauben, daß alle Schwarzen aus den vielen Zuchthäusern und Gefängnissen entlassen werden sollten, weil ihnen keine gerechte und unparteiische Gerichtsverhandlung gewährt wurde.

9. Wir wollen, daß alle Schwarzen bei Gerichtsverhandlungen von solchen Geschworenen beurteilt werden, die ihresgleichen sind oder aus ihren schwarzen Wohngemeinden stammen, wie es die Verfassung der Vereinigten Staaten vorsieht.
Wir glauben, daß die Gerichtshöfe sich an die Verfassung der

Vereinigten Staaten halten sollten, so daß den Schwarzen gerechte Verhandlungen gewährt werden. Der Vierzehnte Zusatz zur Verfassung der Vereinigten Staaten gibt jedem das Recht, von seinesgleichen beurteilt zu werden; das heißt von Menschen aus einer ähnlichen wirtschaftlichen, sozialen, religiösen, geographischen, milieumäßigen, geschichtlichen und rassischen Umgebung. Somit wird das Gericht genötigt sein, Geschworene aus dem schwarzen Gemeinwesen zu wählen, aus dem der schwarze Angeklagte stammt. Wir wurden und werden auch jetzt noch ausschließlich von weißen Geschworenen beurteilt, die kein Verständnis für den ›durchschnittlich denkenden Mann‹ aus der schwarzen Wohngemeinde haben.

10. Wir wollen Land, Brot, Wohnungen, Bildung, Kleidung, Gerechtigkeit und Frieden; und als wichtigstes politisches Ziel eine von den Vereinten Nationen durchgeführte Volksabstimmung in der gesamten schwarzen Kolonie, an der nur schwarze Staatsangehörige aus der Kolonie teilnehmen dürfen; diese Abstimmung soll über den Willen des schwarzen Volkes hinsichtlich seines nationalen Schicksals entscheiden.

Wenn es im Laufe der Geschichte für ein Volk nötig wird, die politischen Bande zu lösen, die es mit einem anderen Volk verknüpft haben, und unter den Mächten auf dieser Erde den eigenen und gleichberechtigten Stand einzunehmen, der ihm nach den Gesetzen der Natur und ihres Schöpfers zusteht, dann verlangt eine angemessene Achtung vor den Meinungen der Menschheit, daß es die Gründe nennt, die es zu dieser Loslösung zwingen.

Wir halten folgende Wahrheiten für selbstverständlich: Alle Menschen sind gleich geschaffen und von ihrem Schöpfer mit gewissen unveräußerlichen Rechten begabt; dazu gehören Leben, Freiheit und das Streben nach Glück. Zu ihrer Sicherung sind unter den Menschen Regierungen eingesetzt, deren rechtmäßige Gewalt sich aus der Zustimmung der Regierten herleitet; wenn eine Regierungsform hinsichtlich dieser Ziele zerstörerisch wirkt, dann ist das Volk berechtigt, die Regierungsform zu ändern oder abzuschaffen und eine neue Regierung einzusetzen; es wird sie auf der Grundlage aufbauen und ihre Vollmachten in der Form organisieren, die seiner Ansicht nach am meisten geeignet ist, seine Sicherheit und sein Glück zu bewirken. Die Klugheit fordert, seit langem bestehende Regierungen nicht um geringer und vorübergehender Ursachen willen zu ändern; dementsprechend hat alle Erfahrung gezeigt, daß die Menschen eher dazu neigen, zu leiden, solange die Übel erträglich sind, als sich durch die Abschaffung der gewohnten Formen ihr Recht zu verschaffen. Wenn aber eine lange Kette von Schmähungen und Rechtsbrüchen, die unveränderlich den gleichen Zweck verfolgen, die Absicht erweist, sie einer absoluten Gewaltherrschaft zu unterwerfen, dann haben die Menschen das Recht und die Pflicht, eine solche Regierung abzuschütteln und neue Vorkehrungen für ihre künftige Sicherheit zu treffen.

Warum wir keine Rassisten sind

Die Black Panther Party ist keine Organisation von schwarzen Rassisten, sie ist überhaupt keine rassistische Organisation. Wir begreifen, woher der Rassismus kommt. Unser Verteidigungsminister Huey P. Newton hat uns gelehrt einzusehen, daß wir uns jeder Art von Rassismus zu widersetzen haben. Die Partei versteht den eingewurzelten Rassismus, der zum großen Teil im weißen Amerika herrscht, und sie versteht auch, daß die sehr kleinen Kulte, die hin und wieder im schwarzen Gemeinwesen aufsprießen, im wesentlichen auf einer rassistischen Philosophie von Schwarzen beruhen.

Die Black Panther Party wird sich nicht auf die niedrige, gemeine Ebene eines Ku-Klux-Klan-Mannes herablassen, eines dünkelhaften Weißen oder der sogenannten ›patriotischen‹ Organisationen weißer Bürger, die den schwarzen Mann wegen seiner Hautfarbe hassen; sicher werden einige weiße Bürgerorganisationen aufstehen und sagen: »Aber nein, wir hassen die Schwarzen nicht. Wir wollen nur nicht zulassen, daß Schwarze dieses tun, und wir wollen nicht zulassen, daß Schwarze jenes tun.« Das ist eine gemeine Hetzerei auf der Grundlage des alten Rassenhasses, dem alles tabu ist, dem besonders der Leib tabu ist. Der Geist des schwarzen Mannes wurde verödet durch das soziale Milieu, das dekadente soziale Milieu, dem er in der Sklaverei und auch noch in den Jahren nach der sogenannten Emanzipationserklärung ausgesetzt war. Schwarze und braune Menschen, Chinesen und Vietnamesen werden als Gooks*, Spicks**, Nigger*** und mit anderen verächtlichen Namen bezeichnet.

Die Black Panther Party ruft im wesentlichen zu einem Bündnis und Zusammenschluß all der Menschen und Organisationen auf, die sich gegen die Machthaber wenden wollen. Die Machthaber sind eigentlich die Schweine, die das Volk ausgeraubt

* Das Wort ›gook‹ (Schmutz, minderwertige Ware) wird in den U.S.A. zur Bezeichnung von Japanern, Chinesen, Koreanern und anderen gebraucht. *(Anm. d. Übers.)*

** ›spick‹ ist eine abfällige Bezeichnung für Angehörige verschiedener Nationen, besonders für Mexikaner. *(Anm. d. Übers.)*

*** Die Schwarzen selbst bezeichnen sich nicht selten als Nigger. Trotzdem empfinden sie es als Kränkung, wenn ein Weißer diesen Ausdruck gebraucht. *(Anm. d. Übers.)*

haben, die gierige, hetzerische Elite der herrschenden Klasse; sie hetzen die Polizeischweine auf uns, sie befehlen ihnen, wie sie sich uns gegenüber benehmen sollen, um uns auf diese Weise weiterhin ausbeuten zu können.

In unserer Zeit eines weltweiten kapitalistischen Imperialismus, der sich eben hier in Amerika gegenüber vielen verschiedenen Völkern sehr deutlich kundtut, halten wir es für nötig, als Menschen so falschen Vorstellungen unserer Zeit wie dem Gedanken der Integration entgegenzutreten.

Wenn sich Völker integrieren wollen — und ich denke, daß das in fünfzig oder hundert Jahren der Fall sein wird —, dann ist das ihre Sache. Aber augenblicklich haben wir es mit den Schwierigkeiten eines Systems zu tun, in dem eine Klasse herrscht, eines Systems, das den Rassismus endlos fortsetzt und ihn als Mittel zur Erhaltung seiner kapitalistischen Ausbeutung benutzt. Es nutzt auch Schwarze aus, vor allem solche, die aus den Colleges und aus der Elite des Klassensystems kommen; denn diese Schwarzen neigen dazu, sich in einem schwarzen Rassismus zusammenzufinden, der dem Rassismus des Ku-Klux-Klan oder den Praktiken weißer Bürgerverbände entspricht.

Es leuchtet ein, daß bei einem Versuch, Feuer mit Feuer zu bekämpfen, gewaltig viel verbrennen wird. Feuer wird am besten mit Wasser bekämpft, weil Wasser das Feuer löscht. Das Wasser ist der Zusammenschluß des Volkes mit seinem Recht, sich gegen ein bösartiges Ungeheuer zu verteidigen. All das, was für die Weißen gut ist, kann nicht auch für uns gut sein. All das, was für das System der kapitalistischen herrschenden Klasse gut ist, kann nicht für die Masse des Volkes gut sein.

Wir, die Black Panther Party, betrachten uns als Volk innerhalb des Volkes, aber durchaus nicht aus rassistischen Gründen. Wir halten es für notwendig, daß wir uns als Menschen weiterentwickeln und zusammen mit anderen Völkern auf dieser Erde leben. Wir bekämpfen den Rassismus nicht mit Rassismus, sondern wir bekämpfen den Rassismus dadurch, daß wir zusammenhalten. Wir bekämpfen den ausbeuterischen Kapitalismus nicht mit einem Kapitalismus der Schwarzen, sondern wir bekämpfen den Kapitalismus wesentlich durch Sozialismus. Und wir bekämpfen den Imperialismus nicht mit einem noch größeren Imperialismus, sondern wir bekämpfen den Imperialismus durch proletarischen Internationalismus. Diese Grundsätze sind für unsere Partei sehr maßgebend. Sie sind höchst praktisch, human und notwendig. Und sie sollten von der Masse des Volkes verstanden werden.

Wir benutzen unsere Gewehre nicht dazu — und haben es nie getan —, um in die weiße Gemeinde zu gehen und Weiße zu erschießen. Wir verteidigen uns nur gegen jeden, er sei nun schwarz, blau, grün oder rot, der uns zu Unrecht angreift, der uns deshalb zu morden und zu töten versucht, weil wir unsere Programme durchführen wollen. Alles in allem genommen meine ich, man könnte aus unserem bisherigen Verhalten sehen, daß wir keine rassistische Organisation sind, sondern eine sehr fortschrittliche revolutionäre Partei.

Diejenigen, die den Kampf durch rassistische Unterschiede verschleiern wollen, sind eben die, welche die Ausbeutung der Volksmassen unterstützen und aufrechterhalten — der verarmten Weißen, der armen Schwarzen, Braunen, Indianer, der in Armut lebenden Chinesen und Japaner, der Arbeiter überhaupt.

Rassismus und völkische Unterschiede ermöglichen es den Machthabern, die Arbeitermassen in unserem Lande auszubeuten, denn dadurch halten sie alles unter ihrer Kontrolle. Das Ziel der Machthaber besteht darin, das Volk zu teilen und so über es zu herrschen. Die herrschende Klasse, die ganz kleine Minderheit, diese wenigen habsüchtigen, hetzerischen Schweine und Lumpen lenken und verheeren die Regierung. Die herrschende Klasse und ihre Spürhunde, ihre Lakaien, ihre Stiefellecker, ihre Weißenhörigen und schwarzen Rassisten, ihre Kulturnationalisten — sie sind alle Spürhunde der herrschenden Klasse. Sie sind es, die die Machthaber mit erhalten und stützen, wenn sie ihre rassistische Haltung nicht aufgeben, durch die das Volk geteilt wird. Aber wer die schwer arbeitende Bevölkerung wirklich beherrscht, ausbeutet und unterdrückt, das ist die winzig kleine Minderheit der herrschenden Klasse.

Wir gehören alle zur Arbeiterklasse — als Arbeiter oder als Arbeitslose —, und unsere Einigkeit muß auf den praktischen Notwendigkeiten des Lebens, der Freiheit und des Strebens nach Glück beruhen, wenn das jemandem etwas bedeutet. Sie muß auf praktischen Dingen beruhen, auf der Frage, ob unser Volk erhalten bleibt, auf dem Selbstbestimmungsrecht unseres Volkes, auf dem Recht, die vorhandenen Schwierigkeiten zu lösen. Im wesentlichen führen wir also durchaus keinen Rassenkampf. Wir sind dabei, das den Leuten möglichst rasch klarzumachen. Von uns aus gesehen ist es ein Klassenkampf zwischen der großen proletarischen Arbeiterklasse und der kleinen Minderheit der herrschenden Klasse. Die Menschen aller Farben in der Arbeiterklasse müssen sich gegen die ausbeuterische, bedrükkende herrschende Klasse zusammentun. Um es noch einmal zu betonen: Wir meinen, daß unser Kampf ein Klassenkampf ist, aber kein Rassenkampf.

Unsere ersten Waffen

Ende November 1966 besuchten wir einen Bruder aus der Dritten Welt, mit dem wir bekannt waren, einen radikalen Japaner. Er hatte die richtigen Waffen für einen ordentlichen Kerl: 357-Magnum-Pistolen, 22er, 9-mm-Pistolen und was man nur wollte. Wir erzählten ihm, wir brauchten die Waffen, damit wir anfangen könnten, uns zu organisieren und den Schwarzen beizubringen, daß wir uns selbst verteidigen müssen; das hat auch Malcolm X gesagt. Wir hatten kein Geld, um uns Gewehre zu kaufen. So haben wir ihm gesagt, wenn er wirklich ein richtiger Revolutionär wäre, dann sollte er doch rangehn und sie uns geben; denn wir brauchten sie jetzt, damit wir anfangen konnten, das Volk auf einen revolutionären Kampf vorzubereiten. Er gab uns denn auch ein M-1-Gewehr und eine 9-mm-Pistole.

Im Büro des Armenhilfe-Programms existierte eine juristische Handbücherei. Huey studierte sie vorwärts, rückwärts und nach allen Seiten, alle Gesetze über das Waffentragen. Ich war mit dabei und versuchte auch, sie zu studieren, zu lernen und zu begreifen. Huey wußte, daß er ein Gewehr oder eine Schrotflinte tragen durfte. Das hatte ihm sein Bewährungshelfer beigebracht – er durfte ein Gewehr oder eine Schrotflinte tragen, aber keine Pistole. So nahm ich die Pistole und Huey P. Newton das M-1-Gewehr.

Die Beiräte der vier Bezirke für das Armenhilfe-Programm – es waren über dreißig Mitglieder aus jedem Bezirk, ein Querschnitt durch die Bevölkerung – hatten einstimmig beschlossen, daß die Bürger einen Gutachterausschuß für die Polizei bilden sollten, wegen der Polizeibrutalität und der Morde, die kürzlich und auch schon früher vorgekommen waren.

Wir hatten uns also diese zwei Waffen besorgt und nahmen uns vor, sie auf eine Party mitzunehmen, zu der wir gerade gehen wollten. Huey sagte: »Wir werden unsere Waffen tragen und so auf dem Weg zu der Party an all diesen Polizeischweinen vorbeipatrouillieren.« Wir haben unterwegs keine Polizeischweine getroffen. Bei der Party wurden wir von Virtual begrüßt. Wir gingen mit unseren Waffen hinein. Ja, hineingekommen sind wir, doch dann kamen die Stiefellecker – feige Nigger, plappernde Nigger, unehrlich quatschende Nigger. Aber Huey ist ein so menschlicher Bruder, er möchte den Leuten etwas beibringen, und das kann ich ihm nicht vorwerfen. Sie müssen es wirklich begreifen.

»Was wollt ihr mit den Waffen da?« fragten einige.

»Die Waffen haben wir deshalb«, erklärte Huey P. Newton, »weil wir eine neue Organisation aufbauen, eine revolutionäre Organisation mit einem Zehn-Punkte-Programm; sie betont die grundlegenden politischen Forderungen und Bedürfnisse der

Schwarzen in diesem ganzen rassistischen, dekadenten Amerika.«
Manche regten sich über die Waffen auf. Bei dieser Party waren hauptsächlich *Neger* und ein paar Leute, die es mit den Schwarzen hielten. Aber sie sagten: »Sichert eure Waffen!« Sie hatten eine solche Gehirnwäsche hinter sich, daß sie meinten, ein Schwarzer dürfte kein Gewehr haben, wohl aber ein Bulle. Da stimmte es nicht bei ihnen, genau an der Stelle stimmte es nicht bei ihnen. Huey P. Newton, Verteidigungsminister der Black Panther Party, erklärte: »Also gut, wir sichern unsere Waffen.« So taten wir das, stellten die Waffen in den Schrank und machten die Party mit.
Aber ehe Huey sein Gewehr sicherte, sagte er ihnen: »Diese Waffen haben wir nicht hier, um Schwarze zu drangsalieren oder einzuschüchtern. Wir wollten euch damit nur bekanntgeben, daß es jetzt eine neue Organisation gibt; sie heißt Black Panther Party for Self-Defense*. Ihr Zehn-Punkte-Programm nennt die grundlegenden Forderungen und Bedürfnisse der Schwarzen; diese revolutionäre Organisation will dafür sorgen, daß den Schwarzen diese grundlegenden politischen Forderungen und Bedürfnisse erfüllt werden.« So hat Huey es ihnen erklärt. Sie konnten es nicht begreifen, diese verdammte Gehirnwäsche hatte bei ihnen zu gut gewirkt. Aber wir sicherten unsere Waffen und machten die Party mit.
Es dauerte keine Viertelstunde, da hatte sich so ein Stiefellecker bei der Party, so ein weißenhöriges Weibsbild oder so ein Nigger – und ich sage mit voller Absicht »ein Weibsbild oder ein Nigger« – entschlossen, die Polizei zu holen. Wir wußten nicht, daß es passierte, aber sie holten wahrhaftig die Polizei. Da standen sie denn vor dem Haus, etwa zehn oder fünfzehn Mann. Drei oder vier von ihnen kamen herein. Einer von den ›Negern‹ zeigte auf mich, ein andrer zeigte auf Huey. Was sie zu Huey gesagt haben, weiß ich nicht mehr, ich weiß nur noch, daß das Polizeischwein auf mich zukam und sagte: »Sie haben ein Gewehr.«
»Jawohl«, sagte ich, »ich habe ein Gewehr. Na und?«
»Nun, der Besitzer dieses Hauses, der auch hier wohnt, wünscht nicht, daß Sie sich mit einem Gewehr in dieser Wohnung befinden.«
»Na schön, dann gehe ich eben«, sagte ich. »Ich will mir nur mein Gewehr holen, dann werde ich gehen.«
Später habe ich erfahren, daß Huey dasselbe gesagt hat. Aber ehe Huey ging, rief er noch den stiefelleckenden Nigger und seine stiefelleckende Schwester – beide waren schuftige Stiefellecker. Er sagte ihnen, das wäre nicht richtig von ihnen. Sie

* ›Zur Selbstverteidigung‹; diesen Zusatz hatte der Parteiname in der ersten Zeit. *(Anm. d. Übers.)*

hatten ein rassistisches, gemeines Polizeischwein auf uns gehetzt, und dabei bemühten wir uns, eine Organisation zu gründen, eine politische Partei, die das schwarze Volk verteidigen sollte – gegen die Dekadenz und den Rassismus unseres Systems, gegen Brutalität, Mord und all die anderen politischen, wirtschaftlichen und sozialen Ungerechtigkeiten.
Wir gingen also hinaus und die Treppe herunter. Es waren Polizeischweine auf der Treppe, Polizeischweine auf dem Balkon, Polizeischweine unten im Haus und Polizeischweine auf der Straße. Wir gingen mit den scharf geladenen Waffen zu unserem Auto an der Ecke, ich mit meiner Frau und Huey mit seiner Freundin LaVerne. Die Polizeischweine versuchten, Huey und mich mit ihrem Reden aus der Ruhe zu bringen, aber Huey brachte *sie* aus der Ruhe mit *seinem* Reden. Er zitierte Gesetze, zitierte Rechtsbestimmungen, er brachte diese Rechtsbestimmungen in Zusammenhang mit dem Recht der Schwarzen, sich entsprechend dem Zweiten Verfassungszusatz zu verteidigen, Gewehre zu tragen und sich zu bewaffnen. »Und wenn Ihnen das nicht paßt«, sagte er zu den Polizeischweinen, »dann kann ich es auch nicht ändern.« Ich konnte dabei nichts anderes tun als Hueys Technik studieren, ihm zuhören, seine Worte wiederholen und ihn mit meiner 9-mm-Pistole unterstützen.
Huey legte sein M-1-Gewehr in die Mitte des Autos, zwischen die zwei Sitze im Volkswagen, und ich hatte meine 9-mm-Pistole. Als die Polizeischweine versuchten, ihn durch das Wagenfenster anzuschreien, sagte ich ihm, er sollte sich nur abregen. Ich habe Huey oft geraten abzuhauen, das ist wahr. Mann, die blöde Sache wurde so hitzig, und Huey war von der Sorte, daß er im nächsten Augenblick auf den schäbigen Kerl losgehen würde; dann sagte ich zu Huey: »Laß doch, Mensch, wir haben noch so viel anderes zu tun, wir haben noch eine Menge von der Art zu erledigen. Komm, ziehen wir ab!«
Darauf fragte mich Huey: »Meinst du wirklich? Mann, diese Polizeischweine versuchen uns zu schikanieren.«
»Laß uns doch abhauen«, sagte ich dann.
Eins muß man von Huey sagen – er hört auf seine Kumpanen. Er wird niemals auf Schweine hören, er wird auch nicht auf Leute hören, die Blödsinn reden, sondern nur auf Leute, die ihren Verstand beisammen haben. Aber auf die Brüder, mit denen er zusammen ist, auf seine Freunde hört er; denn das kriegt er heraus: ob man es mit ihm hält oder nicht – und ob das, was man zu sagen hat, auch nicht nur ein Haufen Blödsinn ist. Auf Blödsinn läßt er sich nicht ein, da legt er nämlich im nächsten Moment direkt los, und eh man sich's versieht – rrums! Huey kann man nicht an den Karren fahren. So ist das mit ihm.
Ich weiß noch, daß ich ihm ziemlich oft zugeredet und zu ihm

gesagt habe: »Hör mal, Huey, laß uns das doch so machen.« Er redete auch mit David Hilliard, der jetzt Chef unseres Parteistabs ist: »Mensch, du, was soll ich wohl in so einer Lage machen? Was meinst du, was wir machen sollen?« Und dann erzählte ihm Huey den ganzen Kram frei von der Leber weg. Danach sagte David wohl: »Na, ich meine, du solltest das so und so machen.« Huey wußte, wer mit ihm ging, wer auf seiner Seite war. Er sagte: »OK«, und er handelte irgendwie im Einverständnis mit seinen Freunden. Ja, das ist Huey!

Andererseits, wenn man ihn sich in einem Zimmer ranholt und mit ihm über Politik diskutiert oder darüber, wie man das Volk organisieren kann, über die Parteileitung, ihre Notwendigkeit und so weiter, dann kann er sich auch darauf einstellen. Das ist das Schöne an Huey: Er kann sich auf jede beliebige Situation einstellen, ob das nun der Tod auf der Straße ist oder die Parteiorganisation. Das ist das Schöne, da entdeckt man immer wieder etwas Neues an ihm.

Das war das erste Treffen. Die Polizeischweine fragten Huey, ob er in Bewährungsfrist stände. »Nein«, sagte er. Er war aber auf Bewährung entlassen. Sie fragten mich, ob ich in Bewährungsfrist stände; es war so, aber ich sagte: »Nein.« Huey hatte mir gesagt: »Erzähle ihnen ja nichts, denn wenn sie dahinterkommen, daß du auf Bewährung entlassen bist, dann rasen sie gleich zu deinem Bewährungshelfer und kriegen alles raus.« Ich war auf Bewährung unter gerichtlicher Aufsicht entlassen, Huey auf Bewährung unter einem Bewährungshelfer. Wir fuhren jedenfalls wieder ab, und sie fuhren drei oder vier Häuserblocks weit hinter uns her. Wir fuhren weiter. Ich glaube, wir waren damals rein verrückt. Sie riefen uns zu, wir wären »verrückte Nigger«, aber zum Teufel damit, wir fuhren einfach weiter. Und das war das erste Mal, daß Schwarze bewaffnete Selbstverteidigung ausübten, schwarze Brüder, unter Führung von Huey P. Newton.

Ich war stolz darauf, daß ich mit diesem Bruder zusammen war, der anfing, sich mit Polizeischweinen einzulassen, der anfing, das Volk zur Selbstverteidigung anzuleiten, denn Huey nahm das alles so fabelhaft in die Hand. Wir wurden jetzt weggeschickt, aber dabei wußte Huey über die Gesetze Bescheid, er wußte, worauf es ihm ankam, er kannte seine Rechte, und er kannte sein Zehn-Punkte-Programm. Er war ein Mordskerl, denn Huey konnte im Augenblick anfangen und einem Polizeischwein das Zehn-Punkte-Programm der Partei hersagen. Ehe das Polizeischwein es recht wußte, konnte Huey das Zehn-Punkte-Programm bis zum Ende angebracht haben. Er sagte es dann nicht vollständig, aber das Wichtigste von dem, was wir wollen und was wir glauben, brachte er in Zusammenhang mit allem, was er zu sagen hatte.

So trieben wir uns in den Straßen herum, und wir machten die Runde an den Polizeischweinen vorbei. Wir fuhren hinter ihnen her. Sie merkten nicht einmal, daß wir hinter ihnen herfuhren. So hat sich der ganze Kram im Anfang abgespielt. Das ging einen Monat lang so, damals im Dezember 1966. Manchmal waren wir einfach beschwipst, wenn wir zu einer Party gingen. Manchmal hatten wir keine Gewehre, dann wieder hatten wir welche bei uns. An anderen Tagen gingen wir gar nicht zu einer Party, sondern zu einer Versammlung. Wir hatten unser Zeug bei uns, und auf dem Wege zu der Versammlung machten wir die Runde an den Polizeischweinen vorbei und versuchten, sie bei etwas Unrechtem zu erwischen. Wenn wir ein Polizeischwein sahen, kamen wir von unserer Versammlung ab. Wir vergaßen dann die Versammlung einfach und patrouillierten an dem Polizeischwein vorbei, wir fuhren hinter ihm her, eine ganze Zeitlang. Danach gingen wir dann auf die Versammlung. So stand all der Kram in Beziehung zueinander. Wir sind zu sehr vielen Versammlungen gegangen.
Etwa um diese Zeit sagte Huey einmal: »Wir wollen mal die Brüder zusammenholen; und ein Büro wollen wir uns auch besorgen.« Das war für Huey sehr wichtig, denn mit der Eröffnung eines Büros wurde die Sache offiziell. Die Leute von der schwarzen Gemeinde konnten sich dorthin wenden. Wenn man von meinem Haus aus um die Ecke ging, lag etwa anderthalb Häuserblocks weiter ein leerer Ladenraum. Huey und Bobby Hutton gingen und mieteten ihn für uns. Bobby Hutton sagte: »Ich bin ein Mitglied der Black Panther Party.« Und Huey antwortete: »Du bist das erste Mitglied, ein ordentliches Mitglied.« So ist er rechtmäßig als ordentliches Mitglied zu uns gekommen. Dann holten wir unsere kleinen Lohnschecks vom Armenhilfe-Programm ab – Bobby Hutton, Huey und ich. Wir legten unser Geld zusammen und bezahlten die erste Miete für das erste Büro. Wir mieteten dieses erste Büro für hundertfünfzig Dollar im Monat in Oakland, an der Kreuzung der 56. Straße und der Grove Street.
In diesem Büro fingen wir an und malten ein Schild ins Fenster: *Black Panther Party for Self-Defense.* So nannten wir die Partei damals, und in den ersten Tagen, als wir das Büro eröffneten, kamen eine Menge Leute vorbei. Am ersten Januar 1967 haben wir es eröffnet. Wir machten bekannt, daß wir in der Woche darauf am Sonnabend zum ersten Male eine Versammlung der Black Panther Party abhalten würden. So haben wir das Büro mit dem neuen Namen im Fenster eröffnet, und die Brüder kamen ins Büro, setzten sich zu uns und hörten sich an, was wir zu sagen hatten. Wir gaben ihnen auch das Zehn-Punkte-Programm der Black Panther Party. Das Rote Buch haben wir damals noch nicht einmal benutzt.

Bei der nächsten Versammlung, etwa eine Woche danach, kamen Reginald und Sherman Forte herein. Sherman Forte war im Junior-College. Huey sagte: »Wir werden jeden Mittwochabend Kurse für politische Bildung halten; aber ehe ihr in die Kurse für politische Bildung kommt, müßt ihr eine Stunde Unterricht in Waffengebrauch und Waffensicherung mitmachen; der Unterricht in Waffengebrauch und Waffensicherung ist in unseren Versammlungen an den Samstagen.«
Einmal trafen wir auf der Straße einen betrunkenen Bruder; er hieß John Sloane. Betrunken war er, regelrecht betrunken. Er wußte nicht wohin, und er wohnte etwa einen Häuserblock vom Parteibüro entfernt. Er hat dann oft gesagt, er würde »sich jetzt richtig bekriegen«. John Sloane hat später wirklich das Trinken aufgegeben. Er hat keinen Tropfen mehr getrunken; denn Huey hatte ihm gesagt, er wollte es nicht haben, daß er betrunken ins Büro käme. »Komm mir nicht beschwipst oder betrunken ins Büro«, sagte Huey zu ihm, »damit kannst du nämlich der Partei nur schaden, weil du nicht weißt, was du dann tust.« Wir kriegten heraus, daß John Sloane beim Militär gewesen war und daß er den Brüdern am allerbesten beibringen konnte, wie man ein Gelände absucht und wie man mit dem M-1-Gewehr umgeht. Das hat er zwei oder drei Monate lang getan. Wenn es darum ging, den Brüdern beizubringen, wie man mit den Waffen und dem Gewehr umgeht, war er allen weit über. Er war kein Schwindler. Er hielt wirklich zu uns.
Allmählich kamen noch mehr Brüder zu uns. Etwa dreieinhalb Wochen, nachdem wir das Büro eröffnet hatten, hielten wir am Samstagabend eine Versammlung, und es machten rund fünfundzwanzig Brüder dabei mit. Ich war dabei, Bobby Hutton, Huey, Mark Johnson, ein Bruder, den ich vom Armenhilfe-Programm her kannte, John Sloane — wir haben John Sloane zum Gruppenführer gemacht; — und dann, noch vier Wochen später, kam Warren Tucker dazu. Wir bekamen auch noch eine .38er-Pistole von einem Bruder aus Berkeley. Er sagte, er finge doch nichts damit an. Wir erzählten ihm, daß wir sie gern haben würden, daß wir es brauchten; denn wir wollten unser Volk verteidigen. Wir sagten, daß wir sie ihm nicht wiedergeben wollten, und er hatte nichts dagegen. Wir haben ihm erklärt, daß wir nicht bloß so daherredeten. Er gab uns auch noch eine alte, kaputte Schrotflinte. Und bald hatten wir an die dreißig, vielleicht auch vierzig Parteimitglieder. Richard Iokey kam dazu — der japanische Bruder, der Huey und mir das M-1-Gewehr und die 9-mm-Pistole gegeben hatte; er erzählte, daß er noch ein .357-Magnum hätte. Wir kriegten von ihm die .357-Magnum und noch ein paar Pistolen; dann fingen die Brüder an, sich Geld zusammenzusparen und Waffen zu kaufen.
Jeden Sonnabend hielten wir im Büro eine Versammlung ab;

dabei brachte Huey den Burschen, den Brüdern und Leuten aus der Wohngemeinde das Zehn-Punkte-Programm der Black Panther Party bei, dort in dem Ladenraum, der unser Büro war. Es war auch ein schönes, sauberes Büro, aber ganz ohne Möbel. Dann erschien Sid Walton und brachte uns zwanzig oder fünfundzwanzig Stühle; aber er ist nie so etwas wie ein engerer Freund der Partei geworden. Er war zu sehr mit einem Haufen abstraktem Kram beschäftigt; immerhin hat er am Merritt College viel dafür getan, die Dinge weiterzubringen, die Huey dort schon eingerichtet hatte.* So hat das alles jedenfalls angefangen, in diesem Büro im Norden von Oakland an der Kreuzung der 56. Straße und der Grove Street, im ersten offiziellen Hauptquartier der Black Panther Party.

Rote Bücher für Gewehre

Eines Tages saßen wir im Auto vor einer Arztpraxis, in der Huey gewesen war. Wir hatten gerade gelesen, was die Zeitungen über das Rote Buch schrieben. Das Rote Buch kam überall im Fernsehen vor — das Rote Buch aus China.

Das Rote Buch wurde sozusagen der Schlüssel zum Verständnis der Kulturrevolution, die in China vor sich ging, und Huey sagte: »Soll ich dir mal was sagen? Ich weiß, wie wir an Geld für noch mehr Gewehre kommen können.« — »Wie denn?« fragte ich. — »Wir können dieses Rote Buch verkaufen. Ich weiß zwar, daß viele Gettobrüder nicht dran denken, das Rote Buch zu kaufen, aber ich weiß auch, daß viele von diesen Linksradikalen in Berkeley es kaufen werden.« Huey erzählte dann noch mehr über Berkeley mit seinen 26 000 Einwohnern, und daß ungefähr ein Drittel oder ein Viertel von ihnen Radikale oder Liberale wären, die sich für das Rote Buch interessieren würden, von dem in der Öffentlichkeit so viel die Rede war.

Dann fragte mich Huey gleich: »Wieviel Geld hast du?« Ich sagte: »Na, ich habe ungefähr 45 oder 50 Dollar bei mir.« Er meinte: »Komm, wir kaufen jetzt einen Packen Rote Bücher, und dann fahren wir nach Berkeley rauf und verkaufen sie da. Ich wette, wir kriegen für das Stück einen Dollar.« »Das ist prima«, sagte ich.

Und was haben wir dann gemacht? Wir sind zu dem chinesischen Buchladen in San Franzisko rübergefahren und haben zwei Pakete von dem Roten Buch gekauft, das Paket zu dreißig Stück; dann sind wir zurückgefahren und haben diesen Strolchen im Campus von Berkeley das Rote Buch verkauft. Wir sind

* Heute ist Sid Walton Leiter einer Schule in Sausalito. Es hat um seine Ernennung dort allerhand Auseinandersetzungen gegeben, aber dann hat er die Stelle schließlich doch bekommen.

in einer Stunde alle Bücher losgeworden, zu einem Dollar pro Stück, und das ging uns richtig durch und durch. Also nahmen wir das ganze Geld, fuhren wieder zu dem Buchladen und kauften alle Roten Bücher, die der Mann noch vorrätig hatte. Ich glaube, es waren noch drei oder vier Pakete. Wir haben sie alle aufgekauft und dreißig Cents pro Stück bezahlt. Wir haben da mit dem Buchladen einen Handel gemacht. Wir erzählten: »Wir sind von der Black Panther Party, können Sie einer Organisation nicht Rabatt geben?« Und so hatten wir im Handumdrehen Geld genug, um zwei Schrotflinten zu kaufen. So haben wir das gemacht.
Am nächsten Tag sind wir um zehn Uhr morgens nach Berkeley raufgefahren, grade um die Zeit, zu der vor dem Südtor die meisten Studenten zu treffen sind. Huey erreichte einen Verkaufsrekord: »Die Macht kommt aus einem Gewehrlauf! Zitate des Vorsitzenden Mao Tse-tung! Kaufen Sie sich das Rote Buch!« Die Bücher gingen weg wie warme Semmeln.
Ich rief aus: »Zitate des Vorsitzenden Mao Tse-tung — kaufen Sie das Rote Buch! Eben ist die Nachricht gekommen, daß zwei CIA-Agenten dadurch zu überzeugten Kommunisten geworden sind. Kaufen Sie das Rote Buch!« Weiter sagte ich: »All die freien Redner hier oben, die Mario Savio* verloren haben, müssen das Rote Buch kaufen und das tun, was die Roten Garden getan haben.« Bruder Bobby Hutton kriegte den Namen kaum richtig hin. Er kam immerzu an und fragte Huey oder mich, wie er ihn aussprechen müßte. Huey sagte es ihm jedes Mal, aber er kam nicht damit zurecht. Er meinte: »Wenn uns das Geld für die Gewehre so schnell reinkommt, brauche ich das gar nicht richtig sagen zu können.« So rief er nur: »Das Rote Buch, das Rote Buch«, und er wurde sie richtig los.
In den nächsten beiden Stunden, als wir das Rote Buch verkauften, machten CIA, Polizeischweine, Kommunisten, Leute von der Sozialistischen Arbeiterpartei, Zeitungsfotografen und andere Leute Fotos von uns. Richard Iokey kam an, als wir dort anfingen, und sagte uns, wir sollten aufpassen, daß wir mit den Büchern nicht auf das Campusgebiet kämen, denn diese Agenten ständen überall herum und warteten darauf, daß sie uns verhaften könnten. Wir haben unserer Partei über 170 Dollar eingebracht. Wir fanden das ganz enorm, denn in der Zeit, in der wir diese Bücher loswurden, schienen die Muslim-Brüder höchstens ein Viertel von ihren Zeitungen zu verkaufen. Sie kriegten zwanzig Cents für jede Zeitung und wir einen Dollar pro Buch; aber wir wollten uns dafür Schrotflinten besorgen.

* Mario Savio war der bekannteste Führer der radikalen Protestbewegung an der Berkeley-Universität. *(Anm. d. Übers.)*

Und wenn Sie jemals das Gefühl »endlich frei« gekannt haben – Sie hätten es bestimmt gehabt, wenn Sie gesehen hätten, wie wir loszogen, um uns Schrotflinten zu kaufen.
Huey sagte: »Komm, wir gehn jetzt ein paar Schrotflinten kaufen.« Also zogen wir los zum B.B.B.-Warenhaus, in dem Virtual Murrell damals arbeitete, und kauften eine Schrotflinte. Huey nahm eine High Standard (das ist das Warenzeichen dieser Flinte). Sie faßt sechs Patronen im Magazin, wenn man sie entsichert hat, und eine in der Kammer. Dann meinte Huey: »Nehmen wir doch noch eine Rehposten-Doppelflinte dazu!« – »Was ist eine Rehposten-Doppelflinte?« fragte ich. Er sagte: »Es ist das Ding, das die Polizeischweine auch benutzen. Eine Rehposten-Doppelflinte.« – »Also gut«, sagte ich. Mit ihm konnte ich nicht mit. Dieser Bruder war uns haushoch überlegen. Er wußte, was wir tun müßten, wann und wie wir es tun müßten.
Wir gingen zum vorderen Ladentisch und bezahlten da die Schrotflinte, die wir vom hinteren Tisch geholt hatten; dort lagen nämlich die Sportartikel. Wir waren außer uns vor Bewunderung für diese Pistolen, Flinten, Gewehre und was es dort sonst noch alles gab. Die Verkäuferin am Ladentisch sagte – man merkte ihr an, daß sie log –: »Wissen Sie, diese Leute vom FBI« (Federal Bureau of Investigation) »sind hier gewesen, die wollen den Namen und so weiter von *jedem* haben, der bei uns eine Waffe kauft.« Huey antwortete: »Das ist uns egal. Das hat nichts zu sagen. Hier ist mein Geld. Ich bin Huey P. Newton von der Black Panther Party; hier ist mein Geld. Ich möchte meine Schrotflinte haben.« Die Verkäuferin sah ihn erstaunt an. Ich weiß nicht, was sie sich gedacht hatte, wem sie da etwas vormachte, denn Huey P. Newton machte sie nichts vor – dem war es pottegal, was sie sich dachte, wem sie mit einer angeblichen FBI-Kontrolle Angst machen könnte.
Das ist sehr bezeichnend für Hueys Haltung und seine Persönlichkeit, für die Art, wie er sich benimmt, wie er sich ganz bewußt benimmt. Sehr bezeichnend ist das. Denn Huey sagte: »Hier ist mein Geld. Ich bin Huey P. Newton von der Black Panther Party«, und damit nahmen wir uns diese Schrotflinte.

So haben wir die Roten Bücher verkauft, das Geld verdient und uns von dem Geld Waffen gekauft. Huey, ich und die anderen Brüder in der Kerntruppe benutzten die Roten Bücher und verbreiteten sie überall in der Organisation, denn Huey bestand darauf, daß die im Roten Buch so knapp ausgedrückten revolutionären Grundsätze möglichst oft angewendet würden; das heißt, sooft sie unter unserem Regierungssystem anwendbar waren. Manchmal sagte Huey: »Dieser Grundsatz läßt sich auf unsere jetzige Lage nicht anwenden.« Wo es im Buch hieß: »Chinesische Mitglieder der Kommunistischen Partei«, sagte Huey gewöhnlich: »Ändert das um in Black Panther Party. Macht aus den Chinesen die Schwarzen.« Wenn er ein bestimmtes Prinzip in Beziehung auf die Chinesen ausgedrückt fand, änderte er es so, daß es sich auf uns anwenden ließ. Auf diese Weise haben wir das Rote Buch wirklich benutzt, denn wir haben es durchgesprochen, und Huey ließ uns seine Grundsätze anwenden. Wir benutzten auch Fanon und Malcolm X — seine Selbstbiographie und andere Schriften über ihn. Huey eignete sich all diese Grundsätze der anderen Revolutionäre an. Wir schulten die Mitglieder in diesen Schriften und auch in Che Guevara.

Das Rote Buch hatten wir zuerst zum Verkauf benutzt. Huey P. Newton kannte die Brüder gut genug, um zu wissen, daß sie keinen Dollar dafür zahlen würden. Huey wußte aber auch, daß die Radikalen auf dem Campus sehr wohl einen Dollar für das Rote Buch bezahlen würden, wenn wir es hätten. Außer uns hatte es nämlich niemand. Ich weiß noch, wie Mitglieder der Sozialistischen Arbeiterpartei, Kommunisten und viele andere Leute uns ganz neugierig fragten: »Woher haben Sie die Bücher?« Dann antworteten wir: »Das wissen nur wir. Wollen Sie nicht eins kaufen? Nur einen Dollar. *Kaufen Sie das Rote Buch mit Aussprüchen von Bruder Mao Tse-tung!* Na, immer ran!« rief ich. »Nicht wahr, Sie wundern sich, was in aller Welt diese Neger mit den Roten Büchern machen?« Schon hatte ich wieder drei oder vier verkauft.

Das war uns klar: Wenn wir die Gettobrüder in die Organisation holen wollten, waren ihnen zuerst die Waffen mehr wert und wichtiger. Später unterwiesen wir sie abwechselnd aus dem Roten Buch. Huey war etwas Besonderes. Huey war ganz große Klasse. Er wußte, wie man es anzufassen hatte. Huey war so viel wert wie zehn Mordskerle. Er hat manchmal gesagt: »Bobby, wir beide wissen, daß die Grundsätze gelten, die in dem Roten Buch stehen, aber die Brüder und die Schwarzen im allgemeinen wissen es nicht, sie werden keinen Dollar und auch keine dreißig Cents für das Buch bezahlen. Also müssen wir es so anfangen, daß wir uns die weißen Radikalen rankriegen, die ein geistiges Interesse an dem Buch haben; damit müssen wir Geld verdienen, die Gewehre kaufen und mit den Gewehren auf die Straße gehen. Wir werden jede Mutter, jeden Bruder und die Wohngemeinde vor den rassistischen Bullen beschützen. Nach und nach werden wir Brüder in die Organisation holen, und die werden allmählich mit dem Roten Buch vertraut werden. Sie werden mit dem Gedanken der politischen, wirtschaftlichen und sozialen Gleichheit zur Verteidigung der Bevölkerung vertraut werden.«

So hat sich die ganze Geschichte abgespielt. Gleichzeitig vertiefte sich Huey in die Schriften von Fanon, er vertiefte sich in die Schriften von Malcolm X. Huey konnte eine Beziehung zu diesen Grundsätzen finden. Er war ein toller Kerl. Man konnte Huey nichts vormachen. Er kannte das Rote Buch vorwärts, rückwärts, in jeder Richtung. Es gibt auch andere Brüder in der Partei, die das Rote Buch in- und auswendig kennen, rückwärts, vorwärts, von rechts nach links und von links nach rechts. Man kann das Buch wenden, wie man will, sie sagen einem gleich: »Das Rote Buch! Und was noch? Das Gewehr! Das Rote Buch und das Gewehr!« So hat es Huey gesagt.

Unsere letzte größere Aktion, das Rote Buch an Radikale, Linksgerichtete und Liberale zu verkaufen, fand viele Monate später statt, bei dem großen Protestmarsch von 65 000 Leuten zum Kezar Stadium in San Franzisko gegen den Vietnam-Krieg. Inzwischen hatten Huey und ich Eldridge Cleaver kennengelernt. Eldridge sprach an dem Tag auf der Massenversammlung; Huey und ich verkauften dort die ganze Zeit und machten nur einmal eine Pause, um die Rede von Eldridge zu hören.

Schließlich hatten wir ungefähr 850 Dollar eingenommen und hatten noch Bücher übrig. Wir hatten von dem Verkäufer im chinesischen Buchladen erfahren, daß bei ihm eine Lieferung von 5 000 Büchern angekommen war, und hatten uns etwa 1 200 davon geholt. Wir hätten sie alle verkaufen können, aber wir hatten zu wenig Leute. An dem betreffenden Samstagmorgen waren nur fünfzehn oder sechzehn Brüder in das Büro der Black Panther Party gekommen. Als der Marsch morgens begann, sind wir zuerst durch die Marktstraße und ungefähr fünfundzwanzig Häuserblocks weit mitmarschiert. Ich hatte nichts anderes im Kopf als Bücher, Dollars und Gewehre für uns. *»Kaufen Sie ein Rotes Buch, alle liberalen alten Damen!«* Nicht wahr, das ist die Sorte, die sich dagegen entschied, Baines Johnson zu ›lynchen‹, weil Bruder Martin Luther King schließlich gegen den Krieg loszog.

Die alten Toleranzler sahen mich erstaunt an und konnten sich keinen Vers darauf machen. Wahrscheinlich dachten sie: »Was wollen denn diese farbigen Jungs mit den ›Kommunistenbüchern‹?« Als sie die Straße herunterkamen, ging ich zu dem Zug hin, hielt ihnen ein Rotes Buch entgegen und sagte: »Ich weiß schon, was Sie denken; also, warum kaufen Sie nicht einfach so ein Buch und lesen selbst nach, was da los ist?« Einer Frau lächelte ich zu, da sagte sie: »OK!« Ihr Nachbar im Glied wollte auch eins haben. Verdammt, im nächsten Augenblick waren zehn Bücher verkauft, und ich arbeitete mich in Schweiß, als ich zu den Paketen rannte, die wir mitgenommen hatten, um in Gang zu bleiben, und dann wieder zurück.

Dollars für Rote Bücher! Ich weiß wohl, daß die arbeitenden

Brüder begriffen hatten: Das bedeutete mehr Waffen, damit wir uns verteidigen und allen Schwarzen beibringen konnten, mit dem Gewehr umzugehen. Gerade so, wie es im Roten Buch steht. Die Partei war in Bewegung. Dollars für Bücher, damit wir mehr Waffen kaufen konnten!

Huey ist den Polizeischweinen überlegen

Huey war jetzt soweit, daß er die schwarzen Brüder für einen richtigen revolutionären Kampf mit Gewehren und mit militanter Gewalt organisieren konnte. Es kam dahin, daß wir jeden Tag mit Gewehren im Black-Panther-Büro aus- und eingingen oder bewaffnet zu meinem, zu Bobby Huttons oder zu sonst jemandes Haus hinzogen; daß wir freitags und samstags am Abend in ein Auto, auch in zwei oder drei, und als die Organisation größer wurde, in vier oder fünf Autos stiegen und an den Polizeischweinen vorbeipatrouillierten. Manchmal machten wir auch im Laufe der Woche die Runde an den Polizeischweinen vorbei, wenn wir zu einer Versammlung unterwegs waren. Auf diesen Rundfahrten an den Schweinebullen vorbei hatten wir einen oder zwei Fotoapparate und ein Gesetzbuch mit; wir bemühten uns, noch ein paar Tonbandgeräte dafür zu bekommen.

Eines Tages, als wir aus dem Büro kamen (wir hatten es damals wohl seit ungefähr einem Monat), fuhr ein Polizeischwein vorbei. Es sah uns mit Schrotflinten und Pistolen herauskommen, etwa sechs oder sieben von uns, am hellichten Tage; wir sahen dem vorbeifahrenden Polizeischwein nach, wie es sofort an sein Funkgerät sprang, als es uns mit den Flinten und all dem Zeug aus dem Büro kommen sah. Wir waren gerade mit dem Waffenunterricht fertig, dem Unterricht über die Rehposten-Doppelflinte, die 9-mm-Pistole und die .45-Pistole; jetzt wollten wir unsere politische Unterweisung halten.

Wir hatten eine .45-Pistole und eine .357-Magnum bei uns, außerdem ein paar M-1-Gewehre. Mittlerweile besaßen wir jetzt drei oder vier Schrotflinten. Wir haben damals wie die Wilden Waffen gekauft. – Der Polizist fuhr zwei Häuserblocks weiter, wendete und kam auf der anderen Straßenseite zurück. Damals wurde ein Stromschnellen-Übergang eben dort an der Grove Street gebaut, und er fuhr auf die andere Seite und kam wieder. Wir konnten uns gleich denken, daß die Polizeischweine sehen wollten, was da zum Teufel passierte, daß dieser Polizist den anderen gefunkt hatte und ihnen berichtete, wie er »ein paar Nigger hier aus einem Haus kommen sah mit Gewehren ... und papperlapapp und so weiter ... mit Gewehren aus dem Büro kommen« und solches Gerede. Er funkte den ande-

ren Polizeischweinen jetzt zu, sie sollten kommen und helfen, »sie einzukriegen«.
Huey fuhr an dem Tage den Wagen seines Vaters. Er hatte wohl eben ein paar Rechnungen bezahlt und war für eine halbe Stunde ins Büro gekommen. Bis wir im Wagen saßen, war das Polizeischwein auf der anderen Straßenseite wieder zurückgekommen und hielt mit seinem Wagen hinter uns. Huey erklärte allen, sie sollten nur ja daran denken, was er ihnen gesagt hatte — daß niemand im Wagen ein Wort sprechen sollte. Das Reden sollte einzig der Fahrer besorgen, und der Fahrer war zufällig Huey. Er sagte: »Ich bin der Fahrer. Außer mir sagt niemand was, und denkt auch an die ›erste Rechtshilfe‹!« Das war die Rechtshilfe-Information, die wir für die Parteibrüder gedruckt hatten, und wir brachten ihnen dreizehn Punkte über grundsätzliche erste Rechtshilfe bei, über unsere gesetzlichen und verfassungsmäßigen Rechte.
Huey unterrichtete alle Brüder darin. Keiner kam bei ihm darum herum, denn Huey verstand, daß die Brüder keine Anhaltspunkte hatten, wie sie sich gegenüber den Polizeischweinen verhalten sollten. Darum machte sich Huey an die Gesetze, und er stellte fest, daß die Brüder die Gesetze achteten. Huey *wußte* wirklich etwas vom Gesetz, und er verstand es für seine Zwecke zu gebrauchen. Er tat nicht mehr, als daß er ihnen einige Hauptregeln vom Gesetz für das tägliche Leben beibrachte. Das konnte Huey; er begriff den Kram. Huey nahm diese dreizehn Punkte und versuchte, damit den Burschen zu zeigen, wo sie *im Getto* dummes Zeug machten. Das ist sehr wichtig, wenn man verstehen will, wie die Partei zu arbeiten anfing.
So erklärte er jetzt: »Keiner sagt ein Wort, denn im Augenblick, wo jemand etwas sagt, wird der Mann da versuchen, euch festzunehmen. Und zwar wird er euch festnehmen wegen irgendeinem Quatsch, daß ihr versucht hättet, einen Beamten bei der Erfüllung seiner Pflicht zu stören. Er wird versuchen, allen Leuten, die sich jetzt um uns herum ansammeln werden, zu beweisen, daß wir nicht das Recht hätten, eine Waffe zu tragen. Und er wird euch als Verkehrssünder festnehmen, aber die Leute in der Wohngemeinde werden denken, er hätte euch festgenommen, weil ihr eine Waffe hattet. Und wir wollen doch den Leuten beweisen, daß wir das Recht haben, Gewehre zu tragen, und daß sie das Recht haben, sich zu bewaffnen; und wir werden unser verfassungsmäßiges Recht, diese Gewehre zu tragen, bis zum letzten ausnutzen.« Huey versuchte es wirklich bis zum letzten auszunutzen. Basta! Und er hat es ausgenutzt, schließlich, wenn man sich so das Vorgehen der Machthaber gegen die Partei im Laufe der Jahre ansieht.
Huey stieg in den Wagen, und das Polizeischwein kam an das Wagenfenster: »Haben Sie einen Führerschein?« Huey kur-

belte das Fenster herunter, aber nur so weit, daß ein Schlitz von acht bis zehn Zentimetern entstand.
Huey reichte seinen Führerschein durch das Fenster heraus. »Ist das Ihr richtiger Name?« fragte das Polizeischwein. Und Huey sagte: »Ja, das ist mein richtiger Name, Huey P. Newton.« »Ist das Ihre richtige Anschrift, 47. Straße Nr. 841?« Huey sagte: »Das ist meine richtige Anschrift, 47. Straße Nr. 841.« »Was wollen Sie mit den Gewehren?« Darauf Huey: »Was wollen Sie mit *Ihrem* Gewehr?« *Dieser* Polizist entschloß sich, keine Auseinandersetzung anzufangen, er ging also zurück und holte seinen kleinen Notizblock, auf dem sie ihren Mist eintragen.
»Ihr richtiger Name ist Huey P. Newton?« Und Huey: »Stimmt.« Der Polizist notierte sich das. »Ihre richtige Anschrift ist 47. Straße Nr. 841?« Huey sagte: »Richtig.« Dann sah sich der Polizist seinen Führerschein an: »Wie ist Ihre Telefonnummer?« Huey antwortete: »Fünf.« Dann schwieg er, mehr wollte er nicht sagen. Das Polizeischwein fragte: »Fünf, und weiter?«
Damit hat der ganze Salat zwischen der Partei und den Polizeischweinen angefangen. Huey sagte: »Fünf! Fünfter Zusatz zur Verfassung! Schon mal was davon gehört? Wissen Sie nicht, daß nach der Verfassung niemand über sich selbst auszusagen braucht? Fünf! Ich bin zu nichts anderem verpflichtet, als mich bei Ihnen auszuweisen, Ihnen meinen Namen und meine Anschrift zu sagen; deshalb möchte ich nicht mal weiter mit Ihnen reden. Sie können jetzt hier von meinem Wagen weggehen und mich in Ruhe lassen. Ich möchte Sie nicht mal *anhören*.«
»Was soll das heißen?« fragte das Polizeischwein. Huey antwortete: »Genau das, was ich gesagt habe. Jeder hat das verfassungsmäßige Recht, eine Aussage über sich selbst zu verweigern.« Und dabei hatte Huey ein großes M-1-Gewehr rechts neben sich liegen und hatte die Hand darauf gelegt. Ich hatte die 9-mm-Pistole neben mir, Huey das M-1. Huey war der Fahrer. Vier andere Brüder saßen hinten im Wagen; einer von ihnen war Bobby Hutton. Sie waren ganz still, weil Huey ihnen gesagt hatte, daß sie still sein sollten. Und das Polizeischwein geriet ganz außer sich. Es war allein, und Huey hatte all die schwarzen Nigger im Wagen, die einen Mistkerl angreifen würden.
Mittlerweile, während das Polizeischwein versuchte, ungemütlich zu werden, hielten drei Wagen hinter uns und einer vor uns. Außerdem standen noch welche auf der Straße. Papperlapapp, papperlapapp, bla bla, ging es jetzt. Dann hielt noch ein Wagen vor uns. Ein Polizeischwein sprang aus seinem Auto, kam an unseren Wagen heran und fragte uns durch den Fensterschlitz in einem ekelhaften Ton, der uns Angst machen

sollte: »Was geht hier vor?« Huey antwortete: »Die üblichen Vorgänge, wie zu erwarten.« Huey kurbelte das Fenster noch ein paar Zentimeter weiter herunter. Die Polizeischweine sahen nach den Waffen im Auto.
»Kann ich mir mal die Pistole da ansehn?« fragte einer. »Nein«, sagte Huey, »die können Sie sich nicht ansehen.« Allmählich wurde mir die Geschichte bedenklich, weil er auf meine 9-mm-Pistole zeigte. Huey war noch in Bewährungsfrist, und wenn sie jetzt dächten, das wäre Hueys Pistole ... Ich kannte mich in diesem gesetzlichen Kram nicht so aus wie Huey, deshalb zog ich die Pistole ganz dicht an mich heran. Sie hatte zwischen uns in der Mitte gelegen. Ich sagte auch: »Nein, die können Sie sich nicht ansehen.« Huey erklärte: »Nein, Sie können sich weder die Pistole ansehen noch dies hier« (dabei zeigte er auf sein Gewehr), »und ich wünsche nicht, daß Sie sich das ansehen. Sie brauchen es auch nicht zu sehen.«
»Ist das Ihre Pistole?« wurde Huey gefragt. Ich sagte : »Nein, das ist nicht seine, es ist meine Pistole!« Das sagte ich, weil ich dachte, der Mann würde sonst auf Huey losgehn; ich kannte von ihm schon die Vorschrift für die Bewährungsfrist — wenn er mit einer Pistole erwischt wurde, dann war er erledigt. Aber wenn man ihn mit einem Gewehr kriegte, konnte man ihm nichts wollen, denn sein Bewährungshelfer hatte ihm gesagt, er dürfte ein Gewehr oder eine Schrotflinte bei sich haben, daran könnte man ihn nicht hindern. Das Polizeischwein fragte: »Kann ich sie nun sehen oder nicht?« Huey sagte zu mir: »Laß mich mal das Reden besorgen.« Und zu dem Polizeischwein: »Nein, Sie können die Pistole nicht sehen. Gehen Sie von dem Wagen hier weg! Wir möchten Sie nicht an unserem Wagen herumstehen haben, und damit hat sich's.«
»Aber ich kann *ihn* doch fragen, wenn ich seine Pistole sehen möchte«, sagte das Polizeischwein. Ich antwortete: »Na dann: Sie können die Pistole nicht sehen.« Die Schufte versuchten, unverschämt zu werden. Sie quasselten und machten sich Zeichen, was wir uns denn zum Teufel noch mal einbildeten, und sie sagten: »Verfassung, so'n Schitt. Die verdrehen sie ja bloß.« Dann sagte ein Polizeischwein zu Huey: »Verdammt noch mal, was bilden Sie sich eigentlich ein?«
»Na, zum Teufel«, sagte Huey und öffnete die Wagentür — und nun wurde er wütend. Ich sage Ihnen, Sie müssen sich diesen Nigger mal vorstellen! Er wurde wütend, weil diese Hunde so weitermachten und weil sie gegen ihn loslegten, als ob sie nicht bei Trost wären. Das wollte sich Huey durchaus nicht gefallen lassen. Huey wurde *sehr* wütend. Er öffnete die Wagentür und sagte: »Verdammt nochmal, was bilden *Sie* sich denn ein? Erstens mal ist dieser Mann« — damit zeigte er auf das Polizeischwein — »hier angekommen und hat mich nach meinem

Führerschein gefragt in einem Ton, als ob er mich wegen einer Verkehrsvorschrift oder sonst einer Vorschrift vor Gericht bringen wollte. Dieser Polizeibeamte soll seine Pflicht tun, und da kommen Sie und reden von unseren Waffen.« Huey nahm sein M-1-Gewehr in die Hand und redete weiter: »Wir haben jedenfalls ein verfassungsmäßiges Recht, diese Waffen zu tragen, und ich möchte nichts mehr darüber *hören*.«
Die Polizeischweine traten ein paar Schritte zurück, und Huey stieg aus dem Auto aus. Er langte noch einmal in den Wagen, um sich sein M-1 herauszuholen, und wissen Sie, wenn man Huey kennt – er wird schon mal brummig, aber dabei höchst deutlich. Er stieg also mit seinem M-1-Gewehr aus dem Wagen. Huey kennt sich so gut in den Gesetzen aus, daß er nie ein geladenes M-1 im Auto haben würde. Als er aus dem Wagen stieg, ließ er gleich eine Ladung in den Lauf fallen: Klick!
»Was bilden Sie sich denn eigentlich alle ein?« sagte Huey zu den Polizeischweinen. Und als die anderen Bullen auf dem Gehsteig all den Brüdern und Schwestern, die sich da angesammelt hatten, auf die Nerven gingen: »Sie müssen hier weitergehen!« – da unterbrach sie Huey: »Ihr braucht nicht weiterzugehen! Geht nicht weg von hier! Diese Polizeischweine können euch nicht daran hindern, zuzusehen. Ihr habt das Recht, einem Beamten bei seiner Pflichterfüllung zuzusehen.« Und diese Polizeischweine hörten wahrhaftig auf das Zeug. Nicht wahr, Huey zitiert Gesetze und so was. »Ihr habt das Recht, einem Beamten bei seinem Dienst zuzusehen, ihr habt das Recht dazu. Solange ihr euch in vernünftigem Abstand haltet, und ihr *steht* ja in vernünftigem Abstand. *Geht nicht weg von hier*!«
Die Polizeischweine versuchten immer noch, die Leute wegzuschicken; sie sagten: »Sonst müssen wir Sie verhaften.« Da ging Huey mal eben rüber, machte die Tür zum Panther-Büro auf und sagte: »Kommt nur hier herein. Hier können sie euch nicht wegschicken.« Er schloß auf und ließ die Leute ein. »So, jetzt könnt ihr zugucken, solange ihr wollt!« Das Polizeischwein fragte: »Was wollen Sie mit dem Gewehr?«
»Was wollen Sie mit *Ihrem* Gewehr?« fragte Huey. »Denn wenn Sie etwa versuchen, auf mich zu schießen oder mir mein Gewehr wegzunehmen, dann schieße ich zurück, Sie Schwein. Außerdem« – und jetzt legte er richtig los – »sind Sie sowieso nur ein Kümmerling. Sie kommen irgendwoher aus Georgia, Sie verdienen in der Stadt Ihre achthundert Dollar im Monat, und jetzt kommen Sie hierher, machen die Schwarzen in den schwarzen Wohngemeinden zum Vieh und morden sie. Sie haben Ihre Sergeanten-Streifen gekriegt, aber ich sage, Sie sind nichts weiter als ein vulgärer, niederträchtiger Schweinehund. Ein Kümmerling von irgendwoher im südlichen rassistischen Georgia. – Wenn Sie also Ihr Gewehr anlegen, dann werde

ich zurückschießen und Ihnen eine Kugel durch den Kopf jagen!«
»Sie! Sie! Sie...« das Polizeischwein raste. »Sie verdrehen ja die Verfassung!« So versuchte es die Angelegenheit zu erledigen.
Huey sagte: »Ich verdrehe gar nichts. Und ich habe mein Gewehr. Was wollen Sie mit Ihrem machen?« Das brachte die Polizeischweine erst richtig hoch. Sie wußten nicht mehr ein noch aus. Huey ging eben mal vorn um den Wagen herum. Ging um den Wagen herum, während er redete, ging weiter, machte wieder die Tür zum Büro auf und ließ noch mehr Leute hinein; er sagte den Leuten, sie brauchten nicht wegzugehen, er zitierte ihre verfassungsmäßigen Rechte und all das Zeug; dann kam er wieder aus dem Büro heraus und sagte: »Na, was haben Sie vor?«
Ein anderes vierschrötiges, fettes Polizistenschwein ging etwa bis auf fünf Meter an Huey heran, es hatte die Hand im Gürtel, sein Bauch hing über den Gürtel herunter. Es fragte Huey: »Sind Sie ein Marxist?« — Huey fragte seinerseits: »Sind Sie ein Faschist?« — »Sind Sie ein Marxist?« fragte das Polizeischwein mit erhobener Stimme. Da wurde auch Huey lauter: »Sind Sie ein Faschist?«
Dann fragte das Polizeischwein mit sehr lauter, fordernder Stimme. Es nahm die Hand vom Gürtel und sagte: »Sind Sie ein Marxist?« Und Huey, noch lauter: *»Sind Sie ein Faschist?«*
Das Polizeischwein fragte noch dreimal in sanfterer Tonart, und Huey wiederholte ebenso seine Frage.
Dann sagte das Polizeischwein, wie ein doofes Kind aus der fünften Klasse: »Ich habe Sie als Erster gefragt.«
Huey schüttelte verwundert den Kopf und sagte: »Ich habe Sie als Zweiter gefragt. *Sind* Sie ein Faschist?« Alles lachte über das Polizeischwein.
Ich saß im Wagen und hatte meine 9-mm-Pistole im Anschlag. Ich sagte mir: »Diese Polizeischweine werden bestimmt gleich wild. Ich *weiß*, daß sie überschnappen werden.« Ich kurbelte das Fenster herunter. »Wie ist *Ihr* Name?« Ich antwortete: »Mein Name ist Bobby Seale. Warum?« »Weil ich *Sie* kontrollieren möchte. Ihr Ausweis?« Ich legte die Pistole hin, gab ihnen meinen Ausweis und nahm die Pistole wieder auf. Ich sagte: »Mein Name ist Bobby Seale, wie es in meinem Ausweis steht. Sie wollen mich kontrollieren?«
»Sie haben mit siebzehn Jahren wegen Raubüberfall im Gefängnis gesessen.«
»Sie sind ein verfluchter Lügner«, sagte ich. »Ich habe in meinem ganzen Leben nie im Gefängnis gesessen. Ich habe schon gar nicht wegen Raubüberfall im Gefängnis gesessen.« Sie prüften nicht mal meinen Ausweis. »Sie haben als Siebzehn-

jähriger wegen Raubüberfall im Gefängnis gesessen. Aber weil Sie damals noch nicht mündig waren, können wir Sie jetzt nicht wegen der Waffe festnehmen.« Ich sagte: »Sie verdammter Lügner! Ich habe nie wegen Raubüberfall gesessen. Ich will das nicht noch mal hören, zum Teufel!«

Inzwischen nannte Huey da draußen die Bullen Schweine, Hunde, Kümmerlinge, erbärmliche Strolche, Mistkerle, und hatte sein M-1 in der Hand. Er hat sie *herausgefordert*, regelrecht herausgefordert! »Und Sie schießen ja nicht auf *uns*!« Damals fing Huey an, uns zu zeigen, wie es gehen muß. Man muß es so einem Mistkerl sagen, und es muß einem *ernst* damit sein. Das habe ich mir gemerkt. Huey erinnerte mich damals an eins: Er hatte mir einmal vor längerer Zeit gesagt, ich sollte nicht vergessen, daß wir womöglich eines Tages nicht mehr nach Hause kommen würden. Ich hatte gesagt: »Ich stehe zu dir, Huey.« Das habe ich nicht vergessen. Ich wußte, daß ich vielleicht eines Tages nicht mehr nach Hause kommen würde. »Scheiß drauf, ich stehe zu dir.«

Wir saßen im Wagen, und Huey hatte uns gesagt, wir sollten alle drinbleiben und still sein. Er war da draußen, der gefährlichste Mordskerl, den man sich denken kann! Huey und zehn Polizeischweine. Drei oder vier versuchten, Kinder von ihren Fahrrädern herunterzujagen und den Leuten zu erzählen, sie hätten nicht das Recht, dort herumzustehen; aber Huey ging hin und unterbrach sie: »Ach was! Kommt nur ins Büro!« Kleine Kinder mit ihren Fahrrädern kamen ins Büro. Wir hatten ein großes, geräumiges, helles Schaufenster. Die Nigger verteilten sich einfach über die ganze Fensterfront. Sie lehnten sich an die Scheibe, küßten sie sozusagen, nur um sich den Schitt anzuhören. Sie riefen: »Mach nur so weiter, Bruder!« und »Gib's ihnen! Du weißt ja, was los ist« und »Das versteh ich«, während Huey diesen Polizeischweinen klarmachte, wie die Dinge standen. Die Brüder, die zusahen, merkten recht gut, daß die Polizeischweine Angst hatten vor dem *großen* Gewehr, das ein schlimmer, schwarzer — aber gutaussehender — Nigger in der Hand hatte. Jedesmal, wenn Huey sagte: »Wenn Sie auf mich schießen, Sie Schwein, dann schieße ich zurück«, riefen andere Nigger: »Sag's ihm, *tu* es nur, Bruder« oder etwas Ähnliches. Daran merkte Huey, daß er unsere Kultur revolutionierte, daß er den Schwarzen beibrachte, Revolutionäre zu sein, und ihnen zeigte, daß es dabei sehr auf die Waffe ankommt. Zwei Häuser weiter stand ein Weißer in der Tür und lächelte. Er war der einzige, der noch dabei war, aber er schien Huey zu achten.

Es kamen dann noch ein paar Leute dazu, nachdem Huey viele so demonstrativ ins Büro eingelassen hatte. Jetzt standen andere herum, und die Polizeischweine rührten sich nicht einmal

mehr. Und Huey forderte sie regelrecht heraus, etwas zu tun. Huey hatte das M-1 bei sich, in dem einer von den acht Ladestreifen steckte. Was hat man da zu tun, Mensch? Nichts anderes als so einem Nigger die Stange zu halten. Nichts anderes als das. Ganz gleich, was passiert, dieser Nigger ist der gefährlichste Nigger, den man je gesehen hat. Denn dieser Nigger sagt zu *zehn Polizeischweinen*: »Es ist mir verdammt egal, was ihr macht«, und er bringt uns alle dazu, still und diszipliniert zu sein. Wir sitzen im Wagen und halten unser Zeug bereit.
So habe ich mir gesagt: Der ist der verteufeltste Kerl auf der ganzen Welt! Dieser Nigger sagt zu den Polizeischweinen: »Wenn ihr euer Gewehr anlegt, dann schieße ich auf euch.« Ja, das sagt er zu den Polizeischweinen, die da stehen. Wenn ein Polizeischwein erklärt: »Sie verdrehen die Verfassung«, dann antwortet Huey: »Ich verdrehe gar nichts. Ich übe mein verfassungsmäßiges Recht aus. Ich habe das Gewehr, um dieses Recht zu verteidigen!« Und das Polizeischwein *sieht* das Gewehr. So hat der Nigger zu den Polizeischweinen gesagt: Wenn ihr etwas Unrechtes tut oder euch nicht ordentlich benehmt, dann bringe ich euch um. Ich werde mich verteidigen!
Was sagt man dazu? Man sagt: Dieser Nigger ist schlimm. Dieser Nigger ist verrückt. – Aber ich mag diesen verrückten Nigger gern. Ich mag ihn gern, weil er gut ist. Er läßt sich keinen Scheißdreck gefallen. Man muß zu ihm halten.
Das war also der bedeutende Zwischenfall, der sich mit der Black Panther Party vor dem Büro der Black Panther Party abgespielt hat. Und *danach* fingen wir wirklich an, die Polizeischweine zu überwachen, denn wir bekamen richtige Rekruten. Am selben Tage kamen zehn oder zwölf, vielleicht auch dreizehn neue Mitglieder in die Partei, sie kamen an und wollten aufgenommen werden. Wir gingen wieder zum Büro der Armenhilfe – ich arbeitete noch dort – und entwarfen einen Aufnahmeantrag für die Black Panther Party. Und was wir dann gemacht haben? Nun, regelrecht die Polizeischweine überwacht!

Dienstabzeichen 206

Eines Abends überwachten Huey, Little Bobby und ich dieses Polizeischwein im Norden von Oakland. Wir taten das schon seit ein paar Stunden. Wo er auch hinfuhr, wir waren etwa einen Block dahinter. Manchmal hielten wir an und verloren ihn aus den Augen, aber nach zehn oder zwanzig Minuten kam er wieder da entlang, an die Stelle zurück, und wir überwachten ihn weiter. Little Bobby hatte ein M-1-Gewehr, ich eine .45er, Bruder Huey hatte eine Schrotflinte und ein Gesetzbuch auf dem

Rücksitz liegen. Bruder Huey fuhr meinen alten 54er Chevy. Wir waren wohl schon eine ganze Weile hinter dem Polizeischwein hergefahren, als wir es an einer Ecke der 58. Straße halten sahen. Also hielten wir auch an der Ecke; es setzte zurück und parkte direkt vor dem Haltezeichen an der Kreuzung der 58. Straße und der Grove Street. Ich weiß noch, daß wir sagten, wir wären es leid, diesem Polizeischwein nachzufahren. »Gehn wir rein!« Es war etwa halb neun oder halb zehn, als wir die Straße herunterfuhren und dicht bei dem Polizeischwein hielten, an dem Haltesignal. Ich sah zu dem Polizeischwein herüber. Natürlich trugen wir damals in Oakland Gewehre. Der Lauf der Schrotflinte zeigte nach oben. Ich hielt die Schrotflinte, und Huey fuhr den Wagen. Ich saß rechts auf dem Vordersitz und hatte die Schrotflinte links direkt neben meinem Bein. Sie stand senkrecht auf ihrem Kolben. Ich sah nach dem Polizeischwein hin, das Polizeischwein sah zurück nach mir und Little Bobby, der auf dem Rücksitz sein M-1 zwischen den Knien hielt, so daß der Gewehrlauf auch durch das Fenster zu sehen war.

Huey hatte lange genug gehalten, er fuhr wieder an und wendete den Wagen nach rechts, direkt vor dem Auto des Polizeischweins. Während wir wendeten, stellte das Polizeischwein sein Blinklicht und seine Scheinwerfer an. Huey fuhr weiter. Er hielt nicht an und erhöhte auch nicht die Geschwindigkeit. Diese Polizeischweine können Huey nämlich gar nicht erschüttern. Wir waren kaum mehr als schätzungsweise sechs oder sieben Meter gefahren, als wir das rote Blinklicht sahen. Der Polizist ließ seinen Motor anlaufen, fuhr aus seinem Parkplatz heraus und wendete rechts herum, direkt hinter uns. Huey fuhr weiter. Er hatte vor, an der nächsten Ecke nach links einzubiegen. Das tat er dann auch und sagte: »Ich denke nicht daran, zu halten, solange der nicht seine verdammte Sirene anstellt; denn ein rotes Blinklicht heißt wirklich gar nichts, das kann alles mögliche sein.« Nun, das Polizeischwein stellte wirklich seine Sirene an, als es hinter uns her um die Ecke fuhr, und Huey stoppte. Wir waren schon öfter von Polizeischweinen angehalten worden, die uns mit Waffen gesehen und nicht gewußt hatten, was sie machen sollten. Wir wußten Bescheid, denn Huey hatte uns das Nötige gesagt und konnte mit der Situation fertigwerden.

Über dieses Polizeischwein wunderten wir uns, denn es hielt mit seinem Wagen im gleichen Augenblick wie wir, in einem Abstand von etwa acht Metern hinter unserem Wagen. Manche Polizeischweine halten direkt hinter einem, aber er war rund acht Meter von uns entfernt. Er stieg aus seinem Wagen, und kaum war er draußen und kam auf uns zu, da konnte wir ihn brüllen hören: »Verflucht und zugenäht, was macht ihr Nigger mit den verdammten Gewehren da? Zum Teufel, was bildet ihr

Nigger euch denn ein? Steigt aus eurem verdammten Wagen aus mit den verdammten Gewehren da!«
Ich sagte: »Huey, Mann, dieser ekelhafte Kerl möchte anscheinend gern erschossen werden. Hör dir den bloß mal an!«
Als er an unseren Wagen kam, sagte er: »Kommen Sie aus dem Wagen raus!«
Huey antwortete: »Sie verhaften doch hier niemanden. Zum Teufel, was denken Sie sich eigentlich?«
Das Polizeischwein riß die Tür auf; riß die Tür auf und sagte: »Ich habe gesagt, Sie sollen aus Ihrem verdammten Wagen aussteigen mit den verdammten Gewehren da!«
Huey fragte: »Zum Teufel, Mann, was soll das?« Inzwischen war das Polizeischwein ganz dicht herangekommen, steckte den Kopf durch die Tür und griff blitzschnell an Huey vorbei. Das war alles im Nu passiert. Es grapschte nach dem Lauf der Schrotflinte, und ich packte sie fester und zog sie ihm wieder weg. Im gleichen Augenblick, als ich ihm die Schrotflinte wegzog, packte Huey dies Polizeischwein am Kragen, stieß ihm den Kopf von unten gegen das Wagenverdeck, dann drehte er sich um, gab ihm einen Tritt in den Bauch und schob ihn aus dem Wagen hinaus. Das Polizeischwein fiel nach hinten, etwa drei Meter weiter; aber Huey war kaum damit fertig, ihm den Fußtritt in den Bauch zu versetzen und es aus dem Auto zu schieben und zu schubsen – und das Polizeischwein wurde vom Auto weggestoßen und verlor das Gleichgewicht –, da schnappte sich Huey schon die Schrotflinte beim Lauf. Sobald Bruder Huey den Fuß auf die Straße setzte, schob er eine Ladung in den Flintenlauf – klick – und tat drei schnelle Schritte.
Das Polizeischwein sah auf und blickte sich um; Huey P. Newton stand da und sagte: »Na, zum Teufel auch, was soll das denn eigentlich heißen, Sie dickes, rotnackiges Biest, Sie ekelhaftes Faschistenschwein, Sie fanatischer Rassist? Sie kommen da in mein Auto, wollen mich zum Vieh machen und mir mein Eigentum wegnehmen. Wenn Sie jetzt nach Ihrem Gewehr greifen, sind Sie im nächsten Moment ein totes Polizeischwein.«
Das Polizeischwein legte die Hände zusammen. Inzwischen war ich auf der anderen Seite aus dem Wagen gestiegen, hatte die .45er in die Hand genommen und sie entsichert. Sobald Huey gesagt hatte, was er sagen wollte, sprang Little Bobby hinten aus unserem Wagen und stieß eine Ladung in das M-1. Das Polizeischwein hörte es wieder klicken, sah nochmals Huey an und legte die Hände zusammen. Mit anderen Worten, es nahm die Hände von seinem Gewehr weg. Huey hatte ja gesagt: »Wenn Sie nach Ihrem Gewehr greifen, sind Sie ein totes Polizeischwein. Wissen Sie nicht aus dem Vierzehnten Zusatz zur Verfassung der Vereinigten Staaten, daß Sie einem Menschen nicht ohne ordnungsgemäßen Gerichtsprozeß sein Eigen-

tum wegnehmen können?« Huey war wütend, laut und eindeutig.
Das Polizeischwein kam wieder auf die Beine, fing an zu gehen und beschrieb so ungefähr eine Halbmondfigur, als es da herum von Huey wegging und versuchte, seinen Wagen zu erreichen. Huey trat etwas zurück und hielt seine Flinte auf das Polizeischwein gerichtet. Es kam denn auch bis zu seinem Wagen und brüllte: »Die haben Gewehre! Die haben Gewehre! Die haben Gewehre!« Es erreichte sein Funkgerät: »Die Niggers hier haben Gewehre. Besorgt mir Hilfe hier unten. Die Niggers haben Gewehre, sie haben Gewehre.« Dieses Polizeischwein hatte Angst.
Nach und nach kamen die Schwarzen aus ihren Häusern und wollten wissen, was da los war. Huey sagte: »Kommt nur raus, ihr Schwarzen! Kommt und laßt euch erzählen, wie das ist mit diesen rassistischen Schweinehunden, die unser Wohnviertel bewachen und es besetzt halten wie ausländische Truppen! Kommt nur raus, und wir werden euch erklären, was mit den Schweinehunden los ist!« Und die Leute kamen. Es muß so um halb zehn gewesen sein, denn wir standen an der Rückseite des Merritt College, und die Teilnehmer kamen eben von den Abendkursen zurück. Ich schätze, es hatten sich siebzig oder achtzig Menschen da angesammelt, ehe die anderen Polizeischweine ankamen. Mit vielleicht fünfzehn Wagen kamen sie daher — fünfzehn Wagen und überall Polizeischweine. Da standen nun Huey und ich und Little Bobby mit unseren Waffen, dazu die Leute. Little Bobby legte seine Waffe wieder auf den Rücksitz, glaube ich. Er setzte sich da rein, machte die Tür zu, und dann kam er wieder heraus. Huey und ich hatten ihm eingeschärft, daß er die schriftliche Genehmigung seines Vaters gut aufheben müßte, und er sollte diesen Schrieb, diese Einwilligung, daß er die Waffe tragen dürfte, immer bei sich haben, denn er war damals noch keine achtzehn Jahre alt; ich glaube, er hatte die Einwilligung an dem Tag nicht bei sich, so dachte er, daß er die Waffe besser beiseite legen sollte.
Huey sprach zu fast allen Leuten und setzte ihnen auseinander, wie schäbig der Rassismus ist; wie diese Polizeischweine brutale und mörderische Rassisten sind. Und immer, wenn Huey etwas sagte, dann sprach ich es ihm gleich nach, ich sagte dasselbe, oder ich sagte: »Das stimmt.« Wenn er erklärte: »Die rassistischen Schweinehunde besetzen unser Wohngebiet, sie kommen hierher, um uns zu drangsalieren und zu töten und zu morden. Ich bin es leid« — dann sagte ich: »Ja, das ist wahr, die rassistischen Schweinehunde besetzen unser Wohngebiet wie eine fremde Besatzungstruppe. Wir Schwarzen sind das leid.« Sooft Huey redete, sagte ich auch etwas. Die Polizeischweine haben bestimmt gedacht, wir wären verrückte Nigger.

Ein Polizeischwein kam zu uns und sagte: »Zeigen Sie mir mal die Waffe da!«
Huey antwortete: »Ich Ihnen meine Waffe zeigen? Ich bin doch nicht verhaftet.«
»Meinetwegen, aber Sie zeigen mir jetzt mal die Waffe da, ich habe das Recht, mir die Waffe anzusehn.«
Da sagte Huey: »Haben Sie noch nie was vom Vierzehnten Zusatz zur Verfassung der Vereinigten Staaten gehört? Wissen Sie etwa nicht, daß Sie niemandem ohne ordentliche Gerichtsverhandlung sein Eigentum wegzunehmen haben?« Und Huey wurde ziemlich laut bei diesen letzten Worten. »Was ist denn mit Ihnen los? Sie sollen doch die Leute sein, die das Recht durchsetzen, und da kommen Sie an und wollen meine verfassungsmäßigen Rechte angreifen! Sie kriegen mein Gewehr nicht zu sehen. Sie kriegen mein Gewehr nicht in die Hand. Wenn Sie's von mir haben wollen, gibt's nur eins, nämlich daß Sie versuchen, es mir wegzunehmen.«
Ein anderes Polizeischwein kam auf mich zu: »Kommen Sie mal hier rüber an das Auto!«
»Verdammt, ich komm nirgendwo hin. Zum Teufel auch, was bilden Sie sich überhaupt ein? Sie haben mich doch nicht verhaftet.«
»Aber ich habe das Recht, Sie hier an den Wagen rüberzuholen.«
»Sie haben gar kein Recht, mich von einer Stelle zur anderen zu bringen.«
Huey P. Newton, unser Verteidigungsminister, hat uns beigebracht und eingedrillt: Wenn ein Bulle jemanden von einer Stelle auf eine andere bringt, dann hat er ihn praktisch verhaftet; wenn der Bulle feststellt, daß man nicht verhaftet ist, oder wenn man ihn danach fragt und er nicht sagt, man wäre verhaftet, dann kann er nicht von einem verlangen, daß man den Platz wechselt.
»Sie haben mir grade gesagt, daß ich nicht verhaftet bin, also gehe ich nirgends hin, ich bleibe genau hier.«
»Ja nun, dann zeigen Sie mir die Waffe.«
»Ich habe Ihnen doch gesagt, daß Sie sich meine Waffe nicht ansehn dürfen«, und ich zitierte ihm den Vierzehnten Zusatz zur Verfassung, ganz so, wie ihn vorhin Huey zitiert hatte. Die Polizeischweine waren enttäuscht, sie waren wütend und wußten nicht, was sie noch machen sollten.
»Ja, aber ich habe das Recht, die Fabrikationsnummer zu sehen.«
»Die Fabrikationsnummer kenne ich schon«, sagte ich.
»Ich muß mich aber überzeugen, daß es eine Fabrikationsnummer hat.« So hielt ich denn das Gewehr in der Hand, und er sah darauf mit seiner Taschenlampe. »Halten Sie es mal hoch, damit ich es sehen kann!«

»Nein, ich halte gar nichts hoch. Sie haben eine Taschenlampe, und Sie gucken es sich aus der Entfernung da an, denn Sie kommen mir nicht nah an dies Gewehr ran.« Ich las ihm die Fabrikationsnummer vor und sagte: »Das ist die Fabrikationsnummer.«

Das Polizeischwein notierte sich die Nummer; dann kam ein Polizeileutnant dazu, der sagte immer wieder: »Tja, wenn wir ihn wegen Waffenbesitz verklagen, dann verlieren wir den Prozeß wahrscheinlich, nicht wahr, wir verlieren den Prozeß wahrscheinlich, weil sie den Zweiten Zusatz zur Verfassung so drehen, als ob sie das Recht hätten, Waffen zu tragen, solange sie die Waffen nicht verborgen halten.«

Das eine fette Polizeischwein sagte: »Aber wir müssen halt irgendwas finden. Wir müssen irgendwas finden, damit wir ihnen was tun können.« Es sah nach unten, es fing an, sich den Wagen zu besehn, es sagte, daß das Nummernschild mit einem Kleiderbügel festgemacht war. Es war ganz schön sicher befestigt, aber es war eben mit einem Kleiderbügel festgemacht. »Geben wir ihnen doch eine Strafanzeige für das hier, das Nummernschild ist nicht richtig gesichert.« Er fragte Huey nach einem Ausweis, und Huey gab ihm seinen Führerschein. Sie sagten, sein Führerschein sähe irgendwie ziemlich alt aus, so verpaßten sie ihm noch eine Strafanzeige, weil er keinen guten neuen Führerschein hätte. Huey ist später ans Gericht gegangen, hat sich in beiden Punkten für nicht schuldig erklärt, und die Strafanzeigen wurden beide aufgehoben.

Die Polizeischweine sprangen auf und verließen den Schauplatz, und die Schwarzen fragten, was da los wäre. Huey rief den Polizeischweinen alle möglichen Schimpfwörter und ähnliches Zeug nach; dabei sagten viele von den Brüdern: »Richtig so, Huey, sag's ihnen! Gut! Gib's ihnen nur, Huey!« Huey sprach noch länger mit den Leuten, und viele sagten, sie wollten kommen und der Black Panther Party beitreten. Wir brachten mehrere von den älteren und auch von den jüngeren Brüdern und Schwestern dort dazu, sich uns anzuschließen. Das konnten sogar ziemlich viele Weiße beobachten.

Der Bulle hatte das Dienstabzeichen 206, der Bulle, der an dem Abend beinah eine Kugel durch den Kopf gekriegt hätte. Ich hatte ihm immerzu gesagt, er benähme sich wie ein Verrückter. Dienstabzeichen 206. Dienstabzeichen 206. Wir haben sein Dienstabzeichen nie vergessen. Ich wußte sein Dienstabzeichen noch, Huey wußte sein Dienstabzeichen noch, und Bobby Hutton wußte sein Dienstabzeichen auch noch. Wir haben seine Nummer auf die Titelseite unserer Zeitung gesetzt.

Huey und die Verkehrsampel

Als die Black Panther Party zu Beginn des Jahres 1967 noch in ihren ersten Anfängen steckte, bemühte sie sich zusammen mit dem Beirat der Armenhilfe darum, daß in Oakland an der Kreuzung der 55. Straße mit der Marktstraße eine Verkehrsampel aufgestellt würde, denn an dieser Kreuzung wurden immer wieder Kinder verletzt oder getötet.

Als ich in der Armenhilfe arbeitete, war ich gewöhnlich in der Nähe dieser Kreuzung. Dort passierte fast jeden zweiten Tag irgendein Unfall — ein Auto wurde kaputtgefahren, oder es wurde jemand verletzt, als er die Straße überquerte, und so weiter. Huey und ich erfuhren, daß zwei Kinder auf dem Heimweg von der Santa-Fe-Schule, die nur einen Häuserblock von der Kreuzung entfernt liegt, zu Tode gekommen waren; ein anderes war verletzt worden. Es war von einem Auto angefahren worden und hatte das ganze Bein kaputt. Irgendwer fing an, davon zu reden, wie unsere Kinder auf dem Schulweg an dieser Kreuzung zu Tode kämen. Huey sagte, hier hätte die Stadt schon längst eine Ampel anbringen müssen, und wir sollten uns darum bemühen, eine Ampel zu bekommen.

Als das junge Mädchen verletzt wurde, kamen gerade eine Menge Kinder aus der Schule. Eine Gruppe von ihnen sah Huey, sie liefen auf ihn zu und fragten ihn, ob er der Verteidigungsminister der Black Panther Party wäre. Sie scharten sich alle um Huey — etwa zwanzig bis fünfundzwanzig Kinder standen um ihn herum —, und Huey sagte ihnen gleich, daß an dieser Kreuzung eine Verkehrsampel nötig wäre. Huey hatte schon den kleinen Pennywell, den zwölfjährigen Pennywell, mehr oder weniger in die Organisation einbezogen; denn er war immerzu in der Nähe unseres Büros. Huey hatte ihn zum Leiter der Panther-Jugendgruppe gemacht und ihm gesagt, er sollte die Brüder organisieren und ihnen die wichtigsten politischen Forderungen und Bedürfnisse der Schwarzen klarmachen; er sollte ihnen auch die revolutionären Grundsätze beibringen und ihnen sagen, sobald sie sechzehn Jahre alt wären, könnte ihre Mutter, wenn sie wollte, eine Bescheinigung unterschreiben, daß sie eine Waffe tragen dürften; wir würden ihnen dann Unterricht geben, wie man mit dem Gewehr umgeht, wie sie damit sich selbst und die Leute in der schwarzen Wohngemeinde verteidigen könnten.

Aber im Augenblick ging es Huey um diese Ampel. Als ein paar ältere Leute dazukamen, fing er ein Gespräch mit ihnen an. Man kennt das ja: Wenn ein Unfall passiert, sammeln sich dort Menschen an und äußern natürlich ihre Meinungen. »Herrje, hier muß doch was getan werden. Andauernd werden hier Autos kaputtgefahren«, sagte eine alte Frau. »Irgendwas muß getan

werden! Immer, wenn ich hier vorbeigehe, höre ich Bremsen quietschen und Krankenwagen ankommen.«
Huey sagte: »Also, hier hätten sie schon längst eine Ampel aufstellen müssen«; und in diesen Gesprächen mit den Leuten erfuhr Huey von den beiden Kindern, die auf dem Heimweg von der Schule umgekommen waren, und von dem Kind, das verletzt worden war.

Drei Tage später fand in der Zentrale der Armenhilfe von Nord-Oakland eine Beiratssitzung statt. Huey sagte, wir müßten es unter die Leute bringen, daß wir uns wegen der Ampel zu beschweren hätten. Der gesamte Stab der Nord-Oaklander Zentrale machte sich Sorgen, weil dort so viele Unfälle passiert waren und weil die Leute immer mehr davon redeten. Bei einem Unfall war auch ein Auto an einem Wochenende, als wir nicht dort arbeiteten, buchstäblich in das Hauptgebäude der Armenhilfe hineingefahren. Montags kamen wir zur Arbeit und fanden alle Treppenstufen in die Höhe geschleudert, das halbe Gebäude war durch einen Mauerriß abgetrennt und hatte Löcher im Gemäuer; seitdem machte man sich ziemliche Sorgen. So ging denn Huey überall herum und redete davon, daß wir dort unbedingt eine Verkehrsampel haben müßten, bis sich die Leute in unserer Zentrale und in der Umgebung allmählich lebhaft dafür interessierten. Er arbeitete damals als Teilzeitbeschäftigter in der Armenhilfe von Nord-Oakland für die Organisation in der Wohngemeinde.
Huey war wirklich das, was man einen Nachbarschafts-Organisator nennt. Er sollte Namen und Anschriften von den Leuten sammeln, die sich mit der Vielzweck-Zentrale der Armenhilfe an der Kreuzung 55. Straße und Marktstraße in Verbindung setzen wollten. Er kriegte tatsächlich massenhaft Anschriften; aber wenn er Namen sammelte und mit den Einwohnern Verbindung aufnahm, war es ihm vor allem wichtig, die Leute nicht nur über die Vielzweck-Zentrale zu unterrichten und zu informieren, sondern über das Zehn-Punkte-Programm der Black Panther Party.
So brachten Huey, einige Mitglieder des Stabes und einige Beiratsmitglieder der örtlichen Armenhilfe-Zentrale die Ampel ins Gespräch und beschlossen, daß wir einen Antrag zustandebringen müßten. Irgend jemand fand ein paar gesetzliche Bestimmungen über die Anwohner, die zwei Häuserblocks im Umkreis einer Hauptkreuzung wohnten. Wir kriegten den Antrag zusammen. Huey und ich liefen herum und brachten all diese Leute dazu, den Antrag zu unterschreiben, daß dort unbedingt eine Verkehrsampel nötig wäre; dann gaben wir diesen Antrag dem Beirat, und der Beirat legte ihn der Stadtverwaltung von Oakland vor. Die Stadtverwaltung schickte uns als Antwort

einen Bescheid, daß nach dem Gutachten der Straßenbau-Ingenieure eine Verkehrsampel an dieser Kreuzung erst Ende 1968 aufgestellt werden könnte.
Aber Huey P. Newton sagte: »Wir müssen dort eine Verkehrsampel haben. Wenn wir keine Ampel kriegen, wird die Black Panther Party rangehn, und die Black Panther Party wird dort so lange den Verkehr regeln, bis eine Ampel aufgestellt ist, auch wenn das bedeutet, daß wir den Verkehr durch fünfzig Häuserblocks beschränken. Wir sind der Ansicht, daß die Verkehrsampel hier sofort aufgestellt werden müßte, und wir meinen auch, daß wir bis dahin einen Verkehrspolizisten haben müßten, wenn der Verkehr so lebhaft ist. Viele, die an der Kreuzung der 55. Straße und der Marktstraße vorbeikommen«, sagte Huey, »sind Weiße aus dem Mittelstand, die abends nach Arbeitsschluß heimgehen, und ein großer Teil von ihnen kommt dann vorbei, wenn der Verkehr besonders lebhaft ist, gegen halb vier, wenn auch unsere Kinder aus der Schule kommen. Zwei Kinder sind hier schon getötet worden und eins verletzt, es passiert durchschnittlich alle zwei Tage ein Unfall. Es ist wirklich sehr gefährlich. Wir wollen hier eine Ampel haben, sonst werden wir selbst den Verkehr regeln. Die Black Panther Party wird rangehn. Wir werden unsere Waffen tragen und werden die Autos so anhalten, daß unseren Schulkindern auf dem Heimweg und anderen Leuten des Wohnbezirks durch die Black Panther Party geholfen wird.«
Das ist in der Stadt Oakland bekannt geworden, und nach schätzungsweise anderthalb oder zwei Monaten ist es von da wieder an die Armenhilfe-Zentrale gegangen und an den dortigen Verwaltungsstab. Wir hatten inzwischen in der Partei auch noch anderes vor, aber wir gingen doch dorthin zurück und überprüften die Sache; in der Verwaltung der Armenhilfe wurde uns gesagt, daß sich einige Beiratsmitglieder noch darum bemühten, die Ampel für Ende 1967 anstatt Ende 1968 zu bekommen. Um den ersten August herum fingen sie richtig an, Löcher in die Straßendecke zu schlagen oder zu bohren und die Ampel aufzustellen; gegen Ende Oktober 1967 war die Verkehrsampel da. Das gehörte also auch mit zur Black Panther Party in ihren Anfängen, eine Zusammenarbeit mit den Gemeindebewohnern.

Die etwa fünfundzwanzig Kinder, die an dem Tage, als einer von den schweren Unfällen passierte, dort an der Ecke standen und sich um Huey drängten, waren in gewisser Weise schon organisiert. Sie fanden schneller den Zugang, sie fanden einen entscheidenderen Zugang als die Kulturnationalisten und die albernen Intellektuellen in den Colleges (ihr Verstand war natürlich noch nicht durch diese rassistischen Machthaber und ihre

Gehirnwäsche verdorben). Also organisierte Huey eine Panther-Jugendgruppe, wie er es nannte. Er ließ diese jungen Brüder nie in das Büro an der Ecke der 56. Straße und der Grove Street kommen, weil wir dort immer Waffen hatten. Er sagte, daß wir einen Raum einrichten würden — vielleicht in einer der Kirchen —, wo wir ihnen ein wenig von der Geschichte der Schwarzen und von den revolutionären Grundsätzen beibringen könnten und ihnen zeigen, wie man diese Grundsätze benutzt und anwendet. Es ist sehr wichtig, daß man die revolutionären Grundsätze auch anzuwenden versteht. Um all das ging es Huey, als er die Panther Party in Gang brachte. Diese jungen Brüder fingen mit zwölf, dreizehn oder vierzehn Jahren an, als ›Jung-Panther‹. Jeder, der sechzehn Jahre und älter war, wurde als Mann behandelt. Wenn er kein Mann war, konnte er aus der Partei austreten.

Wir hatten noch eine Gruppe von Acht- bis Zwölfjährigen dazwischen. Der kleine zwölfjährige Pennywell bemühte sich, sie im Stil von Huey zu organisieren, denn er hing an Huey, er liebte Huey, weil Huey die schwarze Wohngemeinde verteidigte. Huey sagte ihm also, er sei der Anführer der jüngsten Panther in Nord-Oakland. Diese kleinen Brüder schwärmten für Huey. Manchmal kamen sie zu mir: »Du bist Bobby Seale, nicht? Und du hilfst Huey?« Dann sagte ich: »Richtig, Bruder, ich bin Bobby Seale, und ich helfe Huey P. Newton. Wir halten zusammen. Huey ist unser Verteidigungsminister.« Für diese Brüder und Schwestern war Bruder Huey ein Symbol, wie es noch keine schwarze Organisation gewesen war.

Diese fünfundzwanzig Kinder konnten da an der Ecke stehen und ein Polizeischwein vorbeifahren sehen, sich seinen auffallenden Wagen begucken und sagen: »Du Rassistenbulle, du Schwein!« Huey drückte sich so aus. Er gebrauchte oft das Wort ›Schwein‹. — »Du Schwein, du Rassistenbulle!« Sie imitierten immer Huey. So hatten wir diese fünfundzwanzig kleinen Brüder — fünfundzwanzig kleine Huey Newtons. Das ist so bezeichnend für Hueys Ruf. Er sah diese Kinder, wenn sie aus der Schule kamen, die Zwölf- und Dreizehnjährigen so gut wie alle anderen bis herunter zu den Sechs- oder vielleicht erst Fünfjährigen. Er spielte ein bißchen mit ihnen und brachte ihnen etwas bei. Die so dringend nötige Verkehrsampel fehlte, zwei Kinder waren an der Ecke zu Tode gekommen, und eins war verletzt worden. Damit befaßte sich Huey. Das betraf unseren *Fortbestand.*

Huey sagte, daß die Gesetze von Menschen gemacht wären, um den Menschen zu nützen; sobald die Gesetze den Menschen nicht mehr nützten, müßten sie geändert werden, und zwar so, daß sie den Menschen wieder nützten. So ist Huey P. Newton. Man mußte politischen Druck ausüben, damit ein Wandel, ein revolutionärer Wandel, ein endgültiger Wandel stattfinden könnte. Man muß begreifen, was für einen Wandel Huey meinte, wenn er so etwas sagte. Er erklärte manchmal: »Wenn an einer Ecke Menschen getötet werden, dann muß man das ändern. Man muß es *durchgreifend* ändern.«

Wie kann man es ändern? Huey sagt, man muß ein Gesetz erlassen, ein Gesetz durchführen, oder die Gesetzgebenden müssen etwas anfangen in dem Sinne, daß die Situation, die jetzt hier, an der Kreuzung der 55. Straße und der Marktstraße, herrscht, gründlich geändert wird. »Geht zu den Gesetzgebenden und sagt ihnen, daß wir hier eine Verkehrsampel haben wollen. ›Herhören, herhören, ihr Gesetzemacher!‹ müßte man eigentlich rufen. ›Wir brauchen hier *jetzt* eine Verkehrsampel, wir brauchen sie *jetzt*, denn es kommen kleine Kinder zu Tode — die gleichen kleinen Kinder, die nächstens die Welt gestalten sollen, um sie zu ändern; kleine Kinder auf der Straße, die von der Schule nach Hause gehen, von der Schule, in der sie eine Gehirnwäsche über sich ergehen lassen müssen oder getötet und ermordet werden. Ihr Gesetzemacher macht ja gar keine Gesetze, ihr macht keine Vorschläge und faßt keine Entschlüsse, ihr richtet nichts ein, was den Menschen nützt.‹« Das ist die Bedeutung der Kinder. So muß man Huey verstehen. Er hatte sie gern.

Ein kleiner Junge wohnte direkt neben ihm. Er wurde ›Junior‹ genannt. Jedes Mal, wenn Huey und ich dort angefahren kamen, lief er heran und wollte das Auto sehen. Huey versuchte, ihm beim Radfahrenlernen zu helfen. Huey sagte: »Laßt ihn nur. Er lernt es schon noch. Er lernt es noch.« Huey hat Vertrauen zu Kindern. Er hat Vertrauen zu kleinen Kindern, die in der Beschränkung ihrer Umgebung aufwachsen. Ich glaube, er hat deshalb Vertrauen zu Kindern, weil er Vertrauen zu sich selbst hat, und Vertrauen zu sich selbst haben heißt einfach menschlich sein; einfach menschlich sein, das ist die Grundlage und der Ursprung des Vertrauens.

Vertrauen ist nicht eine mythische, nutzlose Sache. Durch Vertrauen findet man die unmittelbare Verbindung zur Wirklichkeit. Huey konnte einen jungen Bruder bemerken, der sich im Radfahren versuchte. Sogar mit den Hilfsrädern an seinem Fahrrad fiel der Junge immer herunter. Dann half ihm Huey wieder hinauf und sagte: »Weitermachen, einfach fahren! Weitermachen, komm, Junior! Einfach *fahren*!« Ab und zu wurde Junior ungezogen, dann drohte ihm Huey, er würde ihm einen Klaps geben, aber Huey gab ihm keinen Klaps, er dachte gar nicht daran; sondern Huey versuchte, ihn dazu zu bringen, daß er die richtige Beziehung zu seiner Umwelt fände. Dieser kleine Junge, den sie Junior nannten, war erst viereinhalb oder fünf Jahre alt. Huey begriff, was es bedeutet, wenn Kinder in ihrer

Umwelt leben und lernen. Darum wollten die Brüder in der Oberschule von Santa Fe, die dort die große Kreuzung überqueren mußten, die Ampel haben. Sie wollten sie haben, um *am Leben zu bleiben.*

Huey P. Newton wollte, daß dort an der Kreuzung die Verkehrsampel aufgestellt würde, er bemühte sich darum, daß das geschähe. Wenn die Machthaber die Ampel nicht aufstellten, dann würde die Panther Party hingehen, würde den Verkehr anhalten und ihn so regeln, daß unsere Kinder nicht stürben; auf die Art würden sie *am Leben bleiben.* So einfach ist das und so grundlegend. Das sind die Dinge, denen sich Bruder Huey widmet. Ich weiß, daß er sich ihnen widmet, denn ich habe es gespürt. Ich habe Huey geachtet, ich habe ihn ganz hoch geachtet, einfach um dieser kleinen Geste willen — weil er erkannte, daß die Ampel, die Verkehrsampel an der Kreuzung 55. Straße und Marktstraße, den Menschen nützen würde, daß sie den schwarzen Menschen nützen würde, die in der schwarzen Wohngemeinde leben. Sie half, Kinder vor dem Tode zu bewahren, sie half, den jungen Bruder, der Junior genannt wird, vor dem Tode zu bewahren; so bekam er die Möglichkeit zu lernen, wie er leben, wie er am Leben bleiben und existieren könnte. Sie trug dazu bei, daß sie alle am Leben blieben, damit sie verstehen könnten, daß sie die Welt zu formen und zu ändern haben, daß sie den grundlegenden Forderungen und Bedürfnissen, die sie als Menschen haben, Ausdruck geben können. Huey ist so menschlich. Er möchte, daß diese Kinder am Leben bleiben. Aber einige Leute haben das nicht gewußt oder nicht verstanden.

Einige Lehrer taten sich zusammen und behaupteten, Huey brächte kleinen Kindern bei, *Gewehre* zu gebrauchen. Sie belogen die Eltern. Huey ließ die Kinder nicht in das Büro. Er ließ sie deshalb nicht hinein, weil wir dort Gewehre hatten. Er sagte ihnen, sie müßten die Geschichte der Schwarzen und die revolutionären Grundsätze lernen, sie sollten zu erwachsenen Männern werden und dann ihr Volk in der schwarzen Wohngemeinde verteidigen. Huey hatte schließlich in der Zentrale, in der er als Gemeinschafts-Organisator arbeitete, einen richtigen kleinen Kursus für Geschichte der Schwarzen laufen; denn er konnte die Leute überzeugen, daß er diese kleinen Brüder dort hineinholen und ihnen sehr vieles beibringen könnte, was in Zukunft äußerst wichtig sein würde für ihren Fortbestand als menschliche Wesen — als Schwarze in der schwarzen Wohngemeinde. Dann würden die Kerlchen imstande sein, den Lügen zu widersprechen, die ihnen die Lehrer über ihre Geschichte erzählten; die Lehrer — großenteils Weiße — mit ihrer Ichbezogenheit, mit ihren falschen Vorstellungen von der schwarzen Wohngemeinde, verbreiteten Lügen über Huey. Ich meine

›Weiße‹ nicht hinsichtlich ihrer Hautfarbe, sondern ›Weiße‹ im Hinblick auf ihre puritanischen Anschauungen, auf die absolutistischen Begriffe, die sie den Kindern einzudrillen versuchten. Diese absolutistischen Begriffe stehen in ganz unmittelbarer Verbindung zum Rassismus.
Diese Kinder erzählten dann von dem, was Huey ihnen über die Geschichte der Schwarzen beigebracht hatte, und von großen Männern in der Geschichte der Schwarzen. Die Lehrer widersprachen ihnen gewöhnlich, und die Kinder sagten oft, daß sie bei Huey P. Newton lernten und daß er ihnen zeigte, wie sie richtig denken, wie sie unser Volk und unser Leben verstehen könnten und mithelfen, daß wir nicht untergehen, und so weiter. Die Lehrer wollten sich gegen Huey P. Newton wehren, indem sie versuchten, den Kindern wehzutun. Sie riefen auch die Mütter zusammen, um sich gegen Huey P. Newton zu wehren, und erzählten ihnen, Huey ließe die Kinder im Büro mit Waffen umgehen; und das war gelogen.
Das ist also die Bedeutung der Verkehrsampel an der Kreuzung: Huey lehrte die jungen Brüder, damit sie am Leben blieben; die Lehrer in der Schule erzählten den Müttern und anderen Leuten Lügen über Huey. Huey sah das Gewehr als notwendiges Werkzeug für die Befreiung der Schwarzen an, und ebenso hielt er die Jugend für die Grundlage und das Fundament dieser Befreiung.

Ein Gewehr an Hueys Schädel

Bald nachdem wir angefangen hatten, uns um die Verkehrsampel zu kümmern, kam ein kleiner Junge zum Büro der Black Panther Party gerannt und sagte, ein paar Häuser weiter wäre eine große Schar von Bullen in das Haus eines Bruders eingebrochen, und ob die Panther nicht besser dort hinkämen. Er kam zum Panther-Büro, weil er uns holen wollte, damit wir die Bullen hinderten, dort weiterzumachen. Huey hatte wohl aus irgendeinem Grunde seine Schrotflinte zu Hause gelassen — er war nur vorübergehend im Büro, weil er etwas anderes vorhatte. Huey stürzte aus dem Büro, mit ihm Truman Harris und Warren Tucker. Warren Tucker hatte eine .45-Pistole umgeschnallt, und Huey hatte zufällig einen dreißig Zentimeter langen Dolch mit einer metallenen Scheide bei sich. Das war vielleicht ein Dolch! Er traf haargenau.
Huey ging dorthin und fragte den Bullen, warum er das Haus dieses Mannes durchsuchte und alle Möbel aufbrach. Er fragte ihn, ob er einen Durchsuchungsbefehl hätte. Der Bruder war eben nach Hause gekommen und hatte das Polizeischwein in seinem Haus gefunden. Huey sagte: »Sie haben keinen Durchsuchungsbefehl. Sie sollten das Haus des Mannes verlassen.«

Da sah das Polizeischwein den schwarzen Bürger, den Bruder dort, an und sagte: »Und Sie lassen ihn den Leuten vorschreiben, was sie zu tun haben?« Der Bruder sagte zu dem Polizeischwein, es sollte sein Haus verlassen. Das Polizeischwein wurde wütend, weil der Bürger merkte, daß Huey seine Interessen vertrat und daß das Polizeischwein nicht seine Interessen vertrat, wenn es ohne einen Durchsuchungsbefehl oder irgend so etwas in sein Haus einbrach.

Darauf ging Huey hinaus, das Polizeischwein sauste hinter ihm her, zusammen mit zwei anderen Polizeischweinen. Im ganzen waren etwa zehn da. Eins ging auf Huey zu und sagte ziemlich leise zu ihm: »Sie Mistkerl!«, ihm glatt ins Gesicht. Es dachte, daß es damit Huey reizen würde, aber Huey lachte nur laut los. Es standen dort viele Menschen herum, und Huey sagte: »Sie sind ein Schwein! Sie hatten da gar nichts zu suchen und nicht in diese Wohnung einzubrechen. Sie sind ohne Durchsuchungsbefehl in die Wohnung dieses Mannes eingebrochen. Sie haben nicht so gehandelt, wie man es von einem Polizeioffizier erwarten sollte.« Die Umstehenden meinten: »Das ist wahr!« Das Polizeischwein hatte gedacht, Huey würde auf es losspringen und es zu schlagen versuchen, weil es Huey einen ›Mistkerl‹ genannt hatte; aber Huey ist sehr gut im Bilde über die Notwendigkeit, den Leuten klarzumachen, was Polizeischweine sind.

Dann packten diese beiden anderen Polizeischweine Warren Tucker am Arm und rissen ihm seine Pistole weg. Das erste Polizeischwein trat an Huey heran, hielt ihm das Gewehr an den Kopf und sagte: »Sie sind verhaftet!« Huey drehte sich um und ging von ihm weg auf seinen Wagen zu. Er sagte: »Sie haben verdammt recht. Wenn Sie sich so albern benehmen müssen, dann werde ich besser festgenommen. Wirklich, es ist wohl besser, mich zu verhaften.« Huey ging einfach weg und ließ das Polizeischwein da stehen, mit dem Gewehr in der Hand. Das Polizeischwein wurde ausgezischt, und er ging einfach weg und setzte sich in sein Auto. Huey sagte: »Ich muß doch verhaftet werden, Sie verdammtes blödes Schwein.« Jedenfalls wurde Huey verhaftet.

Ein Bruder und ich gingen etwas Geld holen, fünfundzwanzig oder dreißig Dollar. Ich ging zuerst nach Hause. Ich traf Little Bobby Hutton und Sherman Forte, bekam ein paar Pistolen und eine Schrotflinte, und wir rasten los zum Gefängnis. Wir haben schon immer gesagt, wir wollten jedes Mal, wenn ein Polizeischwein jemanden verhaftet, sofort mit unseren Waffen hingehn und den Bruder durch eine Kaution aus dem Gefängnis befreien; und sobald wir das gemacht haben, werden wir zusammen mit dem Bruder wieder durch die Straßen gehen. Die Leute sollen ruhig wissen, daß unsere Organisation zusammen-

hält. Die Polizeischweine sollen ruhig wissen, daß wir gleich wieder zur Stelle sind. Wir werden da sein. Wir werden unser Volk der Schwarzen organisieren und es die revolutionären Grundsätze lehren. Davon hat Huey oft gesprochen.
Ich tat also nichts anderes, als was nach unserer Meinung immer getan werden mußte. Außerdem konnten wir es uns nicht leisten, Huey im Gefängnis sitzen zu haben. Wenn wir ihn da herauskriegen können, werden wir Huey immer befreien. Ich ging also hin und traf dort LaVerne. Ihr gab ich die fünfundzwanzig Dollar, die wir aufgegabelt hatten, und sagte ihr, sie möchte sie mit für die Kaution verwenden. Ich ging hinüber zur Kautionsverwaltung und kam dann zurück. Wir haben Huey schließlich aus dem Gefängnis herausbekommen.
Ehe wir ihn da herausgeholt hatten, kamen ein paar Polizeischweine an und wollten mich dahin bringen, daß ich ihnen meine Schrotflinte gäbe. Aber das paßte mir nicht. Ich sagte zu ihnen: »Sie haben mich nicht verhaftet, also können Sie mir auch nicht meine Schrotflinte wegnehmen.« Ich sah nach links, zu Little Bobby hinüber. Da packte ein Polizeischwein, das rechts dicht bei mir stand, meinen rechten Arm, ein anderes riß mir die Waffe unter dem linken Arm weg. Sie untersuchten sie und waren sehr erstaunt, sie mit einigen Doppel-O-Rehpostengeschossen geladen und schußbereit zu finden. Sie gaben mir die Schrotflinte zurück und zogen ab. Ich hatte ihnen meine verfassungsmäßigen Rechte genannt und mit ihnen disputiert, bis sie gingen – alle zehn und noch ein Polizeileutnant.

Jedenfalls kriegten wir Huey aus dem Gefängnis heraus. Wir gingen los, und Huey sagte: »Wir wollen hingehn und uns das Gewehr wiederholen und auch Warren Tucker und Truman Harris durch eine Kaution befreien.« Die beiden waren auch verhaftet worden. Wir zogen los, holten uns noch Geld und kriegten auch diese Brüder gegen Kaution frei. Dann gingen wir Warren Tuckers Waffe holen. Ein Polizeischwein kam und redete davon, daß Warren Tucker verhaftet wäre, weil er eine Waffe bei sich verborgen gehabt hätte. Als aber Bruder Warren Tucker verhaftet wurde, trug er ein Baumwollhemd und enganliegende Bluejeans mit einem Gürtel. Mehr hatte er nicht an. Die Waffe trug er ganz offen seitlich im Gürtel. Jeder konnte sie sehen, aber man sagte uns, er hätte eine Waffe verborgen gehabt. Da fragte Huey: »Was war das denn für eine Waffe, die der Mann verborgen hatte?« Einer von den Bullen antwortete: »Er hatte ein Messer bei sich.« Das war einfach ein gewöhnliches Taschenmesser, die Klinge war keine acht Zentimeter lang. Ein Messer, das länger als acht Zentimeter ist, ist zumindest hier in Kalifornien ungesetzlich, wenn es verborgen getragen wird.

Wir gingen alle dorthin. Bobby Hutton hatte eine Schrotflinte, und einer hatte eine Pistole. Wir gingen zur Kriminalabteilung der Polizei. Ein Polizeischwein sah uns durch die Halle kommen, Bobby Hutton mit seiner Schrotflinte, mich mit einer Pistole und Sherman Forte, glaube ich, auch mit einer Pistole. So gingen wir durch die Halle, und dies Polizeischwein machte kehrt, lief in entgegengesetzter Richtung und verschwand um die Ecke.

Wir gingen einfach weiter in die Kriminalabteilung, wendeten uns nach links und kamen dort an eine Tür. Wir gingen wieder nach links und direkt dort hinein; und diese Polizeischweine, diese fetten Schweine – sie nennen sich selbst ›Detektive‹ – sahen auf und wunderten sich, was zum Teufel denn da los war. Sie sagten so was wie: »Kann ich etwas für Sie tun? Was kann ich für Sie tun?«

Huey P. Newton antwortete: »Wir kommen, um eine Waffe von Warren Tucker wiederzuholen. Sie haben dem Mann dieses Eigentum weggenommen, und wir möchten dafür sorgen, daß der Mann sein Eigentum wiederbekommt. Sie hatten nicht das Recht, es ihm wegzunehmen. Sie haben gesagt, er wäre verhaftet worden unter der Anklage, eine Waffe bei sich verborgen zu haben, und zwar ein Messer.« »Aber wir halten die Waffe als Beweisstück fest«, meinte das Polizeischwein. Huey fragte: »Ja, wie können Sie denn eine Waffe als Beweisstück behalten, wenn diese Waffe in Wirklichkeit für die betreffende Anklage gar kein Beweisstück ist? Der Mann ist angeklagt, weil er eine Waffe bei sich verborgen gehabt haben soll. Die spezielle Art von Waffe, die dabei genannt worden ist, war ein *Messer,* und eine *Pistole* ist kein *Messer.* Wenn Sie also einfach irgend etwas nehmen und als Beweis behalten wollten, warum haben Sie denn dann nicht etwa seinen Taschenkamm genommen? Der Mann braucht die Pistole zu seiner Verteidigung und fordert diese Waffe zurück.«

»Es tut mir leid, aber wir können sie nicht herausgeben, und bla bla papperlapapp ...«, erklärte das Polizeischwein. Und jetzt sagte Huey: »So, dann werdet ihr alle sterben. Ihr seid alle Rassistenhunde. Ihr seid alle Rassistenschweine ... Schweine ... Hunde ... genau das seid ihr alle. Und ihr werdet alle sterben, und ihr werdet alle rausgejagt werden, aus der schwarzen Wohngemeinde vertrieben, weil ihr keine Achtung vor dem Menschen habt. Ihr habt keine Achtung vor dem Eigentum und vor dem Leben eines Menschen. Ihr habt vor nichts Achtung, wenn es um den Fortbestand des schwarzen Volkes geht ...« So redete Huey immer weiter, und wir gingen einfach raus. Er hat es ihnen wirklich gründlich gegeben. Er hat ihnen so richtig gesagt, was sie sind, was für niederträchtige, schlechte Menschen sie sind.

Die Partei wächst, Eldridge schließt sich uns an

Die Papier-Panther

In San Franzisko gab es eine Gruppe von Kulturnationalisten, die sich den Namen ›Black Panther Party von Nordkalifornien‹ gegeben hatte. Wir nannten sie die ›Papier-Panther‹ (David Hilliard hat als erster diesen Namen für sie gebraucht). Die Bezeichnung ›Papier-Panther‹ bezieht sich direkt auf den Ausdruck ›Papier-Tiger‹; so nannte Mao die feigen Spürhunde der westlichen imperialistischen Machthaber. Es gibt aber noch einen direkteren Grund. Wir hießen ›Black Panther Party for Self-Defense‹, und sie, die Kulturnationalisten, nannten sich ›Black Panther Party of Northern California‹. Wir wissen nicht, wer den Namen zuerst gehabt hat, denn ungefähr im Oktober 1966, als wir unser Zehn-Punkte-Programm druckten, haben sie auch etwas gedruckt, vielleicht eine Zeitung. Wir gingen zu ihnen hin und fragten sie: »Was tut ihr für die Wohngemeinde in bezug auf den revolutionären Kampf?« Huey erklärte ihnen: »Wenn ihr etwas im revolutionären Kampf für unser Volk tut, wollen wir uns mit euch zusammenschließen; aber wir sehen nicht, daß ihr so etwas tut – also dann laßt uns in Ruhe.« Sie hatten etwas gedruckt, worin sie versuchten, geistig von uns zu profitieren.
Roy Ballard kam zu uns ins Büro und redete lange auf uns ein, die Black Panther Party von Nordkalifornien, diese Kulturnationalisten, hätten eine Zusammenkunft in Hunter's Point, dem großen Getto der Schwarzen drüben in San Franzisko, am Gedenktag für Malcolm X. Es sollte an dem Tag sein, an dem Malcolm X ermordet wurde. Ballard fragte, ob wir herüberkommen und für die Sicherheit von Betty Shabazz* sorgen wollten. Er stand da und prahlte damit, daß die Black Panther Party von Nordkalifornien drüben in San Franzisko allerhand Brüder mit Waffen hätte. Er sagte, er hätte tatsächlich zwanzig bewaffnete Leute. In diesem allerersten Gespräch redete er von zwanzig Leuten, später sagte er, sechzehn wären es ganz be-

* die Witwe von Malcolm X *(Anm. d. Übers.)*

stimmt, die wären alle bereit; er wollte gern wissen, ob wir mit dreißig oder vierzig von unseren Panthern herüberkommen würden.

Als wir darüber gesprochen hatten, daß Betty Shabazz in die Stadt käme und wir für die Sicherheit dieser Schwester sorgen und sie durch die Stadt begleiten wollten, sagte Huey, eine kleine Gruppe von Leuten wäre am besten, wir würden mit höchstens acht Brüdern herüberkommen, und er selbst sollte auch höchstens acht dabeihaben. Aber Ballard redete eine Menge drumherum und sagte uns so etwas wie: »Mann, wir haben viel mehr Gewehre. Die können wir alle mitbringen.« Er versuchte, mit Zahlen anzugeben, aber er war leicht zu durchschauen. Wir sagten uns, da diese Burschen sich entschlossen hätten, zum Gewehr zu greifen, könnten wir rangehen und versuchen, mit ihnen zusammenzuarbeiten. Huey hat immer gesagt, daß wir bereit sind, uns mit allen Brüdern überall zusammenzutun und mit ihnen zu arbeiten; denn der Name einer Organisation hat nichts zu bedeuten, es kommt nur darauf an, wie die Organisation wirklich *ist*; und wenn diese Leute schließlich begriffen hatten, daß wir schon auf die Straße gegangen waren, um die Bullen zu überwachen, daß wir versucht hatten, ein Programm zur Schulung der schwarzen Brüder durchzuführen – wenn diese Leute auch bereit waren, zum Gewehr zu greifen, und sich darum bemühten, dann sollten wir mit ihnen zusammengehen um der Einigkeit unter uns Schwarzen willen.

Roy Ballard redete weiter, legte ordentlich los und bat uns, zu einer ihrer Versammlungen nach San Franzisko zu kommen. Wir beschlossen also, uns aufzumachen und zu der Versammlung zu gehen, die drei oder vier Tage später im Büro der Black Panther Party von Nordkalifornien, der ›Papier-Panther‹, stattfinden sollte. Als wir dann wirklich hingingen, war niemand in dem Büro. Wir fuhren durch die Gegend, bis einer von uns herausgekriegt hatte, wo Roy Ballard wohnte. Dann fuhren wir zu seinem Haus und warteten draußen. Er kam dann an, und wir gingen hinein. Er redete zu uns und erklärte uns, daß er acht Leute hätte.

»Wir dachten, du hättest sechzehn«, sagten wir, »wenn wir auch nur acht brauchen.«

Er meinte: »Je nun, es sind eigentlich nur acht Jungs.«

Er erklärte uns dann noch ein paar Einzelheiten über diese Konferenz. Er versuchte es wirklich sehr schlau anzufangen. Aber wir waren doch betroffen darüber, daß die Zahl seiner Leute, der bewaffneten Brüder, die er hatte, sich dauernd änderte. Na, viel hatte der Bruder an diesem Abend nicht mehr zu sagen – nichts anderes, als daß wir uns zusammentun müßten und die Waffengesetze sehr genau studieren. Huey P. Newton hatte natürlich schon alle Waffengesetze ganz gründlich studiert, weil wir diese Bücher, die Gesetzbücher und das Strafgesetzbuch, in der juristischen Handbücherei der Armenhilfe gelesen hatten, bei der wir arbeiteten; Huey ging auch abends in juristische Lehrgänge. Aber Roy Ballard machte ein großes Getue davon, daß er alle Arbeit in der schwarzen Wohngemeinde für die Schwarzen täte; ich glaube, sie hatten ein paar Statistiken aufgestellt und so ähnliches Zeug.

Ein paar Tage später wurde eine neue Besprechung angesetzt, und dieses Mal gingen wir alle in unseren Uniformen hin. Huey, ich, Bobby, Reginald Forte, Sherman Forte und Orleando Harrison, wir holten alle unsere Uniformen heraus – das blaue Hemd mit der schwarzen Lederjacke, die schwarze Hose und die schwarze Baskenmütze. Wir packten unser Zeug ein, nahmen unsere Gewehre und unsere Sachen; gegen halb acht gingen wir an dem Abend zu ihrem Büro hinüber. Als wir dort ankamen, saß da eine Schar von Leuten, die ich schon immer für dämliche Intellektuelle gehalten hatte. Mit manchen war ich früher oft zusammen gewesen – mit Douglas Allen, mit Kenneth Freeman von der Untergrund-RAM und mit ein paar anderen Kerlen, die einfach gar nichts taugten. Diese Burschen waren nichts anderes als ganz erbärmliche Knaben, geradeso wie die, die sich an Kenny Freeman hielten. Eldridge saß auch mit dabei, aber das habe ich erst später erfahren. (Damals kannte ich Eldridge noch nicht.) Roy Ballard, Kenny Freeman und die anderen saßen alle im Kreis, und sie schienen ihren täglichen Kram zu bereden. Ich kann mich noch daran erinnern, daß Kenny Freeman so einen simplen Quatsch sagte wie beispielsweise: »Wenn die Schwarzen sich nicht zusammentun, dann müssen wir uns einfach mit ihnen befassen und sie dazu bringen, daß sie sich zusammentun.« Ich dachte so bei mir: »Was denkt der sich denn, zum Teufel noch mal, daß er Leute *dazu bringen* könnte, sich zusammenzutun?« Wir alle – ich, Huey, Bobby, Reggie, Sherman, Orleando und noch ein anderer Bruder, wie ich glaube – wir setzten uns nur hin und hörten uns das an; als wir vielleicht fünfundzwanzig Minuten oder eine halbe Stunde da gesessen und ihnen zugehört hatten, wie sie von ihren kleinen intellektuellen Sächelchen redeten, und als wir reichlich genug hatten von ihrer Redekunst und ihrer Fähigkeit – um ihren Ausdruck zu gebrauchen –, sich gegenseitig die Dinge zu erklären, als wir ihnen lange genug zugesehen hatten, während sie sich wie ein Haufen bloßer Lehnstuhl-Revolutionäre benahmen – da gab ich Roy Ballard ein Zeichen; ich fragte ihn, wann wir denn diese Sache besprechen würden, wie wir es mit der Begleitung für Schwester Betty Shabazz machen wollten.
Er sagte: »Einen Augenblick, Bruder! Einen Augenblick, dann

kommt das auch dran«, in der Art, wie Intellektuelle immer die gewöhnlichen Nigger behandeln.
Roy Ballard kam wirklich im Zusammenhang seiner Unterhaltung mit Kenny Freeman und den anderen Intellektuellen da drin auf die Sache zu sprechen. Der Witz dabei war der, daß die Versammlung nach hier kam, daß Betty Shabazz hierher begleitet werden mußte, und daß die ›Black Panther Party for Self-Defense‹ bei dem Ganzen den Verteidigungs-Schutz übernehmen sollte. Ballard fragte uns, ob wir bei der Versammlung gern sprechen wollten, und Huey sagte: »Ja, wir werden sprechen.«
Vince Lynch meinte: »Das ist schön, da könnt ihr über die historische Entwicklung der Selbstverteidigung reden.«
Huey sagte: »Ich werde über Politik sprechen.«
Da ging Kenny Freeman hoch und fragte: »Willst du über Selbstverteidigung sprechen oder über Politik?«
Huey antwortete: »Das macht keinen Unterschied, es ist beides ein und dasselbe.« Sie erzählten ein bißchen intellektuellen Kram mit ein paar gelegentlichen Feststellungen — Roy Ballard, Kenny Freeman und noch ein paar andere — und kamen wieder auf die gleiche Frage zurück, die sie Huey vor einer Minute gestellt hatten: »Willst du über Selbstverteidigung oder über Politik sprechen?« Huey sagte, das käme auf eins heraus.
»Wenn ich über Selbstverteidigung spreche, dann spreche ich über Politik; wenn ich über Politik spreche, dann spreche ich über Selbstverteidigung. Ihr könnt das beides nicht trennen.«
Sie verstanden Huey nicht, als er sagte: »Politik ist Krieg ohne Blutvergießen, und Krieg ist Politik mit Blutvergießen, er ist eine Fortsetzung der Politik, aber mit Blutvergießen.« Sie konnten nicht verstehen, daß es auf politischem Gebiet unvereinbare Gegensätze gibt und solche, die nicht unvereinbar sind. Sie begriffen nicht, daß die schwierige Kampflage der Schwarzen hier in den Grenzen des dekadenten Amerika ein politisch-militärisches Ganzes ist und in sich geschlossen.
Dann schlug Vincent Lynch vor: »Ihr könnt ja über Nat Turner reden, da könnt ihr auf den jetzigen Zustand kommen. Oder ihr könnt über Bruder Robert Williams reden, da könnt ihr von den ›Deacons for Defense‹* in Bogaloosa/Louisiana sprechen und habt die ganze historische Sache zusammen. Hinterher können wir über die Politik reden.« Huey sagte ihnen allen sehr entschieden, wir würden sprechen, und es wäre dabei kein Unterschied, ob wir über Selbstverteidigung oder über Politik sprächen. Es kommt ganz auf das gleiche heraus, ob wir über Politik oder über den Fortbestand des schwarzen Volkes reden. Endlich entschlossen sie sich, den Mund zu halten. Sie wollten nicht mit

* einer Organisation zur Verteidigung diskriminierter Schwarzer in den Südstaaten. *(Anm. d. Übers.)*

Huey aneinandergeraten, der da mit einer gewaltigen 12-Kaliber-Schrotflinte saß und seine Leute alle um sich hatte, bewaffnet, gescheiter als sonst ein Mordskerl, ungeheuer schlagfertig. Huey hatte nicht vor, da herumzusitzen und mit diesen Taugenichtsen zu schwafeln, die sich Revolutionäre nannten und nicht einmal genug Verstand hatten, um das Gewehr zur Selbstverteidigung mit der Politik zusammenzubringen. Ich glaube sicher, daß Bruder Huey vor allem darüber enttäuscht war und daß er sich deshalb nicht näher mit diesen Leuten einlassen wollte; aber wir hatten es jedenfalls versucht.
Ich gab Roy Ballard ein Zeichen, mit der Angelegenheit weiterzumachen, denn wir waren hergekommen, um zu überlegen, was wir für die Sicherheit von Betty Shabazz tun könnten, und wir wollten wissen, wieviel Mann sie dabei stellen würden. Wir standen auf und gingen raus, und sie fingen an zu reden, daß sie fünf Mann hätten, mit Geschützen und Gewehren, die voll geladen sein würden und schießbereit, und daß sie uns Nachricht geben wollten, wenn Schwester Betty Shabazz käme. Sie redeten nur mit mir und Huey. Sie erzählten uns, daß sie am Montag käme, und so gingen wir auseinander. Am Montag haben sie uns dann angerufen und gesagt, wir sollten zu ihnen herüberkommen. Also fuhren wir gleich hin; da sagten sie uns, Betty Shabazz käme am Donnerstag. Als wir am Donnerstag zur Black Panther Party von Nordkalifornien hinkamen, waren dort Roy Ballard, Kenny Freeman, Isaac Moore und Douglas Allen mit noch ein paar anderen. Wir kamen dahinter, daß einer von ihnen ein besonderes Nigger-Polizeischwein war.
Huey sagte: »Hört mal, wir können nicht hingehen und Betty Shabazz irgendwelche Sicherheit versprechen, wenn Polizeischweine dabei sind – wenn Niggerbullen dabei sind. Ob sie schwarz oder weiß sind, ist mir verdammt egal, sie sind Bullen und arbeiten für das System.«
Einer von diesen Kerlen meinte: »Ja, aber er ist schwärzer als du. Er ist schwärzer als du!« (Er redete von der Hautfarbe dieses Bullen.)
Ich sagte: »Das ist ganz gleich, wir tun uns nicht mit Polizeischweinen zusammen, und damit hat sich's.«
Huey P. Newton erklärte: »Wir gehen mit keinem von denen zusammen. Das kommt nicht in Frage. Wir können auf keinen Fall mit Bullen zusammenarbeiten.«
Kenny Freeman holte sich Huey beiseite und sagte ihm, er hätte nicht gewußt, daß Roy Ballard das eingefädelt hatte. Dann fragte ich: »Wieviele Gewehre habt ihr?«
Sie sagten: »Fünf.«
Darauf ich: »Als Roy Ballard das erste Mal zu uns kam, hat er uns was von zwanzig Mann mit Gewehren erzählt; als nächstes sagte er, eh er wieder ging, er hätte sechzehn Leute mit Geweh-

ren; dann sagt er, er hat acht mit Gewehren, und jetzt heißt es, er hat fünf mit Gewehren. Nun möchte ich doch mal wissen, ob ihr Strolche überhaupt irgendwelche Gewehre oder bewaffneten Leute habt. Ihr habt uns da all den Scheißdreck erzählt – also habt ihr nun überhaupt jemanden mit einem Gewehr oder nicht?«

Huey sagte: »Jetzt geht's ran. Morgen seid ihr hier und habt die Gewehre mit, oder was meint ihr Kerle, womit ihr für Sicherheit sorgen wollt! Wenn ihr nicht mit euren Gewehren hier seid, wird die Black Panther Party für Selbstverteidigung die Sache übernehmen, und wir werden den ganzen verdammten Kram selbst besorgen. Ich rate euch, daß ihr mit geladenen Gewehren kommt, voll geladen!«

Kenny Freeman wurde lebhaft: »OK, ja, Mann, klar, morgen sind wir hier, Mann. Wir haben fünf Jungs mit Gewehren als Begleitung bei dieser Sache.« Wir trafen uns also am Donnerstag, acht Brüder von uns, und fuhren herüber. Als wir gerade losfahren wollten, sagten sie uns durch, Schwester Betty käme gegen halb zwei oder zwei Uhr mittags am Flugplatz von San Franzisko an. So fuhren wir gegen Mittag dorthin. Da trafen wir Douglas Allen, dann einen, den sie Leo nannten, mit einem M-1, und Isaac Moore mit einem M-1. Kenny Freeman sagte: »Hallo, Mann, ihr kennt doch die Brüder hier? Sie haben ihr Zeugs bei sich, und sie sind bereit. Alles ist in Ordnung, und ich glaube, Roy Ballard hat auch eine Waffe bei sich.«

Ich sagte: »Mensch, ich dachte, ihr würdet mit fünf Mann hier sein!«

»Na ja, wir haben diese Leute hier, gleich auf der Stelle, und weißt du, ich selbst bin dann auch da, und Douglas Allen, verstehst du, der wird noch dabei sein, also ist doch alles prima. Geht alles klar.«

»Dann ist's ja gut«, sagte ich. Ich hatte keine Lust, weiter mit ihm zu reden, weil ich die Burschen einfach nicht ausstehen konnte. Es waren intellektuelle Betrüger. Intellektuelle Kulturnationalisten. Miese Schufte, die in einem verdammten Lehnstuhl sitzen und groß von Revolution reden wollen, wenn gleichzeitig die Schwarzen auf den Straßen sterben. Huey hat ihn sehr gut geschildert. Huey sagte: »Ich glaube, Kenny Freeman ist so ein Kerl, der bei allem, was sich tut, der Beste sein will. Das ist das einzige, was sein kleines, erbärmliches Ich befriedigt: dazusitzen und der Beste zu sein.«

Wir setzten uns alle in die Autos, in einem Zuge hintereinander. Wir hatten unsere Gewehre. Kenny Freeman, Leo, Isaac Moore und Douglas Allen saßen in einem anderen Wagen und Roy Ballard im dritten Wagen – sie waren also zu fünft. Wir sagten ihnen, sie sollten fünf Gewehre mitnehmen; aber nach dem, was ich gesehen habe, kam es schließlich darauf heraus, daß sie nur drei Gewehre hatten. Roy Ballard ließ seine kleine .25er-Pistole aufleuchten, die er im Gürtel hatte. Huey und ich hatten gar kein Vertrauen zu .25er-Pistolen, weil sie einen ruinieren konnten. Jedenfalls packten unsere acht Leute und ihre fünf Leute alles in die Autos und fuhren zum Flugplatz von San Franzisko; da ist mir eins aufgefallen, als wir am Ziel ankamen. Kenny Freeman war in einem Auto hinter uns, einem weißen Kombiwagen. Er stieg aus. Es war drei oder vier Häuserblocks vor dem Straßenende, aber ich konnte ihn sehen, wie er den Wagen anhielt und ausstieg. Er stieg aus dem Wagen aus. Dann stürzten all die Brüder mit ihren Gewehren zusammen heraus, weil wir dort hielten, mit den gut sichtbaren Gewehren und so weiter. Ich sah, daß Leo und Isaac Moore, die Leute von Kenny Freeman, mit ihren beiden M-1-Gewehren etwa zehn Meter von uns entfernt waren.

In dem Augenblick kam ein Polizeischwein an, einer von den Leitern der Geheimpolizei. Huey sagte zu allen, was er den Brüdern immer sagt: »Keiner von euch soll was reden, das Reden besorge ich; wir wollen nämlich nicht, daß so viele gleichzeitig etwas zu sagen versuchen.«

Das Polizeischwein kam und fragte: »Was wollen Sie mit den Gewehren da?«

Und Huey antwortete: »Also, Sie sind doch ein Bulle. Was wollen Sie mit *Ihrem* Gewehr?«

Dann kam ein schwarzes Polizeischwein in Uniform an und fragte: »Was macht der mit dem Gewehr? Ist das geladen?«

Huey sagte: »Wenn *ich* weiß, ob es geladen ist, dann genügt das.«

»Ja und, wo wollen Sie denn hin?« fragte der Geheimpolizist.

Huey antwortete: »Wir gehn zum Flugplatz, unsere Schwester Betty Shabazz abholen. Warum?«

Wenn man Huey versteht, dann weiß man, daß er die Fragen nicht so beantwortete, als ob er das nötig hätte. Mir gab er die Anweisung, die Brüder und Schwestern zusammenzuholen, weil er wußte, was er tun wollte. Er wußte, wozu die Partei da war. Er wußte, wozu die Abordnung jetzt hier war, und das genügte.

Dann kam der blöde Roy Ballard an und sagte demütig und sanft: »Warum müssen wir denn hier so eine Auseinandersetzung haben? Bitte, Sie sollten die ›Autobiographie‹ von Malcolm X lesen, dann würden Sie verstehen, warum wir mit diesen Gewehren hier sind.«

Huey sagte zu ihm: »Ach Mann, das Reden besorge ich. Geh du mal schön beiseite.«

»Moment mal, Huey, Moment mal, laß mich das ihm doch erklären!«

»Das ist doch Unsinn«, sagte Huey. »Wie willst du das einem rassistischen, unwissenden, erbärmlichen Bullen erklären, einem von diesen Bullen, die es mit den Machthabern halten und die beim Mord an Malcolm X dabei waren, die Schwarze ermorden und jetzt hier sind, weil sie dir erzählen wollen, du dürftest nirgends hingehn. Jetzt ist nicht die Zeit dazu, sich hinzustellen und die ›Autobiographie‹ zu lesen.« Roy Ballard versuchte noch immer, auf eine demütige und sanfte Art dem Bullen zu erklären, daß er uns verstehen würde, wenn er das Buch unseres Bruders gelesen hätte; und dabei waren die Polizeischweine in Amerika froh, daß Malcolm tot war.

Der Mann sagte: »Also, auf den Flugplatz können Sie nicht gehen.«

»Wie meinen Sie das«, fragten die Brüder, »wir könnten nicht auf den Flugplatz gehn? Wir müssen aber da hingehn und unsere Schwester Betty Shabazz dort abholen!«

»Beruhigt euch«, sagte Huey. »Wir gehen auf den Flugplatz. Er ist öffentliches Eigentum, und Sie können uns nicht einfach unsere verfassungsmäßigen Rechte verweigern, nur weil wir Gewehre haben. Wir gehen auf den Flugplatz, ganz gleich, ob Ihnen das paßt oder nicht. Ich werde von meinen verfassungsmäßigen Rechten Gebrauch machen, und die Panther hier werden ebenso von ihren verfassungsmäßigen Rechten Gebrauch machen, und damit ist der Fall erledigt.«

Das Polizeischwein fing an: »Aber ...« Huey unterbrach in festem und klarem Ton:

»Dies ist öffentliches Eigentum ...«

Das Polizeischwein sagte: »Es ist Privateigentum, und Sie sind nicht ...«

»Und wenn es auch Privateigentum ist«, erklärte Huey, »wenn es mehr als zweihundert Menschen faßt, dann steht es jedem Bürger frei, seine Rechte darauf geltend zu machen. Also, lassen Sie uns in Ruhe! Wir gehen auf den Flugplatz, ob Ihnen das paßt oder nicht, Sie Schwein!«

Inzwischen standen Isaac Moore und Leo zehn Meter oder mehr von uns entfernt, mit den M-1-Gewehren in der Hand. Ballard rannte herum und redete eine Menge Blödsinn; er wußte selbst nicht, was er machte. Huey sagte: »Geht alles klar, Brüder. Zu zweien in einer Kolonne, stellt euch auf. Bobby, sieh zu, daß sie paarweise hintereinander gehen.« Also ließ ich sie sich paarweise hintereinander aufstellen. Zu Leo und Isaac Moore sagte ich: »Kommt schon, ihr Typen! Kommt hier mit ran und stellt euch mit zu zweien auf!« Sie zögerten. Inzwischen war Huey noch dabei, diesem Polizeischwein einen Dämpfer aufzusetzen, als sich plötzlich etwa zwanzig Polizeischweine in den Straßen um uns verteilten. Aber Huey ließ sich dadurch nicht im geringsten beeindrucken. Er wußte ja, daß er eine

Schrotflinte hatte, und er wußte, daß er ein paar Brüder bei sich hatte; er kannte seine verfassungsmäßigen Rechte, und er hatte vor, dafür zu sorgen, daß die Leute auf die nackten Tatsachen gestoßen wurden. Also sagte er dem Polizeischwein, daß wir auf jeden Fall hineingehen würden; und er versuchte, Roy Ballard dazu zu bringen, daß er still wäre und den Mund hielte, denn Roy wußte selbst nicht, was er redete. Er wußte nicht, wie man mit den Rassisten umgehen muß – Huey wußte das. Wir stellten uns zu zweien hintereinander auf, und Huey sagte: »Gehn wir also.« Wir setzten uns in Bewegung, und schließlich kriegte ich Leo und Isaac Moore so weit, daß sie sich einordneten, am Ende des Zuges mit mir zusammen. Huey ging vorneweg. Das erste, was Leo und Isaac zu bemängeln anfingen, war: »Mann, sorg doch dafür, daß die Schwestern hier verschwinden. Die Schwestern sollen hier verschwinden.«
»Wieso?« sagte ich. »Wir haben ja Gewehre. Wir können uns verteidigen.«
»Mensch«, sagte Leo, »wenn die jetzt anfangen zu schießen! Es ist schon grade genug, daß wir uns selbst zu schützen haben, da wollen wir doch nicht die auch noch schützen müssen.«
»Ich habe gehört«, sagte ich, »daß eine von den Schwestern eine Pistole in der Tasche hat, und die macht sich keine Sorgen. Mach du dir nur keine Gedanken deshalb.« Leo war gewaltig besorgt wegen der Schwestern, die mit in dem paarweisen Zug gingen. Leo und Isaac hielten ihre M-1-Gewehre in der Hand, und ich wußte damals noch nicht, daß diese M-1-Gewehre nicht geladen waren. Später habe ich begriffen, daß diese gewaltige Sorge wegen der Schwestern, die mit bei uns waren und etwa zehn Meter von uns entfernt standen, eben damit zusammenhing, daß die zwei keine geladenen Waffen hatten.
Wir gingen einfach an die Schranke, und einige von den Polizeischweinen liefen um uns herum. Sie gingen hinter uns her, sie gingen auch vor uns her, aber wir gingen einfach dort hinein an diesem sogenannten Polizeiführer oder Landesbeamten vorbei. Hier draußen am Flugplatz von San Franzisko haben sie solche lächerlichen Knaben, solche Beamten, die immer auf Nummer Sicher gehen wollen. Wir gingen rein und hinauf, und von da aus den ganzen Weg zu der Sperre, an der wir sein sollten.
Bruder Hakim Jamal, Malcolms angeheirateter Vetter, war eben losgegangen, um festzustellen, zu welcher Zeit Schwester Betty genau ankommen sollte. Jamal kam zurück, und mittlerweile waren wir in der Vorhalle angelangt. Die ist ähnlich wie eine große Diele, etwa sieben Meter breit, und dort ist auch der Eingangsraum. Wir gingen dort herum, wir gingen in den Eingangsraum, und die Brüder setzten sich alle; Little Joe, Orleando Harrison, Bobby Hutton, ich und Huey, dazu noch drei oder

vier andere Brüder, mit den Schuften, den intellektuellen, erbärmlichen, schäbigen Kulturnationalisten, Isaac Moore, Leo und Roy Ballard.

Kenny Freeman war aus seinem Auto gestiegen und war weit, weit die Straße heruntergegangen, drei Häuserblocks weiter. Er war grade ausgestiegen, ehe der Zusammenstoß passierte. Ich weiß nicht, was er sich gedacht hat, wem er da was vormachen könnte; ich habe nämlich später erfahren, daß er gesagt hat, er hätte einen strategischen Sicherheitsplan gehabt. Der Nigger war ganz einfach bange! Dieser Nigger ist überhaupt nicht dort raufgekommen. Deshalb ließ er die Typen da mit ungeladenen Gewehren rumlaufen, und die taten das auch, aber uns haben sie es nicht gesagt. Huey hält gar nichts von Leuten, die mit ungeladenen Gewehren herumlaufen.

Wir warteten darauf, daß das Flugzeug vor dem Eingang landen würde. Während wir so warteten, passierte etwas. Diese Polizeischweine waren alle in dem sieben Meter breiten Gang vor dem Eingangsraum; ein älteres Polizeischwein kam zu uns herüber und benahm sich so, als ob es uns fotografieren wollte. Huey ging hin und sagte: »Machen Sie bitte keine Aufnahme.« Die anderen Leute guckten schon, also sagte Huey: »Wir lassen Sie keine Aufnahmen machen.« Ich ging hinüber und stellte mich vor das Polizeischwein mit dem Fotoapparat, mehr oder weniger um es zu blockieren, damit es keine Aufnahmen machen könnte.

Dann sagte Huey: »Wenn Sie eine Aufnahme machen, nehmen wir Ihnen den Fotoapparat weg und schlagen ihn kaputt.« Das Polizeischwein schien trotzdem ein Foto machen zu wollen, darum sagte Huey: »Na gut, ihr seht ja diesen blöden rassistischen Bullen hier? Der will hier was provozieren. Wir haben ihm gesagt, er soll kein Foto machen, und wenn er es doch tut, dann provoziert er etwas. Dann passiert nämlich was, auf der Stelle.«

Die anderen Polizeischweine fingen an zu gucken und sagten: »Komm doch, Joe, komm doch!«, sie winkten dem Polizisten mit dem Fotoapparat, er sollte zum anderen Ende der Vorhalle kommen. Sie hatten sich entschlossen, lieber keine Aufnahmen zu machen, denn Huey P. Newton redete nicht bloß so daher. Er hatte die Schrotflinte in der Hand und ließ die Leute wissen, wie sie dran waren.

In einiger Entfernung von uns sah ich Isaac Moore und Leo, sie standen zusammen an die Wand gelehnt. Wir hatten uns sozusagen ausgebreitet, aber sie zogen sich von uns zurück.

Wir warteten auf Schwester Betty Shabazz. Das Flugzeug landete vor der Sperre, und die Leute stiegen aus. Sobald Schwester Betty herauskam, stellten wir uns um sie herum. Bruder Hakim Jamal war auch da, so umringten wir die Schwester und gingen dann mit ihr hinaus. Die Polizeischweine – weiß der Teufel, was die sich gedacht haben, was sie da wollten – umgaben uns und gingen auch hinaus, sie taten so, als ob sie für unsere Sicherheit da wären, aber wir hatten ebenso viele Gewehre wie sie. So kamen wir nach draußen; Schwester Betty fragte: »Wer sind diese Leute hier?« Jamal antwortete: »Es sind Brüder von der Black Panther Party für Selbstverteidigung.«

Ich merkte, daß Leo und diese Burschen keine Ahnung von Waffengesetzen hatten und davon, wie die Partei arbeitete. Einmal hielt Isaac Moore sein Gewehr waagerecht, und die Leute gingen davor her. Damals glaubte ich noch, die Gewehre wären geladen. Jedenfalls hielt er es waagerecht, dann ließ er es irgendwie ganz schlaff sinken. Er paßte überhaupt nicht auf, ob sein Gewehr auf die Leute zeigte.

Ich sagte also zu ihm: »Mann, du kannst doch ein Gewehr nicht so auf die Leute gerichtet halten! Eine geladene Waffe!« Ich sagte: »Das ist ein Angriff mit einer lebensgefährlichen Waffe. Ob du das nun böswillig tust oder nicht. Du würdest wegen einer blöden Anzeige verklagt werden, wenn die Bullen hier über die Gesetze Bescheid wüßten. Sie kennen einfach die Gesetze nicht. Halte doch das Gewehr senkrecht!« Dann half er Betty Shabazz in den Wagen. Ich habe gesehen, wie Isaac Moore sein Gewehr in den Wagen legte. Er legte es hinein und ließ es unter den Sitz rutschen. Wir hielten unsere Gewehre nicht so und ließen sie auch nicht unter den Sitz rutschen. Es war damals sehr nötig, daß wir unsere Waffen sichtbar bei uns hatten; wir nutzten nämlich die Möglichkeit aus, Gewehre so zu tragen; damit brachten wir auch dem schwarzen Volk bei, wie notwendig die Gewehre waren und daß die Selbstverteidigung eine politische Beziehung zu seinem Fortbestand und seiner Befreiung hatte.

Zusammenstoß bei der ›Ramparts‹-Redaktion

Wir stiegen in unsere Wagen und fuhren zurück zum ›Ramparts‹-Büro an der Hauptstraße mitten in San Franzisko. Wir kamen hin und gingen hinein. Da saß Douglas Allen und sah ganz so aus, als wäre er es leid und hätte Angst und wüßte verdammt noch mal nicht wohin. Ich kann es ihm gar nicht übelnehmen, daß er Angst hatte. Verdammt, es waren einfach zu viele Leute mit Gewehren da. Wohin Kenny Freeman verschwunden war, weiß ich nicht; Isaac Moore trieb sich auch irgendwo herum. Ich postierte zwei Brüder draußen, Little Joe rechts von der Außentreppe und den anderen Bruder links davon. Der hatte eine .45er-Pistole und der kleine Joe ein M-1.

Dann gingen wir hinein. Es waren ein paar Interviews geplant. Huey war also die ganze Zeit bei Schwester Betty in der Halle der ›Ramparts‹-Redaktion; sie redete dort mit Eldridge Cleaver; sie hatte seine Aufsätze über Malcolm X voller Bewunderung gelesen. Ich lief ab und zu von Huey, der da mit Schwester Betty und Eldridge Cleaver saß, die Strecke bis zur Eingangstür zurück. Einmal kam ich hin und sah dort ein paar Polizeischweine halten. Ich stand auf dem obersten Absatz der Vordertreppe, da ging ein Polizeischwein auf den kleinen Joe zu und fragte: »Wer sind Sie?«

Little Joe sagte: »Ich habe Ihnen nichts zu sagen, und wenn Sie mich irgendwas fragen wollen, dann halte ich mich an den Fünften Verfassungszusatz.« So hat er das gesagt!

Das Polizeischwein sagte: »Ja, schon gut«, und als es bis zu mir heraufgekommen war, sah ich es stur an, ich sah ihm fest grade ins Auge. Es kam so ein paar Stufen von unten hoch und fragte: »Wer ist hier der Leiter?«

Ich sagte: »Einer von den Leitern bin ich. Warum?«

»Nun, ich würde Sie gern mal sprechen.«

Ich meinte: »Verdammt noch mal, ich möchte Sie aber nicht sprechen, also können Sie hier weggehn.« Es sagte: »Oh«, drehte sich um und ging davon. Dann hielten noch mehr Polizeischweine vor dem Haus. Das waren Geheimpolizisten. Sie sahen zu Little Joe hin. Er wirkte zu jung, um eine Waffe zu tragen, aber sie sagten weiter nichts zu ihm. Als noch drei oder vier Polizeischweine ankamen und hielten, rief ich ein paar Brüder nach draußen und ging dann durch die Halle. Betty Shabazz wollte grade hinausgehen. Ich ging wieder ganz nach vorn, da standen vier oder fünf Polizeischweine vorm Haus.

Vor ein paar Minuten hatte ein Polizeileutnant Warren Hinckle, den Herausgeber von ›Ramparts‹, gefragt, was denn los wäre. Dabei hatte er in unsere Richtung gezeigt; wir standen drinnen vor der Tür zum Büro.

»Hier ist gar nichts los«, sagte Hinckle zu dem Polizeileutnant. »Es ist alles in Ordnung.« Das machte die Polizeischweine anscheinend sehr wütend. Sie konnten uns überhaupt nichts tun, denn der Mann, in dessen Haus wir waren, hatte nichts dagegen, daß wir dort Gewehre trugen. Wir taten durchaus nichts Ungesetzliches.

Ich weiß noch, daß Schwester Betty sagte, sie wollte keine Kamera dort haben; Huey meinte: »Wenn Sie nicht möchten, daß eine Kamera auf Sie gerichtet wird, dann ist es gut.« Aber inzwischen war natürlich ein Fernsehfotograf aufgetaucht, ABC Kanal 7, und der Nachrichtenreporter Chuck Banks. Als ich herausging, wurde gerade Schwester Betty nach draußen begleitet; ich war da sozusagen der Vorderste. Ich schnappte mir eine Zeitschrift von einem Stapel dort in der Halle; die wollte ich dazu benutzen, die Kameras zu blockieren. Huey nahm sich auch schnell eine Zeitschrift, und so kamen wir nach draußen. Ich hielt meine Zeitschrift vor den Kameras hoch, da tauchte plötzlich irgendwoher Kenny Freeman auf. Wir standen im Kreis um Schwester Betty Shabazz, aber dann erschien auf einmal auch irgendwie Douglas Allen und richtete es so ein, daß er neben ihr ging.

Schon ehe wir herauskamen, hatten die Kameraleute versucht, gewaltsam einzudringen. Sie hatten mit aller Macht hereinzukommen versucht, aber da hatte Warren Tucker sie die Treppe heruntergestoßen. Dann hatten sie versucht, einen der Panther zu fotografieren, als er sie mit einem Gewehr wegstieß. Sie hatten sich schon bemüht, etwas zu provozieren, einen Zwischenfall zustandezubringen. Als wir nun herauskamen, ging ich als Erster und hielt eine Zeitschrift vor die Kamera, etwa in dreißig Zentimeter Abstand. Dann kamen Huey, Schwester Betty, Douglas Allen und Kenny Freeman von den Papier-Panthern. Als Schwester Betty vorn die Treppe herunterging, schnappte sich der Kerl vom Fernsehen die Zeitschrift, die ich hochhielt, aber ich schnappte sie mir wieder. Dann hielt Huey seine Zeitschrift vor die Kamera, da griff Chuck Banks nach Hueys Zeitschrift und stieß sie ihm gegen den Magen. Er hatte seinen Schlag nicht gut genug angebracht, aber er hatte ihn immerhin geschlagen. Huey ließ sich dadurch nicht im geringsten beeindrucken. Er ließ die Zeitschrift fallen, versetzte Chuck Banks einen Hieb auf den Kopf, stieß ihn zurück gegen die Wand und gegen den Mann mit der Fernsehkamera. Dann guckte ich mich um und sah all die Polizeischweine. Ich bemerkte, wie eins den kleinen Riemen aufschnallte, der den Abzug seiner 38er-Pistole festhielt. Ich sagte: »Huey, sei ruhig, Mann. Laß uns hier abhauen.« Dabei faßte ich ihn am rechten Jackenärmel.

»Halt mir nicht die Hand fest, Bruder«, sagte er, und ich ließ seinen Arm sofort los; denn ich weiß ja: Seine rechte Hand ist die, mit der er schießt.

Dann meinte ich wieder: »Komm doch, Bruder, hauen wir ab!«

Aber Huey sagte: »Hallo, ihr Polizeischweine alle, ihr Bullen! Der Mann hier hat mich tätlich angegriffen. Zum Teufel, weshalb verhaften Sie denn den Mann jetzt nicht? Verhaften Sie den Mann!«

»Na komm, Bruder, ziehn wir doch hier ab!« sagte ich wieder. Da schnippten noch ein paar von diesen Bullen die kleinen Riemen von ihrem Pistolenhahn ab; es kam noch ein Bruder zu uns heran und meinte: »Komm schon, Huey. Gehn wir hier wieder rauf, Mann, und halten uns aus der Sache raus!« Einer von den Brüdern kehrte den Polizeischweinen den Rücken zu; Huey muß wohl gesehen haben, wie die Bullen plötzlich die

Riemen vom Pistolenabzug losmachten, denn Huey sagte: »Dreht euch um! Dreht euren Rücken nicht diesen Scheißkerlen zu, die hinterrücks schießen.« Genau das hat er gesagt! Wir drehten uns alle rum, ich, Little Joe und Little Bobby; dann sagte Huey: »Verteilt euch!« und ließ ein Geschoß in die Kammer seines Gewehrs gleiten. Betty Shabazz war inzwischen fortgegangen. Kenny Freeman und Douglas Allen hatten sie über die Straße weggebracht.

Jetzt trat ein dicker, muskulöser Bulle vor. Er hatte den Riemen seines Pistolenabzugs losgehakt und fing an, Huey zuzurufen: »Richten Sie Ihr Gewehr nicht auf mich! Hören Sie auf, Ihr Gewehr auf mich zu richten!« Er tat dabei immerzu so, als ob er nach seiner Waffe greifen wollte. Huey blieb stehen. Er sah den Bullen bloß an. Dann ging er gradezu dicht an das fette Polizeischwein heran und sagte: »Was haben Sie denn? Juckt Sie Ihr Finger?« Der Bulle sagte kein Wort. Er stand bloß da.

Huey fragte ihn: »Möchten Sie Ihre Pistole ziehen?« Die anderen Polizeischweine riefen diesem Bullen zu, er sollte sich abregen, aber er schien sie gar nicht zu hören. Er sah nur Huey an und starrte ihm grade ins Gesicht.

»OK, Sie dickes fettes Rassistenschwein, ziehen Sie Ihre Pistole!« sagte Huey zu ihm. Der Bulle rührte sich nicht. »Tun Sie's doch, Sie feiger Hund!« Dabei ließ Huey einen Ladestreifen in die Kammer seiner Schrotflinte fallen. »Ich warte!« sagte er, und wirklich, er stand einfach da und wartete, bis dieses Schwein eine Bewegung nach seiner Waffe hin machen würde. All die anderen Bullen zogen sich aus der Schußlinie zurück. Wir fünf hatten uns hinter Huey verteilt.

Schließlich gab das fette Polizeischwein einfach auf. Es stieß einen langen Seufzer aus und ließ nur den Kopf hängen. Huey hätte ihm fast ins Gesicht gelacht, und wir fingen an, uns langsam zurückzuziehen. Auch Huey zog sich zurück. Er ging in die Nähe der Wand, und ich ging an die Außenkante des Gehsteigs zu unserem Wagen. Der Gehsteig ist mindestens zweieinhalb oder drei Meter breit. Little Joe und Little Bobby standen in der Mitte, ein anderer Bruder stellte sich an die andere Seite des Wagens in einer Linie mit uns und tat dann etwa sechs oder sieben Schritte. In diesem Augenblick kam Roy Ballard die Straße entlanggerannt und schrie: »Hallo, schießt das Gewehr nicht ab! Die Bullen werden uns töten. Sie werden uns töten! Bitte schießt das Gewehr nicht ab!« Da fingen die Bullen an zu reden: »Greifen Sie nicht zum Gewehr, greifen Sie nicht zum Gewehr!«

So sagte Huey: »Greifen Sie nicht zu *Ihrem* Gewehr!«

Ich besinne mich noch, daß ich Huey das nachgesagt habe; ich sagte: »Ja nicht, greifen Sie nicht zum Gewehr, rühren Sie Ihr Gewehr nicht an!« Ich hatte den kleinen Riemen vom Abzugshahn meiner .38er-Pistole losgemacht. So standen wir da, dann zogen wir uns zurück, gingen von den Polizeischweinen weg, und die standen alle auf einen Haufen gedrängt.

Es war eine sehr gespannte Lage. Dies war einer der ersten größeren Zusammenstöße, und wir wären fast in eine regelrechte Schießerei geraten. Man kann sich eine Menge Schießereien denken. Man kann sich vorstellen, wie man in Situationen kommen könnte, bei denen es Gewehrschüsse und Schießereien gibt mit Polizeischweinen, die man als Rassisten kennt. Aber ich wußte, wie Huey empfand. Hätte nur einer von denen zum Gewehr gegriffen, dann hätte er ihn umgelegt, denn Huey hielt sein Gewehr in einem Winkel von fünfundvierzig Grad nach unten, er war bereit. Er hielt den Gewehrlauf in der linken Hand. Er hatte den Finger am Abzug, hatte das Gewehr entsichert und einen Ladestreifen in die Kammer geschoben. Das hatte die Bullen einigermaßen erschüttert, wie Huey diesen Ladestreifen in seine Gewehrkammer schob.

Jetzt gingen wir gerade zurück. Ich hatte keine Angst oder so etwas. Daran denkt man nicht einmal in einer solchen Lage, die Situation ist viel zu gespannt. Wir gingen zurück, und die Bullen kamen drei oder vier Schritte vor. Dann blieben sie stehen und merkten, daß wir sie in unserer Gewalt hatten. So blieben sie denn stehen. Ich sagte: »Kommt, Brüder, gehn wir über die Straße!« Wir kamen etwa halb die Straße hoch und waren ungefähr fünfzehn Meter von ihnen entfernt, als sie anfingen, sich rechts von uns zusammenzudrängen. Wir gingen über die Straße zurück und hielten den Verkehr an der Brückenauffahrt in beiden Richtungen an. Das gab eine Verkehrsstauung. Ich weiß wohl, daß die Leute in den Autos sich gewundert haben, was denn da in aller Welt los wäre. »Zum Teufel auch, was sind denn das da für Nigger mit diesen Gewehren, und all die Bullen auf der Straße. Mein Gott nochmal!« Ich konnte mich direkt in so jemanden hineinversetzen, der da mitten im Verkehr steckte und nicht weiterkam.

Wir gingen über die Straße und stiegen in unsere Wagen ein. Betty Shabazz war schon fort, also zogen wir ab, fuhren zum Büro der Papier-Panther zurück und kamen da an; Huey und die anderen Brüder waren prima. Sie redeten alle davon, wie wir die Polizeischweine bespuckt hatten und wie die sich zusammengedrängt hatten. Huey erzählte, wie so viele von ihnen sich auf einen Haufen zusammengedrängt hatten und er seine Schrotflinte auf sie gerichtet hielt, und wenn einer von ihnen nach seinem Gewehr gegriffen hätte, dann ... Wir haben erzählt, wie wir dort weggegangen sind und wie wir uns diese Polizeischweine vom Leibe gehalten haben. Rund dreißig Polizeischweine, die sich alle auf dem Gehsteig versammelt hatten. Wie sie nur zwei oder drei Schritte machten und Huey ihnen sagte: »Bleiben Sie lieber von Ihren Gewehren weg!« Ich weiß, daß Leo und die anderen Kerle, die da herumstanden, durchaus nicht grade von der ganzen Sache begeistert waren, aber sie hätten es eigentlich sein müssen, fand ich. Ich meinte, sie hätten es enorm finden müssen, wie wir Betty Shabazz beschützt hatten, wie die Polizeischweine in Wut geraten waren, und alles das.

An dem Abend gingen wir zu der Zusammenkunft in Hunter's Point und beschlossen, dabei nicht zu sprechen. Wir waren die ganze Sache gründlich leid. Die versuchten einfach, uns zu Wächtern zu machen, für irgendwelchen Kunstkram dort. Sie versuchten, uns zu kommandieren. Was sollte das denn heißen?

»Ihr müßt heute abend da drüben sein, Mann, um sechs Uhr. Da sind allerhand Kunstwerke und so Kram, den die Leute klauen könnten. Ihr geht da rüber und — hm — bewacht das Zeug.«

Da sagte Huey: »Seht mal, wir sind doch die Sicherheitswache für Betty Shabazz, wir sind bei Betty Shabazz.« So zogen wir ab, gingen runter und redeten mit den Gettobrüdern, die da beim Würfelspielen waren. Huey und ich wollten uns nicht um das verdammte blöde Kunstzeug da drin kümmern. Das ist bei denen nicht in Ordnung: Sie wollen andere dazu ranholen, die Kunstsachen der Kulturnationalisten zu bewachen, und dabei sollten sie doch eigentlich die Gettobrüder organisieren. Huey und ich sind mit ein paar Gewehren dort hingegangen, wir haben mit den Brüdern da in Hunter's Point geredet, und zwar darüber, daß sie in unsere Partei kommen sollten. Wir haben denen gesagt, daß wir dort draußen sein würden, und daß die Brüder sich zusammentun müßten und anfangen, sich zu bewaffnen. Wir haben ein ganzes Würfelspiel aufgestört, mit etwa zwanzig Kerlen. Manche von ihnen waren beschwipst und hatten Lust, vom Töten zu reden — »Ja, ich werde mir ein Gewehr besorgen.« Aber einigen von den Brüdern war es ernst. Sie wollten weiterkommen. In Hunter's Point hatte es Aufstände gegeben, und die Polizeischweine hatten eine ganze Menge Brüder umgebracht. Sie hatten schon Brüder dort mit ihrem Schießen terrorisiert, sie hatten Brüder und Schwestern drangsaliert und ermordet; die Wohnungen waren schlecht, es gab Arbeitslosigkeit, Ratten, Ungeziefer und Hunger. Hunter's Point war ein typisches schwarzes Getto.

Dann gingen wir in den Saal, in dem die Versammlung gehalten wurde, und sprachen dort mit ein paar Brüdern, die sich Gedanken machten, weshalb wir Gewehre hätten. Huey setzte ihnen das revolutionäre Programm auseinander, warum wir uns verteidigen müßten, daß es damals nach den kalifornischen

Gesetzen erlaubt war, Waffen zu tragen, und daß das Recht, eine Waffe zu tragen, nach dem Zweiten Zusatz zur Verfassung der Vereinigten Staaten allen Bürgern zustände. Er erklärte ihnen auch, daß die Black Panther Party ganz reale Pläne zur Hilfe für die schwarze Wohngemeinde hatte, zum Beispiel Kinderfrühstück, freie Gesundheitsstationen und Schulen für politische Befreiung.

Über so etwas hätten sie bei der Versammlung reden sollen, mit der sie das Todesgedächtnis von Malcolm X begehen wollten; aber die Sache war von diesen Kulturnationalisten zusammengestellt, die sich zu Anführern des schwarzen Volkes machen und dabei die Black Panther Party ausnutzen wollten. Eigentlich hätten sie die Versammlung eher zur Feier von Malcolms Geburtstag einberufen sollen als zum Gedächtnis des Tages, an dem man ihn ermordet hatte.

Diese Bengel kannten die Waffengesetze nicht. Sie wußten nicht, daß es eine gefährliche Sache ist, Leute zu führen. Sie waren nur deshalb mit uns zum Flugplatz gekommen, weil Huey das von ihnen verlangt hatte. Nach dem kleinen Treffen vor der ›Ramparts‹-Redaktion kamen wir dahinter, daß ihre Gewehre nicht geladen waren.

»Nicht geladen?« sagte Huey. Da sind wir so wütend geworden, wie es vielleicht noch nie jemand gewesen ist. Die Parteibrüder wollten am liebsten hingehn und ihnen den Hintern dafür versohlen, daß sie mit ungeladenen Gewehren angekommen waren. Sie sagten: »Da setzen wir für unsere Leute das Leben aufs Spiel, und die Schufte machen solche Manöver mit uns. Wenn eins von den Polizeischweinen angefangen hätte zu schießen, wären die laufen gegangen.« Ich sagte zu Huey: »Ich bin fertig mit all diesen dämlichen intellektuellen Kulturnationalisten!«

Daran konnte man wirklich die Brüder von der Straße von denen unterscheiden, die bloß reden, die ihre geistigen Gaben den Weißen verpfändet haben, den Machthabern dieses rassistischen, kapitalistischen Systems. Damals hat David Hilliard gesagt: »Sie sind Papier-Panther.« Erbärmliche, jämmerliche Papier-Panther.

Eldridge kommt zu den Panthern

Anfang 1967 hörte Huey einmal Eldridge im Radio. »Donnerwetter! Wer ist das?« sagte Huey immer wieder. »Der Kerl sagt die Wahrheit, Mann! Der ist im Gefängnis gewesen!« Für Huey war Eldridge so etwas wie ein Malcolm X, der aus dem Gefängnis kam. Huey hat die Brüder, die aus dem Gefängnis kamen, immer geachtet, er fand, daß er eine Beziehung zu ihnen haben konnte. Das war für ihn die Hauptsache. Huey hörte das: »Der Kerl ist im Gefängnis gewesen, Mann, neun Jahre lang!« Damit war es für ihn entschieden. Wir liefen noch am gleichen Abend zur Rundfunkstation, denn Huey sagte: »Mit dem Mann will ich reden!«

Er sagte zu Eldridge: »Hör mal, Mann, du mußt in unsere Partei kommen! Wie die heißt, ist ja egal. Die Sache ist die: Wir brauchen dich! Wir müssen dich haben!« Er wußte, daß Eldridge reden konnte, und er hatte auch gehört, daß er schreiben könnte, daß er für ›Ramparts‹ schrieb. Huey konnte nicht gut schreiben, aber man konnte ihn zu fassen kriegen, alle seine Ideen aus ihm herausholen und sie zu Papier bringen. Wenn man ihn am Wickel nimmt, dann schreibt er auch, aber seine Gedanken laufen so schnell. Huey versteht, daß wir Nachrichtenmedien brauchen, er versteht, daß es für die Schwarzen wichtig ist, Kenntnisse zu haben. Das wollte Huey. Er drängte auf eine Panther-Zeitung.

Deshalb haben wir uns Eldridge gleich geholt, als wir ihn an diesem Abend im Rundfunk hörten. Eldridge erzählte uns: »Wißt ihr, ich bin grade aus dem Gefängnis entlassen, und ich gucke mich jetzt um. Ich versuche zu sehen, was eigentlich vor sich geht.« Ich sagte zu Huey: »Dieser Nigger aus dem Gefängnis, der ist den ganzen Mist leid; dieser Nigger ist für uns wie ein Malcolm X, und Donnerwetter, dieser Nigger kann schreiben!« Wenige Monate später waren Huey und ich eines Tages in Eldridges Appartement. Eldridge trug eine Lederjacke und eine Baskenmütze. Er sagte: »So, und ich gehöre mit zur Black Panther Party, das ist klar.« Damals kannte ich ihn noch nicht. Ich sah ihn mir an, und ich dachte: »Na ja, scheiß drauf, das ist eben auch mal wieder so ein Nigger, der sagt, er gehört zur Partei.« Aber von wegen! Wir fingen an, über dem ersten Flugblatt zu brüten, und das hieß dann auch was. Als nächstes saßen wir drüben im Haus von Beverly Axelrod* und brüteten, um eine Zeitung zustande zu bringen, jawohl! Da sagte ich mir: »Dieser Nigger hier ist ganz große Klasse.«

Im Anfang hatte Huey mehr Beziehung zu Eldridge als ich. Ich hatte eben einfach die Neigung, Huey zu folgen. Ich habe mich deswegen nie geschämt. Ich folgte ihm, hörte ihm zu und versuchte zu begreifen, was er sagte. Wenn ich ihm widersprach, dann bemühte ich mich, ihm vernünftig zu widersprechen.

Eldridge hat uns später erzählt, daß er sich nach seiner Entlassung aus dem Gefängnis zuerst ganz an Malcolm X gehalten hat. Malcolm lehrte, daß es nötig wäre, zum Gewehr zu greifen. Eldridge war herumgelaufen und hatte Malcolms Worte wiederholt, aber er hatte nicht gewußt, daß da einige Nigger schon

* Beverly Axelrod war die Anwältin, die Eldridge geholfen hatte, aus dem Gefängnis herauszukommen.

tatsächlich zum Gewehr gegriffen hatten. Er hatte es bis zu dem Februar nicht gewußt, in dem wir anfingen, Pläne für den Besuch von Schwester Betty Shabazz zu machen. Marvin Jackman und all diese Kerle hielten das geheim. Sie wollten Eldridge nichts von uns erzählen.
Eldridge sagte, als er uns Brüder alle mit Gewehren, bereit und organisiert, gesehen hätte, da hätte er im Nu darauf angesprochen. Nur den Namen, den Malcolm X seiner Organisation gegeben hatte, wollte er nicht gern aufgeben — ›Organization of Afro-American Unity‹, OAAU —, andererseits fand er die Frage der Bezeichnung kompliziert, denn Malcolms Schwester hatte diese Organisation übernommen. Es gab da so viel Verwirrung, und es waren so viele unredliche Leute in die OAAU hineingeraten, daß er eigentlich schon genug davon hatte, als er versuchte, das Schwarze Haus zu organisieren. So fing er eben an, sich an die Partei anzuschließen, überall mitzugehen und bei all diesen Vorfällen mitzumachen. Er stand in Beziehung zur Black Panther Party und arbeitete mit ihr zusammen, hatte aber noch einige Vorbehalte.
Eldridge konnte einfach nicht begreifen, wie das möglich war — wie wir das Ganze hinkriegten oder warum Nigger toll genug waren, um auf die Straße zu gehen. Es schien so unglaublich. Eldridge sagte, das hätte ihn erschreckt, buchstäblich. Eldridge erschreckt! Er sagte, Malcolm hätte einfach mit seiner Rhetorik festgestellt, wir müßten eine bewaffnete Gruppe organisieren, wir müßten dies tun, wir müßten Gewehre haben, und so weiter. Das war alles abstrakt, er konnte es sich nicht vorstellen. Oder wenn er es sich vorstellte, dann wie ein ganzes Heer, als Bewaffnung der schwarzen Rasse. Aber als er uns dann da draußen sah, wie wir dabei waren, uns zu organisieren, da sah er vielleicht zehn oder zwölf Kerle mit Gewehren, und dann all diese Polizeischweine. Das sah aus, als hätten wir keine Chance, es wirkte hoffnungslos – aber doch wirkte es oft so wundervoll und begeisternd, daß es ihn einfach anzog.
Was die ganze Frage für Eldridge entschied, das war diese erste Szene, als die Brüder Schwester Betty Shabazz vom Flugplatz aus begleiteten und zur ›Ramparts‹-Redaktion brachten. Das machte ihm ganz großen Eindruck und hatte einen gewaltigen Einfluß auf ihn. Er sagte, er hätte es gar nicht glauben können, nicht einmal, nachdem er es selbst gesehen hatte. Es war, als hätte er da den reinen Instinkt beobachtet. Für ihn war das ungeheuer Wichtige dabei, daß Brüder und Schwestern auf der Straße waren, als die Polizeischweine da ankamen, und daß der Verteidigungsminister vortrat, sich schützend zwischen seine Leute und die Polizeischweine stellte, den Ladestreifen in seine Flinte schob und sein Leben aufs Spiel setzte. »Das war es«, sagte Eldridge, »das hat mich dahin gebracht.«

Denzil Dowells Tod

Die Familie Dowell rief die Black Panther Party nach Richmond. Sie hatte von der Black Panther Party da drüben in Oakland gehört. Mark Comfort kam in unser Büro an der Kreuzung 56. Straße/Grove Street und sagte, die Familie Dowell hätte gern, daß wir zu ihr kämen, denn Denzil Dowell war in Richmond von einem Vize-Sheriff des Gebietes Contra Costa getötet worden.

Wir sind noch am selben Tag hingegangen und haben die Familie Dowell besucht. Sie fingen an, uns all die Einzelheiten zu erklären — wie manche Leute zehn Schüsse gehört hatten, aber in den Zeitungen und der Lokalpresse hieß es, daß nur zwei oder drei Schüsse gefallen wären. Im Büro des Leichenbeschauers hatte man ihnen zuerst gesagt, er sei von neun oder zehn Schüssen getroffen worden. Doch das Polizeipräsidium behauptete, er hätte nur eine oder zwei Schußwunden gehabt. Die Polizeischweine hatten Lügen über Bruder Denzil Dowell verbreitet, nämlich daß er versucht hätte, irgendwo einzubrechen.

Seine Brüder Carl und George Dowell erklärten, daß die Polizeischweine Denzil beim Namen kannten, denn sie hatten ihn schon ein paarmal festgenommen. Sie hatten ihm gedroht, sie würden ihn schon noch kriegen. Es war einfach ein kaltblütiger Mord an einem schwarzen Mann. Ein paar Schweine waren schießlustig, sie wollten gern jemanden erschießen, und zwar einen ›Nigger‹.

Das alles erklärte uns die Familie. Dann führte sie uns zu dem Grundstück, auf dem Bruder Denzil Dowell getötet worden war, zeigte uns die Einschüsse in den Mauern, die Richtung, aus der sie gekommen sein mußten, und daß die Polizeischweine logen, wenn sie sagten, er wäre fortgelaufen und über einen Zaun gesprungen. Die Blutspuren waren achtzehn Meter von dem betreffenden Zaun entfernt. Sie hatten jedenfalls seinen Leichnam auf die andere Seite und über noch einen Zaun geschleppt. Es fanden sich Blutspuren an zwei verschiedenen Stellen.

Wir forschten der Sache nach, und viele Schwarze aus der dortigen schwarzen Wohngemeinde kamen dazu. Sie hatten uns Panther mit unseren Gewehren und alles andere gesehen. Es waren wohl zehn oder zwölf von uns, die zusammen dort hinausgingen und alles untersuchten; sie schauten nach, was da passiert war; sie hörten sich die Berichte der Leute an, die ganz anders waren als all der Lügenkram, den die Polizeischweine und die Zeitungen erzählt hatten. Da haben die Leute sehr geguckt.

Wir standen dort an der Straßenecke in Nord-Richmond, um

uns herum etwa hundertfünfzig Leute; manche saßen in ihren Autos, manche standen auf der Straße. Einige von den jüngeren Brüdern, die fünfzehn, sechzehn oder auch zwanzig Jahre alt waren, fragten uns nach den Gewehren, und wir erklärten ihnen etwas von der Black Panther Party. Da rief plötzlich eine Schwester: »Oh, oh . . . da kommen die *Bullen*!«
Sobald die Schwester das rief, ließ Huey mit einem lauten ›Klick-klack‹ eine Ladung in die Kammer seiner achtzehnzölligen Schrotflinte fallen. Ich hakte den Riemen los, der den Abzug meiner .45er-Pistole festhielt, da machte es wieder ›klick‹. Die Leute fingen an, sich zurückzuziehen. Manche gingen auf die andere Straßenseite, einige stiegen in ihre Wagen und fuhren die Straße herunter. Dann kamen die Polizeischweine an, und Huey trat an den Straßenrand. Ich folgte ihm und trat ein paar Schritte weiter an den Straßenrand. Die Polizeischweine waren plötzlich sehr überrascht. Sie guckten und stellten fest, wer da bereit für sie und gerüstet war. Die Polizeischweine fuhren weiter, fuhren vorbei – wahrhaftig, sie fuhren mit erhöhter Geschwindigkeit davon. Dann gingen die Leute weiter zurück, manche sprangen über die Straße, sie meinten, jetzt gäbe es eine Schießerei, aber wir hielten uns nur zu unserer Verteidigung bereit. Wir erklärten den Leuten, wir würden hier auch für sie sterben. Denn das war die Haltung, die wir mit Bruder Huey immer einnahmen.
Wir sagten den Leuten, daß wir am nächsten Sonnabend eine Straßenversammlung abhalten wollten, hier ein Stück weiter unten, an der Kreuzung der 3. Straße und der Chesley Street. Wir sagten, wir würden ihnen dann erklären, daß wir zu unserer Verteidigung Gewehre benutzen müßten, weil die rassistischen Schweinebullen in unsere Wohngemeinde kommen und unsere Brüder und Schwestern töten. Sie hatten Bruder Denzil Dowell getötet, und wir erfuhren, daß dort in Nord-Richmond im vorigen Dezember noch zwei oder drei andere Brüder erschossen wurden. Die Schüsse hatten sie in die Achselhöhle getroffen; das zeigte deutlich, daß sie die Arme über den Kopf erhoben hatten. – Zwei Brüder waren im Dezember getötet worden, und am 1. April hatten diese Schweine Denzil Dowell erschossen. Huey sagte allen, wir wollten eine Straßenversammlung abhalten, um den Leuten klarzumachen, daß wir uns unbedingt zu unserer Verteidigung bewaffnen müßten.
Wir gingen daran, diese Straßenversammlung zu halten, und holten dafür zwanzig Brüder mit ihren Waffen und Uniformen zusammen. Wir hielten die Versammlung direkt dort an der Kreuzung der 3. Straße mit der Chesley Street. Wir hatten dabei Gewehre und bewaffnete Männer, die uns verteidigen konnten. »Es werden keine Polizeischweine herkommen und unsere Straßenversammlung stören. Wir werden unser verfassungs-

mäßiges Recht auf freie Rede ausüben. Und wir werden direkt hier an der Ecke eine Straßenversammlung abhalten.« Der größte Teil von Nord-Richmond hat gar keine Gehsteige. Aber der Abschnitt dort an der Ecke vor dem Getränkeladen hat einen zweieinhalb bis drei Meter breiten Gehsteig zwischen dem Bordstein und dem Laden. Wir kamen richtig dort an die Ecke, und alle Brüder in der Wohngemeinde da draußen haben uns mit unseren Gewehren gesehen. Wir haben uns dort überall die Straßen entlang aufgestellt.

Man muß sich jetzt einmal eine Straßenkreuzung vorstellen. An einer Ecke postierten wir vier oder fünf Brüder, sie verteilten sich so, daß sie in sechs bis neun Metern Abstand voneinander standen, um die Ecke herum. Auf der anderen Straßenseite stellten wir einen Bruder an der Ecke auf und zwei in etwa neun oder zwölf Metern Entfernung von ihm. An der Ecke, wo Huey und ich sprachen, direkt vor dem Getränkeladen, postierten wir Leute nach Osten und Westen hin. An der letzten Ecke stellten sich die Leute nach Norden und Süden hin auf. Also war die ganze Kreuzung von Panthern gesäumt, an allen Ecken herauf und herunter, nach Norden, Osten, Westen und Süden, auf beiden Straßenseiten. Und wir hatten unsere Gewehre, Schrotflinten, Pistolen und so weiter.

Die Leute fingen an, sich aufzustellen, Bruder Huey sagte zu mir, ich sollte loslegen und anfangen zu reden. Also fing ich an, zu den Brüdern dort zu reden. Ich erklärte ihnen das Zehn-Punkte-Programm, sagte ihnen etwas über unsere Organisation und erzählte, daß rassistische Gestapo-Schweinehunde den Bruder Denzil Dowell getötet hatten. Ich sagte ihnen auch, wir müßten jetzt anfangen, uns zusammenzuschließen und uns mit Waffengewalt zu organisieren; ich erklärte, daß die Black Panther Party nach Nord-Richmond gekommen war, daß sie dazu da sei, den Menschen zu dienen, und daß sie eine Partei für die Schwarzen sein sollte. Es hatten sich schätzungsweise zweihundert bis dreihundert Menschen dort angesammelt. Sogar die Leute in ihren Wagen hielten, und die ganze Kreuzung entlang standen an beiden Straßenseiten lange Wagenreihen. Einige Wagen fuhren noch, um auf die andere Straßenseite zu kommen, und hielten dann an der falschen Seite.

So redete ich also, und dann fingen sie plötzlich an und schickten ein paar Sheriffs her. Die Leute hatten gemerkt, daß wir da waren, daß wir mit unseren Gewehren wieder da waren. Polizeischweine fuhren die Straße entlang, von den Sheriffs geschickt. Huey flüsterte: »Sag ihnen das von den Polizeischweinen, Bobby; und daß wir diese Straßenversammlung halten und unser Recht auf freie Rede ausüben werden. Kein Polizeischwein soll uns daran hindern.« Und er flüsterte: »Sag ihnen den

Grund, warum uns kein Polizeischwein hindern wird: weil wir hier Gewehre und bewaffnete Männer haben, um uns selbst und die Leute zu schützen.«

Also machte ich das den Brüdern klar; dabei zeigte ich auf die Polizeischweine, und die wurden nervös. Ich habe gesehen, wie eins an der anderen Straßenseite anhielt, wie es dort saß und anfing, zuzuhören. Vier von den Brüdern kamen über die Straße und umgaben das Polizeiauto in einem Abstand von zweieinhalb bis drei Metern. Ein Bruder hatte eine .357-Magnum, Warren Tucker hatte eine .38er-Pistole umgehängt, Reginald Forte hatte eine 9-mm-Pistole. Ein Bruder war nicht mal bewaffnet, er ging aber auch dorthin. Da wurde dies Polizeischwein unruhig. Es versuchte, sich eine Zigarette anzuzünden, aber die Zigarette fiel ihm glatt aus der Hand, und dabei sahen ihm alle Leute zu. Die Schwarzen hatten Gewehre und bewaffnete Männer, sie waren bereit, sich mit den Polizeischweinen einzulassen; da konnte dies Polizeischwein es nicht mehr schaffen, es konnte sich vor lauter Nervosität keine Zigarette mehr anzünden — es fuhr auf und davon! Darüber haben die Leute laut gejubelt und gejohlt.

Huey P. Newton hatte ihnen klargemacht, daß wir uns organisieren. Ich glaube, die Leute hatten Achtung vor der Tatsache, daß Huey all diese Brüder in die Organisation geholt hatte; denn er hatte sie auf den Straßen in beiden Richtungen aufgestellt, so daß sie die Kreuzung deckten und das Leben der Schwarzen beschützten, während wir darangingen, diese Menschen zu organisieren. Sie achteten die Organisation, die Huey bildete. Huey bildete eine Form, eine Disziplin, in der das Gewehr zu unserem Schutz da war und nicht als Kinkerlitzchen. So mußte denn das Polizeischwein wieder verschwinden.

Da saß noch ein anderes. Es war in seinem Wagen angekommen, und manche Leute waren in ihren Autos weitergefahren. Aber einer hatte sich gesagt: »Ach was, ich fahre hier nicht weg. Ich werde hier sitzenbleiben und zuhören.« So geriet dieser Bulle zwischen die anderen Wagen, kam nicht fort und mußte auch da sitzen und sich alles anhören. Er konnte gar nichts machen. Dieser eine Bruder fuhr halt nicht weiter. Er hatte auch einen Cadillac, in dem saß er mit seiner Frau, genau oben an der Kreuzung. So war dies Polizeischwein mit seinem Wagen dazwischen festgeklemmt, es konnte sich nicht rühren, es mußte einfach da sitzenbleiben und zuhören und die dreihundert — jawohl! — dreihundert zornigen Nigger sehen — sie waren zornig auf die Polizeischweine, die Denzil Dowell getötet hatten. Noch dazu standen da zwanzig Panther, mit Gewehren bewaffnet, in tadelloser Disziplin, an allen Ecken der Kreuzung in Abständen von neun bis zwölf Metern. — So war es geradezu festgebunden.

Die Leute begriffen die Sache, sie sagten: »Das stimmt.« Huey machte weiter, er redete zu den Brüdern und Schwestern und erzählte ihnen, wie wir uns organisieren und anfangen, auf eine organisierte und disziplinierte Weise Gewehre und Waffen zu gebrauchen. Wir werden durchaus revolutionär vorgehen und uns gegen alle rassistischen Angriffe verteidigen. Wir werden auch bei diesen Polizeischweinen die Runde machen, wir werden in unseren Wohngemeinden Rundgänge machen, sogar die alten Leute werden von ihren Wohnungen und Häusern aus ihren Rundgang zu machen haben. Und jeder muß eine Schrotflinte in seiner Wohnung haben — jeder. Dann sprach George Dowell davon, wie die Schweine seinen Bruder Denzil ermordet hatten. Wir sagten, wir würden noch eine Versammlung abhalten, an der Ecke der 2. Straße. Huey erklärte, wir würden dazu die ganze Straße absperren, so daß kein Polizeischwein dort die Straße heraufkommen dürfte – *kein einziges*!

Zu der zweiten Straßenversammlung in Richmond kamen dreihundert oder vierhundert Leute. Sie fuhren mit ihren Wagen alle in die Straße hinein, und die ganze Straße entlang stiegen Brüder auf die Autos und auf die Dächer, von einer Ecke bis zur anderen; dabei war es ein ziemlich langer Häuserblock. Die ganze Straße war mit Autos übersät. Wir waren an einem bestimmten Hause, dort wohnten, glaube ich, Verwandte von George Dowell. Gleich um die Ecke lag das Haus von George Dowells Mutter. Die Leute kamen alle an, und wir bekamen lauter Anträge zur Aufnahme in die Black Panther Party. Ich glaube, an dem Tag sind sie dort ungefähr alle in die Partei eingetreten, angefangen bei den kleinen Zwölf- bis Vierzehnjährigen.

Wir haben die ganze Straße abgesperrt. Bruder Huey sprach, ich sprach, Bruder Eldridge Cleaver kam herüber und sprach zu den Leuten, und die Leute begriffen es und füllten ihre Aufnahme-Anträge aus.

Eine Sache ist da passiert. Mir fiel auf, daß ein Bruder vier oder fünf Gewehre zu einer Ecke hinbrachte. Wir waren in der Mitte des Häuserblocks. Es wurden auch noch ein paar Brüder zusätzlich an diese Ecke hingeholt – es war die Ecke am nördlichen Straßenende. Der Bruder erklärte mir (ich sprach gerade), daß ein Polizeiwagen dort an das Straßenende gekommen war, darum sperrten die Brüder die Straße ab. Ein Polizeischwein hockte da. So gingen noch ein paar Brüder dorthin zu einer freien Stelle, stellten sich mit ihren M-1-Gewehren und ihren 30-.06-Gewehren auf und sahen zu dem Wagen dieses Polizeischweins hinüber. Sie können keine zehn Meter davon entfernt gewesen sein. Standen da und starrten geradezu auf den Polizeiwagen. Die Polizeischweine guckten sich um, eins sah einen

Bruder auf ihren Wagen zugehen und sich da fast wie bei einer Parade aufstellen, aber er hatte die Hand nur wenige Zentimeter von seiner .357-Magnum entfernt. Das Polizeischwein sah ihn an, wie er sich da hinstellte, dann sah es seinen Mitfahrer an und sagte: »Das ist eine .357-Magnum, was der da hat!« Als es das gesagt hatte, ließ es den Motor an, fuhr davon und ist nicht mehr wiedergekommen.

Dann kam ein Hubschrauber an. Wir hatten die ganze Straße abgesperrt und hielten eine Massenversammlung mit Waffengewalt. Waffengewalt war das einzige, was uns helfen konnte. Da blieb ihnen nichts anderes übrig, als einen Hubschrauber über uns hinfliegen zu lassen, den ganzen Tag mit flap — flap — flap, so versuchten sie uns zu stören. Diesmal waren nicht nur die Black Panthers, sondern auch andere Leute mit Flinten, Gewehren und Waffen gekommen. Ich habe gesehen, wie einige ältere Brüder aus den Häusern kamen und uns immerzu die Hände schüttelten, sie trugen Waffen unter ihren Hemden verborgen. Und auch Schwestern! Eine Schwester kam mit einem M-1-Gewehr aus ihrem Wagen gesprungen. Wir sahen, daß diese schwarze Wohngemeinde sich gut machte, daß sie bereit wurde. Und der Hubschrauber flog weiter dort oben herum — Huey zeigte einmal auf ihn, als er da über uns war, und sagte: »Denkt immer daran: *Der Geist des Volkes ist stärker als die Technik der Weißen.*« — »Das ist wahr!« sagten die Leute. Ich besinne mich, daß wir über dreihundert Aufnahme-Anträge bekamen.

Die Leute der Wohngemeinde taten sich mit George Dowells Geschwistern und Freunden zusammen und fingen an, sich regelmäßig zu versammeln. Alle kamen zu den Treffen der Leute von Nord-Richmond. Die Brüder kamen mit ihren Gewehren. Sie waren es leid, es war ihnen über, und sie waren es wirklich leid. Sie liebten auch Bruder Huey. Sie meinten, daß niemand mit Bruder Huey mitkönnte. Er war ein prächtiger Anführer; er fing an, ihnen viele Dinge beizubringen, viele Möglichkeiten, mit den Schwierigkeiten ihres Lebens fertigzuwerden. Bei einer solchen abendlichen Versammlung brachte eine Schwester die Schwierigkeit vor, daß einer von diesen Schullehrern mehrere schwarze Kinder in der Schule verdroschen und geschlagen hatte. Sie wollte gern, daß die Black Panther Party zu dieser Schule hinkäme, sie wollte auch eine große Anzahl von Müttern und Eltern zusammenholen, damit sie auch zu dieser Mittelschule kämen, in die ihre Kinder gingen. Wir taten uns alle zusammen und nahmen uns das für den Montag vor.

Am Montag fuhren wir mit drei Wagen voller Panther zu der Schule herunter. Alle waren vollständig bewaffnet. Wir stiegen mit unseren Gewehren aus den Wagen und stellten uns auf dem Gehsteig auf. Direkt am Gehsteig ist ein Zaun zum Schulhof hin. Alle kleinen schwarzen Kinder kamen an den Zaun gelaufen, alle kleinen weißen Kinder liefen vom Zaun weg und versteckten sich irgendwo in der Schule. Dann kamen die Mütter angefahren. Sie gingen in das Schulgebäude hinein und wanderten durch die Schulflure. Sie wanderten während der Frühstückspause durch die Flure, gingen zum Schulleiter und erklärten ihm, sie wünschten nicht, daß ihre Kinder in der Schule noch einmal brutal behandelt würden. »Wir sind interessierte Bürger, und wir werden Ihnen und jedem anderen den Hintern versohlen, von dem wir erfahren, daß er unsere Kinder verdrischt.«

Nach etwa zwanzig Minuten, während die Mütter noch durch die Flure gingen, fuhren die Polizeischweine vor. So ein kleines, junges, unerfahrenes, dummes Polizeischwein, das sich bemühte, furchterregend auszusehen, und das sich für schlimm oder so etwas hielt, ging an unseren Wagen heran. Die Brüder saßen im Wagen und sahen ihm zu – Huey hatte ihnen ja eingedrillt, sie sollten nie übereilt handeln. Sie hatten Schrotflinten, vier Kerle, und M-1-Gewehre. Der Bulle sah in den Wagen, sah all die Waffen und zog sich schleunigst etwas zurück. Er wurde ganz nervös. »Wo . . . wo . . . wozu denn die Gewehre? Wozu die Gewehre?« Ich glaube, Huey sagte: »Wir sind die Black Panther Party – warum?« – »Uh, uh, ha . . . ha . . . haben Sie einen Ausweis? Haben Sie einen Führerschein?« Da gab ihm Huey seinen Führerschein.

»Was, Sie sind Huey P. Newton!«

»Verteidigungsminister Huey P. Newton von der Black Panther Party.« Und das Polizeischwein zitterte nur so. Es wußte nicht, was es machen sollte, darum gab es Huey seinen Führerschein wieder, ging zu seinem Funkgerät und rief ein anderes Polizeischwein dazu. Die beiden zögerten in einiger Entfernung von uns, guckten nur und wußten nicht, was sie tun sollten. Sie zitterten, denn da waren ihnen zu viele Nigger und zu viele Gewehre.

Sie riefen noch einen anderen Wagen herbei; dann kam der Schulleiter heraus und versuchte, mit den Polizeischweinen zu reden. Sie hatten ihre Wagen ein Stück weiter vor dem Gehsteig zur Schule abgestellt, etwa zehn oder zwölf Meter hinter unseren Wagen. Sie konnten da bloß sitzen und staunen. Das war auch alles, was sie taten – sitzen und staunen. Wir gingen mit den Müttern dorthin, die Mütter wanderten in der Frühstückspause durch die Flure, und dann sind wir wieder weggefahren.

Ungefähr vier oder fünf Tage danach wurden wir im Panther-Büro angerufen. In dem Büro auf der 6. Straße in Richmond war eine Versammlung darüber, daß der Staatsanwalt des Be-

zirks etwas unternehmen und diese Bullen unter Anklage stellen müßte, die Denzil Dowell getötet hatten.
Bruder Huey, ich und noch eine ganze Anzahl anderer Brüder machten uns miteinander auf und kamen in diese Versammlung, mit unseren Gewehren. Der Staatsanwalt saß auch dort, er blickte auf und sah Huey — Huey mit seiner großen Schrotflinte. Das Schwein konnte wohl sehen, daß Hueys Schrotflinte eine ganze Menge Patronen faßte. Huey trug außerdem ein Bandelier um den Leib, das sechsundzwanzig Patronen enthielt. Huey hatte eine Doppel-O-Rehpostenflinte, und das Schwein schätzte ihn offenbar ab. Huey hatte die Uniform der Black Panther Party an, er ging einfach hinein und setzte sich hin; dann sprach er mit den Brüdern und Schwestern, die dort in der Versammlung waren, über dieses Schwein, diesen Staatsanwalt. Er sprach über ihn, als wäre er nichts, und machte ihnen klar, wie verkommen er wäre, und wie er noch versuchte, sich in seinen Reden als einigermaßen aufrichtig hinzustellen.
Als die Leute Huey sahen, spürten sie, daß jetzt nicht die Zeit war, sich Unrecht gefallen zu lassen, denn hier war ein Mann, den sie achteten, hier war ein Anführer. Er war vollständig bewaffnet, er sprach die Dinge klar aus, und er wußte, was er sagte. Sie waren bereit, draufloszuspringen und diesem Staatsanwalt an die Kehle zu fahren — wegen der ganzen Lage und wegen der Art und Weise, wie man Denzil Dowell umgebracht hatte. Wir fielen mit unserem Reden regelrecht über den Kerl her und sagten ihm, er täte ja gar nichts, er täte nichts für die Bevölkerung, er redete nur herum, er wäre ein Schwein, er hätte überhaupt nicht die Absicht, etwas für die Bevölkerung zu tun, und so weiter.
Aber er legte los und fing an, solches Zeug zu schwätzen wie: Warum gehen Sie nicht zur Verwaltungsstelle des Sheriffs von Contra Costa, oben in Martinez? Vielleicht können Sie da etwas erreichen. — Also sagten wir: »Schön, gehen wir zur Verwaltungsstelle des Sheriffs von Contra Costa in Martinez!« Die Eltern von Denzil und die ganze Familie wollten gern, daß wir auch mit nach Martinez gingen. Da wir eine Partei für das Volk sind, halten wir uns meistens an das, was die Bevölkerung möchte, um ihr zu nützen; besonders wenn wir der Ansicht sind, wir könnten damit ihr Interesse und ihre Einigkeit fördern, wir könnten Unterstützung finden und so mit dem Versuch beginnen, das Regierungssystem zu ändern. So sagten wir denn: »Jawohl, wir gehen zusammen mit den Brüdern und Schwestern hier nach Martinez. Die Angelegenheit macht uns Sorgen. Die Black Panther Party wird auf jeden Fall zur Stelle sein.«
Irgend jemand rief von der Versammlung aus die Verwaltungsstelle des Sheriffs an und sagte, wir kämen, und die Bevölke-

rung käme auch, um mit ihnen zu reden. Der Staatsanwalt mußte dafür geradestehen. Ich glaube, die Leute haben ihn so unter Druck gesetzt, daß er für sie innerhalb der nächsten zwei oder drei Tage einen Termin ausmachte. Sie brachten ihn dazu, noch bei dieser Versammlung den Termin auszumachen. Ehe er das nicht getan hatte, wollten sie ihn nicht gehen lassen. Ja, so war das! Er sah all die Gewehre und wie mächtig die Bevölkerung war, er sah auch, daß die Bevölkerung darauf eingestellt war, Huey könnte die Flinte, die er trug, wirklich gebrauchen; wer Huey kennt, der weiß, daß er das Volk verteidigen wird.

Wir stiegen alle in unsere Wagen, die Bewohner von Nord-Richmond und die Black Panther Party mit ihren Gruppenführern und Mitgliedern, und fuhren nach Martinez. Ein paar Wagen mit unseren Brüdern und drei oder vier Wagen mit Bewohnern von Richmond fuhren zur Verwaltungsstelle des Bezirkssheriffs von Contra Costa. Als wir dort ankamen, standen Sheriffs an allen Eingängen, Sheriffs überall. Die Brüder hielten an, die ersten sechs stiegen aus. Ich glaube, sie hatten drei Schrotflinten, zwei oder drei M-1-Gewehre, und einer hatte eine Pistole. Ich fuhr um den Block herum, aber Huey stieg aus. Das Auto des Bezirkssheriffs kam dort an der Ecke direkt über die Straße. Das Schwein sprang aus dem Auto, nahm einen Schlüssel und schloß das Dingsda, das Autofach auf, in dem man eine Flinte aufbewahrt. Er nahm seine Schrotflinte heraus und schob einen Ladestreifen in die Kammer. Sobald er das tat, blieb Huey stehen und sah ihn an; die anderen Brüder hatten sich hinter ihm sozusagen in einer Reihe aufgestellt und taten das gleiche wie er, sie sahen zu dem Schwein hinüber.

Sobald das Schwein den Ladestreifen einschob, schob auch Huey einen Ladestreifen in seine Flinte. Der Bruder, der hinter Huey stand, tat das gleiche, dann der nächste und wieder der nächste. Das Schwein hörte nichts anderes als ›klick — klick — klick — klick — klick — klick — klick‹ — die ganze Reihe entlang. Der Sheriff sah diese Panther die Ladestreifen in die Gewehre schieben, nahm seine Flinte, warf den Ladestreifen aus der Kammer aus, schloß die Flinte wieder in das Fach ein, setzte sich in seinen Wagen und fuhr davon. Das war der schlechteste Auftritt auf der Bühne. Ich möchte mal wissen, wofür der sich hielt. Die anderen Sheriffs am Eingang waren verwirrt und überrascht, denn Huey machte direkt kehrt zu ihnen hin und ging auf die Tür zu. Sie sagten: »Ihr könnt hier mit kein'n Gewehr nich rein!« Huey antwortete: »Was sagen Sie da? Wir können hier nicht mit einem Gewehr hineingehn? Dies ist öffentliches Eigentum, dies ist Volkseigentum. Wir sind nach der Verfassung berechtigt, Gewehre zu tragen; und auf allem öffentlichen Grundbesitz darf jedermann ein Gewehr tragen. Also gehen wir jetzt hier mit den Gewehren rein.«

»Wenn Sie hier reingehn, verhaften wir Sie.«
Da sagte Huey: »OK, ich sage Ihnen, was wir tun: Einer von uns Brüdern wird freiwillig reingehen und die Verhaftung auf sich nehmen, denn wir werden einen Präzedenzfall daraus machen.« Huey kannte sich gut in den Gesetzen aus und wußte, daß sie niemanden verklagen konnten, weil er mit einem Gewehr öffentliches Eigentum betrat; die Kosten für das öffentliche Eigentum werden ja aus den Steuern der Bevölkerung bezahlt. Da wir ein Recht, ein verfassungsmäßiges Recht haben, Waffen zu tragen, können die Leute niemanden verklagen.

Bruder Reginald Forte sagte: »Hier bin ich, Bruder!« und sprang nach vorn. Als er das tat – um mit dem Gewehr hineinzugehen –, versperrten ihm die Schweine den Weg, es waren etwa sechs. Wir waren in dem Gebäude, dreieinhalb bis vier Meter von der Tür entfernt. Reginald wollte in den Aufzug, aber das Schwein erklärte: »Nein, Sie können hier nicht rein. Es dürfen keine Gewehre nach oben.« Reginald Forte fing an und sagte: »Also, hören Sie mal, lassen Sie mich hier rein! Ich gehe jetzt rein, ich bin soweit.« Als Reginald Forte versuchte, in den Aufzug zu kommen, stemmten sich sechs Schweine Schulter an Schulter gegen ihn. Reginald Forte hatte seine Schrotflinte bei sich. Er ging grade auf die Leute zu und stieß sie. Sie rührten sich nicht. Reginald Forte sagte: »Lassen Sie mich hier rein!« Er ging beiseite, fragte: »Was ist denn los?«, ging zurück, wieder auf sie zu, stieß sie wieder und sagte: »Machen Sie mir jetzt wohl Platz, damit ich in den Aufzug komme? Was soll denn das heißen, daß Sie hier den Leuten den Durchgang versperren?« Er stieß noch einmal gegen sie. Die Kerle blieben einfach stehen. Dann wollte Reginald Forte zum Treppenaufgang hin, etwa anderthalb Meter seitlich; er wollte die Treppe hinaufgehen. Da stellten sich dort auch solche Schweine zusammen. Er stieß auch gegen die und sagte: »He, was soll das? Gehn Sie mir doch aus dem Wege, damit ich hier reingehn kann!«
Sie blieben aber fest stehen und wollten niemanden vorbeilassen. Es kam noch so ein Schwein, das nannte sich, glaube ich, Polizeidetektiv der Stadt Martinez. Es sagte zu Huey: »Bitte, wenn Sie jemanden brauchen, der Ihnen zu Ihrem Recht verhilft – die Polizeiverwaltung, die Verwaltung des Bezirkssheriffs, wird Ihnen zu Ihrem Recht verhelfen.« Huey P. Newton sagte: »Wir haben es nicht nötig, daß Rassistenhunde, die uns morden und quälen, versuchen, uns Recht zu verschaffen; wir wissen ja, daß ihr brutale Mörder seid. Lassen Sie mich in Frieden! Ich kann mir selbst mein Recht verschaffen, denn ich habe mein Gewehr.«
Nun geriet Huey in Streit mit ihm, und einer von den Schwei-

nekerlen trat Huey auf die Füße. Huey stieß ihn weg und sagte: »Gehn Sie mir von den Füßen runter! Was denken Sie sich eigentlich?« Da erklärte dieser lächerliche Mistkerl, der vorhin gesagt hatte: »Ich kann Ihnen zu Ihrem Recht verhelfen«, auf einmal: »Also, mir scheint, daß all diese Leute den Frieden stören, wir werden jetzt wohl jemanden festnehmen müssen.« Huey fing an, ihm vorzuwerfen: »*Sie* stören den Frieden!« Reggie stieß drüben noch gegen diese Schweinehunde, er stemmte sich richtig gegen sie und sagte: »Machen Sie Platz, damit ich raufgehn kann!« Dabei hatte er eine Schrotflinte in der Hand.

Offenbar ließen sie niemanden hinauf. Darum rief ich Huey zurück und sagte: »Laß nur, Huey, und komm! Gehen wir doch wieder zu unseren Wagen, legen die Gewehre weg und gehn dann rauf zu den Leuten, denn die brauchen uns oben; die Schwester hier sagt, wir möchten doch raufkommen.« Ich glaube, sie wollte, daß wir dem Hauptsheriff mal ordentlich die Leviten läsen. Wir gingen also zurück, schlossen all unsere Waffen im Wagen ein und gingen nach oben zu den Brüdern und Schwestern. Einer von uns blieb draußen, um die Gewehre zu bewachen.

So kamen wir nach oben; Bruder Huey, ich und Bruder Eldridge setzten uns alle dorthin und hörten diesem Schafskopf zu, so einem richtigen Schwein, dem der fette Bauch über den Gürtel runterhing. Der sagte, er könnte leider nichts für uns tun, er hätte ja die Gesetze nicht gemacht, und wir sollten am besten nach Sacramento gehen, wo die Gesetzgeber sind und wo die Gesetze gemacht werden. Er versuchte, mit seinen Reden aufrichtig zu tun und uns mit hinterhältigem Gequatsche zu betrügen. Bruder Eldridge Cleaver stand auf und erklärte das. Er sagte: »Seht mal, Brüder und Schwestern, dieser Hund, dieses Schwein hier tut doch nichts für uns. Dieses Schwein redet zweideutig und betrügt uns. Wir wissen, daß es sich nicht um uns kümmert, also gehn wir doch alle hier wieder weg!« Alle waren sehr ärgerlich und verzweifelt, nachdem ihnen dieser Schweinehund erzählt hatte, sie sollten zu den Gesetzgebern gehen und lauter solches verlogenes Gerede. Wir standen darum auf, verließen das Haus und fuhren wieder heim.

Wir gingen zurück und richteten die Seiten ein für unsere erste Zeitungsnummer: *›Black Panther, Black Community News Service‹* (Schwarzer Panther, Nachrichtendienst für die schwarze Wohngemeinde). Es waren zwei Blätter, im Matrizenverfahren beiderseitig bedruckt. Die Schlagzeile hieß: *›Warum wurde Denzil Dowell getötet?‹* Wir haben rund fünf- oder sechstausend Stück davon gedruckt, haben alle Panther zusammengeholt und sind damit nach Nord-Richmond in die schwarze

Wohngemeinde gegangen. Wir haben die Blätter verteilt und den Leuten gegeben; Kinder kamen hinter uns her, etwa hundert, hundertfünfzig Kinder, auf Fahrrädern, manche auch zu Fuß; sie gingen die Straßen entlang, hinter den Panthern her, sie gingen durch die ganze Wohngemeinde, durch alle Häuserblocks, und verteilten die Blätter. Wir haben viele von den Blättern den Kindern gegeben und ihnen gesagt, sie sollten sie vor alle Haustüren legen.

Ein junger Bruder kam auf seinem Fahrrad angefahren, er muß wohl die Schlagzeile nicht gelesen haben, er fragte uns nämlich: »Was zahlt ihr mir, wenn ich losgehe, sie alle verteile und vor die Türen lege? Werden die anderen Kinder dafür bezahlt?« Huey sagte: »Nein, junger Bruder, keins von den Kindern wird bezahlt.« Und er fragte: »Siehst du, wer auf der Titelseite dieser Zeitung abgebildet ist?« Da guckte er und sah das Foto von Denzil Dowell. Er trug jeden Tag Zeitungen aus und hatte es gerade wieder tun wollen. Der kleine Kerl sah Huey an, er sah auf Hueys Gewehr, dann auf das Bild von Denzil Dowell, und er sagte: »Bruder!« Er war sehr betroffen. Er sagte: »Du sollst mir nichts bezahlen. Ich werde auch jetzt nicht meine Zeitungen austragen, ich will erst die hier an alle Türen legen.« Er schnappte sich einen Stoß, und wir sahen ihn, wie er die Straße hinunterging und versuchte, jedem so ein Blatt zu geben, weil darin an den Bruder erinnert wurde.

Der *Examiner* kam zur Zentrale der Black Panther Party herüber und interviewte uns am Dienstag. Es hieß, am Sonntag würde es gedruckt. Die Schlagzeilen am Samstagabend waren Treffer – von der Black Panther Party, die in der schwarzen Wohngemeinde bei den Bullen vorbeipatrouillierte. Aber sie drehten alles um. Sie schrieben, wir wären anti-weiß und wären schwarze Rassisten. Seitdem fing Huey an, davon zu reden, daß wir direkt vor ein Rathaus ziehen müßten, wie in Martinez, dort eine große Versammlung halten und zu den Leuten sprechen, damit wir eine Botschaft an die Volksmassen weitergeben könnten. Und die Massenmedien würden ankommen und die Sache packen. Rund drei oder vier Wochen später lasen wir einen anderen Zeitungsartikel über die Black Panther Party. Wir haben ihn alle gelesen und haben erkannt, daß die Nachricht vom Bestehen der Black Panther Party sich schon weit verbreitete, vor allem in der Bay Area.

Eines Montagmorgens rief mich Huey an und sagte: »Bobby, komm mal ganz schnell zu uns!« Ich ging zu ihm rüber, da zeigte Huey mir die Zeitungen. Er sagte: »Guck mal hier, Mulford sitzt jetzt mit in der Gesetzgebung und versucht, ein Gesetz gegen uns durchzubringen. Wir haben sowieso nichts für die Gesetze übrig, denn die Gesetze, die die Leute erlassen, nützen uns gar nichts. Er will sicher ein Gesetz rausbringen, das den

Machthabern nützt. Er versucht, irgendeine Art Gesetz gegen uns durchzubringen.« Huey sagte weiter: »Ich habe mir das überlegt. Weißt du noch, wie ich zu dir gesagt habe, wir müßten vor ein Rathaus oder vor ein Gefängnis ziehen oder so etwas Ähnliches wie in Martinez versuchen, damit wir mehr an die Öffentlichkeit rankommen, damit wir eine Botschaft an das Volk weitergeben können?« Darum ging es Huey vor allem: eine Botschaft an das Volk weiterzugeben. So sagte er jetzt: »Weißt du, was wir machen?« – »Was denn?« – »Wir gehn zum Capitol.« – »Zum *Capitol*?« fragte ich. »Ja«, sagte er, »wir gehen zum Capitol.« Ich meinte: »Wozu?« – »Mulford ist da, sie versuchen, ein Gesetz gegen unsere Gewehre durchzubringen, und wir gehen auf die Treppe vor dem Capitol. Wir nehmen die besten Panther, die wir haben, und gehen auf die Treppe vor dem Capitol mit unseren Gewehren und bewaffneten Leuten, voll bewaffnet. Und da werden wir eine Botschaft an alle Welt verlesen, denn die ganze Presse wird dort sein. Die Presse ist immer da. Sie wird die Botschaft hören, und sie wird sie wahrscheinlich überall im Land ausposaunen. Ich weiß, ich weiß genau, sie wird sie in ganz Kalifornien ausposaunen. Wir müssen eine Botschaft unter der Bevölkerung verbreiten.«

Huey verstand, was eine revolutionäre Kultur ist, er verstand auch, wie im revolutionären Kampf Waffen und Gewehre mit zur Kultur des Volkes gehören. Er wußte, daß es für diesen Kampf am besten war, sich wirklich aufzumachen. Die hungrigen Zeitungsreporter da, die schockiert und restlos erschüttert sein würden, sie würden diese Neuigkeit so schnell ausposaunen, daß sie niemand mehr aufhalten könnte. Ich sagte: »Gut, Bruder, dann vorwärts, ich bin dabei. Gehen wir zum Capitol!« Wir beriefen also für den Abend, ehe wir zum Capitol gehen wollten, eine Versammlung ein, um den ersten Erlaß für die Black Panther Party zu schreiben. Huey sollte den Erlaß Nummer Eins verfassen.

Dieser Erlaß war die erste größere Botschaft an das *ganze* amerikanische Volk und besonders an *alle* Schwarzen des Landes, die innerhalb dieses dekadenten Systems leben. Eldridge, Huey und wir alle setzten uns zusammen, und wir haben nicht lange gebraucht. Wir haben da nicht lange gefackelt, wir haben gar keine Zeit gebraucht – nicht wie manche von den Intellektuellen und den miserablen Leuten, bei denen es zehn Tage dauert, bis sie die Dinge zusammengestellt und einen Erlaß geschrieben haben. Ich glaube, es hat keine fünfzehn Minuten gedauert, da hatten wir den Erlaß hingeworfen und durchgesehen, hatte Eldridge ihn überarbeitet und war alles zusammengestellt. Dieser Erlaß sollte die erste Botschaft, die erste größere Botschaft der Black Panther Party sein, und unser Verteidigungsminister

Huey P. Newton hat ihn geschrieben. Huey sagte mir, ich solle die Brüder organisieren und ihnen sagen, sie möchten morgen früh um neun Uhr mit ihren Gewehren zum Büro kommen. »Um zehn Uhr gehen wir los, pünktlich um zehn Uhr!«

Wir greifen zum Gewehr

Nigger mit Gewehren im Staats-Capitol

Am 2. Mai 1967 fuhren wir in einer Autokarawane über die Brücke nach Sacramento. Wir hielten genau vor dem Capitol. Wir waren im ganzen dreißig: sechs Schwestern und vierundzwanzig Brüder. Von den Brüdern waren zwanzig bewaffnet.
Huey P. Newton war nicht dabei. Die Brüder hatten das Gefühl, wir könnten es nicht riskieren, daß Huey womöglich erschossen würde oder sonst etwas; wir stimmten also dafür, daß er in Oakland zurückbleiben sollte. Wir überstimmten ihn und wollten nicht, daß er mitkäme.
Als ich hielt, wußte ich zuerst nicht, wo die Eingangsstufen waren. Es kam mir so vor, als wäre das Capitol etwa einen Häuserblock von mir entfernt. Ich wußte nicht, ob dies die richtige Stelle war, denn wir suchten ja vor allem den Abgeordnetenkongreß des Staates Kalifornien. Daß ich mich nicht zurechtfand, lag an einer Sache, die sie mir früher in der Schule über das Capitol in Washington D. C. beigebracht hatten. Die Kuppel, eine runde Kuppel, sollte der »allmächtige Bezirk« sein, nach dem Ausdruck von Bruder Eldridge Cleaver. Das ist der oberste Teil, und er sollte aus zwei Häusern bestehen.
Ich nahm also an, das wäre hier genauso wie in Washington D. C. Ich wußte nicht, ob ich nun an der richtigen Stelle war oder nicht. Aber dann sagte ich: »Sieh mal, da ist ein Mann mit einer Kamera.« Huey hatte erzählt, an solchen Stellen wären immer Leute mit Kameras, also dachte ich: »Das wird hier wohl richtig sein.« Die anderen Brüder hatten ihre Wagen geparkt und waren wieder zu uns gekommen. Wir waren ausgestiegen und hatten unsere Gewehre herausgeholt. Nun halten wir uns ja immer an die Gesetze; sobald also die Brüder aus ihren Wagen stiegen, steckten sie Ladestreifen in ihre Gewehrkammern. Huey und ich hatten nämlich früher diese Gesetze studiert. Wir mußten sie haargenau befolgen. Da gab es ein Fischerei- und Jagdgesetz, nach dem eine Flinte oder ein Gewehr in einem Wagen nicht geladen sein durfte. Das galt nicht für Pistolen, nur für Flinten und Gewehre.

Geladen war eine Flinte oder ein Gewehr mit einer unverbrauchten Patrone in der Kammer. In dem Gesetz hieß es auch, daß ein Gewehr mit unverbrauchten Patronen im Magazin nicht als geladen gilt. Das heißt: Mit nicht abgeschossenen Kugeln im Magazin ist ein Gewehr nicht geladen. Aber wenn eine unverbrauchte Patrone oder Kugel in der Kammer eines Gewehrs oder einer Schrotflinte steckt, dann gilt die Waffe als geladen. – Die Brüder stiegen aus dem Wagen, und man konnte sehen, wie sie gleich Ladestreifen in die Gewehrkammern schoben.
Es guckten eine Menge Leute. Viele Weiße, die uns so sahen, waren erschrocken. Ich weiß, was die sagten: »Wer sind zum Teufel noch mal diese Nigger mit den Gewehren da? Wer sind die Nigger mit den Gewehren? Was machen die da?«
Ein oder zwei Weiße haben es wahrscheinlich so abgetan: »Ach, das ist wohl bloß ein Schützenverein.« Und genau dann wird Bob Dylan auf Mr. Jones losgehn: »Man kann nie wissen, was sich da tut!« Dies sollte nämlich ein gewaltiges Ereignis werden, und die Leute da wußten nicht, was zum Kuckuck noch mal eigentlich los war. Manche guckten so zu uns hin, als ob wir ein Schützenverein wären. Aber sehr vielen stand die Frage im Gesicht geschrieben: »Zum Henker, was machen denn die verdammten Nigger mit den verflixten Gewehren?« Sie hielten tatsächlich an und sahen nach uns, standen da beim Capitol herum, starrten vom Rasen aus hoch und guckten zu uns hin. Hol's der Teufel, ich habe überhaupt nicht auf sie geachtet, denn wir kennen unsere verfassungsmäßigen Rechte und all den Kram über die Berechtigung der Bürger, Gewehre zu tragen. Zweiter Zusatz zur Verfassung der Vereinigten Staaten, und keine Polizei oder Militärgewalt kann in dieses Recht eingreifen; das ist darin ausdrücklich festgestellt.
Jedenfalls kamen die Brüder alle heraus, und ich sagte: »Los, Brüder, dann mal ran!« Wir fingen an, vorwärtszugehen. Wir sind nicht militärisch marschiert. Wir sind einfach so gegangen. Wir waren über den ganzen Gehsteig verstreut. Wir hatten uns nicht irgendwie formiert, wir hielten nur unsere Gewehre senkrecht. Huey hatte uns nämlich beigebracht, unser Gewehr dürfte nie auf jemanden zeigen – denn das wäre nicht nur gefährlich, sondern es gab auch ein Gesetz, nach dem es verboten war.

Das hatten also alle Brüder intus. Sie trugen alle ihre Gewehre so, daß sie senkrecht in die Luft oder senkrecht auf den Boden zeigten. So gingen wir den Gehsteig entlang. Ich besinne mich, daß ein Bruder weiter hinten sagte: »Sieh mal den Zulauf bei Reagan*.« Ich dachte, er spräche nur bildlich von irgend etwas.

* Ronald Reagan, ehemaliger Hollywood-Schauspieler, ist seit 1966 Gouverneur des Staates Kalifornien. *(Anm. d. Übers.)*

Aber später, als die ganze Sache vorbei war, bin ich dahintergekommen, daß Reagan tatsächlich mit einem Haufen Kinder da drüben hergegangen *war*. Wir waren schon fast am Ende dieses langen, sechs Meter breiten Gehsteigs und vor der Treppe zum Capitol angelangt, da sagte einer von den Kerlen: »Sieh mal den Zulauf bei Reagan.« Das ist nun sehr wichtig, wir haben nämlich später herausgekriegt, daß Reagan zweihundert von der ›Jugend der Zukunft‹ bei sich hatte, von den ›Zukünftigen Führern‹, wie die es nennen. Er sprach auf dem Rasen vor dem Capitol zu ihnen. Ich guckte nur zum Capitolgebäude hoch und sah da oben mehrere Kameraleute herumlaufen.
Später ist mir klar geworden, daß Reagan uns richtig ausfindig gemacht hatte. Einer von den Brüdern hat gesehen, wie Reagan kehrt machte und anfing, sich von dem Schauplatz ganz zurückzuziehen, denn hier kamen all diese Brüder mit den harten Gesichtern. Das waren Brüder von der Straße, richtig Brüder von der Straße. Die Sorte, die man als ›rauhe Wirklichkeit‹ bezeichnet. Man sah ihren Gesichtern an, daß sie schon ein unruhiges Leben hinter sich hatten. Im Alter waren sie verschieden, von sechzehn Jahren — das war unser Jüngster, Bobby Hutton — bis zu mir mit meinen einunddreißig Jahren. Ich war, glaube ich, so ziemlich der Älteste.
Wir gingen richtig auf die ersten Stufen zu und von da weiter hinauf. Bobby Hutton ging rechts von mir und Warren Tucker links. Bobby Hutton hatte eine 12-Kaliber-Schrotflinte vom Typ High Standard, eine Pumpenschrotflinte, und Warren Tucker hatte eine .357-Magnum. So gingen wir den ganzen Weg hinauf, und sie blieben immer dicht bei mir.
Wir kamen an die Treppe. Nun kann ich mich selbst nicht mal dran erinnern, daß ich auf der Treppe die Bekanntmachung Nummer Eins verlesen habe, wie es mir aufgetragen war. Ich weiß nicht mehr, daß ich sie da verlesen habe. Aber die Brüder und alle haben mir gesagt, ich hätte es wirklich getan.
Ich stand auf der Treppe und wollte mich entschließen, hineinzugehen. Ich habe nicht lange gebraucht, um mich zu entschließen. Huey hatte deshalb so betont, daß wir in das Capitol gehen sollten, weil er dachte: Wenn die herausbekommen hätten, daß wir kämen, dann wäre da vielleicht eine Reihe Leute von der Nationalgarde und Polizisten. Als ich noch einmal hinübersah, hörte ich den Wächter da drüben mit zwei Brüdern reden und hörte ihn sagen: »Sie verletzen kein Recht mit Ihrem Gewehr. Wenn Sie wollen, können Sie also reingehn.« Damit war für mich die Sache entschieden. Aber ich entschied mich auch noch in einem anderen Zusammenhang: daß ich ganz persönlich gern den Bereich sehen wollte, in dem ein Bürger das Recht hat, die Gesetzgebung zu beobachten. In der Zeitung hatte ich gelesen,

daß Mulford Abgeordneter des sechzehnten Bezirks in Oakland war, also wollte ich vor allem die Abgeordneten sehen. Ich winkte den anderen Brüdern zu und sagte: »Alles klar, Brüder, kommt nur, wir gehen hier hinein. Wir gehen in das Haus.«

Die Brüder waren überall vor dem Capitol verstreut. Einer von den Kameraleuten kam auf mich zu und fragte: »Gehen Sie ins Capitol?« Ich sagte: »Ja, wir gehen da rein.« Dann riß ich die Tür auf; ich und Bobby Hutton und die anderen Brüder, wir gingen alle durch die Tür. Warren Tucker ging wieder links von mir, und Bruder Bobby Hutton mit seiner 12-Kaliber-Schrotflinte ging rechts von mir. Wir gingen durch in den Vorraum. Ringsum, rechts und links und überall, waren Leute — hauptsächlich Weiße —, die erschrocken aussahen. Gewaltig erschrokken sahen sie aus.

Eins ist mir aufgefallen, als wir losgingen. Die Leute wichen beiseite; manche sah ich, wie sie mit offenem Munde dastanden und bloß guckten; ihre Augen, ihre Gesichter und ihr ganzer Ausdruck sagte: »Verdammt, was sind das für Nigger mit Gewehren?« Manche sagten nur: »Nigger mit Gewehren, Nigger mit Gewehren.« Das waren für mich Feinde, weil sie so verwirrt waren. Ich habe auch drei oder vier gesehen, die ihrem Gesichtsausdruck nach wirklich verstanden, was vorging. Sicher waren sie bei den Abgeordneten gewesen und hatten Mulford über uns reden gehört; sie machten nämlich finstere Mienen und sahen uns so an, als wären sie ein Haufen Rassistenschweine; ich habe früher schon Rassistenschweine so zu mir und Huey hingucken sehen, grade als ob sie uns am liebsten umbringen würden.

Ich sah eine lange Halle vor mir, eine sehr lange Halle. Ich sagte: »Wir suchen die Abgeordneten.« Ich sah ein Schild mit der Aufschrift ›Senat‹ und einem Pfeil, der nach rechts zeigte. Aber ich suchte die Abgeordneten, dafür hatte ich kein Schild gesehen. Also ging ich weiter. Als wir durch die Halle kamen, liefen da Kameraleute von links und von rechts, bei Bobby und bei Tucker herum, die sprangen vor uns hin und machten Aufnahmen. Leute mit Filmkameras haben uns gefilmt, aber das kümmerte uns nicht. Ich hielt mich nur grader, preßte die Bekanntmachung an mich, die ich zusammengerollt hatte, und ging einfach weiter. Dann blieb ich stehen und sagte: »Verdammt nochmal, wo sind denn die Abgeordneten? Ist hier nicht jemand, der weiß, wo man reingehn kann und den Abgeordneten zusehen, wenn sie die Gesetze machen?« Keiner sagte etwas. Dann rief jemand: »Das ist oben im nächsten Stockwerk.«

Wir gingen rauf zum zweiten Stockwerk, und da liefen wir wieder herum. Inzwischen waren viele Kameraleute vor uns, die

traten zurück und machten Aufnahmen von uns, wie wir durch die Halle gingen. Leute mit Filmkameras, mit Plattenkameras, mit gewöhnlichen Kameras. Überall blitzten Lampen auf. Ich war ungefähr bis in die Mitte der Halle gekommen, als ich einen Eingang sah. Ich achtete zuerst nicht auf den Eingang, sondern drehte mich um und fragte einen Reporter: »Bitte, können Sie mir wohl sagen, wo ich hingehen muß, um die Abgeordneten beim Gesetzemachen zu sehen? Ich möchte da gern hin. Ich möchte gern Mulford sehen, der jetzt wahrscheinlich so ein Gesetz gegen die Schwarzen rausbringt.« So dachte ich nämlich bei mir — ich möchte *das sehen*. Der Reporter sagte: »Bitteschön, immer geradeaus.« Ich ging also weiter und sah diesen Eingang. Als ich auf den Eingang zukam und noch etwa anderthalb bis zwei Meter davon entfernt war, sprang da so ein Polizeischwein heraus, so ein staatliches Polizeischwein, und fragte: »Zum Teufel noch mal, wo wollen Sie denn hin?« Ich sagte: »Ich möchte den Abgeordneten zusehn. Haben Sie was dagegen?«
»Sie können hier nicht reingehn!«
»Was soll das denn heißen, verdammt noch mal? Ich kann hier nicht reingehn? Wollen Sie mir mein verfassungsmäßiges Recht verweigern? Jeder Bürger hat das Recht, den Abgeordneten zuzusehen. Was haben Sie denn?« Während wir so sprachen, stürzten sich die Reporter durch den Eingang. Und so viele Reporter versuchten da hereinzukommen, daß sie das Polizeischwein schubsten und ganz an die Wand stießen. Sie versuchten, Aufnahmen zu machen. Ich hatte nichts anderes vor mir als das Polizeischwein und ein kleines Tor. So ein Drehtor, wie eine Pendeltür, aber es war nur etwa neunzig Zentimeter hoch. Als die Reporter alle das Polizeischwein wegdrängten, ging es eben aus dem Wege, und ich wollte weitergehen.
Als ich weitergehen wollte, waren die Reporter immer schon vor mir her. Ich sah, daß ich nach rechts gehen müßte; also ging ich nach rechts, und da sah ich einen dicken kleinen Mann, so 1.67 oder 1.70 groß. Sobald ich auf eine große Tür zukam, die dreimal oder viermal so hoch war wie ich, öffnete er diese Tür. Er öffnete sie so, als ob er sagen wollte: »Ja, mein Herr, Sie *dürfen natürlich* hereinkommen. Kommen Sie doch herein, mein Herr! Sie haben das *Gewehr*!« Das hat er gesagt. Sie haben das Gewehr, treten Sie ein! Und er öffnete die Tür auf eine sehr demütige Art. Wie ein Diener. Wie ein Vasall. Genauso öffnete er die Tür. Er hatte Angst.

Ich ging rein, und da sah ich eine Menge von dem, was wir Parterresitze nennen. Parterresitze im Theater. Als ich drin war, sah ich nach links und nach rechts. Dann ging ich nach links. Da drüben war ein Gang. Überall vor mir liefen Kameraleute und

Reporter herum. Irgendwie war das komisch, daß die Kameraleute und Reporter in den Gang links von mir gekommen waren. Viele müssen zu einer anderen Tür hereingekommen sein, ich weiß doch, daß sie nicht vor mir waren, als ich dieses Tor gefunden hatte. Also müssen sie doch woanders hereingekommen sein.

Ich weiß noch, als ich da nach links ging, hörte ich diesen Sprecher, den Sprecher der Versammlung, sagen: »Schicken Sie diese Kameraleute raus, die gehören hier nicht her.« Als ich zu dem Gang kam, war da auf einmal Eldridge Cleaver. Eldridge Cleaver war da, und Warren Tucker war schon halb den Gang herunter, er hatte seine .357-Magnum umgehängt. Ich sah auf, da waren ein paar sogenannte schwarze Abgeordnete bei den Gesetzgebern, solche, die wir Onkel Tom, Verräter, Stiefellecker nennen.

Sie sahen zu Warren hin, als ob sie sagen wollten: »Wozu mußten die denn herkommen?« Sie haßten uns, weil wir da waren, diese Stiefellecker. Ich habe sehr ausgiebig nach den Stiefelleckern, den Onkel Toms, herübergeschaut. Aus denen machte ich mir nichts, denn die haben uns da nie vertreten. Sowas von Unterwürfigkeit! Und wie sie nach hinten sahen: »Na, hier sind sie, die sind hier. Was wollen die denn hier?«

Irgend jemand sagte: »Sie dürfen hier nicht herein. Hier dürfen Sie nicht herein.« Wir wollten uns grade entscheiden, ob wir hier unten im Versammlungsraum bleiben oder eine Treppe höher gehen sollten. Wir versuchten, das sehr schnell zu besprechen, es sollte keine Minute dauern. Im nächsten Augenblick gingen ein Polizeischwein und Bobby Hutton hinter mir vorbei. Bobby schimpfte auf das Polizeischwein, es hatte ihm das Gewehr aus der Hand gerissen. »Verflucht noch mal, weshalb haben Sie mir mein Gewehr weggenommen? Bin ich denn verhaftet oder was? Wenn ich nicht verhaftet bin, dann geben Sie mir mein Gewehr wieder! Sie haben gesagt, ich wäre nicht verhaftet.« Er hatte sehr gut behalten, was er bei Huey gelernt hatte: Immer fragen, ob man verhaftet ist. Und wenn man nicht verhaftet ist, kann man auf seinem verfassungsmäßigen Recht bestehen.

Ich drehte mich also um, lief dahin, wo das Polizeischwein war, und fragte: »Ist der Mann verhaftet? Zum Teufel, warum nehmen Sie ihm sonst sein Gewehr weg?« Er sagte: »Sie dürfen hier nicht sein. Hier drin dürfen Sie nicht sein.« Ich fragte wieder: »Ist er verhaftet? Wenn er nicht verhaftet ist, warum haben Sie ihm dann sein Gewehr weggenommen?« Es kam noch ein Polizeischwein an und gab diesem ersten Polizeischwein ein Gewehr, das ich als Mark Comforts Gewehr erkannte, ein 30-.06-Gewehr. Ich ging zu so einer großen Tür hinaus — dieses Polizeischwein ging da hinaus, ich und Bobby. Bobby war auf der einen Seite und ich auf der anderen, und Bobby schalt das Polizeischwein, er gab ihm alle möglichen Schimpfnamen und sagte ihm, wenn er nicht verhaftet wäre, dann sollte er ihm sein Gewehr wiedergeben.

Wir waren grade bei dem Aufzug angekommen, da packte mich das Polizeischwein an der rechten Schulter. Ich fragte es andauernd, ob ich denn verhaftet wäre. Es stieß mich, und dabei kam ich in den Aufzug. Ich sagte: »Na, dann sind wir wohl verhaftet, Brüder. Wir müssen wohl verhaftet sein. Kommt mit rein, gehen wir.« Gerade ehe das Polizeischwein mich gepackt hatte, hatte es nämlich gesagt, ich wäre nicht verhaftet. Ich habe also, glaube ich, diese formlose Art, wie er uns jetzt verhaftete, angenommen. Dann zuckte mir ein Gedanke durch den Kopf: Die Bekanntmachung ... die Botschaft von Huey ... ich habe sie nicht vorgelesen. Ich muß die Botschaft verlesen, ich muß die Botschaft verlesen. Es drängten sich neun oder zehn von den Brüdern mit ihren Gewehren im Aufzug zusammen, und ein paar Reporter waren auch noch im Aufzug. Wir fuhren zum ersten Stockwerk hinunter, dann gingen wir nach rechts, in einen kleinen Raum mit einem Schalter. Der Raum war ungefähr drei Meter lang und 1,80 Meter breit. Plötzlich sah ich all diese Kameraleute ihre Apparate in die Tür halten. Ich dachte: »Ja ... die Bekanntmachung.« Die Botschaft, die Huey mir gegeben hatte, und ich sollte sie vorlesen. Die Botschaft. Ich mußte die Botschaft ganz vorlesen. Also zog ich die Botschaft raus, rollte sie auf und las das ganze Ding. Im Hintergrund schimpfte Bobby Hutton auf die Polizeischweine und sagte, sie sollten ihm sein Gewehr wiedergeben: »Sie geben mir mein Gewehr wieder! Sie haben mich nicht festgenommen. Sie geben mir mein Gewehr wieder! Sie haben mich nicht festgenommen.« Er hat das vielleicht dreimal oder viermal gesagt. Er hat den Polizeischweinen alle möglichen Schimpfnamen gegeben, die sind nachher sogar übers Fernsehen gekommen, wie ich später gehört habe.

In diesem Augenblick, als ich die Botschaft zu Ende gelesen hatte, genau in dem Augenblick kam ein schwarzes Polizeischwein herein. Ein Niggerschwein, ein ›Negro‹-Schwein kam herein. Als es vor mir herging, sagte ich: »Also, Mann, sind wir verhaftet oder nicht?« Es sagte: »Nein, Sie sind nicht verhaftet.« — »Verdammt«, sagte ich, »dann geben Sie diesen schwarzen Brüdern ihre Gewehre wieder!« In dem Augenblick sagte es: »Sie kriegen Ihre Gewehre auch wieder.« Und ich: »Ja, dann geben Sie sie ihnen doch!« Und Bobby Hutton tobte gegen sie: »Sie Schuft, laden Sie mir mein Gewehr wieder! Sie haben mein Gewehr entladen. Ich habe das gesehen. Sie haben mein Gewehr entladen. Laden Sie es wieder, ganz so, wie es war. Geben Sie mir mein Gewehr wieder!«

Ich sah hinüber zu dem Schalter da, und sie machten irgend etwas mit den Gewehren, mit dem 30-.06 und mit Bobby Huttons Pumpen-Schrotflinte. Im nächsten Augenblick hatten sie ihre Gewehre wieder in der Hand. Ich sah nach all den Kameraleuten. Sie stellten mir Fragen. Einer bat mich, das noch mal vorzulesen. Er sagte, er hätte es nicht richtig mitgekriegt. Ich las die Bekanntmachung noch einmal, direkt dort in dem kleinen Raum. Als ich sie fertig vorgelesen hatte, dachte ich, jetzt wäre es wohl Zeit, daß wir gingen. Ich sagte: »Kommt nur, gehen wir!« Wir machten uns davon und kamen zur Tür heraus. Da ging ein Kameramann auf mich zu und bat mich, die Botschaft noch einmal zu verlesen. So las ich sie wieder vor. Zuerst war ich auf den obersten Stufen vor dem Capitol. Da verlas ich die Botschaft, dann stieg ich nach unten, und dort las ich sie noch einmal vor. Dann sagte ich: »Na schön, Brüder, gehen wir jetzt!«

Bekanntmachung Nummer Eins
Erklärung des Verteidigungsministers erlassen am 2. Mai 1967 in Sacramento, Kalifornien, Staats-Capitol-Gebäude

Die Black Panther Party für Selbstverteidigung ruft das ganze amerikanische Volk und besonders die schwarze Bevölkerung auf, sorgfältig auf die rassistische kalifornische Gesetzgebung zu achten, die zur Zeit ein Gesetz in Betracht zieht, das den Zweck hat, die schwarze Bevölkerung genau zur gleichen Zeit waffenlos und machtlos zu halten, zu der rassistische Polizeikräfte überall im Lande Terror, Brutalität, Mord und Unterdrückung des schwarzen Volkes verstärken.
Zur gleichen Zeit, da die amerikanische Regierung einen rassistischen, rassenmörderischen Krieg in Vietnam führt, werden die Konzentrationslager, in denen während des Zweiten Weltkrieges Amerikaner japanischer Abkunft interniert waren, erneuert und vergrößert. Da Amerika die barbarischste Behandlung solcher Menschen, die keine Weißen sind, im Laufe der Geschichte beibehalten hat, sind wir zu dem Schluß gezwungen, daß diese Konzentrationslager für solche schwarzen Menschen vorbereitet werden, die entschlossen sind, sich ihre Freiheit zu erringen und jedes dafür notwendige Mittel einzusetzen. Die Versklavung des schwarzen Volkes seit den ersten Anfängen Amerikas, der an den Indianern verübte Rassenmord und die Einschließung der Überlebenden in Reservate, das grausame Hinschlachten von Tausenden schwarzer Männer und Frauen, der Abwurf von Atombomben über Hiroshima und Nagasaki und jetzt das feige Gemetzel in Vietnam – all das bezeugt die Tatsache, daß die rassistischen Machthaber Amerikas gegenüber den Farbigen nur eine Politik kennen: Unterdrückung, Rassenmord, Terror und rohe Gewalt.
Das schwarze Volk hat gebettelt, gebeten, Eingaben gemacht, demonstriert und alles sonst nur mögliche getan, um die rassistischen Macht-

haber Amerikas dazu zu bewegen, das viele Unrecht gutzumachen, das im Laufe der Geschichte am schwarzen Volk verübt worden ist. All diese Bemühungen sind mit verstärkter Unterdrückung, Betrug und Heuchelei beantwortet worden. Ebenso, wie die rassistische amerikanische Regierung die Angriffe in Vietnam verstärkt, verstärken auch die amerikanischen Polizeikräfte die Unterdrückung der schwarzen Bevölkerung in all den Gettos Amerikas. Bösartige Polizeihunde, Schlagstöcke und stärkere Patrouillen sind in den schwarzen Wohngemeinden gewohnte Anblicke geworden. Die Stadtverwaltungen haben kein Ohr für die Bitten der schwarzen Menschen um Befreiung von dieser wachsenden Terrorisierung.
Die Black Panther Party für Selbstverteidigung hält den Zeitpunkt für gekommen, daß die schwarze Bevölkerung sich gegen diesen Terror bewaffnet, ehe es zu spät ist. Das bevorstehende Mulford-Gesetz bringt uns der Stunde des Untergangs einen weiteren Schritt näher. Ein Volk, das so lange Zeit hindurch so viel von einer rassistischen Gesellschaft erlitten hat, muß an einer Stelle einen Grenzstrich ziehen. Wir glauben, daß die schwarze Bevölkerung Amerikas sich wie *ein* Mann erheben muß, um dem Fortschreiten einer Tendenz Einhalt zu gebieten, die unausweichlich zu ihrer völligen Ausrottung führt.

Damals wußte ich, daß das, was Huey P. Newton über das gewaltige Ereignis sagte, schon geschehen war. Denn viele, viele Kameraleute waren dort. Viele, viele Menschen hatten dies Ereignis miterlebt, daß Schwarze in das Capitol gingen und ihre Sorge durch eine besondere Erklärung ausdrückten; durch eine Botschaft, die Bekanntmachung Nummer Eins, die Huey P. Newton mir zum Capitol zu bringen befohlen hatte, damit wir die Massenmedien als ein Mittel benutzen könnten, diese Botschaft dem amerikanischen Volk und besonders der schwarzen Bevölkerung mitzuteilen. Wir gingen hinaus und kamen zu unserem Wagen, Bruder Eldridge Cleaver kam hinter mir her. Eldridge sagte: »Bruder, wir haben es getan. Wir haben es getan, Mann! Das haben wir durchgesetzt.« Ich sagte: »Das ist wahr, wir haben es wirklich getan.«
Also sagte ich: »Gut, Brüder und Schwestern, gehn wir! Wir wollen sehen, daß wir aus dieser Stadt rauskommen.« Ich weiß noch, daß ich allen erzählt habe: »Die anderen haben Hühnchen für uns gekocht!« Die Brüder und Schwestern kamen angestürzt. Manche waren ein bißchen weiter hinten, und ich sagte: »Ziehn wir los! Wir wollen alle die gebratenen Hühnchen aufessen, die wir haben, ich habe nämlich Hunger, und es ist heiß in dieser Stadt. Es ist heiß, Bruder!« Also ging ich zu meinem Wagen, stieg ein und sah mich nach denen um, die hinter mir geparkt hatten.
Ich machte die Wagentür auf und fragte die anderen, ob sie so weit wären, daß wir losfahren könnten. »Fahren wir!« sagten sie. »In Ordnung, Brüder und Schwestern, fahren wir!« rief

ich. Als ich den Motor anließ, fragte ich: »Wo sind die anderen?« — »Sie sind da um die Ecke«, sagte jemand. »Ein paar haben versucht, dort um die Ecke zu parken.« Also fuhren wir um die Ecke. Ein Stück weiter, als wir an einem langen, langen Häuserblock vorbei waren, hielt ich an und überzeugte mich, daß alle unsere Leute und unsere Wagen in einer Reihe hinter mir waren. Warren Tucker, der den zweiten oder dritten Wagen fuhr, rief mir zu: »He, Mensch, ist der Wagen aber heiß!« Er fuhr meinen vierundfünfziger Chevy. »Der braucht Wasser zum Kühlen.« Der Motor hatte sich heißgelaufen, weil am Kühler etwas nicht in Ordnung war.

»Das kommt später dran«, sagte ich. »Wir fahren jetzt aus der Stadt raus. Da werden wir die Hühnchen essen, und danach besorgen wir Wasser.« So fuhr ich in die rechte Straße hinein. Kurz vor der Ecke sah ich ein Schild: »Nach San Franzisko rechts abbiegen«. Ich hielt an der Ampel und sah an der anderen Straßenseite eine Tankstelle. Ich überlegte. Dann entschied ich mich, daß wir hinfahren und das Wasser besorgen wollten. Statt rechts abzubiegen, wartete ich, bis die Ampel grün zeigte, fuhr geradeaus, dann über die Straße und in die Tankstelle. Die anderen Brüder und Schwestern kamen zur Tankstelle nach und saßen da nur. Es war sehr, sehr heiß. Es brannte geradezu. Ich wollte meine Lederjacke ausziehen, aber dazu mußte ich aus dem Wagen steigen.

Als ich die Wagentür aufmachte, guckte ich mich um und sah ein Polizeischwein an der Ecke, das von seinem Wagen aus auf dem Gehsteig in südlicher Richtung ging. Es hatte sein Gewehr in der Hand. Ich sprang aus dem Wagen. Ich ging gerade auf den Kerl zu. Ich blieb stehen, und er blieb auch stehen. Ich sagte: »Augenblick mal. Das erste, was Sie jetzt machen müssen, ist, daß Sie das Gewehr wegstecken. Tun Sie's wieder in das Halfter. Wenn Sie jemanden verhaften wollen, dann verhaften Sie jemanden, aber stecken Sie lieber das Gewehr weg.« Im nächsten Augenblick hörte ich, wie die Brüder Ladestreifen und Patronen in ihre Gewehrkammern einschoben. Als sie das Polizeischwein mit dem Gewehr ankommen sahen, fingen sie an, die Gewehre zu laden. Ich sagte: »Tun Sie das Gewehr weg!« Ich sah ihm ganz kalt in die Augen. Es war ein banges Polizeischwein, auch mit dem Gewehr in der Hand. Als es die Brüder laden hörte und ich ihm sagte, es sollte sein Gewehr wegtun, nahm es sein Gewehr, ließ es wieder ins Halfter gleiten und blieb mit den Händen davon weg. Gut so!

Dann sah ich mich um, da war noch ein Polizeischwein in unsere Nähe gekommen. Es hatte sein Motorrad da stehen und lief zu seinem kleinen Funkgerät. Ich weiß nicht mehr, was es in sein Funkgerät gesprochen hat, aber es sah sich nach mir um. »Wir haben ein Recht«, sagte es dann, »wir haben ein

Recht, Ihren Ausweis zu sehen.« Ich sagte: »Es kann schon sein, daß Sie wirklich ein Recht haben, meinen Ausweis zu sehen, aber lassen Sie jedenfalls Ihre verdammten Gewehre im Halfter.« Da kamen schon andere Polizeischweine angefahren. Ich hörte etwas über das Funkgerät, nämlich: »Verhaftet sie alle, gleich weswegen. Verhaftet sie alle wegen irgend etwas.« So ist das durchgesagt worden. Dann fragte mich das Polizeischwein, wo ich herkäme. Ich sagte, wir wären im Capitol gewesen: »Warum? Was ist denn dabei?« — Und was er mich dann fragte? Er sagte: »Was seid ihr — ein Schützenverein?« Ich erklärte: »Nein, wir sind die Black Panther Party. Wir sind schwarze Leute mit Gewehren. Haben Sie vielleicht was dagegen?«

Im Weggehen sah ich eine Menge Polizeischweine ankommen; Geheimpolizisten sprangen aus ihren Autos, die mitten auf der Straße standen, und so weiter. Ich war darüber noch immer nicht im geringsten unruhig. Ich ging einfach weiter. Ein Geheimpolizist kam an: »Haben Sie einen Ausweis?« Ich sagte: »Ja, ich habe einen Ausweis.« Da sah ich, wie ein Polizeischwein die Tür zu einem unserer Wagen aufmachte. Ich lief zu dem Wagen hinüber und sagte: »Lassen Sie die Hände davon weg!«
Als ich mich umdrehte, schlichen zwei Polizeischweine hinter Sherman Forte her. Ehe ich noch etwas sagen konnte, hatten sie ihn an beiden Armen gepackt, und einer zog ihm die Pistole aus dem Halfter. Ich fragte: »Ist er verhaftet?« — »Ja, er ist verhaftet.« Da meinte ich: »Gib dich in die Verhaftung, Sherman.«
Das Polizeischwein fragte mich wieder nach dem Ausweis. Ich griff zu meiner hinteren Tasche, um die Brieftasche herauszuholen, und da packte das Polizeischwein fast gleichzeitig nach meinem rechten Arm, ein anderes packte meinen linken Arm und sagte: »Sie sind verhaftet, Sie tragen eine Waffe bei sich verborgen.« Dann riß es mir das Gewehr aus dem Halfter und hielt dabei meine Arme fest. Sie legten mir schnell Handschellen an und führten mich zum Wagen.
Sie fuhren mich zur Polizeiwache in Sacramento. Als wir in der Polizeiwache aus dem Aufzug kamen, packte ein Polizeischwein die Handschellen und schob sie ganz hoch — ganz hoch, so daß sie einschnitten und wehtaten. Und es schob mich direkt gegen die Wand und sagte: »Sie bleiben jetzt da stehen, mit dem Gesicht zur Wand!« So hat das Polizeischwein gesagt. Und mein Gesicht *berührte die Wand.* Die Wand war sehr kühl. Es war eine wohltuende Kühle. Ich war froh, daß ich mein Gesicht an diese kühle Wand legen konnte. Sherman Forte stand links von mir. Ich sah zu ihm hinüber. »Wie steht's, Bruder?« —

»Ach Mann, es ist weiter nichts«, sagte er. »Ist schon gut.« — »Ja«, sagte ich, »bald wird alles gut.«
Sie brachten mich zu einer Zelle. Ich fragte mich: »Habe ich was verdorben?« Ich wußte es nicht. Ich war sehr müde. Ich ging zur anderen Seite neben der Tür, etwa einen Meter daneben, legte mich hin und schlief sofort ein.
Dann schloß jemand die Zelle auf. Eldridge kam herein. »Ach, verdammt noch mal!« Das ging mir nah. Das ging mir gewaltig nah. Ich sagte: »Verdammt noch mal, Eldridge ist verhaftet.« Ich wußte, das war schlimm. Eldridge stand noch in Bewährungsfrist. Ich sagte mir: »Eldridge wird nicht aus der Untersuchungshaft herauskommen.« Mir war scheußlich zumute. Ich sagte: »Mann, die haben dich festgenommen. Vielleicht mußt du jetzt wieder ins Gefängnis zurück.« Eldridge sagte: »Scheiß drauf! Das war die Sache wert, denn wir haben es getan.«

Das Gefängnis in Sacramento

Eldridge entdeckte einen Bruder, der hinten in der Zelle lag. Er blutete. Irgendwie entdeckte Eldridge mehr, als ich auf den ersten Blick gesehen hatte. Eldridge sah, daß sein Gesicht ganz kaputt war. Dann fing er an zu stöhnen. Eldridge sagte: »Hallo, Bruder, was hast du?« Er ging hin, besah sich ihn und stellte fest, daß dem Bruder ein Auge fast aus dem Kopf heraushing. Sein Gesicht war um das rechte Auge herum ganz geschwollen. Die Polizeischweine hatten ihm die Seite des Kopfes aufgeschlagen. Seine Nase blutete auch.
Später kam ein Polizeischwein an die Tür, dem sagte Eldridge, es sollte den Mann lieber in ein Krankenhaus bringen: »Sorgen Sie dafür, daß der Mann ins Krankenhaus kommt. Sehn Sie sich mal sein Auge an! Sehn Sie mal, was mit dem passiert ist! Sein Kopf ist ganz geschwollen, und was sonst noch alles!« Eldridge versteht es, mit den Kerlen und mit Gefängnissen zurechtzukommen. Sie gingen weiter, berieten sich dann, holten einen Krankenwagen und brachten den Mann ins Krankenhaus. Das war sehr gut. Wir haben den Bruder da herausgekriegt und ins Krankenhaus. Die Polizeischweine hatten ihn drinnen ganz zusammengeprügelt; betrunken war er auch. Sie schlagen die Leute zusammen, wenn sie betrunken sind, bloß weil sie sadistische Schufte sind und dann jemanden haben, der hilflos ist, so daß sie ihn schlagen können. Von dem Mist ist in Sacramento eine Menge passiert.
Kurz danach beschlossen sie, uns alle achtzehn in diese große Zelle, diese große Betrunkenenzelle, zu bringen. Man mußte da seine Schuhe ausziehen, und man durfte keine Zigaretten oder sowas haben. Es hatten sich ein paar Juristen dort getroffen, die

waren von Oakland hingekommen. Wir haben einen von den Juristen dazu gekriegt, an den Zigarettenautomaten zu gehen und uns ein paar Zigaretten reinzuschmuggeln.
Sie riefen mich raus und wollten mich dazu kriegen, irgendeine erlogene Erklärung zu unterschreiben. Ich brauchte doch keine Erklärung zu unterschreiben, niemand unterschrieb eine Erklärung. Ich glaube, ein Bruder hätte sich beinah umwerfen lassen und wäre fast schwach geworden, daß er die Erklärung unterschrieben hätte, aber er hat sich doch gehalten. Ich war eine ganze Weile da draußen, als ich sagte, ich würde die Erklärung nicht unterschreiben; als ich wieder hereinkam, hatten die Brüder inzwischen schon ein paar Zigaretten reingeschmuggelt. Die Juristen wollten gern mit mir reden, und ich habe lange mit ihnen gesprochen. Die Polizeischweine sahen, daß da geraucht wurde; sie fingen an, alles zu durchsuchen, weil sie die Zigaretten finden wollten. Aber die Brüder hatten sie in einem losen Ziegelstück an der Decke versteckt, neben dem Ventilator.

Ehe sie wieder gingen, fragten Eldridge und ich: »Wann gibt es denn hier was zu essen?« Einer sagte sowas wie: »Ihr kriegt hier nichts zu essen«, da stürzte Eldridge auf ihn los: »Was sagen Sie da, wir sollen hier nichts zu essen kriegen? Wir kriegen was zu essen in diesem Scheißladen, sonst kommt ihr Mistkerle lieber nicht mehr an diese Tür! Wenn Sie hierher kommen, sind wir schließlich achtzehn und Sie vielleicht drei, vier oder fünf.« Der große Willie kam nach vorn, und die Polizeischweine sahen ihn sich an. Willie war ein Kerl, der wirklich gefährlich aussah. Er sah aus, als könnte er einen restlos zusammenschlagen, und das konnte er tatsächlich. (Ich habe später, in Big Greystone, gesehen, wie er einen anderen k.o. schlug.) Wir waren wütend, denn wenn die Brüder erst hungrig würden, dann würden ihnen die großen Pfannen mit den Hühnchen einfallen, von denen eigentlich alle essen sollten. Die Brüder waren versessen auf diese Hühnchen. Daran haben wir gedacht, als wir zu denen sagten: »Kommen Sie hier bloß nicht noch mal her, sonst könnten Sie Prügel übern Kopf bekommen.« Der große Willie kam nach vorn und streckte die Arme hoch. Das war ein richtiger Protest.
Ich persönlich habe geglaubt, sie würden uns nichts zu essen geben. Ich dachte, sie würden uns einfach einsperren und nie mehr wiederkommen. Aber fünfundvierzig Minuten später kamen die Strolche an und sagten: »Also, aufstellen, aufstellen! Daß wir losgehn können. Essen fassen, Essen fassen.« Alle Brüder stellten sich auf, um das Essen zu kriegen, man muß ja schließlich leben. Alle stellten sich auf, und wir bekamen jeder einen Beutel. Darin war eine Tüte Milch, ein Käsebrot, ein Schnitzel und eine Apfelsine.

Wir waren vielleicht hungrig! Wir hatten den ganzen Tag noch nichts gegessen, und es war fünf oder sechs Uhr nachmittags. Wir hatten gewußt, daß sie uns nichts zu essen geben wollten; und wir gingen hoch, wenn wir an die Hühnchen dachten. Es war nicht nur der große Willie, der aufsprang und sagte: »Ich schlage euch k. o.«, sondern sie hatten alle gesagt: »Wir *können euch nur raten*, was zu essen hierher zu bringen, ihr verdammten Schurken. Was denkt ihr euch denn, verflucht? Wir raten euch, was von dem verdammten Essen hier reinzubringen. Wir haben genug von all dem Krampf hier.« Das war eine Kraftprobe, die wir ihnen zeigten. Da sind sie gegangen und haben Essen für uns gekauft. So muß man das machen — solche Taktiken anwenden.

Das war sehr wichtig, um die Geister wieder zu beleben. Alle waren irgendwie niedergeschlagen. Außer Eldridge waren die meisten noch nie im Gefängnis gewesen. Manche von den Brüdern hatten sich in eine Ecke verdrückt, als wir verhaftet wurden. Zwei von Mark Comforts Jungen hatten sich zurückgezogen und solches Zeug dahergeredet wie: »Wenn ich gewußt hätte, daß das passiert, wäre ich nie mitgekommen.« Solchen Blödsinn fingen die an zu reden. Sie waren noch nicht oft genug mit Huey P. Newton auf den Straßen in alle möglichen Situationen gekommen. Ein paar andere Brüder waren schon mal im Gefängnis gewesen und konnten sich in der Lage zurechtfinden. Darauf kam es jetzt an.

Ich selbst hatte das scheußliche Gefühl, daß ich vorhin einen großen Fehler gemacht hatte. Ich schlug mich dauernd damit herum. Aber es tat mir auch gut, daß wir über diese Polizeischweine herfielen, und wie man das macht, davon verstand Eldridge einfach mehr als ich. Ich war an dem Tag froh, daß er bei uns war. Ich hatte auch schon mal gesessen, aber das war im Militärgefängnis. Ich war zweimal im Militärgefängnis gewesen (einen Monat und acht Monate), als ich bei der Luftwaffe war; und wenn ich dazwischen mal verhaftet war, dann waren das zehn Tage hier, zwölf Tage da, oder einmal dreißig Tage in Los Angeles wegen irgend so einem Blödsinn. Aber Eldridge wußte, wie man die Polizeischweine behandelt. Er konnte sie im Augenblick fertigmachen, und es gab mir immer ein gutes Gefühl, zu wissen, daß er hier war. Denn er ließ es nicht zu, daß die Polizeischweine einem von uns Schwierigkeiten machten. Er dachte an sowas wie unser Essen, und er wußte, wie man mit den Strolchen reden mußte.

Die Brüder kriegten alle wieder Courage. Ich weiß, die meisten Brüder haben an das gedacht, was im letzten Punkt unseres Programms steht: Wir wollen Land, Brot, Wohnungen, Bildung, Kleidung, Gerechtigkeit und Frieden. Aber die Brüder

wußten, daß mit Brot das Essen gemeint ist. Richtig das Essen. Ich weiß, sie müssen daran gedacht haben, denn ich habe auch daran gedacht. Wir wurden da im Gefängnis verrückt, und der Mann redete davon, daß wir nichts zu essen bekämen. Scheiße! Der hatte wohl eine Schraube locker. Diese Gummizelle müßte verbrannt werden, irgendwie. Wir hatten keine Streichhölzer oder so etwas, aber wir hätten schon noch was gefunden, womit wir sie verbrannt und denen Ärger gemacht hätten.
Die Brüder fingen an, diese Bandeisen an der Wand abzutrennen. Der große Willie fing damit an. Der große Willie war im Gewichtheben ganz groß gewesen, und seine Muskeln spielten nur so unter der Haut. Er war früher in einem Freizeitzentrum gewesen, da hatte er die Muskeln hauptsächlich gekriegt. Aber zum Teil hatte er sie auch draußen auf der Straße gekriegt. Das habe ich erst später gehört. Jedenfalls waren der große Willie Thompson, die Black Panthers und Eldridge Cleaver alle dort im Gefängnis. Wir haben dann endlich gegessen. Danach haben sich die meisten von uns auf diesem gepolsterten Fußboden ausgestreckt und sind eingeschlafen.
Ich ging raus und telefonierte. Viele Brüder sind aus und ein gegangen, um zu telefonieren. Ich habe den Kautionsverwalter angerufen, unseren Kautionsverwalter Williams. Er ist schon älter, etwa fünfundvierzig Jahre alt. Er ist mit meiner Schwester befreundet; er erzählte mir am Telefon, Huey wäre schon im Büro gewesen und wäre irgendwo hingegangen, um eine Rundfunksendung zu machen als Hilfe für uns. Er wollte darin sagen, wir wären politische Gefangene und müßten freigelassen werden. Ich sagte dem Kautionsverwalter, er sollte *alle* Brüder durch eine Kaution befreien — alle Brüder, und *gleich.* »Hinterlege du die Kaution, dann werden wir das Geld für dich schon wieder zusammenkriegen.« Er sagte, er wollte sehen, was er in der Beziehung machen könnte. So sagte ich: »Wenn du uns nicht alle rauskriegst, dann sieh zu, daß du Eldridge und mich jetzt sofort gegen Kaution freikriegst.« Eldridge wollte ich deshalb heraushaben, weil er noch in Bewährungsfrist stand.
Wenn jemand zur Bewährung oder probeweise entlassen ist, dann fangen gleich die Fernschreiber an zu arbeiten, von einer Stadt zur anderen. So kommen sie dahinter, was mit dem los ist, der zur Bewährung entlassen wurde, sie rufen den Bewährungshelfer an und sorgen dafür, daß der ihn gleich festnimmt. Einmal kam Huey aus dem Gefängnis in Berkeley. Er war schon auf dem Weg die Treppe hinunter und zur Eingangstür heraus, da fingen die Fernschreiber an zu ticken. Zehn Polizeischweine liefen hinter ihm her, packten ihn und sagten: »Ihr Bewährungshelfer hat Ihre Festnahme angeordnet, Sie können also nicht gegen Kaution freikommen.« Deshalb sagte ich zu Lionel Williams, er sollte versuchen, Eldridge, mich und die anderen

sofort, ganz schnell mit einer Kaution freizukriegen. Aber er hat es nicht getan.
Jedenfalls haben wir erst mal etwas geschlafen. Es war ein langer Tag gewesen. Wir hatten eine Menge revolutionäre Arbeit für die Partei geleistet. Revolutionäre und politische Arbeit. Ich kann mich erinnern, daß George Dowell gesagt hat, er ginge nie wieder ins Gefängnis. Ich kann die Gefühle dieses Bruders gegen das Gefängnis verstehen, denn George Dowell hatte fünf oder sechs Kinder. Das jüngste war vielleicht drei oder vier Jahre alt. Seine Frau war zu Hause in Nord-Richmond. Sein Bruder Denzil war getötet worden. George ist gern in die Black Panther Party gekommen, weil er wußte, daß sie das einzig Richtige wäre. Er begriff, daß man sich nicht an Polizeischweine wenden konnte, wenn man Hilfe brauchte. Er hatte Verständnis für die Einigkeit, von der wir sprachen, die Einigkeit des schwarzen Volkes in der Selbstverteidigung gegen diese Polizeischweine, die uns in unserer Wohngemeinde ermorden. Aber er mit seiner Frau und den Kindern zu Hause konnte es einfach nicht aushalten, im Gefängnis eingesperrt zu sein. George sprach auch davon, daß er eigentlich an dem Abend wieder an seiner Arbeit sein sollte. Natürlich tat er diese Arbeit auch für seine Familie, und er haßte es einfach, im Gefängnis eingesperrt zu sein. Er würde nie mehr ins Gefängnis gehen. Er konnte es eben nicht leiden.
Aber ich beruhigte die Brüder immer wieder; ich fing an, sie nach ihren Namen zu fragen, denn von manchen wußte ich den vollen Namen nicht. Ich wollte mir ihre Namen merken; wenn ich schnell freikäme, könnte ich dann dem Kautionsverwalter sagen, nach wem er fragen müßte. Wenn man nämlich hingeht und sagt, man möchte für jemanden Kaution hinterlegen, und man weiß den Namen nicht genau, dann nehmen sie manchmal die Kaution nicht an. Das war der Grund, weshalb ich nach den Namen fragte. Die Polizeischweine werden bestimmt die Auskunft über jeden verweigern, solange er im Gefängnis ist.
Jedenfalls sind wir eingeschlafen. Es war, glaube ich, zwölf oder ein Uhr nachts, da kam jemand herein und rief mich. Einer von den Brüdern schüttelte mich, um mich wachzukriegen, und sagte: »Du bist gegen Kaution freigelassen. Gehen wir!« Ich guckte mich um. Ich sah die anderen Brüder alle schlafen. Ich sagte: »Nun, dann will ich sie nicht stören. Es ist wohl am besten, wenn ich jetzt hier weggehe und mich gleich an die Arbeit mache, damit ich das Kautionsgeld kriege, die Brüder auch herauszuholen.« So ging ich hinaus und nach unten. Da war Mark Comfort mit den Juristen. Beverly Axelrod war mit dabei. Ich erklärte ihr, es wäre wohl das beste, gleich wieder nach Oakland zu fahren und Huey zu holen. Dann könnte ich mit

Huey reden und mit ihm überlegen, wie wir die Kaution zusammenbekämen, um die Brüder alle herauszuholen.
Wir sprangen ins Auto und fuhren die hundertfünfzig Kilometer nach Oakland hinunter. Ich habe nicht einmal geschlafen. Wir sind die ganze Strecke durchgefahren, das heißt, ich fuhr. Ich hatte schon etwas Schlaf gehabt. Sie waren ziemlich müde, und ich bin den ganzen Weg gefahren. So kamen wir zu meinem Haus an der 57. Straße in Oakland. Dort wartete Huey schon mit einem kalten 45er Bier.
Huey begrüßte mich und sagte: »Bruder, du warst gut. Du warst prima. Du warst ein richtiger Revolutionär. Du hast die Arbeit getan, die du tun solltest.« Er schüttelte mir die Hand und legte mir den Arm um die Schulter, wie das eben ein Bruder tut, wenn er weiß, daß man wirkliche Arbeit als Revolutionär geleistet hat. Wir setzten uns, und ich habe ihm noch etwas erzählt von dem, was nicht durchs Fernsehen gekommen war. Wir redeten ein bißchen miteinander, sprachen auch zu Beverly davon, daß wir diese Brüder gegen Kaution freikriegen müßten. Es war, glaube ich, inzwischen drei Uhr früh. Wir nahmen uns vor, um sechs Uhr wieder loszufahren, damit wir bestimmt bis acht Uhr in Sacramento wären. Dann ging ich schlafen, und irgend jemand ist nachher zu meinem Haus gekommen, um mich zu wecken. Huey, Beverly und ich setzten uns gegen Viertel nach sechs Uhr ins Auto und fuhren los, zurück nach Sacramento.

Wir befreien die Brüder

Um neun Uhr sollte im Gericht eine Besprechung über die Herabsetzung des Kautionsbetrages sein; Beverly und noch ein Jurist hatten das in die Wege geleitet. Huey hielt eine Pressekonferenz, und er fiel dabei tüchtig über diese Schweinehunde her. Er sprach so über die Machthaber, wie noch nie jemand über sie gesprochen hatte. Er nannte wichtige Gründe dafür, daß wir Gewehre trugen: Wir trugen Gewehre, um uns gegen die seit vierhundert Jahren herrschende Brutalität und Unterdrükkung zu wehren.
Sie fragten ihn, ob er anti-weiß wäre. Er sagte: »Nein, wir sind nicht anti-weiß. Ich hasse niemanden wegen seiner Hautfarbe. Ich hasse die Bedrückung, die wir täglich erdulden von rassistischen Polizeischweinen und anderen Rassisten, die uns angreifen und morden und uns zum Vieh machen. Sie haben uns seit vierhundert Jahren zum Vieh gemacht.« Und Huey sagte ihnen alles das über den Krieg: Politik ist Krieg ohne Blutvergießen — und Krieg ist eine Fortsetzung der Politik, aber mit Blutvergießen.

Man spricht wohl von antagonistischen Widersprüchen und solchen, die nicht antagonistisch sind. Sie bestehen zwischen dem Volk und denen, die angeblich das Volk in der Regierung vertreten. Ich weiß noch, wie er ihnen gesagt hat, die antagonistischen Widersprüche entständen dadurch, daß die Machthaber das Volk angreifen, oder daß sie die angreifen, die sich gegen die grundsätzlichen politischen Entscheidungen der Machthaber wenden; solche Entscheidungen werden dem Volk einfach vor die Nase gesetzt. Und wenn das Volk mit diesen politischen Entscheidungen der Machthaber nicht übereinstimmt, dann kommen die Machthaber immer mit Gewehren und mit Gewalt. Und dadurch, daß sie mit Gewehren und Gewalt kommen, daß sie das Volk angreifen, werden die Widersprüche sehr antagonistisch.
Deshalb sollte das Volk immer für Frieden eintreten — und tut es auch. Das Volk, die Massen des Volkes wollen Frieden. Die Massen des Volkes wünschen keinen Krieg. Huey zitierte den Vorsitzenden Mao und sagte, daß die Black Panther Party für die Abschaffung des Krieges eintritt. Aber wir erkennen auch, daß sehr oft das einzige Mittel, den Krieg loszuwerden, in einem kriegerischen Vorgang besteht; denn in unseren Wohngemeinden ist ein ungerechter Krieg gegen uns eingeleitet worden. Darum, so sagt Huey, gibt es nur einen Weg, die Gewehre loszuwerden: Wir müssen selbst zum Gewehr greifen, um uns so von den Gewehren des Bedrückers zu befreien. Das Volk muß fähig sein, zum Gewehr zu greifen, um sich gegen jede Form des Angriffs, jede Form des Rassismus – jede Form des *wirklichen* Rassismus – zu wehren.
Danach gingen wir und setzten uns in den Gerichtssaal; der Jurist aus Sacramento und Beverly Axelrod beantragten die Herabsetzung des Kautionsbetrages; wir sahen und hörten nur zu. Der Richter wollte den Kautionsbetrag nicht herabsetzen. Er fing an, die Berichte über solche Brüder zu zitieren, die früher in Arrest gewesen waren, die regelrechten Brüder von der Straße. Sogar Emory Douglas, ein Künstler, der zwei Jahre lang eine Art Kunstakademie besucht hat, war in den Akten — er war drei- oder viermal verhaftet gewesen, er hatte fünf bis sechs Monate im Gefängnis zugebracht.
Dann kamen sie auf die Akte über Eldridge Cleaver, und Beverly Axelrod fing an zu erklären, wie es zu seiner Verhaftung gekommen war: daß er kein Gewehr oder so etwas gehabt hatte; daß er in Wirklichkeit — und das stimmte — von der Zeitschrift Ramparts dorthin geschickt worden war; daß er für Ramparts schrieb; und weil er wußte, daß die Panther dies Unternehmen planten, hatte ihn die Ramparts-Redaktion mit hingeschickt, als Reporter für die Geschichte. Beverly Axelrod redete wunderbar deutlich darüber, wie man Eldridge Cleaver aus

der Ecke herausgezerrt hatte, nur weil er schwarz war. Sie bewies diesem Richter auch, daß die Polizeischweine eine schwarze Frau, die in Sacramento wohnte und nicht zu den Black Panthers gehörte, geschnappt und beiseite genommen hatten, weil sie eben schwarz war. Das hatten alle mit angesehen. Das war sehr wichtig, glaube ich. Und sie sagte, deshalb ist Eldridge Cleaver verhaftet worden, ein Mann mit einer Kamera, ohne Gewehr, der da Aufnahmen machte, so wie zwanzig andere Kameraleute auch Aufnahmen machten an dieser Ecke, wo die Black Panther Party verhaftet wurde.
Beverly Axelrod ließ eine wunderbare Verteidigung für Eldridge vom Stapel, wirklich: daß Eldridge freigelassen werden müßte, daß er in Bewährungsfrist stände und daß sie keinen Grund hätten, ihn festzuhalten. Daß sie ihn irrtümlich verhaftet hatten und so weiter — so war es ja auch. Denn genau das hatte Eldridge getan: Er war regelrecht als Reporter dabeigewesen. Obwohl Eldridge damals schon zu den Panthern gehörte, hatte er kein Gewehr bei sich und hatte dort die Aufgaben eines Reporters. Und das hat sie ihnen kräftig gesagt.
Dann wurde angekündigt, die Brüder sollten am nächsten Tag vor dem Stadtgericht erscheinen, das auf der anderen Seite der Straße lag. Huey und ich fuhren nach Hause; am nächsten Tag kamen wir wieder und gingen in die Gerichtssitzung. Wir haben uns geschworen, wenn die Brüder nicht bis Freitag um vierzehn Uhr freigelassen wären, dann würden wir auf irgendeine Art, wie wir nur könnten, das Geld besorgen, um die Brüder auszulösen. Dieses Geld machte uns Sorgen. Wir überschlugen, daß noch einige Beträge eingehen würden, aber wir wollten jedenfalls das Geld kriegen, wir wollten alle Brüder freibekommen. Doch unsere schlimmste Sorge, unsere Hauptsorge, war Eldridge Cleaver. Denn Eldridge Cleaver stand in Bewährungsfrist. Er hatte gerade neun Jahre Gefängnis hinter sich, und es durfte einfach nicht passieren, daß er wieder ins Gefängnis zurück müßte. Darüber machten wir uns die meisten Gedanken.
Huey sagte: »Weißt du, warum wir diese Brüder herauskriegen müssen? Diese Brüder von der Straße, die zu unserer Organisation gehalten haben, die sich die Zeit genommen haben, die Grundsätze der Organisation, die Ideologie der Organisation zu lernen, die sich die Zeit genommen haben, die Führung der Organisation zu verstehen und ihr zu folgen — *sie* sind die eigentlichen, wahren Helden, nicht wir, Bobby!« Ich sagte: »Du hast recht, Huey, ich weiß, du hast recht. Ich bin auf jeden Fall bei dir. Wir werden das Geld zusammenbekommen, um die Brüder aus dem Gefängnis herauszuholen.«

Am nächsten Tag kamen wir morgens sehr früh hin, und ehe die Brüder vor Gericht gestellt wurden, kriegten wir uns einen

Kautionsverwalter zu fassen — einen betrügerischen, schuftigen Kautionsverwalter. Daß er ein richtiger Betrüger war, haben wir dann später gemerkt. Er war ein Schwarzer. Er hieß Glen Holmes und war dort in Sacramento. Er hatte die Lizenz für den ganzen Staat. Er konnte jeden überall im Staat gegen Bürgschaft freikriegen. Wir sprachen ihn an und fingen ein Gespräch mit ihm an. Huey stellte sich auf einer Seite neben ihn und ich auf der anderen Seite. Wir haben ordentlich losgelegt. Wir haben mit dem Bruder so kräftig geredet und so deutlich, haben ihm klargemacht, warum er für die Freistellung dieser Brüder sorgen sollte, und wir haben ihm gesagt, daß wir in der Öffentlichkeit bekannt genug wären, um das nötige Geld zu bekommen, daß wir aber diese Brüder *sofort* aus dem Gefängnis herausbekommen müßten. Diese Brüder müssen Boden unter den Füßen haben. Sie brauchen tüchtig Arbeit. Das hat Huey immer betont, und das habe ich wirklich von ihm gelernt, wie wichtig es ist, daß wir alles einsetzen, um Brüder aus dem Gefängnis herauszubekommen.

Huey sagte es dem Kerl, dem Glen Holmes, ganz eindringlich und erklärte ihm, er sollte sich drangeben und die Brüder auf Kredit herauslassen. Glen Holmes war es ja gewesen, der zuerst Mark Comfort und mich halb auf Kredit rausgeholt hatte, denn sie hatten nur den halben Kautionsbetrag eingezahlt. Aber wir haben vor der Gerichtsverhandlung mit ihm gesprochen. Er sagte: »Gut, ich will es tun.« Und Glen Holmes hat es getan. Er sagte: »Heute abend um sechs Uhr sind sie spätestens draußen.« Huey meinte: »Na ja, wir hatten eigentlich gedacht bis zwei Uhr, aber wenn sie auf die Art bis sechs Uhr frei sind, dann ist's auch gut.« Wir warteten die Gerichtsverhandlung ab und die Anklage — und sie verklagten die Brüder, verklagten uns alle wegen Verschwörung mit der Absicht eines Vergehens, und zwar sollte dies Vergehen ein Friedensbruch sein: die Würde der gesetzgebenden Körperschaft zu verletzen.

Verschwörung, ein Gesetz zu brechen — *das* ist eine Verschwörung: wenn man sich zusammentut in der Absicht, ein Gesetz zu brechen. Aber so etwas hatten wir doch nicht getan. Huey hatte mir nur gesagt, ich sollte mich auf die Eingangstreppe stellen, und wir waren hineingegangen, um die gesetzgebende Körperschaft zu sehen. Doch wer hatte sie gestört? Wir haben ihnen immer wieder gesagt, daß die Kameraleute vom Fernsehen die Störenfriede gewesen sind. Als wir hereinkamen und die Kameraleute durch eine andere Tür hereinströmten und durch alle Gänge liefen, sagte der Sprecher als erstes: »Schikken Sie diese Kameraleute hier hinaus! Wer hat die Reporter hereingelassen? Sorgen Sie dafür, daß die Kameraleute hier verschwinden, die haben kein Recht, hier zu sein, und so weiter und so fort ...« — das hat er gesagt. Er hat nie gesagt: Schikken Sie die Panther mit den Gewehren hinaus. Die ganze Zeit hat er das nicht gesagt. Es ist nie gesagt worden. Ich glaube, das ist die gesetzliche Technik bei der ganzen Angelegenheit. Allerdings war ich fünf Monate lang im Gefängnis gewesen und Warren Tucker sechs Monate lang, und auch ein paar andere Panther hatten mal im Gefängnis gesessen wegen irgendwelcher Vergehen, bei denen sie gar nichts Ungesetzliches gemacht hatten.

Jedenfalls haben wir die Brüder aus dem Gefängnis freigekriegt. Um sechs Uhr standen wir da und warteten auf sie. Da fing man an, sie einzeln herauszulassen. Die Brüder wurden einer nach dem anderen herausgelassen, und jedesmal, wenn ein Bruder herauskam, nahm ihn Huey einmal tüchtig in den Arm, schlug ihm auf seinen starken Revolutionärsrücken und sagte: »Bist du froh, Bruder, daß du es getan hast?« Dann sagte der Bruder: »Und wie!« Huey meinte: »Wir haben gute Arbeit geleistet«, und er gab jedem Bruder, der die Treppe herunterkam, einen Schlag auf den Rücken. Warren Tucker, der an meiner linken Seite gegangen war mit der .357-Magnum, kam als letzter heraus. Er sagte: »Verflucht noch mal. Ich war schon drauf und dran, den Schuften zu sagen, ich *könnte ihnen nur raten,* mich aus diesem gräßlichen Kasten rauszulassen.« Er hatte alle anderen hinausgehen sehen. Wir haben diese Brüder freigekriegt, und Huey begrüßte sie als Revolutionäre. Er begrüßte sie als opferbereite Brüder. Wir pferchten sie in unsere Wagen und fuhren sie wieder nach Hause, in ihr Zuhause, in die Grenzen eines dekadenten Gettos in Oakland, wo wir leben. Wir kauften ihnen ein oder zwei Glas Bier, das tranken sie. Unsere Jugendlichen waren noch im Gefängnis: Bobby Hutton, Orleando Harrison, ein Bruder, der mit mir zusammen beim Armenhilfe-Programm von Nord-Oakland beschäftigt war, und noch zwei Jungs von Mark Comfort.

Die Black Panther-Zeitung

Ein gewaltiges Ereignis war geschehen, Huey P. Newton hatte es in Gang gebracht. Ein gewaltiges Ereignis war geschehen, das für die Black Panther Party von ungeheurer Bedeutung war. Die Nachricht vom Bestehen der Partei lief um die ganze Welt. Einige Tage nach unserer Rückkehr aus Sacramento stellte Huey fest, daß unser Besuch im Capitol die Titelseiten der Londoner *Times* füllte. Von da aus entwickelten sich die Dinge weiter. Wir hatten ja nun einen Rechtsfall, bei dem vierundzwanzig Brüder der Verschwörung beschuldigt waren: 2 200 Dollar Kaution für jeden. Als wir damals versuchten, das Geld zu sammeln, stellten wir fest, daß die Black Panther Party überall bekannt war. Nachdem wir die Brüder vom Gefängnis nach Hause gebracht hatten, fuhren wir zum ›Black House‹, zum ›Schwarzen Haus‹ herüber, das ausdrücklich als Hauptquartier der Black Panther Party in San Franzisko bezeichnet und eingerichtet worden war. Eldridge Cleaver hatte ihm seinen Namen gegeben, Huey und ich hatten zugestimmt. Im Black House hatte Bruder Eldridge auch gewohnt.

Wir wollten die Zeitung *The Black Panther* herausbringen.

Huey und ich waren den ganzen Tag im Black House gewesen, diesen dritten Tag nach Sacramento; immerzu hatten uns Reporter angerufen und versucht, mit uns in Verbindung zu kommen, sie hatten auch Eldridge Cleaver angerufen. Alle versuchten uns zu bestürmen und zu erfahren, was vorging. Sie riefen uns den ganzen Tag über an. Ein Anrufer sagte uns, sie wollten uns gern am nächsten Morgen für das ›A.M.‹-Programm auf Kanal 7 haben. Wir haben ihnen versprochen, wir würden kommen. Für die Nacht nahmen wir uns vor, das Zehn-Punkte-Programm für den Abdruck in der Parteizeitung einzurichten und die zweite Nummer des ersten Jahrgangs von *The Black Panther, Black Community News Service* vorzubereiten.

Wir hatten eine Menge Sachen zusammengekriegt, um damit den *Black Panther* zusammenzustellen. Emory Douglas, der jetzt unser Kultusminister ist, hatte uns all sein Material gebracht, und Huey erklärte ihm, was revolutionäre Kultur ist; er erklärte ihm, daß revolutionäre Kultur die einzige wirkliche Kultur ist. Huey sagte ihm, wenn er als Künstler für die Black Panther Party arbeiten wollte, dann müßte er sich speziell auf die revolutionäre Kultur, auf das schwarze Volk einstellen. Emory sagte, daß er auf die revolutionäre Kultur eingestellt wäre.

Ich selber habe ihn einiges gefragt. Ich erinnere mich noch daran, wie ich Emory zu erklären versucht habe, daß Kultur in der Hauptsache ein erlerntes Verhalten ist, und was in das erlernte Verhalten mit eingeschlossen ist, besonders wenn man vom schwarzen Volk und einer revolutionären Kultur spricht. Der Molotow-Cocktail war zu einem wichtigen Bestandteil der Kultur des schwarzen Volkes geworden, und jetzt hatte Huey P. Newton die Bedeutung von Gewehren und Waffengewalt in der Organisation zum wichtigen Bestandteil der Kultur des schwarzen Volkes gemacht. Die Schwarzen mußten über ihr jetziges Interesse für Dollars, für das Trinken und für Molotow-Cocktails hinauskommen und einen solchen Horizont gewinnen, daß sie die richtige Anwendung von Gewehren und Waffengewalt in der Organisation verstehen würden; sie mußten verstehen lernen, was eine politische Partei bedeutete, wenn sie sich anschickte, das schwarze Volk zu befreien. So hat es Huey ihm gesagt. Ich hoffte, er würde begreifen, daß die Black Panther

Party sich vor allem um die grundlegenden politischen Forderungen und Bedürfnisse des Volkes kümmerte und darum, daß diese auf revolutionäre Weise erfüllt würden. Der Bruder nickte ständig und bejahte, er sagte: »Ja, ich verstehe das, es leuchtet mir ein.« Er wollte eben künstlerisch tätig sein.
So saßen wir bis in die Nacht hinein, und ich selbst setzte mich hin und machte die erste Schlagzeile für den *Black Panther* fertig: *»Die Wahrheit über Sacramento«*.

Wir werden oft gefragt, wo wir unser Geld hernehmen. Die Machthaber haben uns beschuldigt, wir wären Diebe und Räuber. Das ist nicht wahr. Ein großer Teil unseres Geldes kommt von vielen Gruppen und Leuten, die uns unterstützen. Das sind verschiedene Quellen: Juristenvereine, kirchliche und andere Organisationen, auch viele Leute, die etwas für unsere Partei übrig haben, weil sie sich die Zeit genommen haben, unsere Zeitung zu lesen.
Eine andere Art, Geld zu bekommen, sind unsere Vorträge. Manchmal haben wir fünfhundert oder tausend Dollar für einen Vortrag bekommen, vor allem als Eldridge, Kathleen und ich noch herumreisten; aber auch andere Anführer unserer Partei bekommen diese Beträge, und sie helfen uns für die Parteiarbeit.
Eine der wichtigsten Quellen ist die Parteizeitung. Sie wird von den lumpenproletarischen Brüdern und Schwestern hergestellt. Eldridge Cleaver ist der eigentliche Herausgeber der Zeitung, aber diese Zeitung verdankt ihre Qualität und Entwicklung solchen Brüdern, die früher im Gefängnis gesessen haben, die früher nur einfach im Getto gelebt haben, gewöhnlichen afro-amerikanischen Brüdern aus dem Lumpenproletariat, die politisch organisiert und politisch bewußt geworden sind; sie haben sich ihre Fähigkeiten bei der Herstellung dieser Zeitung erworben.
Die Brüder, die zur Black Panther Party gehören, bekommen keinerlei Gehalt von ihr, aber sie dürfen von jeder Zeitung, die sie verkaufen, zehn Cents behalten. Wir geben sehr viel den jungen Brüdern, den kleinen Brüdern in der Wohngemeinde, zehn Cents für jede Zeitung, die sie verkaufen. Manche haben so viele Zeitungen verkauft, daß sie sich von dem Geld Fahrräder anschaffen konnten. Das ist sehr gut, das ist konstruktiv, es hilft ihnen zu arbeiten, und es hilft gleichzeitig der Partei, viel mehr Menschen mit richtigen Informationen über die Black Panther Party zu versorgen.
Unsere Zeitung hat die höchste Auflage unter den Blättern, die man gewöhnlich ›Untergrund-Zeitungen‹ nennt; dabei sind wir in Wirklichkeit gar nicht im Untergrund. Wir sind ganz schön hoch oben, an der sichtbaren Oberfläche. Mit dem Aus-

druck ›Untergrund‹ will man uns von der berufsmäßigen Presse unterscheiden. Wir haben zur Zeit eine Auflagenhöhe von wöchentlich 125 000 Exemplaren, und sie steigt noch im ganzen Land rapide an. Die Brüder in der Black Panther Party, unser Redaktionsstab und all die Brüder und Schwestern, die durch ihre Arbeit mithelfen, die Zeitung herauszubringen, verdienen alles Lob; sie sorgen dafür, daß die Zeitung sich ständig entwickelt, sie sammeln die Nachrichten und werden zu Reportern in der Wohngemeinde; dadurch können sie der Bevölkerung die Wahrheit liefern über das, was geschieht.
Es ist also nicht etwa so, daß ein paar Weiße hinter den Kulissen unsere Zeitung herausbrächten oder daß eine spezielle jüdische Geldquelle das einzige Mittel wäre, durch das die Black Panther Party sich erhalten könnte. So ist es durchaus nicht. Es ist eine Sache, in der die afro-amerikanischen Lumpenproletarier die Bahnbrecher geworden sind, und die Zeitung selbst ist das entscheidende Mittel, um den Leuten beizubringen: Die Brüder in der Wohngemeinde, die Revolutionäre sind und einen revolutionären Wandel wollen, werden nicht vor den Machthabern zurückweichen, sondern die Black Panther Party wird vorangehen, und sie geht beständig voran.

Es sind schon sehr listige Methoden angewendet worden, um zu verhindern, daß unsere Zeitung weiter erscheint. Wir haben einen Brief von der Drucker-Gewerkschaft Amerikas bekommen; darin stand, unsere Zeitung hätte eine so »berufsmäßige Qualität« erreicht, daß wir sie von jetzt an in einer gewerkschaftlichen Druckerei zusammenstellen und drucken lassen müßten. Wir begriffen, daß dies mit zu den Versuchen des FBI und der Polizei gehörte, das Erscheinen der Black Panther Party-Zeitung zu verhindern. Wir lassen die Zeitung bei Howard Quinn drucken, und das ist eine gewerkschaftliche Druckerei, aber der Drucker-Gewerkschaft ging es um die Leute, die die Zeitung zusammenstellen und Mitglieder der Black Panther Party sind. Da wir Verständnis für die Arbeiter haben und uns selbst für Arbeiter halten, sind vier oder fünf von den Brüdern und Schwestern, die wirklich die Zeitung zusammenstellen, und die der Black Panther Party angehören, in die Drucker-Gewerkschaft eingetreten, und damit hat sich der ganze Aufruhr erledigt.
Früher sind sehr viele Zeitungen zurückgehalten worden, und Tausende von Exemplaren kamen naß und durchgeweicht zu den Empfängern. Das ging ein Jahr lang immer wieder einmal so. Wenn Zeitungen verschickt wurden, hielten Luftfahrtgesellschaften sie oft beim Verfrachten eine oder zwei Wochen lang zurück. Das gilt für ›American Airlines‹, für ›Trans World Airways‹ und für ›United‹. Wir können das aus unseren Ak-

ten beweisen. Wir haben auch unsere Briefe an die Luftfahrtgesellschaften in den Akten, daß wir sie gerichtlich verfolgen würden, wenn sie unsere Zeitungen so zurückhielten, daß manchmal fünfzig- oder sechzigtausend Stück gar nicht mehr zum Vorschein kämen oder erst dann, wenn man sie nicht mehr verkaufen könnte, zwei oder drei Wochen nach dem Erscheinungsdatum.
Es hat auch viele Versuche gegeben, die Arbeiter in der Druckereigesellschaft von Howard Quinn, wo unsere Zeitung gedruckt wird, aufzuwiegeln. Die Hälfte der Arbeiter stellte sich auf unsere Seite und die andere Hälfte auf die Seite dieser CIA-FBI-Aktion; die sagten, sie würden von Howard Quinn weggehen, wenn er die Black Panther Party-Zeitung weiter druckte. Die anderen, die auf unserer Seite standen, waren die, die unten die Druckpresse bedienen. Sie kamen gut mit uns aus, wir halfen ihnen ja, mehr zu verdienen. Von uns wurden bei Quinn mehr Exemplare gedruckt als von jeder anderen Untergrund-Zeitung. Sie sagten, sie würden kündigen, wenn Quinn die Black Panther Party-Zeitung nicht mehr drucken wollte.
Nun, auf die Art sind wir gut durchgekommen, und schließlich haben wir angefangen, die Zeitung gegen Nachnahme zu verschicken, damit wir von den Luftfahrtgesellschaften Schadensversicherung einziehen könnten. Da plötzlich kamen unsere Zeitungen zum größten Teil pünktlich an; gelegentlich werden sie allerdings noch zurückgehalten. Aber früher ist es tatsächlich vorgekommen, daß die Polizeipräsidien zum Flugplatz gingen, um das bestimmte Flugzeug abzuwarten, das unsere Zeitungen brachte. Die Luftfahrtgesellschaften sortierten die Zeitungen aus und gaben sie der Polizei, und die Polizei brachte unser Eigentum an irgendeinen Platz, wo sie es vernichtete.
Die Herstellung kostet für jedes Zeitungsexemplar etwa acht Cents, aber mit Porto und Frachtkosten sind es rund zehn Cents pro Stück. Die Zeitung wird für fünfundzwanzig Cents verkauft, wir bekommen aber nur ungefähr fünf Cents von jeder Nummer. Wir verbrauchen das Geld für Büromieten, Telefonrechnungen und sonstige Ausgaben. Wir sind sehr stolz auf unsere Zeitung. Sie kommt aus der Mitte des schwarzen Volkes, von der Wurzel her.
Deshalb sollten die Leute wissen, daß wir eine nationale Zeitung haben, die sie lesen können, wenn sie im Bilde bleiben wollen über die Black Panther Party und darüber, was in der Welt passiert, in unserer wechselvollen, revolutionären Zeit.

Huey hört Bob Dylan

Später sind wir zu Beverly Axelrod gegangen, um die Zeitung da fertigzumachen. Ihr Haus lag etwa acht oder neun Häuserblocks südlich vom Haight-Ashbury-Distrikt drüben in San Franzisko. Es war ein schönes, großes Haus, und wir sind dorthin gegangen, um mehr Platz und Raum zu haben, damit wir alles zusammenbrächten. Wir haben es auch gut zusammengebracht. Eldridge und Barbara Auther haben ein paar Artikel ausgebrütet.

Wir riefen einen weißen Fotografen an, holten ihn uns her und baten ihn, ein paar Fotos von Huey zu machen. Wir wußten nämlich, daß wir versuchen müßten, ein zusammenfassendes Symbol für die Führung der schwarzen Bevölkerung in der schwarzen Wohngemeinde zu finden. Wir mußten es irgendwie zusammenfassen, so entschieden wir uns für ein Foto von Huey. Dieser Fotograf kam mit seinen Apparaten und Stativen zu uns, und Eldridge stellte alles für das Bild zurecht. Der Fotograf machte mehrere verschiedene Fotos. Wir holten einen Korbstuhl und afrikanische Schilde; Eldridge sagte: »Nimm das Gewehr und stelle hier den Speer hin.« Er baute das Bild künstlerisch auf, wie es jeder kennt: Huey P. Newton auf dem Korbstuhl, mit Schrotflinte und Speer, an beiden Seiten des Stuhls die Schilde.

Die Schilde waren sehr wichtig, denn Huey betonte, daß wir Speer und Schild gebrauchen, und dabei hat der Schild große Bedeutung. Huey hat öfter erzählt, wie vor langer, langer Zeit einmal ein Mann einen Speer erfand, und viele Menschen bekamen Angst. Aber dann, sagte Huey, haben die Menschen einen Schild gegen den Speer erfunden; nun hatten sie nicht mehr solche Angst. Das hat Huey P. Newton eigentlich sinnbildlich durch die Black Panther Party getan – er hat den schwarzen Menschen einen Schild geboten gegen all den Imperialismus, die Dekadenz, die Angriffe und den Rassismus in unserem Lande. Das hat Huey P. Newton symbolisch für uns getan. So haben wir es aufgefaßt.

Die Schlagzeile der Parteizeitung hieß: *»Die Wahrheit über Sacramento«*, denn es ist viel über die Black Panther Party gelogen worden, auch über die Black Panther Party in Sacramento. Die Lügen kamen von den offiziellen Massenmedien – Fernsehen, Rundfunk und Presse –; die hielten die Panther nur für einen Haufen Blödsinn, für eine Schar verrückter Leute mit Gewehren. So mancher ›Onkel Tom‹ und unsere rückständigen Schwarzen, die ihre Gehirnwäsche hinter sich hatten, machten sich falsche Vorstellungen über die ganze Sache, wenn man es einmal richtig betrachtet.

Während wir dabei waren, diese Zeitung zusammenzustellen, hörten wir, wie im Hintergrund des Raumes eine Schallplatte abgespielt wurde. Es war ein Song mit dem Titel ›Ballad of a Thin Man‹ (Die Ballade vom dünnen Mann) von Bob Dylan. Nun hatte ich wohl die Melodie im Kopf, ich hörte sie wirklich, die Melodie dieser Schallplatte. Ich hörte die Töne und den Rhythmus. Aber ich hörte die Worte nicht richtig. Diese Schallplatte lief, als wir so lange aufblieben und die Zeitung zusammenstellten. Und sie lief am *nächsten* Abend, als wir auch wieder lange aufblieben und an der Zeitung arbeiteten. Ich glaube, sie lief schon den dritten Nachmittag. Wir spielten diese Platte wieder und wieder. Es waren viele Brüder dort, mit einer Menge Schrotflinten zur Sicherheit. Das war in der Zeit wirklich eine Frage der Sicherheit. Es war keine Spielerei.
Huey P. Newton brachte mich dazu, die Verse zu erkennen. Nicht nur die Verse der Schallplatte, sondern auch das, was sie sagen wollten; was die Verse in der Geschichte des Rassismus bedeuteten, der auf dieser Welt endlos fortgesetzt wird. Huey sagte oft: »Horch, hör zu – Mann, hörst du, was er da sagt?« Huey hatte sehr gut begriffen, wie es zum Rassismus gekommen ist und wie der Rassismus endlos weiterging. Er konnte in sehr klaren Worten sagen, was er genau unter diesen symbolischen Dingen verstand oder unter den Worten, die Bobby Dylan sang. Die Stelle über den ›geek‹ ist mir so wichtig, weil Huey mich an dieser Stelle gepackt hat.
Ich weiß noch, wie in dem Song das Stück drankam, wo von dem Kerl die Rede ist, der seine Eintrittskarte abgibt und zu dem ›geek‹ hingeht, und der ›geek‹ gibt ihm einen Knochen. Na, damit konnte ich nichts anfangen, also sagte ich: »Huey, Moment mal, Mensch, was redest du da von einem ›geek‹? Was ist ein ›geek‹? Was zum Teufel ist ein ›geek‹?« Huey erklärte: »Ein ›geek‹ ist gewöhnlich ein Zirkuskünstler. Vielleicht war er früher ein erfahrener Turner am Trapez, der sich eine Verletzung geholt hat. Er ist sein Leben lang im Zirkus gewesen und kennt nichts anderes als Zirkusarbeit. Aber er kann kein Trapezturner mehr sein, weil er eine schlimme Verletzung hat. Und er muß doch noch leben, er muß existieren, er muß verdienen. Darum tut er den Zirkusleuten leid, und sie geben ihm einen Job. Sie geben ihm den scheußlichsten Job, weil er für nichts anderes mehr zu gebrauchen ist. Sie setzen ihn in einen Käfig. Dann zahlen die Leute einen Vierteldollar, um ihn da drin zu sehen. Sie stecken lebendige Hühnchen in den Käfig, und der ›geek‹ ißt die Hühnchen lebendig auf ... die Knochen, die Federn, alles. Natürlich kriegt er jetzt ein Gehalt, weil das Publikum einen Vierteldollar bezahlt, um ihn zu sehen. Er tut das, weil er muß. Er ißt nicht gern rohes Fleisch oder Federn, aber er tut es, damit er am Leben bleibt. Doch die Leute, die dort

hingehn, um ihn zu sehen, wollen dabei nur ihre Unterhaltung haben, und sie sind die eigentlichen ›freaks‹*. Der ›geek‹ weiß das, darum ißt er bei seiner Vorstellung das rohe Hühnchen und gibt einem der Zuschauer einen Knochen; denn er weiß, daß eigentlich sie die ›freaks‹ sind, wenn es ihnen Spaß macht, zu sehen, was er da tut, weil ihm nichts anderes übrigbleibt. Das ist also ein ›geek‹ und ein ›freak‹. Ist dir das klar? — Um es im größeren Maßstab zu sagen: Dylan erklärt damit eigentlich, was das heißt, wenn Leute aus der Mittel- und Oberschicht sich manchmal an einem freien Sonntagnachmittag mit ihrer ganzen Familie in eine Limousine setzen und zu den schwarzen Gettos fahren, um sich die Prostituierten und die verkommene Wohngemeinde zu begucken. Sie tun das zum Vergnügen, als Unterhaltung am Sonntagnachmittag. Natürlich sind die Gettobewohner da, und sie sind nicht gern da. Die Prostituierten sind da, weil sie leben und existieren wollen und Geld brauchen. Damit sind also die Leute der mittleren und oberen Stände, die dorthin kommen, weil es ihnen Vergnügen macht, ›freaks‹. — Das geht weiter bei dem einäugigen Zwerg. Wer ist der einäugige Zwerg? Er schreit und kreischt Mr. Jones etwas vor. Mr. Jones weiß nicht, was los ist. Dann sagt der einäugige Zwerg: ›Gib mir Moneten oder geh nach Hause!‹ Und das ist wieder ganz bildlich für Menschen, die benachteiligt sind. Sie benehmen sich gönnerhaft gegen Mr. Jones, gegen die Leute aus dem Mittelstand. Verstehst du, es liegt ihnen gar nichts daran, daß sie zu ihnen kommen, um sich zu amüsieren. Aber wenn sie ihnen für ein Kunststück etwas bezahlen, dann werden sie sie dulden; sonst werden sie sie aus den Gettos verjagen. Dieser Song ist höllisch. Du mußt begreifen, daß dieser Song wahnsinnig viel über die Gesellschaft sagt.«

Die weiße Gesellschaft und die Mittelstands-Gesellschaft sind erstaunt, wenn sie sehen, daß schwarze Menschen im Getto Hühner züchten. Sie zeigen sich so erstaunt, weil sie die schwarzen Menschen für ›freaks‹ gehalten haben. Sie haben gemeint, sie könnten alle schwarzen Menschen als Naturspiele in einen großen Sack stecken. Sie dachten, sie hätten Nigger, über die sie genau Bescheid wüßten. Aber die schwarzen Menschen waren nicht mal Nigger. Die schwarzen Menschen waren nicht rückständig und gleichgültig.

Huey sagt, die Weißen hätten die Schwarzen als ›geeks‹ und ›freaks‹ betrachtet. Die besondere Symbolik ist nun dabei die: Wenn die Revolution losgeht, werden sie uns ›geeks‹ nennen, weil wir rohes Fleisch essen. Aber dann dreht sich der ›geek‹ um, gibt Mr. Jones einen nackten Knochen und sagt: »Wie ge-

* ›Freak‹ ist mit einem einzigen deutschen Wort nicht zu übersetzen. Es bedeutet sowohl ›Mißgeburt‹ oder ›Naturspiel‹ wie ›Sehenswürdigkeit‹. (*Anm. d. Übers.*)

fällt es denn Ihnen, ein ›freak‹ zu sein?« Mr. Jones wird sagen: »Um Gotteswillen, was ist denn nun los?« Bobby Dylan sagt: Sie wissen wohl nicht, was das soll, nicht wahr, Mr. Jones? — Ihm den nackten Knochen zu geben, das war zuviel — es war wirklich zuviel!

Eldridge Cleaver erklärt in seinem Buch ›Seele auf Eis‹, daß der weiße Mann den schwarzen Mann im Kreis herumgeführt hat, besonders der weiße allmächtige Vermögensverwalter — große Geschäftsleute, die die Regierung manipulieren, betrügen und lenken. Sie haben den schwarzen Mann im Kreis herumgeführt und haben ihn dargestellt als einen, der sich im Kreis herumführen läßt, an einem kleinen Strick, einem Stück Schnur, das man im Nu zerreißen konnte. Der Strick war dem schwarzen Mann um den Hals gebunden, und der schwarze Mann war als großer Gorilla dargestellt. Ein Gorilla war er. Er war kein Mensch, er konnte nicht sprechen. Man glaubte nicht, daß er denken könnte. Aber der Gorilla schlägt an seine Brust und sagt: »Ich bin ein Mensch.«

Zu den symbolischen Dingen, auf die Eldridge in seinem Buch hinwies, gehört die Tatsache, daß Cassius Clay gesagt hat: »Ich bin der Größte« — daß er symbolisch an seine Brust geschlagen hat. In Wirklichkeit sagte er: »Ich bin ein Mensch.« Er sagte: »Ich bin ein starker Mensch.« Was den Rassisten schockiert hat, was den allmächtigen Verwalter schockiert hat, ist die Tatsache, daß er zu dem großen Gorilla aufzusehen hatte. Der Strick war zerrissen worden, er sah diesen Gorilla an seine Brust schlagen und hörte ihn sagen: »Ich bin ein Mensch.« Das war Cassius Clay.

Cassius Clay hat gern geprahlt. Das haben die Leute falsch verstanden. Cassius Clay meinte damit nur, daß er diesem ganzen allmächtigen rassistischen Schwindel Trotz bot, indem er vortrat und sagte: »Ich bin der Größte. Ich bin nicht zu schlagen.« Er schlug an seine Brust, und wenn er so etwas sagte, mußte der weiße rassistische, allmächtige Verwalter, der den Strick in der Hand hielt, sich fragen: »Ja, wenn der ein Mensch ist, zum Teufel, was bin ich dann?« Und das meint Bobby Dylan, wenn der Zirkusmann in seinem Song Mr. Jones den nackten Knochen gibt und dabei sagt: »Na, wie gefällt es Ihnen, ein ›freak‹ zu sein?« Das ist der ganze Sinn dieser Frage: Wenn er ein Mensch ist, dann ist er kein ›freak‹, und er sagt zu Mr. Jones, der wäre ein ›freak‹; so muß Mr. Jones sich fragen: »Bin ich das?« Damit wird symbolisch gesagt: »Wenn der ein Mensch ist, was bin ich denn dann?«

Dieser Song, den Bobby Dylan da sang, spielte bald eine große Rolle bei der ganzen Arbeit an der Black Panther-Zeitung. Während wir das Blatt zurechtmachten, ertönte im Hintergrund diese Platte; ich glaube, wir haben eine Menge Zeitungsnum-

mern fertiggemacht, während immer wieder diese Platte lief. Bruder Stokely Carmichael hatte sie auch gern. Diese Schallplatte wurde uns sehr vertraut.
Die Brüder hatten drüben in Beverlys Haus ein paar große Kopfhörer, die einem fest über den Ohren saßen und eine Art direkten Stereo-Effekt hatten; und wenn man sich dabei ein bißchen betrank — es war einfach fantastisch! Diese Brüder hatten manchmal einen kleinen Schwips, wenn sie irgend etwas getrunken hatten; dann setzten sie sich hin und spielten immer wieder und wieder diese Platte ab, besonders seit sie gehört hatten, wie Huey sie erklärte. Sie versuchten zu verstehen, worum es wirklich ging. Der alte Bobby hat der Gesellschaft einen großen Dienst erwiesen, als er *diesen* einen Song gemacht hat. Falls es von ihm noch mehr gibt und ich es nicht verstehe, dann werde ich einfach Huey P. Newton bitten, es uns zu erklären; vielleicht können wir noch riesig viel von Bruder Bobby Dylan lernen, denn mit dieser Schallplatte hat er wirklich gute Arbeit geleistet.

Ich ›sitze‹ in Big Greystone

Nach Sacramento haben wir einen Handel gemacht. Ich und ein paar andere Brüder, die noch nicht in den Gerichtsakten waren, wollten eine Zeitlang sitzen, für ›Friedensbruch‹ oder so etwas, und alle die Brüder, die zur Bewährung oder bedingt entlassen waren (und jetzt wieder in Haft saßen), sollten dafür freikommen. Wir waren in keiner Weise schuldig, aber wir machten den Handel, damit die anderen Brüder nicht ins Staatsgefängnis müßten. Warren Tucker und ich haben die längsten Strafen abgesessen, jeder sechs Monate.
Zuerst hatten sie mich im Landesgefängnis in Sacramento, aber später versetzten sie mich ins Landesgefängnis von Alameda, Santa Rita. Ich war in einem besonders gesicherten Gebäudeflügel in dem Komplex, der allgemein ›Big Greystone‹ genannt wird, weil die Gebäude aus solchen düsteren grauen Steinen gebaut sind.
Huey wollte mich im Landesgefängnis von Sacramento besuchen, kurz nachdem ich im August 1967 meine Haft angetreten hatte; aber als er hinkam, war ich schon nach Greystone verlegt worden. Ich weiß noch gut, wie Huey zu mir sagte, ehe ich ins Gefängnis ging: »Du kannst doch sechs Monate für die Partei schaffen, oder?« — »Sicher kann ich das«, sagte ich zu Huey, »das kann ich leicht schaffen.«

Am Morgen des 28. Oktober 1967 lag ich in meiner Koje in einer von diesen blöden Zellen, die sie in Big Greystone haben.

Plötzlich rief jemand: »Bobby Seale, Bobby Seale!« Das war einer von den Verwaltern, er ging durch den schmalen Gang oberhalb der Zellen. Ich sagte: »Hier drüben, in Zelle 82.« Der Bursche kam an und erzählte: »Da ist eine Schießerei gewesen mit zwei Panthern, ein Polizist ist tot, und einer von euren Jungs ist verwundet, glaube ich.« »Was!« rief ich. »Wissen Sie, wer es war?« Er sagte: »Nein, wir haben noch keine Nachricht, wer es gewesen ist. Aber sie haben auf ihn geschossen. So hat es einer von den Gefängniswärtern erzählt.«

Viele Namen gingen mir durch den Kopf, aber nicht der von Huey. Ich dachte, es könnte Sherman Forte sein, Bobby Hutton, Reggie Forte, Orleando Harrison, irgendeiner von den Brüdern, die mit uns in Sacramento waren. Ich besinne mich, daß ich zu mir sagte: »Wer kann das wohl sein? Wen können sie denn angeschossen haben?« Ich wußte, daß die *Oakland Tribune* die Nachricht bringen würde. Die *Oakland Tribune* ist das einzige, was sie einen im Gefängnis lesen lassen. Sie trichtern einem einfach den Schmarrn ein und lassen keine anderen Zeitungen herein. Ich wartete, las ein paar Abschnitte aus einem Buch und wartete dabei auf die Zeitung.

Endlich gegen zwölf Uhr brachte mir der Verwalter die Zeitung. Auf der Titelseite war ein Foto von Huey P. Newton zu sehen. Er lag auf einer Tragbahre.* Die Zeitung meldete, er wäre angeschossen worden.

Als erstes machte ich mir Gedanken, wie es ihm wohl ginge. Ich las die Lügengeschichte des Polizeischweins. Dann dachte ich daran, wie man den Bruder herauskriegen könnte. Sie würden Bruder Huey als Mörder anklagen. Mir gingen die verschiedensten Pläne durch den Kopf, wie ich in das Gefängnis oder in die Gerichtsverhandlung eindringen wollte. Er mußte ja vor Gericht erscheinen, und ich dachte, ob ich da reingehn könnte und über jeden Richter herfallen, über jeden Gerichtsdiener, über den Protokollführer, einfach über alle diese Schweine herfallen, dann auf Huey zugehen und mit ihm hinausgehen. Ich stellte mir Szenen in einem überfüllten Gerichtssaal vor, und während Huey mitten in der Menge stand, würde ich ihn da als Frau verkleiden. Ich würde ihm irgendein Kleid anziehen und ihn mit einem anderen Mann zusammen herausgehen lassen, als Ehepaar verkleidet. Das würden die Polizeischweine nie herauskriegen, dachte ich.

Mir fiel ein, wie Huey oft zu mir gesagt hatte, er wollte nie als Mörder verklagt werden, wo man dann mit einem Todesurteil auf der Warteliste steht. Huey beschrieb die Warteliste für die

* Am 28. Oktober 1967 fand am frühen Morgen ein Schußwechsel zwischen Huey P. Newton und zwei Polizisten statt. Huey wurde schwer verwundet. Ein Polizist, John Frey, wurde getötet; der andere, Herbert Heanes, wurde schwer verletzt. *(Anm. d. amerikan. Hsg.)*

Vollstreckung als eine richtige Folterung. Man sitzt drei, vier oder fünf Jahre lang auf der Warteliste und weiß nicht, wann man mit dem Sterben dran ist. Das ist schon eine Tortur, aber die eigentliche Folterung kommt erst dann, sagte er, wenn sie drauf und dran sind, einen in die Gaskammer zu führen, und fünf oder zehn Minuten vor der Vollstreckung kommt jemand mit einem Vollstreckungs-Aufschub, vielleicht für einen Monat oder für ein Jahr. Er sagte, das ist dann wirklich eine Folterung.

Ich fing an, ganz intensiv die Tage zu zählen, die ich noch im Gefängnis bleiben müßte — wann ich herauskommen würde und etwas tun könnte, um Huey zu befreien. Soweit ich wußte, war meine Entlassung aus diesem Gefängnis irgendwann zwischen dem 8. und 15. Januar vorgesehen, es war nicht ganz klar. Ich war am 8. August ins Gefängnis gegangen, wegen dieser Geschichte in Sacramento. Es war jetzt der 28. Oktober, und ich mußte die ganze Zeit bis zum 8. Januar warten, ehe ich herauskäme.

Ich hatte die Zeitungen gelesen. Ich hatte auch vor ein oder zwei Wochen den Protest gegen die Brutalität der Polizei gelesen; da hatten die Polizeischweine Leute auf den Kopf gehauen, die gegen den Kriegsdienst demonstriert hatten und losgezogen waren, um das Rekrutierungsgebäude in Oakland zu schließen. Polizeichef Gain und seine Polizeischweine, die Straßenpatrouillen, dazu noch andere aus den umliegenden Städten hatten all diese *friedlichen* Demonstranten auf den Kopf geschlagen. Es waren friedliche Demonstranten. Sie setzten sich vor das Rekrutierungsbüro und sagten: »Wenn es ein Rechtsbruch ist, daß ich mich hinsetze, dann verhaften Sie mich!« Und sie gingen friedlich zum Gefängnis. Aber der Polizeichef Gain und die Polizeischweine wollten ihnen die Köpfe einschlagen. Diese Demonstranten haben nach dem, was mit Bruder Huey passiert war, eine Pressekonferenz einberufen und haben erklärt, man müßte diese Rassistenhunde von der Polizei, die Huey P. Newton angegriffen hätten, entlassen und Huey wieder in Freiheit setzen. Der Artikel zeigte, daß sie zu uns hielten und uns unterstützten. Sie sagten, die gleichen Polizeischweine, die in Oakland auf die Demonstranten gegen den Kriegsdienst losgegangen wären, hätten auch Huey angegriffen. (Die Demonstration im Induktionszentrum hatte einige Wochen früher stattgefunden.)

Ich las auch, daß Richter Staats in dem Krankenhauszimmer, in dem Huey sich von seiner Schußwunde erholen sollte, eine Gerichtsverhandlung abhielt, um ihn zu beschuldigen und anzuklagen. Es waren auch einige Panther-Brüder zum Krankenhaus gegangen, aber das Haus war umstellt. Die Polizeischweine fragten, was sie wollten, und die Panther-Brüder sagten: »Wir kommen, um Huey zu holen.« Sechs oder sieben Brüder wurden verhaftet. Diese Brüder hingen wirklich an Huey. Sie waren gekommen, um den Verteidigungsminister zu holen, um nach Huey zu sehen und ihn zu befreien. Ein Polizeischwein mit einer Schrotflinte sprang auf sie zu, hielt sie an und fragte: »Was wollen Sie hier?« Einer von den Panthern, der sich ganz dem revolutionären Kampf widmete, der sich der Befreiung der Schwarzen widmete, sagte: »Wir sind gekommen, um Huey zu holen.« Das Polizeischwein mußte wohl Schiß haben! Das waren ja verrückte Panther.

Wenn man im Gefängnis ist, muß man am Sonntagmorgen in den Tagesraum gehen und sich da einige puritanische Meinungen anhören; da predigen christliche Prediger einen Haufen Unsinn darüber, daß wir im Unrecht wären und den Herrn suchen müßten. Das Gebrabbel kann vielleicht ironisch werden! Da ist so ein Prediger im Tagesraum, in dem sich über zweihundert Kerle zusammendrängen. Der Mann da schwatzt einfach drauflos, und die Brüder hören ihm nicht mal zu. Auf jeder Seite stehen Wärter, die sagen, man sollte still sein und zuhören. Man kriegt die Wut auf diese Schweine, besonders wenn man so einen Verteidigungsminister wie Huey P. Newton hat. Man kriegt richtig die Wut, wenn man weiß, daß es einen fabelhaften revolutionären Führer gibt, der den Leuten das Land und das Brot wiedergeben möchte. Man möchte am liebsten aus dieser Versammlung ausbrechen; man möchte losgehen und etwas für Huey tun. So empfindet man dann.

Es gab im Gefängnis viele Brüder, die auf einmal alle Panther werden wollten. Sie hatten mich früher auch schon sprechen gehört, aber jetzt wollten sie Panther werden. Sie sahen, daß da etwas zu hoffen war. Sie hielten Huey für den Helden des Volkes. Huey war einfach wunderbar; er drehte sich um und sagte zum Volk: »Ihr seid die Helden, ihr seid es, Leute! Tun wir uns doch zusammen, gehen wir doch einig vor, dann werden wir Land, Brot, Wohnungen, Bildung, Kleidung, Gerechtigkeit und Frieden bekommen.«

Ich dachte und überlegte, las die Zeitungen und machte Pläne, was man für Huey tun könnte. Es gab Demonstrationen für Huey, und es kamen Leute zum Gericht. Panther drängten sich in den Verhandlungsraum, und außerdem drängten sich wohl zweihundert Leute in den Gängen. Sie hatten Literatur und Informationen über Huey P. Newton. Sie wollten, man sollte ihn freilassen, sollte ihn loslassen. Sie erklärten, wie ungerecht dieses rassistische dekadente System ist, und sie sagten, es dürfte nicht so mit Huey umgehen.

Ich faßte einen Entschluß und sagte mir, sobald ich herauskäme, wollte ich schuften, was ich nur konnte, so wie ich es noch nie getan hatte. In der Zusammenarbeit mit Eldridge und den anderen Panthern würde es das erste Ziel sein, fünftausend Leute zu mobilisieren, die im Gerichtsgebäude stehen und Hueys Partei ergreifen sollten. Dann müßten wir ihn, wenn es nötig wäre, mit Gewalt aus dem Gefängnis herausholen, denn Huey mußte irgendwie freikommen. Das habe ich mir damals gesagt, so habe ich empfunden. Darauf habe ich mich ganz eingestellt, als ich im Gefängnis saß und auf meine Entlassung wartete. Fünf Wochen später konnte ich mit Huey reden.

Ich mußte so gegen Ende November ein paarmal vor Gericht erscheinen. Dazu wurde man vom Greystone zum Landesgefängnis in Oakland gebracht. Ich war in Zelle B, Huey in Zelle A. Er schickte mir ein paarmal eine Botschaft herüber, beispielsweise: »Macht! Macht dem Volke!« Auch Zigaretten schickte mir der Bruder. Das war doch irgendwie komisch, wenn ich mir's so überlegte: Da sitzt dieser Bruder mit einer Anklage wegen Mordes, die er nie haben wollte, und er schickt mir Zigaretten.
Ich mußte noch mal vors Gericht, am achten Dezember. Da brachten sie mich wieder vom Greystone nach dem Gefängnis in Oakland, wo das Gericht war, und sie steckten mich in Zelle B. Ich wußte, daß die Zelle B direkt neben Zelle C lag. Das ist die Krankenzelle, ich dachte mir also, daß Huey darin wäre. Ich wußte, daß man von Zelle B etwas zur Zelle C hinüberrufen konnte, wenn man auch niemanden drüben sehen konnte. Ich fragte den Verwalter: »Ist Huey P. Newton noch in Zelle C, in der Krankenzelle?« Er sagte: »Ja, da ist er.« So ging ich an das Gitter, so nahe an Zelle C heran, wie es nur ging, und fing an zu rufen: »Hallo, Huey!«
»Ja«, sagte er.
»Hier ist Bobby.«
»Hallo, Mann!«
Der Bruder war froh, daß er mit jemandem reden konnte, und ich war froh, daß ich mit ihm reden konnte. Er erzählte mir einiges, was passiert war, manches, was er in der Zeitung gelesen hatte – daß ein paar Brüder eine Schießerei mit Polizeischweinen gehabt hatten, und die Polizeischweine hatten ihren Wagen gerammt. Er machte mir klar, daß ich zu einigen schäbigen Verwaltern ja nichts sagen sollte; denn er wußte, die würden einem das Wort verdrehen und alles angeben. Ich erzählte ihm, wie die Polizeischweine zum Gefängnis rausgekommen waren, drei Tage nachdem man ihn angeschossen hatte, und wie sie behaupten wollten, ich wüßte, wo die 9-mm-Pistole wäre, die Huey *vermutlich* in der Nacht gehabt hatte, als er angeschossen wurde. Ich erzählte Huey, daß ich den Polizeischweinen nichts gesagt hätte, ich hätte mich auf den Fünften Verfassungszusatz

berufen. Eins von den Polizeischweinen war ein Nigger, ein stiefelleckender Nigger; der tat so, als ob er auf mich losgehen wollte, also stellte ich mich mit dem Rücken gegen die Wand, nahm alle Kraft zusammen und machte mich darauf gefaßt, gegen das Schwein zu kämpfen, gleich dort mitten in dieser blöden Greystone-Zelle, die 2,10 Meter im Quadrat groß war. Huey und ich riefen uns dort im Gefängnis von Oakland allerhand zu und redeten lange miteinander; dann mußte ich nach unten gehen und vor Gericht erscheinen.

Gegen Mittag brachten sie mich wieder nach oben, und ein Verwalter sagte mir, in ein paar Minuten könnte ich Huey sehen. »Was!« sagte ich. Er erklärte: »Ja, weil sie ihn zur Zelle B rüberbringen, durch den Gang da drüben. Der Eingang ist an der Seite.« Ich sagte: »Prima, Bruder, prima. Ich kriege Bruder Huey P. Newton zu sehen. Das ist gut, das ist wirklich gut.« Ich war richtig froh. Ich wünschte mir sehr, den Bruder zu sehen, denn ich hatte ihn seit dem 8. August, an dem ich ins Gefängnis ging, nicht mehr gesehen. Ich wollte gern wissen, wie es ihm ging.

Er kam herum, und er sah aus, als ob er in ganz guter Verfassung wäre. Er hob die Hände ans Gitter, und wir packten uns an den Händen, wir schüttelten uns ganz kräftig die Hände. Mir lag am meisten daran, den Bruder einfach zu sehen; ich wollte sehen, ob mit ihm alles in Ordnung wäre, denn Huey war allen weit über. Es war einfach schön, daß ich ihn sehen konnte. Es war mir eine große Befriedigung. Als ich ihn sah, war es mir, als hätten wir schon bald so etwas wie Freiheit für Huey. Wir mußten Huey befreien.

Als ich das nächste Mal vor Gericht kam, habe ich ihn wieder gesehen. Ich war im Tagesraum, und er war in einem Seitenflügel des Ganges eingeschlossen. Er kam zum Ende des Seitenflügels und sprach durch dieses blödsinnig kleine Loch, das die Polizeischweine für Besucher öffnen. Ich sagte: »Mach nur weiter und rede mit deinen Besuchern, Bruder.« Es war schön, ihn zu sehen. Ich guckte und sah durch das kleine Loch auf meiner Seite einige von seinen Besuchern, seine Freundin LaVerne, Orleando und andere. Als sie mit Huey gesprochen hatten, kamen sie alle herüber und begrüßten mich auch.

Als wir uns mit Rufen unterhielten, ehe die Besucher kamen, hatte mich Huey gefragt, wie lange ich drinbleiben müßte. Ich sagte ihm, soweit ich es mir ausrechnen könnte, würde ich wohl zwischen dem 8. und 15. Januar herauskommen. Dann sagte ich: »Also, Bruder, du mußt wieder herauskommen. Irgendwas muß da passieren, und wir werden etwas dafür tun müssen. Ich hoffe, daß ich es hinkriege.« Er versicherte mir immer wieder: »Du kriegst das hin, Bobby. Du kannst das schaffen, du und Eldridge und die anderen. Du wirst das können.« Das gab mir ein gutes Gefühl. Ich mußte mich daran halten, denn ich mußte glauben und denken, ich könnte etwas dafür tun, daß der Bruder freikäme.

In Greystone sitzt man den ganzen Tag in einer Zelle, die 2,10 m lang und 2,10 m breit ist. Dann versetzen sie einen in eine andere Zelle, auch 2,10 m lang und 2,10 m breit. Alle drei Tage lassen sie einen in den Tagesraum. Innerhalb einer Stunde geht man in den Tagesraum, duscht sich, rasiert sich, und dann stecken sie einen wieder irgendwo in so eine Zelle von 2,10 m Länge und 2,10 m Breite. Man gewöhnt sich daran, besonders wenn man weiß, daß man nicht gar zu lange sitzen muß.
Natürlich werden viele von den Kerlen in Greystone ganz verzweifelt. Ich verbrachte meine Zeit damit, über die Organisation nachzudenken, was ich für sie tun könnte und für den revolutionären Kampf. In den letzten Wochen vom 28. Oktober bis zum 8. Dezember habe ich mir Gedanken darüber gemacht, wie wir Huey P. Newton befreien könnten, und daß wir diesen Bruder jedenfalls so oder so befreien müßten. Diesen Bruder mußten wir freikriegen, er mußte diesen Prozeß gewinnen; denn die Schweinehunde wollten ihn ruinieren, und sie wollten die Black Panther Party ruinieren.

Als ich am 8. Dezember aus der Gerichtsverhandlung kam, riefen sie mich aus der Wartezelle; ich ging gerade durch den Flur zurück. Ich wollte meinen Zivilanzug, in dem ich immer bei Gericht erschien, weglegen und wieder die gewöhnliche Gefangenenkleidung anziehen. — Eigentlich sind dort drei Sicherheitsgefängnisse: Big Greystone mit Höchstsicherheit und den Zellen von 2,10 mal 2,10 m, dann Santa Rita, wo die verurteilten Insassen Landarbeit machen, und Little Greystone mit Kasernen und umschlossenen Höfen, auch mit Höchstsicherheit; dort kann man herumgehen. In Big Greystone sind die meisten Schwerverbrecher, oder sie sind in Schlägereien geraten und dabei erwischt worden; die in Little Greystone haben gewöhnlich kleinere Sachen und sind noch nicht verurteilt. Eins wußte ich daher, daß ich öfter zum Gericht und wieder zurück ging — wenn man nach Big Greystone kommt, darf man keine Schuhe tragen. Kommt man nach Little Greystone, dann zieht man sich Schuhe an, weil man dort herumgehen darf. Die Schuhe haben große Bedeutung.
Ich ging vor, zog meine Jacke aus, und das Polizeischwein notierte sich die Farbe meiner Jacke, meiner langen Hose und meines braungestreiften Hemds. Es sah auf die Liste der Gefängniskleidung, die ich bekommen sollte, und sagte: »Schuhe.« Ich sagte: »Nein, da vertun Sie sich, keine Schuhe. Ich bin in Big Greystone.« — »Nee«, erklärte er, »hier steht:

Schuhe.« – »Nanu«, meinte ich, »ich bin in Big Greystone. Sie vertun sich da.« Er sagte: »Schuhe, Seale!« Da sagte ich: »Also gut.«

Man kriegt da eine besondere Sorte Schuhe, Brogans (das sind ganz derbe Schuhe). Ich fragte das Polizeischwein: »Augenblick mal, ich soll also Schuhe tragen?« – »Ja«, sagte es. – »Komme ich nach Little Greystone?« Es meinte: »Ja, ich glaube wohl.« Richtig grob brachte es das raus. Ich sagte: »Na schön, dann kann ich solche Brogans anziehen.« Ich zog mir die Socke aus und zeigte ihm meinen linken Fuß. Mein linker Fuß ist ungefähr zwei Zentimeter kürzer als der rechte, weil ein Auto darübergefahren ist, als ich dreizehn Jahre alt war. Ich sagte: »Was Sie hier oben auf meinem Fuß sehen, ist eine Hautübertragung. Diese Brogans werden die Hautübertragung aufschürfen, und dann kriege ich schnell eine Infektion. Die Schuhe sind zu schwer. Ich würde lieber meine gewöhnlichen zivilen Schuhe anziehen.« Da meinte er: »In Ordnung. Gehn wir jetzt!« Ich zog mich also an, zog auch meine Schuhe an und kletterte auf den Wagen.

Er brachte mich nach Little Greystone rüber, setzte mich dort ab und schickte mich in eine von diesen dämlichen Kasernen mit Stacheldrahtzäunen ringsherum. Ich ging hinein und sah mich nach Warren Tucker um, denn er sollte da seine Zeit absitzen. Ich konnte mir die ganze Veränderung nicht erklären, und ich wollte wirklich gern mit Tucker reden. Ich erkundigte mich überall und fragte alle Brüder dort, ob sie nicht einen Bruder, einen Black Panther, gesehen hätten, der Warren Tucker hieße, aber sie kannten ihn nicht. Also ging ich zurück, meine Koje einzurichten und mir Bettzeug vom Verwalter zu holen. Ein paar Brüder sangen gerade Blues. Es war sehr hübsch, wie sie die Harmonien zusammenbrachten und wirklich Gefühl hineinlegten. Ich lag da etwa fünfundvierzig Minuten, hörte ihnen zu und dachte an Bruder Huey und daran, wie wir ihn wohl freikriegen könnten.

Dann kam ein Wächter in die Kaserne und rief: »Seale?« Ich sagte: »Ja.«

»Gehn wir, Sie sind gegen Kaution freigestellt.«

Ich sagte: »Wie? Da haben Sie wohl den Falschen erwischt.«

»Seale?«

»Ich heiße Seale, das stimmt.«

»Na also, er soll Seale heißen.«

»Sie haben sich bestimmt im Mann geirrt, ich komme erst am 8. Januar frei. Vielleicht suchen Sie einen, der genauso heißt wie ich. Wer heißt denn so ähnlich wie ich? Weiß einer von euch Brüdern jemanden, der so ähnlich heißt wie ich?«

Ein Bruder sagte: »Wir haben hier einen, der heißt Scales.«

»Das ist der, den Sie suchen, Mann!« meinte ich. Der Wächter

sagte: »Na, dann weiß ich auch nicht, ich geh mal und prüfe das nach.«
Ich legte mich auf die andere Seite und war fast eingeschlafen, da kam nach zehn oder fünfzehn Minuten der Kerl zurück: »Kommen Sie, Seale, das sind Sie!«
»Moment mal, verdammt«, sagte ich, »ihr Kerle habt Huey P. Newton ins Gefängnis geholt. Ihr Kerle denkt euch alle möglichen Pläne aus, um unserer Partei Ärger zu machen, um den Schwarzen Ärger zu machen, um sie zu töten und zu ermorden.«
»Damit habe ich nichts zu tun«, sagte er.
»Davon abgesehen«, sagte ich weiter, »Sie erzählen mir, ich soll gegen Kaution freigestellt sein, und ich sage, ich kann nicht gegen Kaution freigestellt sein, weil ich nicht vor dem 8. Januar herauskommen darf. Ich will ehrlich sein: Sie wissen, daß ich und sehr viele andere Leute Huey P. Newton befreien wollen. Wir wollen viel tun in der schwarzen Wohngemeinde. Euch Polizeischweine loswerden. Was ihr Strolche wollt, ist ja doch nur das: Ihr wollt mir sagen, ich wäre gegen Kaution freigestellt, wollt mich irgendwo hinbringen, erzählen, ich wäre ausgerissen und mir dann anderthalb Jahre geben — na also!«
»Davon weiß ich nichts, Seale, kommen Sie nur mit!«
»Na gut, verdammt noch mal, gehen wir. Aber ich weiß verdammt gut, daß ich nicht vor dem 8. Januar aus dem Gefängnis rauskann, und das ist noch *gut* gerechnet. Ich kann nicht vor dem 8. Januar aus dem Gefängnis raus.« Ich sagte es ihm ganz deutlich: »Ich bin zu sechs Monaten verurteilt. Es ist *unmöglich*, daß ich rauskomme. Ich bin am 8. August hier reingekommen, und wir haben erst den 8. Dezember. Das Früheste, wann ich raus kann, ist der 8. Januar. Und dann sind noch verdammt dreißig Tage dabei geschenkt.« Ich stritt mit dem Kerl, ich glaubte ihm nicht. Aber ich stand auf und zog mir die Schuhe an.
Wir gingen die ganze Strecke bis zur Entlassungsstelle. Ich stritt mit dem Leutnant. Ich stritt mit dem Hauptmann. Ich stritt mit den Wachtmeistern und mit allen. Ich wollte einen klaren Beweis sehen. Da zeigten sie mir eine Fernschreiber-Nachricht aus Sacramento, wo man mich verurteilt hatte; in der stand, daß sie mich nicht länger festhalten könnten, meine Zeit wäre um.
Ich schnappte mir die Fernschreiber-Nachricht und beguckte sie mir. Inzwischen kamen noch mehr Brüder durch die Wartezelle. Ich sagte zu ihnen: »He, Brüder, merkt's euch! Seht ihr diesen Entlassungsschein? Da steht, daß ich jetzt aus dem Gefängnis rauskann, und ich hatte nicht gedacht, daß ich vor Januar rauskäme. Aber ihr merkt euch, daß diese Bullen hier alle angekommen sind und gesagt haben, ich sollte entlassen werden. Ihr merkt euch das, versteht ihr?«

Die Brüder sagten: »In Ordnung, Bobby, das ist richtig. Wir verstehen.«
»Brüder, dann bis später mal!« Dann sagte ich zu den Polizeischweinen: »OK, gehen wir.«
Die Polizeischweine kamen ganz aus der Fassung darüber, daß Bobby Seale nicht aus dem Gefängnis herauswollte. Ich hatte genug von denen und von den Machthabern, die gegen uns intrigierten. Ich war sehr beunruhigt, weil sie sagten, ich wäre entlassen, denn ich glaubte es nicht wirklich. Ich rief meinen Vater an und wartete anderthalb Stunden. Dann kam er mich abholen und brachte mich nach Hause.
Meine Frau war mit im Auto. Als ich sie sah, dachte ich daran, daß ich ihr gesagt hatte, wenn ich aus dem Gefängnis herauskäme, müßte sie zu Opfern bereit sein. Sie hatte gesagt, das verstände sie. Jetzt saß sie im Wagen und hatte den kleinen Stagolee mit. Er war etwa anderthalb Jahre alt. Ich mußte mich erst an den Gedanken gewöhnen, daß ich plötzlich aus dem Gefängnis heraus und auf dem Weg nach Hause war. Ich hatte jetzt wahnsinnig viel zu tun, ich mußte versuchen, Huey aus dem Gefängnis herauszuhelfen. Vorher hatte ich einfach Tag für Tag in der Zelle gesessen und daran gedacht, was man tun müßte; aber jetzt war es Zeit, die Gedanken auszuführen. Huey P. Newton hat immer gesagt: »Verbindet die Theorie mit der Praxis. Verbindet eure Ideen mit der Praxis, indem ihr diese Ideen anwendet.«
Das erste, was ich tun wollte, als ich aus dem Gefängnis kam, war natürlich, daß ich meine Frau lieben wollte. Dann wollte ich alle anderen zusammenrufen. Es bekommt dem Sinn eines Mannes manchmal schlecht, wenn er eingesperrt ist und keine richtige Liebe und keinen richtigen Umgang mit seiner Frau haben kann.

Der Kampf wird ernst: »Befreit Huey!«

Befreit Huey

Am 8. Dezember 1967 kam ich aus dem Gefängnis. Ich kam heraus mit dem Wunsch, Bruder Huey aus dem Gefängnis herauszuholen und zu verhindern, daß sie ihn in die Gaskammer schickten. Denn hier ging es um die Partei, und die Partei war einfach mein Leben. Das war für mich so, wie es für einen Musiker ist, der lernt, auf dem Horn zu blasen und Jazzmusik zu spielen, und der so ganz und gar drinsteckt, daß es sein Leben ist, daß es zu ihm dazugehört. So ist das für mich immer mit der Partei gewesen. Im allgemeinen behandle ich die Parteiangelegenheiten nicht nach meinem persönlichen Gefühl – ich versuche, objektiv an sie heranzugehen.
Ich kam aber aus dem Gefängnis auch mit dem Bewußtsein, daß ich eine Frau und ein kleines Kind hatte. Meine Frau wollte gern, daß ich arbeiten ginge. Ich habe neun Berufe – Musiker, Komödienspieler, Gemeinschafts-Organisator, Zimmermann, Bauarbeiter, technischer Zeichner, Walzblech-Mechanikergeselle, Arbeiter im Maschinenbetrieb und Prüfer von Maschinen- und Flugzeugteilen. Ich habe eine ganze Reihe solcher Berufe. Aber ich hatte das Gefühl, wenn ich arbeiten ginge, dann würde mir nicht genug Zeit bleiben, um etwas für Hueys Befreiung zu tun. Ehe sie Huey angeschossen hatten, meinte ich, daß ich mich die halbe Zeit um meine Familie kümmern wollte, in der übrigen Zeit wollte ich fleißig für die Partei arbeiten. Ich fand, wir müßten irgendwelche finanziellen Mittel haben, die uns helfen würden, die Partei zu unterstützen.
Ich wußte, daß ich gut zeichnen konnte; ehe Huey angeschossen wurde, hatte ich mir darum vorgenommen, solche Arbeit zu Hause zu machen, so viel, daß ich damit meine Familie erhalten könnte. Ich wollte versuchen, private Aufträge für Zeichnungen zu bekommen, die ich abends machen könnte, dann konnte ich damit Geld verdienen, um meine Familie zu versorgen; im übrigen war ich beweglich, war mein eigener Herr und konnte für die Partei arbeiten, zu jeder Zeit und auf jede Art, wie sie es grade brauchen würde.

Damals hatte ich erst seit zwei Jahren eine Familie, aber ich hing wirklich an ihr. Ich erlebte das zum ersten Mal, wie es ist, wenn man verheiratet ist, eine Familie hat und auch die Verantwortung dafür. Ich war eigentlich nie bange vor der Verantwortung, aber gleichzeitig wußte ich doch, daß das Leben und der Unterhalt nicht wirklich sicher waren bei all dem Rassismus und bei der Ausbeutung, unter der die Schwarzen zu leiden hatten.

Ein paar Tage, nachdem ich aus dem Gefängnis gekommen war, fuhr ich mit Eldridge, David Hilliard, Artie und ein paar anderen die Grove Street entlang. Ich sagte Eldridge, wir müßten etwas für Huey tun, ich fände aber auch, daß ich arbeiten sollte, mir eine Teilzeitarbeit besorgen, möglichst zu Hause zeichnen und etwas nebenbei verdienen; außerdem wollte ich einen genauen Plan austüfteln, wie wir Huey herausholen könnten.

Eldridge erklärte, unsere eigentliche Arbeit wäre es jetzt, die Leute zu organisieren. »Mann, mach dir doch keine Gedanken, was du arbeiten willst«, sagte er. »Wir haben haufenweise Arbeit. Das heißt ja nicht, daß du deine Familie im Stich läßt. Für die sorgen wir schon, alle zusammen. Aber wir wollen doch jetzt die Leute für Hueys Befreiung organisieren.«

»Mensch, du hast recht«, sagte ich. »Ich habe gar keine Zeit für einen Job.« Ehe ich aus dem Gefängnis kam, hatte ich im Allerinnersten tatsächlich gewußt, daß wir keine Zeit mehr hätten, uns mit albernen Jobs aufzuhalten, wenn uns all das Zeug passierte und diese Polizeischweine versuchten, Bruder Huey ohne weiteres ins Gefängnis zu stecken.

So haben wir uns wirklich rangemacht, all unsere Möglichkeiten ausgenutzt, Vorträge gehalten, wo wir nur konnten, und die Wohngemeinde zusammengerufen. Die Partei kam sehr schnell an die Colleges heran, sie hielt Massenversammlungen und öffentliche Diskussionen. Es kamen Gelder und Spenden ein. Sehr viele Brüder strömten der Partei zu. Viele Brüder und Parteimitglieder arbeiteten mit, verteilten Flugblätter, kündigten Massenversammlungen an, sammelten Geld ein und ähnliches. Oft kamen die Brüder und Schwestern zurück und erzählten, wie sie in den Straßen des Bezirks Fillmore Spenden gesammelt hatten: Sie gingen mit Eimern und Kannen los, um Gaben und Spenden zu sammeln. Manche Jungs warfen einen Scheck über fünf oder zehn Dollar hinein, andere zwei oder drei Dollar.

Gewöhnlich fragten die Jungs: »Ist das für Huey Newton?«

»Ja, Bruder«, antworteten dann die Brüder und Schwestern, »du weißt, daß du ganz schön verdienst. Mach nur und laß mal etwas springen von deinem Geld, damit Bruder Huey einen ordentlichen Rechtsanwalt kriegt.«

Und die Brüder warfen Geld ein. Ich glaube, Huey kannte die

drei Gelegenheitsarbeiter, die am meisten zu sagen hatten, sehr gut. Natürlich bringt es kein Gelegenheitsarbeiter wirklich zu etwas, aber ungefähr zehn von ihnen in der Bay Area konnte man damals ganz erfolgreich nennen; ich glaube, daß Huey die meisten kannte. Er war mit fast allen Jungs in der schwarzen Wohngemeinde und ihrer nächsten Umgebung bekannt.
So waren Eldridge, David und ich alle an der Arbeit und überlegten uns Verschiedenes, was noch getan werden müßte. Ein paar Tage später wurde vor Gericht über Huey verhandelt. Wir sind hingegangen, ich hatte dabei ein paar Interviews mit Presseleuten und erzählte ihnen, wie wir versuchten, die Bevölkerung für Hueys Verteidigung zu mobilisieren. So haben wir den Befreiungsfeldzug für unseren Verteidigungsminister eröffnet.

Ein weißer Rechtsanwalt für einen schwarzen Revolutionär

Kurz nach meiner Entlassung aus dem Gefängnis fuhr ich nach San Franzisko hinüber, um mir Charles R. Garry anzusehen, den Rechtsanwalt, den das Zentralkomitee probeweise als Verteidiger für Huey ausgesucht hatte. Ich hatte Garry bis dahin noch nicht kennengelernt; ehrlich gesagt, glaube ich, daß mich noch ein bißchen der Rassismus prickelte. Zwar haßte ich die Weißen nicht, aber ich mußte doch erst mal sehen, ob ich diesem weißen Rechtsanwalt zutrauen konnte, daß er um Hueys Freiheit kämpfen würde. Wir hatten von allen Seiten gehört, er wäre sehr gut. Er war uns von Beverly Axelrod empfohlen worden.
Wir hatten an verschiedene Anwälte gedacht – an Donald Warden, Clinton White und noch einige andere. White und Warden waren Schwarze, aber bei Warden kamen zu viele ins Gefängnis, und manche davon standen unserer Meinung nach auf der Todesliste. Die Art, wie Warden vorging, schien uns nicht sachlich, denn er konnte einem einerseits etwas sagen und dann andererseits hinter den Kulissen mit dem Polizeipräsidium und den Stadtleuten etwas ganz anderes tun. Clinton White galt als guter Anwalt und Kämpfer, aber ich fürchtete, daß man ihn zu manipulieren versuchen könnte, damit würden Huey und die Partei zum Spielball der Politik. Ich weiß allerdings nicht genau, ob er den Fall nicht übernehmen wollte oder ob die Partei sich dafür entschied, ihn nicht zu nehmen, denn als ich aus dem Gefängnis kam, hatte man schon probeweise Garry ausgesucht.
So fuhr ich denn hinüber, um Garry kennenzulernen. Er erzählte mir, was für eine Art Rechtsbüro er betrieb und warum er sich für diese politischen Fälle interessierte. Ich kam ihm ohne weiteres mit der Frage: »Wie hoch werden die Kosten sein?«

»Machen wir uns doch darüber keine Gedanken«, sagte Garry, »machen wir uns lieber darüber Gedanken, daß wir Huey befreien wollen!« Er kam mir nach allem, was ich an ihm entdecken konnte, sehr aufrichtig vor. »Sehn wir mal zu, wie er sich in der Praxis bewährt«, sagte ich mir. Ich bin im allgemeinen vorsichtig mit meinem Urteil über Menschen, solange ich nicht sehe, wie sie sich in der Praxis bewähren.
Ein paar Tage später zogen wir noch einen anderen Rechtsanwalt in Betracht. Wir gingen ihn besuchen und kamen schleunigst zu der Ansicht, daß wir ihn nicht mochten; denn er wollte zehn- oder zwölftausend Dollar im voraus haben, gleich auf der Stelle. Wir hielten Garrys Firma für eine bessere Firma und Garry selbst für einen besseren Rechtsanwalt. Wir hielten uns an die Tatsachen, wie viele Menschen dieser Mann vor dem Todesurteil gerettet hatte, wie viele Mordanklagen er niedergeschlagen hatte und wie oft er tatsächlich bewiesen hatte, daß die Angeklagten nicht schuldig waren. Nach dem allen, und weil uns so sehr viel an Bruder Huey lag, hatten wir das Gefühl, Garry wäre der Mann, den wir brauchten.
Drei oder vier Tage, nachdem wir uns endgültig entschlossen hatten, ging ich zu einer Versammlung des Verteidigungsausschusses für Huey P. Newton, und es waren nicht einmal zehn Leute da. In den Zeitungen hatte ich gelesen, daß Hunderte von Menschen zu dem Ausschuß gehörten. Die Schwierigkeit war ein bißchen schwarzer Rassismus, der noch immer bestand, und das war schlimm. Die Leute, die ursprünglich zu Hueys Verteidigungsausschuß gehörten, waren alle Schwarze, das war ganz natürlich. Aber es stellte sich heraus, daß sie wütend waren über die Entscheidung von Hueys Familie und der Black Panther Party, Charles Garry wäre der beste verfügbare Rechtsgelehrte. Wir haben es damit begründet, daß wir den Mann nicht nach seiner Hautfarbe beurteilen könnten. Wir wollten einen Anwalt nicht nehmen, *nur* weil er schwarz war. Wir wollten ihn nach seinem Können aussuchen. Wir sagten, wenn jemand Krebs oder eine andere schlimme Krankheit hätte, dann würde er den besten Arzt haben wollen, den er finden könnte. Das war unser Grund, aber den haben sie nicht verstanden.

Wir haben versucht, ihnen klarzumachen, daß man Garry nicht nach seiner Hautfarbe beurteilen könnte. Wir haben versucht, ihnen zu sagen, daß Garry keinen Grund und auch nicht den Wunsch hatte, ein Werkzeug oder eine Marionette der Machthaber zu sein. Wir mußten sie daran erinnern, daß die Bullen früher Garry heftig angegriffen hatten, als er sich für die Gewerkschaften in San Franzisko einsetzte, und daß eine Menge schlechter Leute unter den örtlichen Machthabern ihn nicht leiden konnten. Der Mann war redlich, sagten wir, seine bisherigen

Leistungen und alles andere an ihm sprachen dafür, daß er für Huey gut sein würde.
Aber sie meinten noch immer, es müßte sich alles um die eine lächerliche alte Sache drehen: »Er ist nicht schwarz.« Jemand brachte es sogar fertig zu sagen, wir sollten John George nehmen, einen Mann, der noch nie einen Fall von dieser Art behandelt hatte. So entwickelten sich bei den Schwarzen diese beiden politischen Richtungen: die eine auf der Grundlage rassistischer Anschauung, die andere auf der Basis unserer fortschrittlichen Auffassung. Wir sind später mit John George gar nicht mehr ausgekommen, denn er stellte sich als Opportunist auf die Seite der rund hundert Leute, die nur einen ›schwarzen‹ Anwalt haben wollten und einen eigenen Verteidigungsausschuß für Huey P. Newton zu bilden versuchten; sie hatten aber eigentlich gar keine Macht. Als es herauskam, daß wir keinen schwarzen Anwalt nehmen würden, kümmerten sich die meisten von ihnen nicht mehr darum, Huey das Leben zu retten; einige machten sich aber doch an die Arbeit, um Huey zu befreien.

Die Black Panther Party beauftragte also Garry, und als ich zu dieser ersten Versammlung des Verteidigungsausschusses ging, waren nur David Hilliard, Eldridge, ich selbst, Hueys Bruder Melvin Newton, Sid Walton und noch drei oder vier andere dabei. Gleich nachdem wir Charles Garry beauftragt hatten, arbeiteten nur acht oder neun Leute wirklich in Hueys Verteidigungsausschuß mit.
Eldridge und ich waren gründlich verärgert über manche, die von ihrem kleinlichen Rassismus besessen waren. Eldridge hat mir erzählt, daß viele von ihnen, etwa sechzig oder siebzig, sich vorher, als ich noch im Gefängnis saß, in die Versammlungen gedrängt hatten. Sie standen gewöhnlich in der Nähe der Tür, versuchten loszuwerden, was sie zu sagen hatten, und redeten und redeten. Es ging ihnen nicht wirklich darum, etwas zu leisten. Als wir Garry beauftragten, da fielen sie alle ab, eine Schar kleiner verängstigter Karnickel und Rassisten. Das gefiel mir gar nicht. Manche von diesen Leuten waren im College gewesen und hatten über all die bedrückenden Zustände geredet, in denen die Schwarzen lebten. Meiner Ansicht nach war das, was sie taten, praktisch ein Verrat an der schwarzen Gemeinschaft.
Manche von den ansässigen schwarzen Anwälten und schwarzen Kulturnationalisten versuchten, Garry öffentlich anzugreifen. »Kerls, ihr müßt einen schwarzen Rechtsanwalt nehmen«, erzählten sie uns. Wir wollten einfach den besten haben, den wir kriegen konnten. Diese schwarzen Rechtsanwälte haben in Berkeley eine Art Versammlung abgehalten und versucht, Garry

fertigzumachen. Solcher Kram ist sogar in die Zeitungen gekommen.
Es wurde uns klar, daß die Hälfte dieser Anwälte nur ans Geld dachte. Sie glaubten, daß wir viel Geld für Hueys Verteidigung aufbringen würden; sie wollten die Hand auf diese Geldbeträge legen und sie in die eigene Tasche stecken. Als wir Garry beauftragten, hatten wir gar kein Geld. Garrys Firma hat lange Zeit überhaupt kein Geld von uns bekommen und hat für Hueys Fall auf Kredit gearbeitet. Die meisten von diesen schwarzen Anwälten, die Garry verdammten, hätten niemals zu uns gehalten, als wir kein Geld hatten. Sie hätten uns dann abgehängt. Aber sie mußten tatsächlich aufhören, an Garry herumzukritteln, als er im Juni Eldridge aus dem Gefängnis von Vacaville herauskriegte und als später seine juristische und politische Arbeit zusammen mit unseren Anstrengungen Huey vor der Gaskammer bewahrte.
Schwarzer Rassismus ist ein Fehler, den manche Schwarzen an sich haben. Schwarzer Rassismus ist eine sehr selbstsüchtige Angelegenheit. Er ist entschieden keine fortschrittliche oder produktive Angelegenheit.

Bündnisse

Drei Wochen nach meiner Entlassung aus dem Gefängnis bildeten wir eine Koalition mit der ›Peace and Freedom Party‹ (Partei für Frieden und Freiheit). Eldridge rief mich an und bat mich, zu ihm herüberzukommen, damit ich ein paar Leute kennenlernte, die uns Geld als Hilfe für Hueys Befreiung geben wollten. Als ich zu ihm kam, erzählte er mir, daß eine Organisation, die ›Peace and Freedom Party‹, auf die Wahlliste zu kommen versuchte, und sie fragte uns, ob sie in die schwarze Wohngemeinde gehen und dort Leute als Parteimitglieder gewinnen könnte. Wir überlegten uns die Sache und sprachen über das, was Huey gesagt hatte. Huey meinte, wir sollten im Augenblick noch keine offizielle Wahlpartei werden, weil er wußte, daß man uns dann politisch unterdrücken würde. Die Black Panther Party war damals nicht sehr massiv und noch nicht im ganzen Land verbreitet. Huey dachte daran, wie es der Kommunistischen Partei in Amerika ergangen war; darum fürchtete er, die Regierung würde versuchen, gegen alle, die eingetragene Mitglieder der Black Panther Party waren oder werden wollten, Anklagen zu erfinden. Außerdem wollten wir unsere Partei noch viel weiter verbreiten und wollten eine große Gruppe von Weißen dafür gewinnen, in ihren Wohngemeinden etwas zu tun; Huey ist immer der Ansicht gewesen, die Weißen sollten sich selbst darum bemühen, dem Rassismus sich ein Ende zu machen.

Eldridge erzählte mir, die ›Peace and Freedom Party‹ würde uns Geld geben und würde auch dreitausend Dollar für Hueys Verteidigungsfonds stiften. Sie wollte nicht nur unter den Weißen Mitglieder gewinnen, sondern auch unter den Schwarzen, und als deren Wortführer betrachtete sie uns, die Black Panther Party. Das schien mir richtig und im Einklang mit einem von Eldridge verfaßten Aufsatz ›White Mother Country Radicals‹. Ich entschied mich dafür, daß wir das Bündnis schließen sollten. Eldridge stimmte zu, daß wir auf ein Bündnis für einen bestimmten Zweck eingehen sollten — ein Gedanke, von dem Huey gesprochen hatte. Später sind wir ins Gefängnis zu Huey gegangen und haben ihn gefragt; er war einverstanden.

Wir haben verschiedene Massenversammlungen in der schwarzen Wohngemeinde gehalten, in Hunter's Point, Fillmore und West-Oakland; dabei stellte uns die ›Peace and Freedom Party‹ Übertragungsanlagen und technische Ausrüstungen, die wir in der Black Panther Party damals noch gar nicht hatten. Mit den dreitausend Dollar konnten wir Charles R. Garry ein anständiges Honorar für Hueys Verteidigung zahlen. Wir fingen in der weißen wie auch in der schwarzen Wohngemeinde einen großen Feldzug an, um das Interesse für die Schwierigkeiten der Schwarzen zu steigern; im Mittelpunkt stand dabei unser Anführer und Verteidigungsminister Bruder Huey P. Newton.
Einige Schwarze waren Mitglieder der ›Peace and Freedom Party‹; sie sagten immer, daß sie in der ›Peace and Freedom Party‹ das Volk der Schwarzen verträten. Dann sahen wir ihnen ins Gesicht und sagten: »Was meint ihr denn? Huey P. Newton vertritt das Volk der Schwarzen.« Daraus ergab sich eine Auseinandersetzung, und sie fragten uns manchmal, was sie denn unserer Meinung nach tun sollten. Dann sagten wir, sie sollten sich der Black Panther Party anschließen. Wir betrachteten die ›Peace and Freedom Party‹ als eine überwiegend weiße Organisation für die Weißen. Gleichzeitig fanden wir das Bündnis wertvoll für einen bestimmten Zweck: Es sollte die Schwarzen ermuntern, sich lieber der ›Peace and Freedom Party‹ anzuschließen als den republikanischen oder demokratischen Parteien, die uns unterdrückten. In diesem Sinne haben wir das Bündnis geschlossen und haben später angekündigt, wir wollten im 17. Kongreßbezirk Bruder Huey P. Newton als Kandidaten für den Kongreß aufstellen und im 17. Repräsentantenbezirk mich als Kandidaten für das Repräsentantenhaus. Die Bezirke waren halb weiß und halb schwarz.
Die Machthaber versuchten, die Tätigkeit unserer Partei in diesem Bündnis einzuschränken. Wir haben eine Menge Zusammenstöße mit vielen verschiedenen Gruppen gehabt; aber Tausende schwarzer Menschen sind zur Black Panther Party gekom-

men wegen der Dinge, die sich da ereigneten. Wir hatten ein *Arbeits*-Bündnis, es bestand nicht nur in Worten. Es wurde manche sehr gute Arbeit in der Wohngemeinde geleistet. Als die Studenten in Berkeley von der dortigen Polizei heftig angegriffen wurden, verstanden sie, daß die Bewohner der schwarzen Gemeinde dauernd angegriffen, ermordet und unmenschlich behandelt würden.
Die ›Peace and Freedom Party‹ kam zu dem praktischen Schluß, daß wir wegen der Polizei etwas unternehmen müßten, auf politischer Ebene. Die Black Panther Party stimmte zu, und sie fragten uns, was man unserer Ansicht nach tun sollte. Eldridge sprach mit Bob Avakian, Rick Hyland und verschiedenen anderen über den Plan, die Polizei in der Wohngemeinde zu kontrollieren. Wir fingen an, gemeinsam mit Mitgliedern der ›Peace and Freedom Party‹ daran zu arbeiten, denn die Kontrolle über die Polizei sollte nicht nur in der schwarzen, sondern auch in der weißen Gemeinde stattfinden.
Damals kam ich zuerst auf den Gedanken, daß manchen Mitgliedern der ›Peace and Freedom Party‹ in Wirklichkeit gar nicht so viel an Bruder Huey P. Newton als einem politischen Gefangenen, der wieder freikommen müßte, gelegen wäre. Viele Menschen arbeiteten mit bei unserem Feldzug und zeigten wirklichen Anteil, aber *manche* waren einfach nicht interessiert. Einige von den Anführern sahen die Sache als politischen Hebel an oder als etwas, das man gebrauchen könnte; andere meinten es aber ernst und wollten Huey wirklich freibekommen. Es zeigte sich, daß viele Mitglieder der ›Peace and Freedom Party‹ radikaler und revolutionärer werden müßten. Viele begriffen nicht, daß eben die Polizei, die Huey zu töten versuchte, von den demokratischen und republikanischen Parteien gelenkt wurde, deshalb lag ihnen nicht sehr viel daran, daß die Polizei in den Wohngemeinden kontrolliert würde. Sie verstanden nicht, daß Hueys Lage und die Schwierigkeiten in den Gemeinden nicht voneinander zu trennen waren. Wir sahen auch, daß sie nicht wirklich daran interessiert waren, ob die Polizei in den Wohngemeinden kontrolliert würde. Unsere Verbindung war in diesem Punkte nicht besonders gut, also arbeiteten wir an der Eingabe natürlicherweise mehr für uns.
Deshalb wurden wir aber nicht etwa gegen Bündnisse eingenommen. Wir hatten vor allem etwas gegen solche Leute, die es sich erlauben, zum Stillstand zu kommen, die meinen, für sie gäbe es gar kein Problem – und dabei ist so viel harte Arbeit zu leisten.
Im 17. Kongreßbezirk wurden rund 25 000 Stimmen für Huey P. Newton abgegeben. Für Leute, die noch wie die alten Politiker dachten, war bei einem Kandidaten alles vorbei, wenn er einmal verloren hatte. Einige Anführer hielten es für eine Ver-

lust-Taktik, Huey als Kandidaten aufzustellen, aber das stimmte nicht. Sie verstanden nicht, wie sehr Huey mit jedem Schwarzen in der schwarzen Wohngemeinde, der unter Bedrückung zu leiden hatte, im Zusammenhang stand. Wir würden Huey auch noch einmal als Kandidaten aufstellen, denn wir führen einen revolutionären Kampf. Sie haben sich wie Sozialdemokraten benommen, sie waren nicht fähig, zu einer höheren Ebene aufzusteigen und dort weiterzuarbeiten. Das Bündnis fing an, auseinanderzugehen. Ich glaube noch immer, wenn die ›Peace and Freedom Party‹ ihre Leute richtig zusammenholen würde, dann könnte sie allein durch ihre Mitglieder die Frage, ob man in den Wohngemeinden nicht die Polizei kontrollieren sollte, auf die Wahlliste bringen; aber sie wollte es nicht energisch betreiben.

Wir werden auch weiterhin mit anderen Gruppen Arbeitsbündnisse schließen, wie beispielsweise mit ›Los Siete de la Raza‹; diese Gruppe unterstützt die sieben Latino-Brüder, die angeklagt sind, sie hätten in San Franzisko einen Polizisten getötet. Verbindungen mit solchen Gruppen wie Los Siete haben sich sehr viel besser bewährt als Bündnisse mit weißen Liberalen, denn die braunen Amerikaner haben das gleiche zu erleiden wie schwarze Amerikaner. Die ›Young Lords‹ – eine Horde in Puerto Rico, die politisch geworden ist – arbeiten mit der Black Panther Party in Chikago und New York zusammen. Sie leiden unter den gleichen bedrückenden Verhältnissen, denen auch die Schwarzen ausgesetzt sind. Dann sind da noch die ›Young Patriots‹, die in den Wohnbezirken bedürftiger Weißer bahnbrechend sind. Wir finden uns gut mit ihnen zusammen, denn sie leisten dem Druck der Machthaber Widerstand.
Bündnisse zwischen verarmten, unterdrückten Völkern kommen leicht zustande. Die verarmten, unterdrückten Völker sind es ja, die ihre politischen Forderungen und Bedürfnisse dringend vorbringen müssen, sie müssen erklären, was getan werden sollte und was nicht. Die Organisationen des Lumpenproletariats sind eben die, mit denen wir uns gut verstehen können. Wir haben sogar manchmal Schwierigkeiten mit schwarzen Studenten, weil sie dazu neigen, die wirklichen Zustände in der schwarzen Wohngemeinde gleichgültig anzusehen.
Viele Menschen können nicht begreifen, daß wir nicht versuchen, den Leuten etwas vorzumachen, wenn wir uns mit anderen verbünden. Wir haben gar keine Zeit dazu, Leuten etwas vorzumachen und sie zu betrügen. Wenn drei oder vier von unseren Brüdern angeschossen oder getötet werden, dann können wir nicht nur sagen: »Das war nicht schön«, und nachher die Sache vergessen; wir wissen ja, daß die Polizeischweine morgen wiederkommen werden. Sie werden wieder versuchen, uns anzu-

greifen. Wir wissen das aus unserer geschichtlichen Erfahrung als schwarzes Volk.
Wir haben nichts gegen die Intelligenz. Die Partei ist sehr intelligent, und wir lesen die gleichen Bücher, die auch die College-Studenten gelesen haben. Es ist nur etwas ganz anderes, wenn solche Leute wie Huey P. Newton und Eldridge Cleaver schreiben oder reden, weil es bei ihnen aus großer Erfahrung kommt. Es kommt aus ihrer innersten Seele.

Stokely kommt nach Oakland

Anfang Januar 1968 wollten wir in Oakland eine große Massenversammlung für die Befreiung von Bruder Huey halten. Wir wußten, daß eine Versammlung für Huey den Stadtsaal füllen würde, und wir gingen daran, ihn uns zu sichern. Der Stadtsaal ist Eigentum der Stadt Oakland; da sagte man uns, man könnte den Stadtsaal nicht an uns vermieten, denn man wollte nicht, daß »Black-Power-Vertreter« nach Oakland kämen und Aufruhr stifteten.
Wir gingen mit einem Rechtsanwalt noch einmal hin, und der sagte dem Verwalter des Stadtsaals, er sollte uns doch den Raum für einen beliebigen Tag vermieten, an dem er noch unbesetzt wäre. »Wissen Sie, ich kann ihnen den Saal nicht geben«, meinte der. »Wenn Sie ihnen den Saal nicht geben«, erklärte ihm unser Rechtsanwalt, »dann lassen wir Ihnen eine gerichtliche Verfügung zukommen, weil Sie das Recht der Bevölkerung verletzt haben, sich im Stadtsaal zu versammeln. Also bitte, irgendein Tag wird ja wohl noch frei sein, nun rücken Sie gefälligst mit einem Datum raus!« Da entschloß er sich, mit einem Datum rauszurücken, und nun hieß es ganz aufs Geratewohl: »Ja, der einzige Tag, den wir freihaben, ist irgendwann im nächsten Monat . . . am siebzehnten Februar.« Eldridge sagte rasch: »Wir nehmen den Tag, wir nehmen jeden Tag.«
Als wir vom Stadtsaal kamen, lief Eldridge über die Straße zurück zum Landesgefängnis, wo Huey festgehalten wurde, und erzählte ihm, wir würden eine große Massenversammlung für ihn halten, für ihn und für seine Freilassung, wir würden dabei den Stadtsaal von Oakland bis auf den letzten Platz füllen. »Am 17. Februar soll die Versammlung sein«, erzählte Eldridge. Huey sah zu ihm auf und sagte: »Hallo, das ist ja mein Geburtstag!« Eldridge hatte keine Ahnung gehabt, daß Huey im Februar Geburtstag hätte. Nun hatte Eldridge gleich da im Landesgefängnis den prächtigen politischen Einfall, daß es eine Geburtstagsversammlung für Huey sein sollte, eine Geburtstagsversammlung für die Befreiung unseres Verteidigungsministers.
Ich durfte nicht ins Gefängnis gehen und Huey besuchen. Sie

haben da so eine blödsinnige Vorschrift, daß man nach seiner Entlassung aus dem Landesgefängnis nicht wieder hineingehen und jemanden besuchen darf. Diesmal bin ich nicht mit Eldridge hingegangen, aber später habe ich mich öfter unkenntlich gemacht, bin mitgegangen und habe Bruder Huey besucht. Sie haben so ein kleines Kabuff, in dem man sich ausweisen soll, aber manchmal, wenn ich im Aufzug nach oben kam, waren da so viele Besucher und Anhänger Hueys, daß die Brüder mich einfach von dem Kabuff weg an die Seite schoben; dann ging ich rein und besuchte Huey. Ich glaube nicht, daß es ungesetzlich ist, aber sie haben diese dämliche Vorschrift. Wenn sie mich jetzt deswegen verfolgen wollen, dann sollen sie das meinetwegen versuchen.

Eldridge kam aus dem Gerichtsgebäude (die Untersuchungsabteilung des Landesgefängnisses von Alameda ist im obersten Stockwerk des Landgerichts untergebracht) und erklärte mir genau, wie wir eine Geburtstagsfeier für Huey halten wollten. Wir hatten nur ungefähr einen Monat Zeit bis zu der Versammlung.

Wir gingen zur ›Peace and Freedom Party‹ und sagten, wir brauchten Geld, um Stokely Carmichael in Washington zu besuchen. Stokely war eben von seiner Weltreise durch Vietnam, Kuba, Afrika und andere Länder zurückgekommen. Wir meinten, Eldridge und ich sollten gleich nach Washington fahren, uns mit ihm zusammensetzen, mit ihm reden und ihm die Sache klarmachen; er hatte sich nämlich bis jetzt noch nicht verpflichtet, zu der Massenversammlung zu kommen, obwohl wir ihm davon erzählt hatten. Wir baten die Leute von der ›Peace and Freedom Party‹, uns diese Reise zu finanzieren. Sie haben sie auch finanziert, aber erst, nachdem wir ein paarmal einen anderen Ton angeschlagen hatten.

Als wir sie zuerst fragten, sagten sie, sie hätten kein Geld. Eldridge und ich erklärten ihnen, daß sie ein Haufen Lügner wären. »Wie könnt ihr uns erzählen, ihr hättet kein Geld?« fragten wir sie. »Wenn ihr's nicht habt, dann könnt ihr's ja aufbringen.« Wir sagten: »Wir brauchen fünfhundert Dollar für den Flug und hundert Dollar für Auslagen, damit wir Stokely sprechen und die ganze Massenversammlung sicherstellen können.« Da meinten sie: »Na, etwa zweihundert Dollar können wir zusammenkriegen, aber mehr nicht.«

»Hört mal, ihr seid verdammte Lügner«, sagten wir. »Ihr Strolche redet davon, daß ihr mit uns zusammenarbeiten wollt; ihr wollt in die schwarze Wohngemeinde gehen, und wir sollen da die Hauptsprecher für die ›Peace and Freedom Party‹ sein. Aber *wir* reden dabei auch über Hueys Befreiung. Wir sind deshalb auf dies Bündnis eingegangen, weil wir über Hueys Befreiung reden wollten. Darum geht es bei dieser Massenversammlung: Wir wollen die Volksmassen politisch unterrichten, daß Huey P. Newton jetzt freigelassen werden muß. – Wollt ihr Strolche nun Rassisten sein und drumherumreden und euer Wort zurücknehmen, oder werdet ihr es schaffen, loszugehn und das Geld zu besorgen? Wir haben nicht viel Zeit, wir wollen nämlich anfangen, noch ein paar andere Sachen hinzukriegen, und wir wollen noch mehr Geld aufbringen, damit wir unsere Plakate drucken können.«

Dann kriegte ich die Wut und sagte ihnen, ich wollte nicht mehr mit ihnen reden. »Erzählt mir bloß nichts«, sagte ich. Eldridge machte es dauernd so. Er wurde wütend und fluchte über sie und sagte ihnen manchmal höllisches Zeug. Später habe ich sowas nicht mehr gemacht, aber damals hatte ich ganz offen Sorge um Bruder Huey, und ich mochte nicht mit jemandem herumreden, der nicht ehrlich sein wollte. Wir wußten, daß sie genug Geld hatten, um uns auszuhelfen. Wir waren so in Sorge um Huey und die Organisation und das schwarze Volk, daß wir fanden, wir müßten diese ›Taktiken‹ anwenden, damit die Burschen begriffen, daß es wirklich wichtig war.

Eldridge kam wieder aus dem Büro und setzte sich in den Wagen. Dann gingen sie ins Büro zurück, holten fünfhundert Dollar und brachten sie heraus. Ich sagte: »Nein, nein, nein!«

»Damit kommen wir hin«, meinte Eldridge.

»Wir haben überhaupt kein Geld für Auslagen«, sagte ich.

»Wir werden schon noch welches bekommen.«

»Wenn sie die Koalition mit uns machen wollen«, sagte ich, »dann können sie uns die übrigen hundert Dollar auch besorgen. Ich wette, sie haben sie bei sich!« Mike Parker und einige andere haben diese hundert Dollar richtig noch in dreißig Minuten aufgebracht.

Am gleichen Abend stiegen Eldridge und ich ins Flugzeug und flogen ab. Als wir in Washington angekommen waren, nahmen wir uns dort einen Mietwagen für unsere Fahrten. Wir fuhren zu der Adresse, die wir für Stokely bekommen hatten; dort gingen wir ans Haus und klopften an die Tür. Es war einigermaßen früh am Morgen, etwa acht Uhr. Aber als wir anklopften, war der Kerl, der uns die Tür aufmachte, ganz auf Draht. Nun hatten FBI und CIA Stokely dauernd aufgelauert. Aber der Kerl sah uns an, und da mußte er wirklich merken, daß wir keine FBI- oder CIA-Agenten waren. Eldridge sagte ihm, wir wären von der Black Panther Party. Doch es hieß: »Stokely schläft jetzt. Kommt später noch mal wieder!«

»Na, Moment mal«, sagten wir, »wir sind hergekommen, weil wir uns mit ihm zusammensetzen und etwas besprechen wollen.«

»Ja, jetzt müßt ihr erst mal woanders hingehn«, sagte der Kerl. Er schrieb etwas auf einen Zettel und sagte: »Geht zu dieser Adresse!«
»Also, was ist denn das für ein Mist!« dachten wir. Diese Kerle sind verrückt. Diese Kerle haben nicht genug Einsicht, denen ist das eigene Ich wichtiger als der Kampf. Aber wir entschlossen uns doch, zu der anderen Adresse zu fahren. Dort waren die Jungs ein bißchen gastfreundlicher.
Etwa zwei Stunden später fuhren wir zurück, um mit Stokely zu reden. Erst redeten wir über allerlei, über seine Weltreise, wir fragten ihn nach Kuba, und solche Sachen. Das ging so eine Weile. Wir versuchten, uns zu entspannen, tranken Kaffee, dann brachte jemand eine Flasche Wein, und wir entspannten uns wirklich. Nachher stiegen wir in unser Mietauto, um mit Stokely das zu besprechen, was wir eigentlich wollten, nämlich daß er zu der großen Massenversammlung nach Oakland herüberkäme.
Wir ließen Stokely den Wagen fahren. Er fährt wie wahnsinnig. Als wir uns umdrehten, sahen wir, daß uns ein paar Bullen auf der Spur waren. Sie sahen aus wie FBI-Agenten. »Mann, sieh bloß mal, wie diese Bullen uns verfolgen«, sagte ich.
»Da müßt ihr euch nichts draus machen«, meinte Stokely. »So sind sie immer hinter mir her.«
»Aber sie verstecken sich nicht mal.«
»Na ja, sie wissen, daß ich weiß, wie sie immer hinter mir her sind, und es ist ihnen gleich, ob ich das weiß oder nicht.«
»Meinst du wirklich, daß die immer dicht hinter deiner Stoßstange bleiben? Und wenn du das Tempo beschleunigst, tun die es auch? Und wenn du langsamer fährst, dann fahren die auch langsamer? Wenn du um eine Ecke biegst, dann biegen die um die gleiche verdammte Ecke?«
»Genauso machen sie's«, sagte Stokely. Inzwischen fuhr er wirklich geradezu irrsinnig.
Ich sagte Stokely, wir würden das nicht zulassen, daß irgendwelche Bullen auf die Art hinter uns her wären. »Ach, lassen wir sie doch«, meinte er. Jetzt sauste er erst recht los und fing an, tollkühn zu fahren, die Straßen entlangzurasen und so weiter. Er wurde die Kerle tatsächlich los, sie waren bald nicht mehr zu sehen. Dann fuhr er eine Straße ganz herunter und hielt. Ungefähr vier Minuten später waren dieselben Bullen im selben Wagen wieder hinter uns. Stokely wendete und fuhr durch die gleiche Straße zurück. Als er das tat, sahen sie ihn daherkommen. Sie wichen ihm aus in eine Einfahrt hinein, wendeten und hatten ihren Wagen gleich wieder in Stokelys Fahrtrichtung stehen. Wir fuhren an ihnen vorbei und hatten sie sofort wieder auf den Fersen. Sie waren nie mehr als knapp zehn Meter von uns entfernt.

Sie folgten Stokely, ganz gleich wo er hinging, vierundzwanzig Stunden am Tage. Einmal sauste er im Höchsttempo ab und wurde sie vollkommen los. Wir warteten zehn Minuten, da fuhren sie wieder hinter uns vor.
«Sie haben uns einen Pieper auf den Wagen gesetzt«, sagte Stokely.
»Was für ein Ding, einen Pieper?« fragte ich.
»So einen Mini-Sender. Und das wollte ich eben rauskriegen«, sagte er. »Ihr habt euch vorhin diesen Wagen geliehen, und die haben euch gesehen, wie ihr zu mir gekommen seid. Als ihr bei mir oben wart, haben die einen Mini-Sender an euer Auto montiert, so eine Art Radargerät, mit dem sie diesen Wagen immer finden können, gleich wo er ist. Sie haben das schon drangemacht und können euch überall finden, gleich wo ihr seid. Auf die Art bleiben sie auch an meinem Wagen dran.«
Wir sausten wieder ab und wurden sie los. Wir waren sie über mehrere Häuserblocks los, aber dann kriegten sie uns wieder. Da fuhr Stokely in einen Park und eine gewundene Straße hoch. Es ist dort kein hoher Berg, aber er hat einen ganz schön steilen Hang. Man fährt die Straße hoch, und sie führt in einem geschlossenen Kreis wieder auf die gleiche Stelle zurück. Stokely raste diese Straße hoch und fuhr den Kreis, bis er auf die Stelle zurückkam. Von da aus kurvte er die sehr schmale Straße wieder herunter und kam dabei direkt auf die Bullen zu. Sie sahen ihn so schnell anbrausen, wichen rasch seitlich von der Straße ab und ließen Stokely vorbeifahren. Stokely raste davon, während sie sich mächtig anstrengten, schnell zu wenden und ihren Wagen aus dem Dreck wieder auf die Straße zu bringen, damit sie weiter hinter ihm herfahren könnten.
Stokely fuhr zu einem anderen Teil des Parks, etwa anderthalb Kilometer entfernt. Wir saßen da nur auf dem Parkplatz und sahen ihnen zu, wie sie sich aus der Entfernung zu uns hinschlängelten. Wir drehten das Radio an, weil wir versuchen wollten, ein womöglich in dem Wagen angebrachtes Abhörgerät zu übertäuben.
Wir sprachen davon, daß wir es sehr gern hätten, wenn Stokely nach Oakland herüberkommen und sprechen würde, und daß wir wahrscheinlich fünf- bis sechstausend Leute dort hätten. Stokely sagte zu uns, er wollte bei uns sprechen, und wir beendeten unser Treffen.

Eldridge und ich gingen später, am Abend dieses Tages, zum SNCC-Büro*. Wir haben mit vielen verschiedenen Organisationen gesprochen. Sie hatten von unserer Koalition mit der ›Peace and Freedom Party‹ gehört.

* ›Students' Nonviolent Coordination Committee‹. Studentischer Koordinierungsausschuß für gewaltlose Aktionen. *(Anm. d. Übers.)*

»Warum traut ihr weißen Leuten?« wollten manche Mitglieder des SNCC und schwarzer nationalistischer Organisationen wissen.
»Wir trauen weißen Leuten nicht so, wie ihr das denkt«, sagten wir. »Wir beurteilen jeden danach, was er tut.«
Sie fragten uns auch, warum wir für Huey keinen schwarzen Rechtsanwalt genommen hätten. Wir sagten ihnen, es wäre nicht unbedingt so, daß Huey automatisch gut verteidigt würde und nicht zum Spielball der Politik werden könnte, wenn er einen schwarzen Anwalt hätte. Wir erzählten ihnen, wir hätten uns tüchtig drangegeben, um Huey eine rechtliche Verteidigung zu sichern, und das Bündnis mit der ›Peace and Freedom Party‹ stützte sich nicht darauf, daß wir den Weißen einfach ›trauten‹, nur weil sie weiß wären. Wir sagten, sie sollten doch mindestens die Tatsache achten, daß es einmal einen John Brown gegeben hat, und daß die John Browns sehr viel mehr geschafft haben als manche schwarzen Intellektuellen aus den Colleges. Wir achteten John Brown deshalb, sagten wir, aber wir lebten im gleichen Geiste wie Nat Turner, Patrice Lumumba und Malcolm X. Malcolm hat in seiner letzten Zeit jede Art von Rassismus abgelehnt.
Das konnten sie nicht begreifen. Sie hatten psychologisch entschieden eine Hemmung; denn, um mit Fanon zu sprechen, ihr geistiges Vermögen war noch dem System des weißen Mannes verpfändet. Viele von den Burschen da unten waren College-Studenten. Sie konnten nicht einsehen, was wir ihnen sagten, daß in ihren Ideen viel schwarzer Rassismus steckte und daß wir mit schwarzem Rassismus nicht arbeiten könnten. Sie konnten es deshalb nicht einsehen, weil sie behaupten wollten, so etwas wie schwarzen Rassismus gäbe es nicht; wir versuchten ihnen aber klarzumachen, daß es sehr wohl schwarzen Rassismus gäbe. Der schwarze Rassismus ist bei den meisten Leuten in der schwarzen Wohngemeinde nicht so ausgeprägt, aber viele College-Studenten denken in dieser Richtung. Sie glauben, daß sie selbst frei wären, und dabei denken sie ebenso rassistisch wie viele Weiße ihnen gegenüber. Man schafft Rassismus nicht dadurch aus der Welt, daß man noch einen anderen Rassismus dauernd fortsetzt.
Wir sagten ihnen auch, unsere Koalition wäre ein Arbeitsbündnis, das die Weißen dazu bringen sollte, in der weißen Wohngemeinde gegen den Rassismus zu arbeiten, ihn zu zerstören und dort endlich loszuwerden. Wir sagten ihnen: Unser Ziel ist es, die Volksmassen zu der Einsicht zu bringen, daß sie das System abwerfen müssen, das uns ausbeutet; sie müssen die Unterdrückung abwerfen und eine echte Regierung schaffen. — Nun, im großen ganzen haben die Leute dort, die Mitglieder des SNCC und auch die anderen, nicht angenommen, was wir sagten.

Einen Tag nach unserer Versammlung war auch eine Veranstaltung in Los Angeles geplant. Ron Karenga von der US-Organisation hatte zwei seiner kahlköpfigen schwarzen Rassisten nach Washington geschickt, weil er irgendwie herausgekriegt hatte, daß wir Stokely besuchen würden. Er flog sie an diesem Abend ein. Die Kerle wollten Stokely gern dahin kriegen, daß er Ron Karenga die Gelegenheit verschaffte, auf unserer Versammlung zu sprechen. Stokely sollte am nächsten Tag mit ihnen eine Podiumsdiskussion in Los Angeles mitmachen. Wir haben nichts dagegen gesagt, wir hatten nicht einmal den Wunsch, uns darüber auseinanderzusetzen. Wir sagten, wenn wir wieder in Oakland wären, wollten wir uns das überlegen.
Am nächsten Tag sprachen wir wieder mit Stokely und machten alles genau aus. Wir einigten uns darüber, wann er reisen würde, wann wir ihm die Reisekosten zahlen würden und wer mit ihm käme. Wir merkten wohl, daß Stokely und James Forman zu der Zeit gar nicht gut miteinander standen. Sie hatten irgendeinen Streit gehabt, weil Stokely ohne Zustimmung des SNCC-Zentralausschusses außer Landes reiste. Aber wenn wir auch Stokely bei unserer Versammlung hatten, wir suchten doch ein richtiges Arbeitsbündnis mit dem SNCC, damit es zu einer besseren Vereinigung der schwarzen Organisationen im ganzen Land käme. Wir meinten, sie sollten sich in diesem Arbeitsbündnis daranmachen, die Verteidigung Hueys zu unterstützen und eine breite Grundlage geeinter Organisationen im ganzen Land zu schaffen.
Wir haben ihnen das vorgeschlagen, gegen ihren Einwand, daß sie nicht mit Weißen zusammenarbeiten wollten. Wir haben Stokely daran erinnert, daß er selbst bei seiner Rede in Berkeley vor etwa einem Jahr den Gedanken aufgebracht hatte, die Weißen sollten in der weißen Wohngemeinde etwas tun. Die Black Panther Party hatte den Gedanken übernommen und betrachtete ihn als etwas, das zu allen Formen des Rassismus im Widerspruch stand. Huey und ich hielten etwas von dieser Idee und machten Gebrauch von ihr. Und jetzt sagte Stokely: »Nieder mit den Weißen!« Er erzählte uns, viele Leute in der Gegend von Washington sähen es nicht gern, daß er in Oakland sprechen wollte, woil auch Weiße aufs Podium kommen würden. Wir sagten Stokely, daß ein Mitglied der ›Peace and Freedom Party‹ aufs Podium steigen und etwas sagen würde, und daß wir das nötig fänden. Das Mitglied der ›Peace and Freedom Party‹ sollte erklären, was ihrer Auffassung nach die Weißen tun sollen, damit der Rassismus unter den Weißen aufhört; das müssen die Schwarzen auch verstehen.
Stokely sagte schließlich zu, daß er kommen würde. Den Rest des Tages fuhren wir durch die Gegend und unterhielten uns im Wagen. Am nächsten Tag setzten wir Stokely am SNCC-Büro

ab, fuhren zum Flugplatz und flogen nach Oakland zurück. Wir erzählten der ›Peace and Freedom Party‹, daß alles geregelt war und daß wir eine große Massenversammlung halten wollten. Wir wußten, daß Stokely bestimmt sprechen würde, also konnten wir alles in Gang setzen. Wir machten die Sache in der schwarzen Wohngemeinde bekannt und sie in der weißen Wohngemeinde.

Wir brachten Stokely etwas zeitig heraus, damit er Huey besuchen könnte. Es waren eine Menge Zeitungsreporter da; viele Menschen begriffen, es wäre an der Zeit, daß Huey P. Newton herauskäme. Es wurde eine der größten Massenversammlungen, die jemals in Oakland stattgefunden haben. Außer Stokely erschienen auch Rap Brown und James Forman vom SNCC. Stokely, James Forman, Rap Brown und viele andere hatten begriffen, daß Bruder Huey P. Newton, Verteidigungsminister der Black Panther Party, der Hauptanführer der revolutionären Bewegung geworden war, die aus dem Volk der Schwarzen hervorging, auf einer anderen, höheren Ebene als jemals zuvor.
Der Saal war rappelvoll. Sogar Stokely, Eldridge und ich sind nur mit Mühe in den Stadtsaal von Oakland hineingekommen. Als wir die Massenversammlung zum ersten Male ankündigten, sagten wir, daß wir keine Polizisten im Stadtsaal oder in seiner Umgebung haben wollten; wir würden selbst für die Verkehrsregelung sorgen; wir hätten genug Mitglieder in der Panther Party, die das machen könnten, und die Wohngemeinde würde uns darin unterstützen. Ein paar Tage vor der Versammlung bekam die Partei einen Anruf von Polizeichef Gain aus dem Polizeipräsidium in Oakland. Eldridge und Emory Douglas gingen hin und redeten mit einigen von seinen Leutnants und Captains. Eldridge sagte ihnen rundheraus, wir wünschten keine Polizei auf dem Gelände und würden selber für alles sorgen. Die Bullen versuchten dann, Eldridge die Hand zu drücken, aber er sagte zu ihnen: »Ich möchte Ihnen nicht die Hand drücken. Ich bin grade dabei, Ihnen zu sagen, daß wir keine Bullen in der Nähe des Stadtsaals brauchen.« Und es waren wirklich keine da. Nicht ein Polizeischwein in Sicht. Und natürlich ist es nicht zu Ausschreitungen gekommen.

Bei dieser Gelegenheit hielt Stokely seit der Rückkehr von seiner Weltreise zum erstenmal wieder eine Rede. Sie war besonders wichtig, weil sie eine Verbindung zwischen dem SNCC und der Black Panther Party herstellte – wenn auch damals viele Leute im SNCC nicht gut mit Stokely standen.
Etwa eine Woche nach unserer Rückkehr aus Washington hatten wir uns in Los Angeles mit James Forman getroffen. Wir hatten über eine Zusammenarbeit Formans mit unserer Partei

gesprochen und ihm gesagt, daß wir uns eine solche Verbindung wünschten. Aber Forman war entschieden dagegen, daß wir Stokely Carmichael zum Premierminister ehrenhalber machen wollten. Er fand, der Premierminister ehrenhalber sollte Rap Brown werden. Da sahen wir, daß es im SNCC Parteispaltungen gab. Auf einer Seite stand Rap Brown mit James Forman, der die Dinge leitete, auf der anderen Seite stand Stokely und leitete seine eigenen Angelegenheiten.

Wir beschlossen, wenn sie alle das Zehn-Punkte-Programm annehmen würden, dann wollten wir Stokely Carmichael zum Premierminister ehrenhalber, James Forman zum Außenminister und Brüder Rap Brown zum Justizminister der Black Panther Party machen. Wir dachten, damit hätten wir eine gute Gruppe schwarzer revolutionärer Anführer, durch die der Befreiungskampf der Schwarzen im ganzen Lande zusammengefaßt würde.

So hatten wir nun ein Bündnis zwischen dem SNCC und den Panthern. Es sollte ein praktisches, ein Arbeitsbündnis sein. Sie waren ganz damit einverstanden, bestimmte Ämter in der Black Panther Party zu übernehmen; das zeigte uns, daß sie unsere Black Panther Party als revolutionäre Organisation betrachteten, die viele schwarze Menschen aufhorchen ließ, einmal wegen unserer politischen Richtung, zum andern weil wir auf dem Recht zur Selbstverteidigung bestanden.

Wir hatten das Gefühl, daß diese Brüder mit der Partei zusammenarbeiten sollten. Die Partei zog Tausende junger Brüder von der Straße an, solche Kerle, die früher Aufstände und wer weiß was alles mitgemacht hatten. Wir kriegten auch Leute aus anderen Organisationen, die ihre früheren Gruppen fallenließen und sich die Panther Party ansehen kamen — außer solchen Stiefelleckern, die eine Todesangst vor den Bullen hatten und ja nicht mit ihnen aneinandergeraten wollten. James Forman sollte ein sehr gründliches und nötiges Programm für politische Unterweisung leiten. Er war sehr viel mit Eldridge und mir zusammengewesen, als wir unten in Los Angeles waren. Wir hatten Forman gebeten, auch nach Oakland zu kommen; er hatte gesagt, daß er ganz bestimmt da sein würde.

Aber Forman trieb ein politisches Spiel — mit der Taktik, die Panther möglichst schwach zu halten. Stokely war damals in der Black Panther Party nur Feldmarschall. Wir hatten ihn vor sieben oder acht Monaten zum Feldmarschall gewählt, und er hatte die Wahl angenommen. Forman sagte noch einmal, wir sollten doch Rap Brown zum Premierminister machen und nicht Stokely. Wir haben es dann schließlich so gemacht, daß wir versuchten, sie alle in unsere Partei zu bringen. Das sollte die Grundlage des Bündnisses sein, eines Arbeitsbündnisses, in

dem wir gemeinsam für den Befreiungskampf arbeiten würden. Diesen Gedanken haben sie angenommen.
Bei der Massenversammlung kündigte Eldridge an, Stokely Carmichael würde Premierminister, James Forman Außenminister und Rap Brown Justizminister der Black Panther Party. Forman und Bruder Rap Brown waren damals gleichzeitig die Leiter des SNCC, und wir respektierten die Stellung, die sie da hatten. Sie erschienen alle – und es kam eine riesige Menschenmenge zu der Versammlung. Rap Brown glänzte durch Überraschung: Bis zum letzten Augenblick wußte niemand genau, daß er kommen würde. Das hatte James Forman so eingerichtet, um den SNCC zu stärken.
Die Massenversammlung nahm ihren Verlauf. Sie nahm einen wirklich guten Verlauf. Es waren dabei so viele revolutionäre Anführer zusammen, wie sich – nach Eldridges Worten – noch nie in der Geschichte Amerikas unter einem Dach versammelt hatten. Das ist wahr, denn Eldridge und ich, Alprentice ›Bunchy‹ Carter, David Hilliard, Stokely, Forman und Rap Brown waren alle da. Wir haben Hueys Stuhl in die Mitte gestellt, den Korbstuhl, den so viele Menschen von dem Bild her kennen, auf dem er Speer, Schrotflinte und Schild hält, um das Recht zur Selbstverteidigung zu demonstrieren. Das hat allein schon einen gewaltigen Eindruck gemacht, einen ganz gewaltigen Eindruck. Wir haben bei dieser Versammlung rund zehntausend Dollar für Hueys Verteidigungsfonds eingesammelt. Es war die größte Sammelaktion für Huey, die wir je durchgeführt haben. Damals war es unsere größte Sammelaktion überhaupt. Wir hatten das Geld wirklich nötig, denn Garrys ganze Firma arbeitete fast Tag und Nacht an Hueys Fall. Wir waren ihnen inzwischen sicher dreißigtausend Dollar schuldig.
Nachdem Stokely bei unserer großen Massenversammlung gesprochen hatte, wurden wir zu vielen Vorträgen geholt, überall in der Bay Area um San Franzisko und Oakland, unten in Los Angeles und in ganz Kalifornien. Unser letztes Vortragsengagement war an einem Samstagabend unten in Palo Alto. In der folgenden Nacht hat die Polizei von Berkeley mein Haus überfallen und mich festgenommen.

Unsere Türen werden eingeschlagen

Ich hatte morgens in meiner Wohnung mit einigen Brüdern davon gesprochen, daß wir zehntausend Dollar für Hueys Verteidigungsfonds eingenommen hatten und daß wir noch größere Versammlungen organisieren wollten, um die Tausende von Dollars zu bekommen, die wir brauchten; wir mußten ja unseren juristischen Apparat in Gang halten, damit wir Huey aus

dem Gefängnis herauskriegten. Mittags gegen halb eins ging ich aus dem Hause; ich weiß noch, daß ich eins der hinteren Fenster offengelassen habe.
In der Nacht drangen die Bullen in mein Haus ein und fanden eine Schrotflinte mit abgesägtem Lauf. Beim Gericht ist herausgekommen, daß keine Fingerabdrücke von mir darauf waren und auch keine von meiner Frau. Die Schrotflinte war von jemandem bei uns eingeschmuggelt worden. Ich wurde angeklagt, eine ungesetzliche Waffe zu besitzen. Um die Atmosphäre zu vergiften, wurde ich zuerst auch wegen Mordverschwörung angeklagt. Ein Bulle behauptete, er hätte gehört, daß jemand in meiner Wohnung sagte: »Wir wollen Rap haben.« Er erklärte, später an dem Abend hätte er in meiner Wohnung Gewehre klicken gehört. Ich wußte von nichts, ich hatte ja geschlafen. Ich war sehr müde, weil ich in der Woche davor so viel herumgelaufen und mit Stokely bei verschiedenen Vortragsengagements gewesen war. Als ich an dem Abend nach Hause kam, bin ich zu Bett gegangen.
Nachts gegen zwei Uhr weckte mich meine Frau und sagte mir, die Bullen wären vor der Tür. Die Bullen wollten es ganz schlau anfangen, sie redeten mich mit ›Mr. Seale‹ an und versuchten, sich höflich zu geben.
»Wir würden Sie gern einmal sprechen wegen einer Unruhe in dieser Wohngegend.«
»Also ich weiß von keiner Unruhe«, sagte ich. »Ich möchte Sie nicht in meiner Wohnung haben. Wenn Sie etwas über eine Unruhe hier in der Gegend wissen wollen, dann gehn Sie doch zum Hauswirt, der wohnt oben.«
»Nein, wir möchten Sie gern in Ihrer Wohnung sprechen«, sagten sie. »Hier in der Nähe hat es eine Unruhe gegeben.«
»In meiner Wohnung ist keine Unruhe gewesen, und ich möchte Sie nicht in meiner Wohnung haben. Wenn Sie mit jemandem über eine Unruhe sprechen wollen, dann gehen Sie zum Hauswirt!«
Ich hatte durch das Fenster mit ihnen geredet. Ich wollte gerade die Tür aufmachen, herauskommen und ihnen zeigen, wo der Hauswirt wohnte; aber ich hatte die Tür kaum ein paar Zentimeter weit offen, da stießen sie mich gegen die Wand, hielten mir eine Flinte an den Leib und wollten auch ein Gewehr auf meine Frau richten. Ich war außer mir und brüllte, so laut ich konnte: »Schießen Sie nicht auf meine Frau!« Sie legten mir Handschellen an, setzten mich aufs Bett und gingen durch die ganze Wohnung. Ich habe in dieser Nacht, als sie mich verhafteten, keine Schrotflinte gesehen; aber ich hörte, wie sie sagten: »Wir haben sie gefunden.« Sie hatten damit gerechnet, sie zu finden. Wir mußten uns in Handschellen auf die Couch setzen, zwei Bullen standen über uns gebeugt und hielten die Gewehre

auf uns gerichtet. Als ich da saß, konnte ich nicht sehen, zu wem einer der anderen Bullen redete, jedenfalls sagte er: »Sieh mal, was wir gefunden haben.« Der Bulle, der bei mir stand, antwortete: »Ja, wir haben uns gedacht, daß wir das finden würden.« Dann führten sie mich weg.

Die Frau aus dem Nebenhaus, die später als Zeugin auftrat, kam nach der Verhaftung zu uns und sagte, zwei Wochen vor der Verhaftung hätte ein Mann in ihrem Haus ein Zimmer gemietet. Er war ein Weißer, ein Rassist, sagte sie, er hätte die ganze Zeit nur unser Haus beobachtet. Sie hatte nie so sehr darauf geachtet, aber sie hatte gesehen, wie er sich da draußen herumtrieb und uns beobachtete. Nach der Verhaftung wurde ihr klar, was passiert war, denn sie wußte, daß der Kerl die Bullen gerufen hatte. Am nächsten Tag fragte sie ihn, warum er das getan hätte. Er war dabei, seine Koffer zu packen und auszuziehen, und er sagte ihr, das ginge sie verdammt nichts an. Dann verschwand er. Wir haben ihn nie wieder gesehen. Die Bullen sagen, er wäre es gewesen, der sie gerufen hätte.

Ich wurde angeklagt, ungesetzliche Waffen zu besitzen. Ich hatte eine 45er Militärpistole und weiß, daß sie eine Fabrikationsnummer hatte, also war sie nicht ungesetzlich. Bei Gericht haben sie eine Waffe abgeliefert, an der die Fabrikationsnummer weggefeilt war, und das ist gegen die Gesetze.

Auf der Wache überlegte ich mir das mit der Verhaftung und fragte die Bullen, wieso sie denn ohne Durchsuchungsbefehl meine Wohnung durchsucht hätten. »Wir brauchten keinen Durchsuchungsbefehl«, sagten sie, »wir haben Ihnen den ganzen Tag zugehört.« Wenn sie mir wirklich zugehört haben, dann haben sie hauptsächlich gehört, daß wir mehr als zehntausend Dollar für Hueys Verteidigungsfonds eingenommen hatten.

Im Gefängnis habe ich mir die Sache noch einmal überlegt. Sie wollten eine hohe Kaution haben – für mich sechstausend Dollar. »Die wollen unsere Kasse leermachen«, sagte ich mir, »das versuchen sie, das wird es sein.« Die Versammlung für Bruder Hueys Verteidigung war erst eine Woche her, und ich konnte mir keinen anderen Grund dafür denken, daß sie mich und meine Frau wegen solcher erfundener Beschuldigungen verhafteten.

Richter Lionel Wilson hat die Anklagen gegen mich niedergeschlagen. Er hat sie verworfen mit der Begründung, daß der Polizist log, daß er sich in seinen Aussagen widersprach und daß sie keinen vernünftigen Grund hatten, um zwei Uhr früh gewaltsam in meine Wohnung einzudringen. Sie sagten, sie hätten einen vernünftigen Grund gehabt, aber der Richter entschied, wenn alles friedlich und still war, wie sie selbst ausgesagt haben, dann hatten sie keinen vernünftigen Grund dazu. Die Durchsuchung und die Festnahme war ungesetzlich.

Einen Monat vor meiner Verhaftung war das Überfallkommando von San Franzisko gewaltsam in Eldridge Cleavers Wohnung eingedrungen und hatte versucht, ihm Angst zu machen und ihn zu drangsalieren. Sie wollten dort gern ein Gewehr finden. Als Eldridge in die Partei gekommen war, hatte Huey eindeutig erklärt, Eldridge dürfte als entlassener Strafgefangener keine Waffen haben. Die Partei hatte diesen Grundsatz erlassen, weil uns klar war, daß wir uns nicht einfach auf alle möglichen ungesetzlichen Sachen einlassen konnten. Huey hat immer gesagt, was wir täten, müßte rechtmäßig sein. Eldridge hat sich an die Bestimmung gehalten und selbst keine Waffen gehabt. Eines Abends nach der Durchsuchung hatte Kathleen ihn gefragt: »Und wenn wir nun mal wirklich angegriffen werden und nichts haben, womit wir uns verteidigen können?« Eldridge hatte geantwortet, sie müßte sich einfach selbst ein Gewehr besorgen, denn der Verteidigungsminister hätte gesagt, er dürfte als entlassener Strafgefangener keins haben. Also war Kathleen zum Kaufhaus herübergegangen und hatte sich ein paar Gewehre gekauft. Eldridge sagte seinem Bewährungshelfer, daß seine Frau sich jedenfalls ein paar Gewehre kaufen würde. Da die beiden ja nun im gleichen Hause wohnten, konnte der Bewährungshelfer nichts dagegen machen. Eldridge hielt sich da völlig an die Gesetze, er hielt sich auch an den von Huey aufgestellten Grundsatz.

Huey erließ mehrere solcher Grundsätze, damit wir eine gesetzmäßige Organisation hätten. Als die Partei noch ganz in ihren Anfängen steckte, hatte Huey viel in den Gesetzbüchern nachgelesen, er hatte auch ein Jahr lang einen juristischen Kursus besucht. Huey ging oft in die Stadt zur juristischen Bücherei, und er studierte die Berichte über juristische Verhandlungen, die er im Armenhilfe-Zentrum von Nord-Oakland vorfand; dort konnten wir uns sehr gut informieren. Dieses Armenhilfe-Zentrum war eine Vielzweck-Einrichtung und sollte unter anderem auch Rechtsberatung geben. Dort waren zwei Wände mit juristischen Büchern vollgestellt, wir konnten also alle möglichen Gesetze nachlesen, von denen die Bullen vielleicht sagen würden, daß wir sie überträten. Wir wußten mit den Bestimmungen über unerlaubten Waffenbesitz sehr gut Bescheid, da würde man uns also nicht in den Fallstricken des Systems fangen.

Zu der Zeit, als ich verhaftet wurde, kamen Tausende von Mitgliedern in die Partei. Seattle machte eine Ortsgruppe auf, der südkalifornische Zweig mit Los Angeles als Mittelpunkt war schon in Tätigkeit. Meine Verhaftung war nicht nur eine Anstrengung, die Geldmittel der Partei zu erschöpfen, sie war auch ein Angriff auf die Parteiführung. In derselben Nacht, in der ich verhaftet wurde, haben sie auch den Stabschef David Hilliard verhaftet, den stellvertretenden Verteidigungsminister Alprentice ›Bunchy‹ Carter, der inzwischen ermordet worden ist, ebenso Bunchy Carters Bruder, der heute auch nicht mehr lebt, und ein Mädchen, das sich später von der Partei gelöst hat. Daß auch andere Leute verhaftet waren, habe ich gemerkt, als ich ins Gefängnis kam. Da sah ich dies Mädchen in einer Untersuchungszelle. Ich war ganz verwirrt, weil ich nicht begreifen konnte, was sie da sollte. Sie hatte fast ein Jahr lang mit der Partei zusammengearbeitet. Ich verstand nicht, was vorging, weil ich zu Hause geschlafen hatte. Ich hörte, wie einer von den Beamten sagte: »Wir haben die andern vier auch, wir melden sie jetzt.« Als ich in der Meldezelle war, brachten sie Bunchy heraus. Sie wollten ihn auch gerade melden. Er hat mir gesagt, daß zwanzig Bullen sie umstellt, die Flinten auf ihr Auto gerichtet und sie ohne jeden Grund verhaftet haben.

Ich wurde also eingetragen, dann habe ich ein Telefongespräch geführt. Als Bunchy auch eingetragen war, wurden wir zusammen in eine Zelle gesteckt. Ich machte mir allmählich wirklich Sorgen um Bunchy, denn er war mit Eldridge im Gefängnis gewesen und stand in Bewährungsfrist. Es gehörte zu den Dingen, die Huey und ich fürchteten, wenn Parteibrüder, die in Bewährungsfrist standen, verhaftet wurden; denn bei dem faschistischen Verfahren in Kalifornien werden sie praktisch ohne Grund ins Gefängnis zurückgeschickt. Ich erzählte Bunchy, ich hätte eben mit jemandem telefoniert und würde wahrscheinlich bald herauskommen.

»Dann bist du der erste, den ich hier heraushole«, sagte ich, »weil du in Bewährungsfrist stehst.« Mein Bruder, John Seale, kam und befreite mich durch die Kaution. Meine Frau war auch in Haft, aber ich wußte, daß wir sie leicht herausholen könnten. Es ging vor allem darum, Bunchy Carter freizukriegen. Drei Stunden später haben wir ihn und seinen Bruder gegen Kaution herausbekommen.

Sie haben mir alles erzählt, was passiert war. Im Handschuhfach des Autos war eine Pistole gewesen, es hatte auch noch eine Pistole im Wagen gelegen, aber sie war nicht verborgen. Sie haben mir erzählt, wie sich die Verhaftung abgespielt hatte und was man ihnen vorgeworfen hatte. Ich habe Bunchy geraten, er sollte wieder nach Los Angeles gehen, weiter organisieren und sich im Hintergrund halten. Er sagte, daß er versuchen wollte, da unten mit seinem Bewährungshelfer zurechtzukommen.

Im März sind die Bullen zum zweitenmal mit Gewalt bei Eldridge eingedrungen. Deshalb schrieb Huey den Erlaß Nummer Drei; er handelte von Gestapo-Bullen, die uns die Türen ein-

schlagen. Er stellte fest, daß wir berechtigt sind, unsere Schwelle zu verteidigen, und daß jeder von uns das auch tun muß. Er sagte weiter, wenn die Polizei an unsere Tür käme und sich dort nicht anständig verhielte, dann könnten wir sie nur als Gefahr für unser Leben betrachten. Huey wußte recht gut, daß Mitglieder der John Birch Society, des Ku-Klux-Klan und viele andere üble ›patriotische‹ Rassisten zur Polizei gehn und mit rassistischen Bürgervereinigungen zusammenarbeiten. Er hatte auch Informationen darüber bekommen, daß manche von diesen Leuten sich verkleiden. Huey gab den Erlaß Nummer Drei an alle Parteimitglieder aus, und darin hieß es, wenn jemand an unsere Tür käme und sich nicht so verhielte, wie das ein Polizist tun soll, wenn er mit dem Fuß gegen die Tür stieße und uns angriffe, dann sollten wir uns verteidigen.
Wir hatten mittlerweile Ortsgruppen in Seattle, Südkalifornien, Los Angeles, San Franzisko, und unser nationales Hauptbüro in Oakland. Jedesmal, wenn sie uns angriffen, bekam die Partei neue Mitglieder. Damals, Anfang 1968, waren die Bullen hauptsächlich an den Führern interessiert, so an Huey, Eldridge, David Hilliard, Bunchy Carter und mir. Als trotz unserer Verhaftung die Partei weiter anwuchs, steigerten die Machthaber ihren Angriff; sie fingen an, uns auf den Straßen, in unseren Büros und in den Wohnungen niederzuschießen.

Die Polizeischweine erschießen Bobby Hutton

Eines Tages, es war Mitte März 1968, rief mich Eldridge an und sagte: »Hallo, Mann, komm mal zu mir rüber! Ich hab hier was, das du wissen solltest, über einen Angriff auf uns, den die Polizeischweine planen.« Ich ging zur ›Ramparts‹-Redaktion herüber, und sie führten mich in ein Zimmer. Da stand ein weißes Mädchen. Eldridge sagte zu ihr: »Erzähle das mal Bobby, was du mir erzählt hast!« Sie beschrieb mir, wie sie in einer Bar gesessen und gehört hatte, daß zwei Bullen über die Black Panther Party sprachen. Der eine sagte, am 2. April würden sie es uns ordentlich zeigen. Sie hatten gesagt, sie würden jetzt alle Panther loswerden. Ich fragte das Mädchen, ob es sonst noch etwas gehört hätte. Da erzählte es mir noch einiges andere, wovon die beiden geredet hatten, hauptsächlich negatives Zeug über die Black Panther Party. Dann wären sie wieder auf den 2. April gekommen und hätten davon geredet, daß sie die Panther Party erledigen wollten. Ich sah Eldridge an, und wir gingen zusammen aus dem Büro fort.
»Was hältst du davon, Mann?« fragte er mich.
»Na, sie werden versuchen, uns anzugreifen«, sagte ich. Ich fragte ihn, ob das Mädchen zuverlässig wäre. Eldridge meinte,

sie wäre recht zuverlässig; also wußten wir, daß wir der Sache nachgehen mußten.
Drei Tage später kam ein ehemaliger Polizist, ein Schwarzer, ins Büro und erzählte mir, er hätte ein paar Bullen davon reden hören, daß sie uns irgendwann im April fertigmachen würden. Er hatte solche Gerüchte umgehen hören und gemeint, er wollte doch kommen und uns das sagen.
Ich erzählte es Eldridge, und ich sagte allen, wir müßten uns jetzt Gewehre besorgen, müßten sie im Hause haben und gebrauchsfertig halten, denn man könnte gar nicht wissen, was die womöglich tun würden. Wir hatten schon vorher teilweise Gewehre, aber ich sagte, es müßte jeder in Bereitschaft sein und bestimmt dafür sorgen, daß die unter uns, die etwa noch kein Gewehr hätten, eins bekämen; denn man konnte nicht wissen, was passieren würde. Wir konnten jederzeit angegriffen werden.
Bei der Geburtstagsversammlung für Huey hatten wir angekündigt, daß wir Huey im 17. Kongreßbezirk als Kandidaten für den Kongreß aufstellten. Die Wahlversammlungen, bei denen Hueys und mein Name als Black Panther-Kandidaten auf die Liste der ›Peace and Freedom Party‹ kommen sollten, waren im Juni dran. Ich war für den 17. Repräsentantenbezirk vorgeschlagen, für das Repräsentantenhaus.
Wir hatten zum 7. April, einem Sonntag, eine Versammlung in der schwarzen Wohngemeinde geplant, im De Fremery Park. Diese Versammlung sollte ein Picknick mit Fleisch vom Bratspieß sein, für den Huey P. Newton-Verteidigungsfonds und für einen Wahlkampf-Fonds, damit Huey und ich auf die Vorschlagsliste kämen. Die Bevölkerung stellte sich sehr gut zu diesem Plan. Viele hatten schon versichert, daß sie kommen würden und sich für einen Dollar einen Teller Fleisch vom Bratspieß kaufen. Wir hatten Lautsprecherwagen und jede Art Werbung in der Wohngemeinde. Wir haben sogar eine Rundfunkstation soweit gekriegt, daß sie die Sache ankündigte. Von Kaufhäusern bekamen wir Spenden: Bratrippen, Zutaten für Kartoffelsalat, Röstfleisch und solche Sachen. Wir haben auch Hühnchen bekommen, Dosen mit Wiener Würstchen und viele andere Nahrungsmittel, die uns die Leute für das Picknick mit Fleisch am Bratspieß gestiftet haben. Gleichzeitig war in der Partei das Gerücht umgelaufen, daß die Polizeischweine uns angreifen würden.
Ich hatte Drohbriefe von Mitgliedern des Sheriff-Büros bekommen – wie ich meinte, aus dem Büro des Sheriffs von Alameda. In solchen Briefen stand einfach: »Ich bin der Sheriff, und wenn du vor Gericht kommst, dann passiert dir was.« Das war eine Zeitlang so gegangen. Ich mußte am ersten April vor Gericht erscheinen; wir versuchten, Vermutungen darüber anzustellen,

welcher von den Vize-Sheriffs wohl die Drohbriefe geschrieben hätte. Wir waren es gewöhnt, Drohbriefe zu bekommen, aber die Kerle nannten sich nie. Wenn man einen Drohbrief von der amerikanischen Nazipartei kriegt, achtet man nicht weiter darauf; aber wenn man Drohbriefe von solchen Narren bekommt, die sagen, sie wären im Sheriff-Büro, dann macht man sich schon ein paar Gedanken, weil man weiß, daß die Bullen es auf einen abgesehen haben. So verbarg ich mich in einem Apartment, und wir forschten rasch nach, ob wohl tatsächlich einer von den Bevollmächtigten, die in Oakland im Gericht für Alameda County als Amtleute tätig waren, die Briefe geschrieben hätte. Ehe ich bei Gericht erschien, wollten wir gern herausbekommen, wer ein Gewehr trug, und versuchen, den Gerichtshof und alle Gebäude nachzusehen, ob da jemand war, der auf mich schießen wollte, wenn ich die Treppe zum Gericht hinaufging. Es hing alles mit den Gerüchten zusammen, daß sie versuchen wollten, uns am 2. April dranzukriegen. Ich bin nicht vor Gericht erschienen, und der Richter ließ einen Haftbefehl gegen mich ergehen. Wir wollten versuchen, diesen eventuellen Anschlag aufzudecken; wir meinten, der Richter müßte schließlich merken, warum ich nicht erschien. Aber die Sache ist anders verlaufen.

Am Donnerstagabend war ich in dem Haus, in dem ich zur Zeit wohnte. Ich las etwas, bekam einen Anruf von Eldridge und ging dann schlafen. Nach einer Weile wachte ich wieder auf und wollte das Fernsehen anstellen, um die Nachrichten mitzukriegen. Jemand sagte an: »Heute ist Martin Luther King erschossen worden«, aber ich war im hinteren Raum dieses Apartments, und es dämmerte mir nicht, daß Martin Luther King erschossen war; denn ich war hier in diesen Räumen und verbarg mich, bis wir mit unseren Nachforschungen fertig sein würden. Dann kam ich wieder in das Zimmer, jetzt war ein anderer Nachrichtendienst dran, aber plötzlich wurde noch einmal durchgesagt: »Martin Luther King ist ermordet worden.« – »Was!« sagte ich und drehte das Fernsehen lauter. Martin Luther King ermordet! Das gab mir einen richtigen Schock.

Ich ging ans Fenster und sah eine Menge Bullen. Die Bullen konnten eigentlich nicht wissen, wo ich war, aber ich sah Autos mit Bullen die Straße herunterkommen, immer vier Bullen in einem Wagen. Ich wußte nicht, was da vor sich ging. Dann sah ich noch zwei Wagen mit Bullen herunterkommen und gleich darauf wieder zurück die Straße herauffahren, auch vier Bullen in jedem Wagen; ich zog mich ins Zimmer zurück und dachte: »Ach du lieber Himmel, die versuchen womöglich, das Haus zu umstellen.« Ich ging also und guckte mich hintenheraus um. Mein Apartment lag oben, gleich unter dem Dachboden. Von dem kleinen Badezimmerfenster aus sah ich an der Seite einen freien Platz und rings um die Hauseinfahrt viele Bäume, und ich sah eine Treppe nach unten. Wenn ich über die Badewanne aus dem Fenster kletterte, konnte ich den Treppenabsatz erreichen. Ich ging zurück, rasierte mich, rief meinen Bruder an und bat ihn, zu kommen und seine Haarschneidemaschine mitzubringen. Sobald er da war, sagte ich zu ihm: »Schneid mir das Haar ab.«

»Warum?«

»Schneid mir halt das Haar ab.«

Ich untersuchte den Wandschrank dieses Apartments, in dem ich augenblicklich wohnte. (Es gehörte einem Freund von mir.) Darin hingen ein paar Sachen, die anders waren als die, in denen ich zuletzt herumgelaufen war. Mein Bruder ging wieder weg, und später am Abend rief mich Eldridge an und sagte mir, es wäre alles in Ordnung.

Aber am nächsten Tag war es wirklich schlimm. Ich fing an zu glauben, daß die Affen das Haus umstellt hätten. Alle fünf oder zehn Minuten sah ich Polizeiwagen, und es kam mir so vor, als ob sie immerzu um den Häuserblock herumführen. Dann sah ich zwei Wagen vorfahren, und das war es eigentlich, was mich wegtrieb. Als ich vorn aus dem Fenster guckte, fuhr ein Wagen vier Häuser weiter rechts vor; beim Aussteigen knöpfte sich der Kerl die Anzugjacke auf. Er ging über die Straße und klopfte an die Eingangstür eines Hauses genau gegenüber dem Haus, in dem ich mich aufhielt. »Das ist ein Bulle«, sagte ich mir, »das ist ganz bestimmt ein Bulle. Verdammt noch mal, die Schufte versuchen mich hier oben zu umstellen.« Ich zog mich also ganz schnell um, setzte eine Sonnenbrille auf, kletterte aus dem rückwärtigen Fenster und kam zwischen den Bäumen herunter. Dann ging ich über den freien Platz nach rechts, weiter auf die Straße, und schon spazierte ich die Straßen von Berkeley entlang.

Ich sah überall Bullen. Ich hatte keine Nachrichten mehr gehört und wußte nichts von den Aufständen, die jetzt passierten. Ich dachte mir aber, daß es einige Unruhen geben würde. Ich hätte fast einen Burschen umgerannt, den ich kannte. Er wußte nicht, wer ich war, weil ich mich glatt rasiert und mein Haar abgeschnitten hatte. Ich ging auf ihn zu und sagte: »He, Mann, wie steht's denn?« Er guckte mich bloß an. Ich sagte: »Ich bin Bobby Seale.« Es war durch alle Zeitungen gegangen, daß ich nicht vor Gericht erschienen war, so sah er mich an und fragte: »Was ist denn los, Mensch?«

»Hör mal«, sagte ich, »ich hätte es gern, wenn du mich irgendwo hinfahren würdest; wenigstens hier aus der Nähe weg, ich glaube nämlich, daß die Polizeischweine das Haus umstellt haben, aus dem ich eben komme. Ich bin hintenrum rausgeschlüpft, und wenn sie jetzt da eindringen, kommen sie vielleicht nachher und suchen mich; ich brauche jemanden, der mich von hier wegfährt.« Ich stieg also in seinen Volkswagen, und wir fuhren zur San Pablo Avenue und weiter zum Dwight Way. Die Ecke war mit Bullen *überschwemmt!* Sie war geradezu mit Bullen überschwemmt, vielleicht fünfundzwanzig oder dreißig waren da. An der Ecke war ein Polizeitelefon, ein Bulle sprach etwas hinein. Sie schienen alle Wagen zu beobachten, aber ich guckte sie einfach an. Ich hatte meine Sonnenbrille und benahm mich ganz normal, die Bullen haben mich nicht erkannt.

Wir fuhren dort entlang und kamen auf die freie Straße, fuhren auf der Brücke über die Bucht und weiter auf die Halbinsel. Eine Stunde lang sind wir dort durch die Berge gefahren, und ich redete lange mit dem Bruder über die Partei und Martin Luther King und was jetzt vor sich ging. Ich hörte etwas mehr über die Aufstände und alles, was im Augenblick passierte. Schließlich bat ich ihn, mich nach Palo Alto zu bringen, wo ich eine Bekannte hatte. Als wir beim Haus der Schwester dort angekommen waren, bat ich ihn, eine Nachricht für Eldridge Cleaver und für David Hilliard mitzunehmen. Ich gab ihm die Telefonnummer des Hauses, in dem ich nun war, und bat Eldridge, mich anzurufen und mir zu sagen, was sich bei der Nachforschung über den eventuellen Anschlag ergeben hätte. Eldridge hat mich spät abends angerufen und mir erzählt, Richter Staats hätte den Haftbefehl zurückgezogen, weil er nicht wollte, daß ich gerade jetzt »etwas in Bewegung setzte«, wie er es nannte.

Am nächsten Morgen, dem 6. April, waren die Brüder und Schwestern schon früh dabei, zu kochen, Salate anzumachen und alles für die Versammlung und das Picknick mit Fleisch vom Bratspieß im De Fremery Park vorzubereiten. Unten in der Kirche von Pater Neil waren Schwestern, drüben bei David Hilliard machten sie Kartoffelsalat fertig, und im hinteren Büroraum waren sie dabei, die Fleischlenden zu braten. Da war eine große Unternehmung im Gange, vier oder fünf Lautsprecherwagen fuhren durch die ganze Wohngemeinde. Überall haben wir Flugblätter verteilt, wir hatten auch einen großen Bus — den Lautsprecherwagen der ›Peace and Freedom Party‹ —, und allen Leuten wurde gesagt, sie möchten zum De Fremery Park kommen und sich für einen Dollar einen Teller Fleisch vom Bratspieß kaufen, damit wir Geld bekämen für den Huey P. Newton-Verteidigungsfonds und den Wahlkampf-Fonds für Huey und mich. Wir hatten da eine fantastische Sache im Gang, und wir wußten, daß Tausende von Schwarzen herauskommen würden.

Da der Richter den Haftbefehl gegen mich zurückgezogen hatte, ging ich ins Büro. Viele Bullen trieben sich in der Nähe des Büros herum. Überall waren Bullen, viel mehr als gewöhnlich.

Die Brüder sagten immer wieder, wenn die uns etwa angriffen, dann würden wir uns verteidigen. Einer von unseren Captains erklärte, er wollte ein paar Waffen nach San Franzisko rüberbringen. Ich sagte ihm, er sollte darauf achten, daß sie nicht geladen wären, sollte sie in den Kofferraum legen und sehen, daß alles rechtmäßig zuginge. Doch ich sagte auch: »Wenn es so aussieht, als ob ihr angegriffen würdet oder etwas Ähnliches, dann müßt ihr vielleicht die Waffen gebrauchen, denn ihr habt das Recht, euch zu verteidigen.«

Nachmittags traf ich Eldridge im Büro der ›Peace and Freedom Party‹; er erzählte, daß er gegen Abend zu David Hilliard hinüberginge. Ich bat Eldridge, mich zur Kirche zu bringen; ich wollte mit Pater Neil unsere Teilnahme am Begräbnis von Martin Luther King besprechen. Eldridge fuhr den weißen Wagen, den die ›Peace and Freedom Party‹ irgendwo billig erstanden und uns gegeben hatte. Das war am Spätnachmittag.

Pater Neil machte mich mit seiner Familie bekannt, dann setzten wir uns zu Tisch. Wir sprachen von der Partei und ihrer Philosophie. Pater Neil gehörte zu einer Organisation von Geistlichen, die so eingerichtet war, daß bei jeder Störung in der Gemeinde eine kleine Gruppe — ein Geistlicher, ein Jurist und ein Arzt — dort hingefahren wurde. Jeder Gruppe war ein Stadtbezirk zugeteilt. Die Organisation bestand schon eine ganze Weile. An diesem Abend wurde Pater Neil angerufen; da sprang er auf und sagte, wir müßten losgehn, es würde auf jemanden geschossen. Seine Frau fragte, wohin er wollte; er sagte: »Da ist irgendwo eine Schießerei im Gange. Die Polizei hat jemanden angegriffen und zwei oder drei Leute angeschossen.« Jetzt fielen mir die Sache mit dem 2. April und diese Drohbriefe von dem sogenannten Sheriff ein. Natürlich dachte ich an die Partei. Wir stiegen schnell in den Wagen und fuhren die ganze Strecke bis nach Berkeley, wo die Funkzentrale war. Sie sagten, die Schießerei wäre in der 28. Straße in Oakland zwischen Panthern und Polizisten. Ich überlegte nun, welche Parteibrüder das wohl wären. Ich wußte, daß viele von ihnen keine Gewehre hatten. Ich erkundigte mich, soweit es ging, dann erklärte ich Pater Neil, ich würde gern mitkommen. Die anderen Geistlichen fingen an davon zu reden, das sollten wir lieber nicht machen. Da kam eine Nachricht durch den Rundfunk, die Schießerei wäre vorbei, man hätte alle verhaftet. In dem Rundfunkbericht hieß es, Eldridge Cleaver wäre verhaftet und Bobby Hutton angeschossen (sie sagten noch nicht, daß er tot war). Weiter hieß es, David Hilliard wäre auch verhaftet und noch zwei oder drei andere Panther angeschossen.

Erst spät abends kam der letzte Bericht — David und Eldridge waren also verhaftet und Little Bobby wahrscheinlich angeschossen. Es schien mir das Beste zu sein, mich hinzusetzen und mir eine Möglichkeit zu überlegen, wie man sie aus dem Gefängnis herausholen könnte. Ich rief Kathleen Cleaver und einige andere Panther an und sagte ihnen, sie möchten jetzt in ihren Wohnungen bleiben; falls sie angegriffen würden, sollten sie sich verteidigen.

Ich ging zu meinem Schwiegervater. Ich fing an, über alles mögliche nachzudenken, was da passiert war und wie man es anfangen müßte, daß die Brüder eine politische Verteidigung bekämen. Ungefähr zwei Stunden später, gegen halb drei oder halb vier Uhr früh, rief Pater Neil mich an und sagte mir, daß Bobby Hutton tot war. Er erzählte, daß man Eldridge Cleaver und Bobby Hutton irgendwie in ein Haus gedrängt hatte. Als sie aus dem Haus wieder herauskamen, hielt Bobby die Hände hoch, aber sie schossen ihn in den Kopf. Eldridge und ich waren an dem Tage zweimal von Bullen in unserem weißen Wagen gesehen worden. Wir hatten gemerkt, wie sie zu uns hinsahen und weiterfuhren. Mir kam es wirklich so vor, daß sie Bobby Hutton erschossen und dabei geglaubt haben, mich zu erschießen.

Ich war völlig außer mir. Ich wußte, daß Huey sagte, von spontanem Aufruhr hielten wir nichts, aber in diesem Augenblick war ich so rasend, daß ich allen Leuten bei der Versammlung am nächsten Tag sagen wollte, sie sollten ganz Oakland auf den Kopf stellen. Ich wollte jedem Schwarzen, der zu der Versammlung kam, sagen, er sollte die Stadt in Stücke reißen. Ich wollte ihnen sagen, sie sollten die Bonzen und die Läden der reichen Geschäftsleute überfallen. Das wollte ich ihnen sagen. Ich dachte dauernd daran, daß Huey erklärt hatte: »Keine spontanen Aufstände.« Aber ich empfand ganz anders, jetzt wo Bobby Hutton tot war und ich meinte, daß sie gedacht haben, sie töteten mich, und statt dessen haben sie Little Bobby Hutton ermordet.

Vielleicht hätte ich nicht so empfinden sollen – aber das waren meine Gedanken. Am Morgen ging ich zu Garrys Büro, damit er mich zum Polizeipräsidium mitnehmen konnte, wo wir eine Pressekonferenz einberufen hatten. Ehe wir hingingen, besuchte Garry Huey im Landesgefängnis von Oakland, und Huey gab ihm ein Tonband mit; darauf sagte er mir, ich sollte daran denken, daß ich den Leuten sagen müßte, sie sollten keinen spontanen Aufruhr machen, sondern sich organisieren; ich müßte ihnen sagen, daß die Bullen unsere Wohngemeinde besetzen wie ausländische Truppen, und daß wir nach der Verfassung der Vereinigten Staaten berechtigt sind, Gewehre und Waffen in unseren Wohnungen zu haben. Er sagte mir ganz dringend, ich sollte sie ermahnen, keinen spontanen Aufstand zu machen, denn das ist keine korrekte Methode, und es käme nichts anderes dabei heraus, als daß fünfzig oder hundert schwarze Menschen getötet würden, vielleicht zweihundert verwundet und Tausende verhaftet wie bei früheren Aufständen. Er sagte, wir müßten an die Sicherheit unseres Volkes denken, sogar wenn unsere Brüder ermordet würden, wie jetzt Bruder Bobby Hutton ermordet worden war. Ich wüßte das, sagte er, und ich dürfte nicht gefühlsmäßig handeln, sondern nur mit korrekten Kampfmethoden. Huey trug mir auf, den Leuten zu sagen, daß sie sich bewaffnen und Waffen in ihrer Wohnung haben müßten, und wenn sie sähen, daß rassistische Bullen unser Volk zum Vieh machten und mordeten, dann gäbe es für uns nur eine Möglichkeit — als organisierte Macht in unserer Wohngemeinde vorzugehen und uns gegen ungerechte, faschistische, brutale Angriffe zu verteidigen.

Ich ging zum Haus von June Hilliard herüber (June ist der Bruder von David Hilliard); es lag zwei Häuserblocks vom De Fremery Park entfernt, in dem die Versammlung war. Eine große Menschenmenge war unterwegs zum Park. Garry holte mich bei June ab und fuhr mit mir zum Polizeipräsidium von Oakland, wo er alles für die Pressekonferenz vorbereitet hatte. Ich war nicht gerade begeistert, daß sie dort stattfinden sollte, aber ich dachte: »Wenn ich bei Garry bin und sie wollen mich verhaften, dann müssen sie es doch ordnungsmäßig machen.« Wir hielten also die Pressekonferenz und erzählten den Presseleuten, was Huey gesagt hatte. Ich wußte, daß Huey recht hatte, und ich machte mir's zum Grundsatz, nicht aus dem Gefühl heraus zu handeln, denn mit Gefühlen führt man keinen korrekten revolutionären Kampf.

Dann ging ich wieder in den Park, sprach zu den Menschen und sagte ihnen genau das. Ich sagte ihnen, wir würden keinen spontanen Aufstand machen, aber nicht etwa, weil wir es mit den Machthabern hielten. Wir sind gegen die rassistischen Machthaber, die Schweine und Mörder. Doch wenn wir einen Aufstand machten, käme nichts anderes dabei heraus, als daß vielleicht fünfzig Leute getötet würden, zweihundert angeschossen und verwundet und drei- oder viertausend verhaftet. Damit hätten wir zu viele Kämpfer verloren. Ich sagte ihnen, daß die Menschen durch die früheren Aufstände und Rebellionen ihren Widerwillen gegen die sozialen Mißstände in unserer Gesellschaft geäußert hätten, aber jetzt müßten wir uns organisieren und lernen, uns mit dem Gewehr zu verteidigen, wenn wir zu Unrecht angegriffen würden. Wir sollten in unsere Wohnungen gehen und dafür sorgen, daß in jeder Wohnung eine Flinte, eine .357-Magnum-Pistole und eine .38-Pistole vorhanden wären. »Seht zu, daß ihr genug Waffen habt«, sagte ich. »Die Black Panther Party wird es nicht dazu kommen lassen, daß Hunderte von ihren Leuten erschossen, getötet und verwundet werden. Wenn sie auch Bobby Hutton ermordet haben und uns das nicht gefällt, Bobby Hutton ist trotzdem ein Kämpfer für die

Freiheit gewesen.« Und ich sagte ihnen all das über Bobby Hutton.
Und was soll ich sagen? Diese Menschen stimmten wirklich meinen Worten mit Beifall zu. Daran sah ich, daß sie aus den früheren Aufständen gelernt hatten. Sie hatten wirklich gelernt, daß sie mit den großen Aufständen nur eins erreichen: Sie werden von Gestapo-Polizisten eingekreist, zusammengepfercht und abgeschossen wie Vieh. Die Leute erfaßten den Gedanken, daß sie sich über die Wohngemeinde verteilen sollten. Ich sagte ihnen, wenn die Polizeischweine mit bösartiger Gewalt in unsere Wohngemeinde kommen, dann sollten wir zu unserer Verteidigung in kleinen Gruppen von drei oder vier Leuten zusammengehen. Ich erklärte ihnen, wenn die Polizeischweine Panzer in unsere Gemeinde brächten, dann müßten die jungen Brüder Guerilla-Taktiken anwenden und lernen, wie sie die Panzer einnehmen könnten; denn diese Panzer würden nur hergebracht, um ein Gemetzel anzustellen und unsere Leute zu töten.
Und sie haben geklatscht! Sie haben es wirklich begriffen. Sie haben diese Abmachung wirklich verstanden. Das freute mich riesig und gab mir das Gefühl, daß ich das Richtige täte. Es zeigte mir, daß das Volk gelernt hatte — und was das Volk gelernt hatte, das hatte die Partei gelernt. Hauptsächlich aus diesem Grunde ist die Organisation entstanden.

Wir kommen auf die Wahlliste

Nach der Schießerei vom 6. April haben wir Bobby Hutton begraben; Fanon hat vorausgesagt, daß es so gehen würde. Dann versuchten wir, Eldridge aus dem Gefängnis herauszubekommen. Er wurde im Staatsgefängnis von Vacaville gefangengehalten, etwa achtzig Kilometer östlich von Oakland. Wir fingen auch an, die Bevölkerung für die Wahlversammlungen im Juni zu mobilisieren, bei denen Huey und ich als Kandidaten aufgestellt werden sollten. Hueys Gerichtsverfahren war schon ein paarmal verschoben worden, aber die ›Peace and Freedom Party‹ stand offiziell auf der Wahlliste.
Im Mai, als Eldridge noch im Gefängnis war, fuhren Kathleen und ich nach New York; wir wollten dort versuchen, Geld für Eldridges Fonds zu bekommen. Ich habe da eine Rede gehalten, über die sich viele Leute wunderten. In dieser Rede habe ich gesagt: ». . . wir hassen euch Weißen . . .« und habe das nicht in den richtigen Zusammenhang gestellt, wie ich es eigentlich meinte. Wir hassen niemanden wegen seiner Hautfarbe, aber wir hatten doch Vorbehalte gegen viele weiße Radikale, die sich nicht rühren und nichts tun wollten. Über diesen Teil meiner Rede sind viele Leute sehr erschrocken.

Jetzt lache ich manchmal darüber, denn in Wirklichkeit bin ich ja kein eingefleischter Kulturnationalist. An dem Abend wollte ich ein Theaterstück kritisieren, das wir in New York gesehen hatten; darin kamen LeRoi Jones und einige andere auf die Bühne, als Silhouetten erscheinend, und riefen: »schwarz schwarz schwarz schwarz schwarz schwarz schwarz schwarz schwarz ...« Das ging so neun oder zehn Minuten lang und wurde einfach absurd. Es blieb endlos bei dem »schwarz schwarz schwarz schwarz schwarz schwarz«. Ab und zu wechselte eine Stimme die Tonhöhe, aber es ging weiter und weiter. Es hatte überhaupt keinen Sinn. Es sagte einem nichts. Wir nannten Jones und Ron Karenga die Hohenpriester des Kulturnationalismus, weil sie wirklich nichts zustande brachten als nur Fanatiker. Sie wären besser dran gewesen, wenn sie irgend etwas zum Ausdruck gebracht hätten, wenn sie auf eine solche Art über revolutionäre Kultur geredet hätten, daß dadurch etwas anders werden konnte. Vier oder fünf Panther-Brüder und ich saßen im Zuschauerraum, und wir haben uns darüber lustiggemacht.

Als ich diese Rede hielt, haben viele Leute Fragen gestellt. Man muß die ganze Rede dazunehmen und die Stelle »wir hassen euch Weißen« gegen alles andere abwägen, was ich noch gesagt habe. Ich habe mich über den Kulturnationalismus von Jones belustigt und über sein »schwarz schwarz schwarz«. Denn dadurch wurde den Leuten eher eine Form von schwarzem Rassismus eingeprägt als eine richtige Ansicht über den revolutionären Kampf beigebracht.

In New York nahm man Anteil an Bruder Eldridge, an Bruder Huey, an Hueys Gerichtsverhandlung und daran, daß die Bullen Bobby Hutton ermordet hatten. Wenn die Bullen versuchten, die Partei anzugreifen und zu vernichten, dann war sie dadurch nur gewachsen; als wir am 22. Mai 1968 New York verließen, begann sich dort die erste Ortsgruppe zu bilden.

Die Wahlversammlungen kamen näher, und wir arbeiteten tüchtig für den Wahlfeldzug. Wir hatten uns vor der Schießerei vom 6. April ein neues Büro genommen. Das ›Komitee der Bay Area zur Verteidigung der politischen Freiheit‹ brachte finanzielle Mittel auf und druckte fünfzigtausend große Plakate im Querformat, als Bekanntmachungen, was die Regierung Huey antat. Wir stellten Huey teilweise deshalb als Kandidaten auf, damit die Bevölkerung sah, daß Huey nicht der war, als den ihn die Machthaber hinstellen wollten – ein erbärmlicher Verbrecher. – Während des Wahlkampfes hat es viele Schwierigkeiten gegeben. Wir hatten Ärger mit anderen schwarzen Gruppen, die im 17. Kongreßbezirk kandidieren wollten, Ärger mit ein paar Leuten von ›Peace and Freedom‹ wegen 1300 Dollar, die wir unserer Meinung nach bekommen sollten, und Ärger mit manchen Brüdern und Schwestern, die noch nicht begriffen, wie wichtig es war, Huey P. Newton zur Kongreßwahl aufzustellen.

Am Abend nach der Wahlversammlung sind unsere Arbeiter losgegangen, um die Wahlergebnisse zu bekommen, und die Machthaber haben sie abblitzen lassen. Sie haben ihnen gesagt, die Stimmen würden nicht im Wahllokal gezählt, sondern in der Stadt bei der County-Verwaltung. So sind sie zur County-Verwaltung gegangen, wo man ihnen sagte, die Stimmen würden im Wahllokal gezählt. Die Brüder und Schwestern kamen an dem Abend recht mutlos zurück, weil sie das Wahlergebnis nur schätzen konnten. Als sie versuchten, die Stimmen zusammenzurechnen, kamen sie nur auf siebzig oder achtzig Stimmen. Sie dachten, Huey käme nicht auf die Wahlliste, und waren alle ganz verstört; sie meinten, es würden sich nicht genug Menschen auch nur die Zeit nehmen, für Huey zu stimmen, damit er auf die Wahlliste käme. Aber ich sagte: »Was redet ihr da? Wir werden auf die Wahlliste kommen mit drei- oder viermal so viel Stimmen, wie wir brauchen.« Sie haben es nicht geglaubt.

Ich ging zum Büro der ›Peace and Freedom Party‹ mit den Stimmen, die sie in der schwarzen Wohngemeinde aufgerechnet hatten, und zählte die Stimmen dazu, die man in der weißen Wohngemeinde für die ›Peace and Freedom Party‹ abgegeben hatte. Wir standen da und beobachteten, und *viele* Leute kamen noch an mit Stimmen von überall her. Im Nu standen wir höher als nötig, so rief ich die Brüder und Schwestern zusammen und sagte ihnen: »Hallo, wir sind auf der Wahlliste!« Da war ihnen schon besser zumute. Wir sind heute noch der Ansicht, daß viele Stimmen gar nicht gezählt worden sind. In der eigentlichen Wahl hat Huey 25 000 Stimmen bekommen, aber ich glaube, daß sie mit den Stimmen gepfuscht haben, denn sie wollten uns durchaus nirgends in die Nähe der Zählstellen kommen lassen.

Die Wahlversammlungen waren auch wichtig für unseren Feldzug unter dem Motto »Befreit Huey«. Wir haben über die Gerichtsverhandlung gesprochen und die Bevölkerung darüber informiert, wer Huey ist, so daß die Menschen darangehen konnten, ihn zu unterstützen. Eine Wahlstimme für ihn war eine Unterstützung. Was wir mit Sicherheit festgestellt haben, war die Tatsache, daß so viele Tausende von Wählern die Partei wirklich unterstützen. Denn man mußte ja die Black Panther Party unterstützen und etwas von unseren Grundgedanken wissen, wenn man für einen Parteibruder stimmte, der auf der Wahlliste stand. Wenn wir auch augenblicklich keine Kandidaten aufgestellt haben, so werden wir doch solche Kandidaten fördern, die das Zehn-Punkte-Programm der Black Panther Party bejahen.

Huey steht unter Mordanklage

Noch ehe Hueys Verhandlung Mitte Juli anfing, wußten wir, daß sämtliche Machthaber Huey hängen wollten. Unserer Auffassung nach waren William Knowland (Herausgeber der *Oakland Tribune*), der Bürgermeister, die anderen Politiker, der Staatsanwalt und die Bullen sämtlich so verräterisch, daß sie alles tun würden, um ein Schuldurteil zu erreichen, damit sie Huey in die Gaskammer schicken könnten.

Wir fragten Charles Garry mehrmals, was seiner Ansicht nach passieren würde. Dann erklärte er, daß Huey wirklich unschuldig war und daß die beiden Bullen, als sie Huey zu töten versuchten, sich gegenseitig beschossen haben. Er wußte, die Verteidigung Hueys wäre das Allernötigste, was ein Anwalt zu tun hätte, um die menschliche Integrität zu retten; denn die Machthaber wollten einen schwarzen Mann kreuzigen, der das Erbe von Malcolm X angetreten hatte – Huey P. Newton, den Mann, der eine revolutionäre Bewegung in Gang gebracht hatte, um den Kampf auf eine höhere Ebene zu heben. Bruder Malcolm hatte das schwarze Volk die Notwendigkeit einer politischen Partei wie der Black Panther Party einsehen gelehrt, und Charles Garry verstand das.

Charles sagte uns, Lowell Jensen, der Staatsanwalt, der die Verhandlung gegen Huey führte, wüßte, daß Huey unschuldig wäre. Er sagte, wenn auch diese Kerle alles nur Mögliche tun würden, um einen Schuldspruch zu erreichen, und wenn er selbst auch ebenso wie wir das Gerichtssystem für korrupt hielte, so wüßte er doch, daß wir einen Freispruch bekommen würden. Es würde jedenfalls zu dem Urteil ›nicht schuldig‹ kommen.

Die Verhandlung fing an, und Charles verteidigte Huey. So wie die Verhandlung lief, mußte die sogenannte ›Kidnapping‹-Anklage gleich zu Anfang aufgegeben werden. Derjenige, der angeblich gekidnappt sein sollte, trat in den Zeugenstand und verweigerte die Aussage. Er hat später gesagt, die Polizei hätte ihn durch Drohungen zu falschen Behauptungen gebracht.

Sie versuchten, Huey als »die einzige Person« zu bezeichnen, »die die Schüsse abgegeben haben konnte«. Gene McKinney, der an dem Abend, als die Bullen Huey zu töten versuchten, bei ihm war, kam in den Zeugenstand; Jensen und der Richter wollten ihn zur Aussage zwingen. Er verweigerte die Aussage. Er berief sich auf den Fünften Verfassungszusatz. Der Richter sollte ja mindestens unparteiisch sein, aber er arbeitete während der ganzen Verhandlung mit dem Staatsanwalt zusammen.

Der Hauptzeuge für die Anklage, den Jensen gegen Huey aufrief, war ein Busfahrer, er hieß Grier; der sagte, er *hätte* die Schießerei deutlich gesehen. Garry machte einen Fahrgast ausfindig, der in diesem Bus gefahren war und Griers Geschichte

gänzlich widersprach; er sagte, Grier könnte gar nichts gesehen haben. Als die Polizei vor Monaten Grier befragt hatte, hatte er offenbar zuerst gesagt: »Ich habe *nicht* deutlich gesehen, wer es war.« Er sagte, er hätte es *nicht* deutlich gesehen. Aber in dem Polizeibericht, den Jensen als Beweis für die Geschworenen eingetragen hatte, damit sie ihn vorliegen hätten und durchlesen könnten, war gerade diese Feststellung geändert in: »Ich *habe* es deutlich gesehen.« Der Staatsanwalt und die Bullen hatten das geändert. Grier log im Zeugenstand, und Jensen wußte es.
Während der Verhandlung kam heraus, daß Griers erste Befragung im Polizeipräsidium auf Tonband aufgenommen worden war. Garry besorgte sich das Tonband, machte ein Duplikat davon und brachte es vor Gericht, als die Geschworenen versuchten, zu einer Entscheidung über unseren Verteidigungsminister zu kommen. Garry argumentierte vor Gericht, das Tonband wäre ein Beweis dafür, daß sich jemand an der Niederschrift zu schaffen gemacht hätte; der Staatsanwalt hätte bewußt das lügenhafte Zeug als Beweis vorgelegt.
Garry ließ sich vom Richter nichts Erlogenes bieten. Er ließ das Tonband ablaufen, hatte eine Auseinandersetzung mit dem Richter und kriegte ihn schließlich so weit, daß er das Tonband als echten Beweis anerkannte; er ordnete an, daß eine neue Niederschrift gemacht würde, in der Griers Worte hießen: »Ich habe *nicht* gesehen, wer geschossen hat.« Sie brachten die neue Niederschrift zwar in den Geschworenenraum, aber sie sagten keinem Geschworenen, daß dies ein *neues* Beweisstück war. So machten sie sich nicht die Mühe, es zu lesen.
Garry ist ein hart arbeitender, revolutionärer Anwalt, der wirklich den Tatsachen nachgeht. Während der ganzen Verhandlungszeit arbeitete er noch abends, forschte nach und brachte Beweise ans Licht, um Bruder Hueys Unschuld zu zeigen.

Wir haben gewartet in diesen Tagen, als die Geschworenen sich mit Bruder Huey befaßten, und wir wußten, daß ihr Urteil ›nicht schuldig‹ heißen müßte, vor allem wenn sie das letzte Beweisstück lasen, das Garry vorgelegt hatte. Wir nahmen an (wenn wir es auch damals nicht genau wußten), daß der Richter Monroe Friedman in Wirklichkeit mit den Machthabern zusammenarbeitete, die Huey gegen alles Recht ins Strafgefängnis befördern wollten, und daß er schuld war, wenn die Geschworenen nicht über das neue Beweisstück Bescheid wußten. Wir trauten es den Machthabern schon zu, daß sie versuchen könnten, sich einen Geschworenen zu kaufen oder etwas Ähnliches. Aber wir glaubten, daß irgendeiner von den Geschworenen die wirklichen Tatsachen erkennen würde, wenn er sie gelesen hätte; und dann müßte er begreifen, daß Bruder Huey nicht schuldig war, nicht einmal als Totschläger.

In dieser Nacht hörten wir, daß die Geschworenen zu einem Urteil gekommen waren. Wir sagten: »Wenn sie Huey P. Newton töten, dann kennen wir keine Grenzen mehr.« Wir meinten das genau wörtlich: »Wenn sie Huey P. Newton töten, dann kennen wir keine Grenzen mehr.« Wir würden mit Bruder Huey alles mitmachen, denn Huey war der Anführer unserer Partei. Aber »wir kennen keine Grenzen mehr« hieß auch, daß wir notfalls bis an das oberste Gericht gehen würden. Es liefen Tausende von Bullen herum in jenen Tagen, als die Geschworenen sich entschieden; man konnte nirgends in der schwarzen Wohngemeinde zwei Häuserblocks weit gehen, ohne einen Wagen von der regulären städtischen Polizei oder von der Straßenpolizei zu sehen. Ich hörte auch, sie hätten heimlich Leute von der Nationalgarde an verschiedenen Ecken in der Umgebung von Oakland und San Franzisko aufgestellt. Man konnte in der Stadt am Tag oder in der Nacht, besonders am Nachmittag, keine zwei Häuserblocks weit gehen, ohne daß man einen Polizeiwagen sah mit zwei, drei oder vier Polizisten darin, die Flinten, Helme und alle Ausrüstung zur Bekämpfung von Aufständen bei sich hatten. So brenzlig war es in den Städten Oakland, San Franzisko, Berkeley und Richmond.

Ich war im Hause meiner Mutter, da kam meine Mutter herein und sagte: »Bobby, Bobby, hast du das eben im Fernsehen gehört? Sie haben angesagt, die Geschworenen hätten ihr Urteil über Huey P. Newton getroffen.« Ich sprang auf, ging zu meinem Wagen und fuhr zu David Hilliard hinüber. Als ich dort hinkam, wurde im Radio angesagt, sie hätten Huey des Mordes im dritten Grade, also des ›Totschlags‹, für schuldig befunden. Das verstand ich nicht. Das machte mich fertig. Es machte mich geradezu rasend. Ein Bruder fing an und sagte: »Brennen wir die Stadt nieder! Brennen wir die Stadt nieder!« Da erinnerte ich mich an ein Presse-Interview im Fernsehen, ein paar Tage ehe die Geschworenen zu ihrem Schluß kamen. Man hatte Huey gefragt: »Was bedeutet das: ... ›dann kennen wir keine Grenzen mehr‹?« Huey hatte gesagt, er wäre sicher, daß er nicht schuldiggesprochen würde; wenn er es aber doch würde, dann wollte die Partei es bis zum Obersten Gerichtshof durchfechten. Huey hatte uns auch eine Botschaft geschickt, daß wir uns verteidigen sollten, wenn wir zu Unrecht angegriffen würden, daß wir aber nichts von spontanen Aufständen zu halten hätten.

Ich saß in dem Haus, und dieser Bruder sagte: »Ach Mann, brennen wir sie nieder. Brennen wir sie nieder.« Da sagte ich: »Nein, so können wir es nicht machen.« – Viele Parteibrüder aus der ganzen Stadt riefen an und fragten: »Was sollen wir machen? Was sollen wir nur machen?« Wir sagten ihnen: »Beruhigt euch und tut gar nichts. Wir sollen jetzt nichts tun. Sie haben den Bruder nicht getötet«, sagte ich. »Wir haben gesagt:

›Wenn sie Huey P. Newton töten, dann kennen wir keine Grenzen mehr.‹ Aber im Augenblick liegt unsere Grenze im rechtlichen Kampf, denn sie haben Huey gerade eingelocht für eine Zeit zwischen zwei und fünfzehn Jahren, und wir haben einen Kampf von anderthalb oder zwei Jahren vor uns, weil wir versuchen wollen, Huey freizukriegen. Wir werden es bis zum Obersten Gerichtshof durchfechten. Das hat Huey P. Newton uns gesagt, und das werden wir tun. Lauft nicht auf die Straße«, sagte ich, »denn da sind jetzt so viele Bullen draußen, und wenn du bloß deinen Kopf nach der falschen Seite drehst, Mann, da kannst du schon niedergeschossen werden – du wirst da nur zum Vieh gemacht und ermordet.«

Von da ab fingen wir an, Unterschriften für Eingaben zu sammeln, die für Huey ein Berufungsverfahren forderten, denn bei einem Schuldspruch dritten Grades war die Freilassung gegen Kaution möglich. Aber der Richter Friedman, rassistisch und schuftig wie er war, wollte Huey nicht freilassen. Huey ist jetzt in einem Gefängnis in San Luis Obispo. Sie haben ihm die Kaution verweigert, während der Fall an die höheren Gerichte weitergeht. Er ist nichts anderes als ein politischer Häftling.

Das ganze Zehn-Punkte-Programm und die eigentliche Ideologie und Philosophie der Partei sind bei Hueys Gerichtsverfahren so richtig herausgekommen; viele Zeitungen haben das allerdings lieber nicht gebracht. Es wäre für uns günstig gewesen, wenn die Bevölkerung die Wahrheit erfahren hätte. Sie hätte damit die wirklichen Ziele der Black Panther Party kennengelernt. Charles Garry ist der Mann, der das alles gehörig ans Licht gebracht hat und der fähig war, die Philosophie und Ideologie der Black Panther Party zu erläutern. Viele Richter werden demnächst versuchen, unsere Ideologie und unsere Philosophie herauszuhalten, aber sie können sie nicht von uns trennen, wenn sie Anklagen gegen uns erfinden und versuchen, uns unrechtmäßig in Gefängnisse und Zuchthäuser zu stecken.

Polizeischweine – Puritanismus – Rassismus

An einem Dienstagabend gegen Mitternacht, gleich nachdem das Urteil über Huey herausgekommen war, sind zwei Polizeischweine in Oakland einfach vor dem Nationalen Hauptbüro der Panther vorgefahren und haben zwölf Salven hineingefeuert. Eine Granate zerriß das ganze Fenster, eine andere ging in das Café nebenan. Zum Glück war grade niemand im Büro. *Die* wollen von Recht und Ordnung reden! Es ist ein Verbrechen, auf ein Haus zu schießen, in dem Menschen wohnen. In dem

Gebäude sind im hinteren Teil Apartments und auch im Obergeschoß. Es ist doch wohl klar, was das heißt? Diese Kerle brechen die Gesetze, aber sie sagen dauernd, *wir* wären die Gesetzesbrecher.
Huey hat immer darauf geachtet, daß wir die Gesetze haargenau befolgten, denn innerhalb dieser Grenzen – daß man die Gesetze haargenau befolgt – hatte Huey einen Grundsatz. Dieser Grundsatz hieß: »Die Gesetze sind von den Menschen gemacht, um den Menschen zu nützen; sobald aber in irgendeiner Gesellschaft, irgendwo auf der Welt, die Gesetze den Menschen nicht mehr nützen, sollen die Menschen sich aufmachen und diese Gesetze so ändern, *daß* sie ihnen wieder nützen.« So intensiv hat sich die ganze Partei mit dem System befaßt. Das ist etwas, was die Leute nie wissen. Es ist sehr gefährlich, sich um solche Änderungen zu bemühen, besonders wenn man es mit einem tyrannischen, despotischen System zu tun hat. Die meisten Menschen, jedenfalls die aus dem Mittelstand, begreifen nicht, daß das System sehr despotisch und sehr tyrannisch ist.
Diese Polizeischweine waren nun also da und *warteten*, warteten darauf, daß etwas in Oakland passieren sollte, wegen der Schuldigsprechung. Verstehen Sie? Sie lauerten auf einen Panther, auf irgendeinen Kerl in einer schwarzen Lederjacke, damit sie ihn erschießen, ihm eine Kugel durch den Kopf jagen könnten. Mord und Bosheit hatten sie im Sinn. Wenn man im Gesetzbuch nachliest, wann Mordanklage zu erheben ist, dann steht da: wenn es aus Bosheit und vorsätzlich getan wurde. So heißt es da. Diese Bullen haben gewartet, aber sie haben keine Panther gefunden, also beschlossen sie, das Büro kaputtzuschießen.
Sogar Polizeichef Gain sah ein, daß dieser Vorfall das ganze Polizeipräsidium politisch ruinieren könnte. Wir hatten seit zwei Jahren dem Polizeipräsidium kräftige Vorwürfe gemacht und von der Brutalität und den Morden geredet, die die Polizei in der schwarzen Wohngemeinde beging. Zwei Stunden später suspendierte Gain die beiden von der Polizei. Bums! Dann klagte er sie als Verbrecher an (Schießen auf ein bewohntes Haus) und warf sie aus der Polizei hinaus. Gain bemühte sich eifrig, sich selbst dadurch zu verteidigen, daß er die beiden Polizeischweine fertigmachte. Später hat das Gericht sie mit zwei oder drei Jahren Bewährungsfrist laufenlassen.
Er hat sie nicht damit entschuldigt, daß sie betrunken waren. Er sagte so Zeug wie: »Na ja, sie sind auch nur Menschen, und es hat ihnen nicht gefallen, wie der Schuldspruch verkündet wurde ... papperlapapp ... Und ich möchte gern, daß die anderen Polizei-Offiziere nicht so empfinden. *Aber* wir dürfen dabei auch nicht vergessen, daß sie ja nur zwei Polizei-Offiziere waren ... und so weiter ...« Er mußte sich auch an sämtliche

Polizisten wenden; er hat über tausend Bullen. Er hat sich durch die Zeitungen und die Massenmedien an sie gewandt: »Tun Sie nicht noch etwas. Wir wollen doch vernünftig bleiben ... bla bla bla ...«
Die ganze Geschichte hat diese Polizeischweine bloßgestellt. Der Rassismus ist in den Vordergrund gekommen, wo er auch hingehört. Nicht wahr, Sie verstehen doch? Die Bevölkerung sah es so, wie es wirklich war. Es gibt eine ganze Reihe ordentlicher Polizisten, aber man wird sich ja nicht auf zwanzig Prozent der Polizei, auf die ordentlichen Polizisten, verlassen können, wenn achtzig Prozent einen drangsalieren. Alle Augenblicke schossen diese Polizeischweine einen durch den Kopf, verhafteten einen, steckten ihn ohne ordentliche Verhandlung ins Gefängnis oder griffen einen an. Darum kann man sich nicht auf sie verlassen. Diese rassistische Haltung der Polizei haben wir angegriffen.
Dann hatten wir eine große Szene, weil Gain Bullen aus dem Süden einstellt. Wir kamen dahinter, daß ein Polizeischwein von Oakland aus Florida stammte. Unten im Süden ist es gräßlich. Der durchschnittliche Weiße im Süden umhüllt sich wirklich mit diesem falschen Zauber seiner angeblichen Überlegenheit. Das ist sehr wichtig zu verstehen. ›Ich bin bestimmt ein Liberaler.‹ Das ist alles lauter bloßes Gerede. Die schwarzen Menschen kennen das. Sie wollen es gar nicht hören. Es soll bloß keiner von uns als ›den Farbigen‹ und ›diesen Negern‹ reden und dann höchst vernehmbar eine Menge schöner und wohlwollender Worte von sich geben. Scheiß drauf, das wollen die schwarzen Menschen nämlich nicht mehr hören. Dieser Scheißdreck ist hundert Jahre alt, so alt wie die Emanzipationserklärung. Lassen wir das jetzt! Unten im Süden kriegen die Bullen eine Ausrichtung, die in Wirklichkeit von den dortigen Machthabern stammt, und die erfinden all diese Ideen und falschen Vorstellungen über die schwarzen Menschen. Da wird der Rassismus einfach verewigt und zur festen Einrichtung gemacht.
Wir treiben keinen Rassismus. Wir treiben Dualismus, zwei Wege des Denkens. Die meisten verstehen nicht, was die Panther Party damit meint. Wir haben sehr viel Geschichtsforschung getrieben. Huey hat das getan, Eldridge hat es auch getan. Wir haben den ganzen Weg bis zurück nach Europa verfolgt. Wir sind nicht nur gegen weißen Rassismus, wir sind auch gegen schwarzen Rassismus. Nicht wahr, die Kulturnationalisten sagen: »Ich bin schwarz, ich bin schön.« Die meisten von diesen Burschen werden sich eine puritanische Vorstellung vom Schwarzsein machen. Sie hängen sich nur an die Reinheit des Schwarzseins — daß man ein schwarzer Mensch ist. Wenn wir sagen ›Schwarzsein‹, dann meinen wir die Verbindung zur schwarzen Kultur. Diese Burschen geben sich selbst auf. Die

Weißen haben immer, in ihren Erziehungseinrichtungen usw., eine sehr puritanische, sehr absolute Überlegenheitsidee entwikkelt. Sie zeigt sich in dem, was sie uns in den Schulen beibringen. Und was kommt dabei heraus? Ich bringe ein paar Beispiele, um zu zeigen, was ich meine.

Man hört sich eine von diesen täglichen sentimentalen Hörspielszenen an:

»Mary, du kannst John nicht heiraten.«

»Warum nicht, Mutter?«

»John hat ein uneheliches Kind.«

»Oh, Mutter!«

Eine tolle Masche; dann geht es durch all diese verdammten, *blödsinnig komplizierten* Verwicklungen. Aber das hat direkt mit einer bestimmten Sache zu tun: Eldridge hat manchmal in einer Rede gesagt: »Die Macht kommt aus einer Vagina.« Ganz genau so. Dann zwanzig Minuten später kann er die Sache umdrehen und sagen: »Die Macht kommt aus einem Penis.« Die Leute wissen nicht, was er denn da verdammt noch mal redet. Aber ich sage zu ihm: »Eldridge, ich verstehe genau, was du sagst, denn ich *weiß*, was los ist.« In ›Seele auf Eis‹ spricht Eldridge davon, wie nötig es ist, den Geist in Beziehung zum Körper zu setzen. Beide müssen zusammenarbeiten, damit das Leben erhalten bleibt. Darauf kommt es an. Jetzt kann man den Vergleich ziehen von einem Menschen, von dieser ganz praktischen Angelegenheit, daß Geist und Körper zusammenarbeiten, auf eine menschliche Gesellschaft; die Gesellschaft hat eine Regierung mit Leuten darin, die dem Volk nützen sollen. Die Regierung ist der Geist, der das Volk führt, der es vertritt, auf die richtige Art vertritt.

Wenn man anfängt, davon zu reden, daß beim einzelnen Menschen der Geist mit dem Körper zusammenarbeiten soll, wenn man diesen Dualismus betreibt, diese zweigleisige Sache, dann redet man vom Menschen. Nun ist es so, daß die Regierung, die Machthaber, Streitkräfte ansammeln, nach Vietnam gehen und arme Menschen töten; daß sie Streitkräfte in der schwarzen Wohngemeinde ansammeln, die Polizeikräfte werden verdoppelt, verdreifacht, vervierfacht, und das Morden und Brutalisieren geht überall in der Welt weiter. Das Volk, das doch eigentlich durch die Regierung vertreten sein sollte, möchte selbst in einen Teil der Regierung hineinkommen, aber die Regierung schneidet es ab. Wenn der Kopf eines einzelnen Menschen abgeschnitten würde, dann wäre das geradezu eine Tragödie, der Geist wäre vom Körper getrennt. Keiner von beiden würde am Leben bleiben. Keiner würde ohne den anderen funktionieren. Wenn man das nun so sagt, dann bezieht man sich auf das Wesentliche des Körpers. Der Penis beim Mann — wir sagen es ganz deutlich — und die Vagina bei der Frau haben es mit der

Erzeugung von Menschen zu tun. Damit hängt das alles zusammen. So kommen Menschen zustande. Aber jetzt müssen wir die Geschichte betrachten und sehen, wie man uns verdammt beigebracht hat, daß Sex, Vagina und Penis schlechte und häßliche Sachen wären.
In Kalifornien streitet man sich jetzt darüber, ob man Kindern Sex beibringen soll oder nicht. Wozu ist dieser Streit denn nötig? Drei Billionen Menschen sind durch das gute, alte, vertraute ›Liebe machen‹ auf diese verflixte Erde gekommen. Du bist so hergekommen. Ich bin so hergekommen. Jeder ist durch das gute, alte, vertraute ›Liebe machen‹ hergekommen. Zum Teufel, wieso kann Sex dann häßlich und schlecht sein? Verflucht auch, wer kann sich denn so eine Vorstellung ausdenken? So stellen wir die Frage: »Scheiß drauf, wie ist denn das passiert?« Wir brauchen nichts anderes zu tun als zurück auf die Geschichte zu sehen, wie sich verschiedene Gesellschaften entwickelt haben, wie verschiedene Vorstellungen in diesen Gesellschaften aufgekommen sind; sie sind herrschend geworden, haben die Gesellschaften erfüllt und den Geist der Menschen, und sie sind bis heute verewigt worden.
Darum, wie Huey sagt, gehn wir doch zurück, zurück, zurück. Gehn wir nach Europa. Nehmen wir Europa, nehmen wir Afrika. Nehmen wir zwei verschiedene Völker, eh sie sich überhaupt gekannt haben. – Nehmen wir Europa: Europa hatte die Vorstellung des Gottes mit nur einem Kopf, des ganz und gar reinen Gottes – nicht wahr? Das reine Blut, und mein Sohn von reinem Blut wird König werden, und meine Tochter von reinem Blut wird Königin werden. So ist das durch die Geschichte gegangen. Das hat direkt mit diesem Quatsch von der Reinheit des Gottes zu tun, des einköpfigen Gottes, der nur einen einzigen Kopf hat. Es ist nicht grade die Idee von dem einköpfigen Gott, sondern es ist das, was die Menschen sich dabei vorgestellt und was sie damit gemacht haben. Die Menschen haben gesagt: »Ich bin nach Gottes Bild gemacht.« Da haben wir's! Sie sind nach dem Bild dieses reinen Kopfes gemacht, der absolut ist, der ganz überlegen ist, der ganz rein ist, so verdammt rein, daß die Menschen anfingen, allerhand in den Blödsinn hineinzulesen, und sie fingen an, ihre sinnlichen Triebe abzulehnen.
Aber sogar die vielen Menschen in Europa ›machten Liebe‹. Sie hatten eine Neigung, die sogenannten schlechten Dinge an sich selbst zu akzeptieren. Diese Monarchie war es, diese Regierung, dieser König, die Königin und die Hierarchie, die stellten die Regeln auf, und sie stellten sich ihr eigenes Ich in diesem puritanischen Bild Gottes vor. Sie waren nach Gottes Bild geschaffen, und sie hatten die Macht und die Gewehre und die Gewalt, dafür zu sorgen, daß jeder rein blieb. Und wenn man nicht rein blieb, war man eine Hexe und wurde auf dem Scheiterhaufen

verbrannt. Das ist schon passiert, als sie noch keine schwarzen Afrikaner kannten. Die Europäer haben damals Leute gelyncht.
Ich sage ja nicht, daß keine menschliche Gesellschaft in Afrika diese puritanische Vorstellung hatte, aber viele Gesellschaften, die primitiv genannt werden, auch manche außerhalb Afrikas, hatten das, was viele Menschen als heidnische Götter bezeichnen, ein System eines Gottes mit zwei oder drei Köpfen; sie sagten aber auch, sie wären nach Gottes Bild gemacht. Wenn man sich die Gesellschaft ansieht und die Art, wie sich die Menschen entwickeln, und wenn man zurücksieht auf die Geschichte, dann kann man diese Dinge finden. Das war ein dreiköpfiger Gott mit einem neutralen Kopf, einem bösen Kopf und einem guten Kopf. Sie sagten, sie wären nach Gottes Bild gemacht, also konnten sie die bösen und die guten Dinge an sich selbst akzeptieren; aber die europäischen Monarchien haben diesen Blödsinn von der Reinheit verewigt und Dinge unter Tabu gestellt, zum Beispiel unordentliche Frauen oder solche, die abgerutscht waren und die unter ihren Füßen waren. »Du bist ein Vasall!« Diese Vorstellung der Monarchie: »Ich bin der Größte«, und der ganze Scheißdreck war sehr schlecht für die menschliche Gesellschaft, denn durch so einen Vorgang wurde der Kopf vom Körper abgehackt, die Köpfe der Regierung wurden von den Volksmassen abgeschnitten.
Die Afrikaner hatten zum größten Teil das System des zweiköpfigen Gottes, mit dem bösen und dem guten Kopf, und sie sagten, sie wären nach Gottes Bild gemacht. Vielleicht hat sich das daraus entwickelt, daß sie so verdammt viel zu essen und so verdammt viel Land da unten hatten, daß sie sich keine Gedanken um einen Haufen blödes Zeug zu machen brauchten. Es kann mit der industriellen Entwicklung und den armen Völkern zusammenhängen, das weiß ich nicht. Als die Europäer die Afrikaner kennenlernten, als die ganze wirtschaftliche Entwicklung mit der Verwendung von Sklaven zustande kam, da waren diese Tabus im Geist der europäischen Bevölkerung eingewurzelt, besonders weil die Monarchie für das Volk diese Reinheit vorstellte.
»Oh, er ist anders als ich. Er ist *schwarz*.« In einem System, das einen zweiköpfigen Gott hat, ist so etwas unmöglich. Aber wenn Gott nur einen Kopf, einen reinen Kopf hat, dann ist er absolut. Sie stellen die Afrikaner ebenso unter ein Tabu, wie sie ihr eigenes Volk in ihrer eigenen menschlichen Gesellschaft mit der Vorstellung von den Hexen unter ein Tabu stellen. Sie haben in ihrer eigenen Gesellschaft schon Weiße auf dem Scheiterhaufen verbrannt, noch eh sie die Afrikaner kannten. Das mit den Hexen ist sogar nach Amerika herübergebracht worden. Ja, sie haben eine Neigung, es noch weiterzuführen. Sie machen eine oberflächliche Hexe draus, wie die eine im Fernsehen — Samantha. Eine nette kleine puritanische Hexe. Es ist so eine Sache

mit ihnen. Man muß die Gesellschaft verstehen und eine Vorstellung davon haben, wie bei den Menschen alles vor sich geht; dann kann man sie richtig sehen, und dann kann man erklären, wie die Dinge verlaufen, besonders wenn man versucht, eine direkte Beziehung dazu zu finden.

Als die Panther Party zuerst auf der Bildfläche erschien, sagte der weiße Mann: »Sie sind alle antiweiß. Sie sind ein Haufen schwarzer Rassisten!« Wir haben uns *nie* für einen Haufen schwarzer Rassisten gehalten. »Sie werden in unsere Wohngemeinden kommen und uns alle erschießen!« Das stimmt überhaupt nicht. Wir sagen: »Wir gehen nicht in die weißen Wohngemeinden und erschießen die Weißen. Wir werden uns gegen die Rassisten verteidigen, die schon *unsere* Gemeinde besetzt haben, gegen diese Polizeischweine und andere, die herkommen und *uns* erschießen. Wir werden unser Volk verteidigen, weil wir die Vollmacht haben wollen, das Schicksal unseres schwarzen Volkes selbst zu bestimmen. Wir haben ein Recht darauf, Bruder, nach dem, wie man uns vierhundert Jahre lang behandelt hat. Das wollen wir.«

»Gleichzeitig«, sagen wir, »hoffen wir, daß wir alle zivilisieren können, die in ihrem eigenen Volk Rassisten sind oder die eine Neigung dazu haben, die nicht verstehen, was denn verdammt noch mal eigentlich vorgeht.« Das ist es!

»O nein, das können sie nicht machen. Sie haben Gewehre. Sie *müssen* ja Rassisten sein.« Sie werfen uns das vor, was sie selber sind.

Was wir sagen, ist dies: Man kann nicht Feuer mit Feuer bekämpfen. Feuer bekämpft man mit Wasser. Jetzt kommt es nur darauf an, festzustellen, was denn zum Teufel das Wasser ist. Wir sagen: Es ist die Masse des Volkes. Wir sagen, daß das Wasser etwas sehr Defensives bedeutet. Wir sagen, daß die Bevölkerung das Recht hat, zum Gewehr zu greifen. Sie ist das Wasser. Alle, die zum Volk gehören – die Hippies, die Yippies, die Weißen, die Schwarzen, die Vietnamesen – sie haben das Recht, zum Gewehr zu greifen und sich gegen das Feuer der Aggression zu verteidigen.

Deshalb versuchen wir, das Volk in einem lang dauernden Prozeß zu erziehen. Alle, Hippies, Weiße, Schwarze – jeden. Wir versuchen sie zu organisieren. Wir reden von der Revolution im Mutterland. Wir neigen dazu, das Mutterland nur in Beziehung zum Geist zu erfassen und die schwarze Kolonie in Beziehung zum Körper.

Eldridge sagt, unser Land wäre der Verbindung von Geist und Körper noch nie symbolisch so nahe gekommen wie damals, als man Gerüchte hörte, daß Jacqueline und John F. Kennedy im Weißen Haus getwistet hätten, denn es ist in der weißen Gesellschaft *sehr* unfein, mit dem Hintern zu wackeln. Elvis Pres-

ley ist ein weißer Junge, der mit den Beinen und mit dem Arsch wackelt. Was tut er eigentlich? Wir hatten das Gefühl, daß da etwas passierte, daß eine Veränderung vorging.
Es sind sehr viele Hippies erschienen. Die Hippies haben ihre Mamas und Papas schlechtgemacht: »Ihr seid ein Haufen kapitalistischer, ausbeuterischer Lumpen, und ihr haltet es mit dem Rassismus. Ich will überhaupt nichts von euch hören. Ich will nicht mal mit euch reden.« Sie versuchten, dem zu entgehen. Wir respektieren sie, weil sie versucht haben, sich auf ihre Art vor dem Rassismus zu retten, in dem sie gefangen waren. Aber man kann sie nicht als Einzelmenschen betrachten. Man *muß* sie als eine Gesamtgruppe sehen und als eine Entwicklung. Wenn man sie nicht so betrachtet, dann sieht man es nicht.
Ich kann immer von mir selbst als einem Einzelmenschen reden. Huey kann von sich als einem Einzelmenschen reden. Trotzdem sind wir zugleich eine Gesamtgruppe, denn wir sagen den Schwarzen immer: »Uns ist es verdammt egal, ob du einen schäbigen Anzug trägst, ob du ein afrikanisches Gewand trägst, ob du mit langen Haaren gehst, ob du die Black Panther-Uniform anhast, ob du in Afrika lebst, ob du drüben in Vietnam bist; denn wo du auch bist, die Rassisten und die Imperialisten werden dich zum Vieh machen, unterdrücken und morden; das haben sie nämlich schon vierhundert Jahre lang gemacht, und sie tun es noch immer.«
Viele Linksgerichtete, Hippies und Yippies wollten ihre Übel bessern und wendeten sich gegen etwas, das sie sahen und das ganz und gar falsch ist – »mir scheint, daß es falsch ist, Krieg zu machen« – aber was passierte? Dasselbe verdammte Zeug, das mit allen farbigen Völkern auf der Welt dauernd weitergeht. Die Polizeischweine haben sie auf den Kopf geprügelt und ihnen den Schädel eingeschlagen. Dann haben sie aufgehört und haben gesagt: »Moment mal, ihr Bengels habt wirklich recht. Die Brutalität der Polizei ist eine verfluchte Sache. Sie ist ganz unbeschreiblich. Sie ist schlimm.«
Wir tun doch nichts anderes, als daß wir sagen, wir wollen etwas Land, Brot, Wohnungen, Bildung, Kleidung, Gerechtigkeit und Frieden. Wenn wir das sagen, dann machen sie viel leeres Gerede, das echt klingen soll, man hört es im Rundfunk: »Der Soundso von der NAACP* und Gouverneur Reagan mit Abgeordneten von Dingsda untersuchen jetzt das Problem der Rassenintegration in den Schulen. Sie befassen sich auch mit der Frage, wie die Wohlfahrtsempfänger ihre Schecks erhalten ... bla bla bla ...« Das ist alles, was wir hören.
Bob Dylan singt von einem dieser Kerle: Sie wissen nicht, was vorgeht, nicht wahr, Mr. Jones? OK, also ißt er seine verdammte

* National Association for the Advancement of Colored People, Nationale Vereinigung zur Förderung der Farbigen *(Anm. d. Übers.)*

Schnitte mit Salami auf gesäuertem Weißbrot und Käse und Mayonnaise und Salat und all den verdammten Kram mitten im Fernsehprogramm. Und während er das tut, will entweder ein Gelegenheitsarbeiter im Häuserblock eine Kneipe berauben, oder es verkuppelt einer ein Mädchen, oder er verdrischt einem den Hintern, oder eine Mutter da drüben macht sich Gedanken, wie sie morgen früh ihre Kinder sattkriegen soll. Oder die Mutter ist müde, schwarz, gebrochen. Sie hat zwanzig Jahre lang so arbeiten müssen, wie meine Mutter gearbeitet hat. Meine Mutter hat fremde Küchen gescheuert, wie die Frau, die du da drüben siehst. Du hast sie gesehen, diese schwarze Frau gleich nebenan. Sie geht putzen, und ich weiß nicht, was sie dafür bezahlt kriegt. Vielleicht wird sie sogar gut bezahlt. Ich weiß es nicht. Aber meine Mutter hat für einen Dollar die Stunde gearbeitet. Ich besinne mich sogar noch an die Zeit, als meine Mutter für 75 Cents die Stunde gearbeitet hat und Fußböden gescheuert. Sie kam dann gewöhnlich mit der Einkaufstasche nach Hause. Sie war *müde*.
Da ist also so eine Frau, da ist noch ein Kerl, der ins Gefängnis kommt, Hunderte werden von den Polizeischweinen verhaftet. Irgendein Bulle geht auf einen zu und sagt: »Nigger, wohin willst du?« Der schwarze Mann bleibt stehen und sagt: »Ich bin kein Nigger. Was soll das heißen? Nenne mich nicht so!« Oder wenn er sich nicht verteidigen will, sagt er: »Ich gehe die Straße entlang, *Sir*.« Es macht keinen Unterschied, ob er aufsteht und sich verteidigt oder ob er die Technik der Sanftheit und Ergebenheit anzuwenden versucht. Er wird ja doch roh behandelt oder ermordet.
In der Zeitung haben wir gelesen, der Soundso soll einen Einbruch verübt haben. Ich will ja nicht sagen, daß nicht wirklich manche von den Brüdern Einbrüche begehen. Ich verdamme sie nicht mal, wenn sie einbrechen, denn ich weiß, warum so ein Bruder das hauptsächlich tut. Er geht in eine Bank und sagt: »Her damit, du Scheißkerl, ich habe eine Waffe.« Wenn ein Bruder rasend wird, nachdem er zwanzig oder dreißig Jahre lang in dieser Beschränkung, in diesen Gettos gelebt hat, und wenn er dann hingeht und sagt: »Her damit, du Scheißkerl. Stell dich an die Wand. Ich habe eine Waffe« — dann fragt er niemanden da drin nach seiner Hautfarbe. Es gibt nämlich da auch schwarze Kassierer. Er will nichts weiter als das Geld, damit er sich von der Bedrückung befreien kann, in der er so viele Jahre lang gelebt hat.
Man muß vom Dualismus reden. Man muß vom Geist und vom Körper reden. Ich glaube, das ist das Entscheidende. Und manchmal, wenn die Lehrer sagen: »Ihr redet vom Geist und vom Körper«, dann reden wir wirklich von der Vagina, dem Penis, dem Geist und dem Körper. Die Vagina, der Penis, der Geist.

Wir reden von den Babys, die aus der Vagina von Frauen kommen. Wir reden von Männern, die ihren Penis in die Vagina von Frauen stecken. Wir reden vom Geist, der sich mit der korrekten Gesellschaftsordnung verbindet. Macht Schluß mit dem ganzen jetzigen Gewäsch. Wir reden von den Menschen, wie sie anfangen und wie sie weiterleben. Davon reden wir.

Eldridge ist frei!

Nach der Schießerei im April ist Eldridge schließlich am 6. Juni 1968 aus dem Gefängnis gekommen. Der Tag, an dem Eldridge aus dem Vacaville-Gefängnis herauskam, war ein herrlicher Tag. Es war ein wunderbares Gefühl, Eldridge wieder in Freiheit zu sehen.
Als Stokely Carmichael zu Hueys Geburtstagsversammlung nach Kalifornien kam, hat er zu Eldridge und mir ein paar dumme Sachen gesagt, beispielsweise: »Ihr könnt das ruhig vergessen, Huey wird nämlich nie mehr aus dem Gefängnis herauskommen. Sie werden Huey in die Gaskammer schicken, und damit hat sich's.«
»Bist du verrückt, Mann?« sagte ich. Ich wurde wütend auf den Kerl. »Mensch, du hast wohl deinen verdammten Verstand verloren. Ich arbeite weiter für Huey, Eldridge auch und wir alle.«
Eldridge hatte auch genug von Stokely. Er hat kein Wort zu ihm gesagt. Eldridge hat ihn bloß so angeguckt, als ob er ein gottverdammter Narr wäre.
Ehe Eldridge im Juni aus dem Gefängnis entlassen wurde, kam Stokely noch mal nach Kalifornien herüber, das war im Mai 1968. Da brachte er einen Freund von sich mit, George Sams. Stokely hat später George Sams abgehängt, weil er den Verdacht hatte, daß er eine Art Agent wäre. Stokely erzählte mir wieder, ich könnte Huey ruhig vergessen, sie würden ihn in die Gaskammer schicken. Zum zweiten Male erzählte er mir den Unsinn! Er sagte auch, sie würden Eldridge sein Leben lang im Gefängnis lassen.
Ich wurde wieder rasend. Ich habe ihn nicht geschlagen oder so etwas, aber ich hatte die Schnauze voll von ihm. Und wahrhaftig, als Eldridge wieder freien Boden betrat, da war ich vielleicht froh – ich war richtig glücklich. Ehe Eldridge freigelassen wurde, haben wir uns an die Arbeit gemacht, die Leute aufgerufen und ihnen gesagt, Eldridge könnte wieder freikommen, und wir brauchten Kautionsgeld und Bürgschaften, damit wir ihn sofort freibekämen. Fünfzigtausend Dollar war die Kaution, aber wir haben ihn herausbekommen. Da habe ich mir gedacht: »Ich möchte mal wissen, was zum Teufel dieser dämliche Stokely Carmichael jetzt sagen wird!«

Viele redeten davon, daß wir nicht zurechtkämen und daß wir uns wirklich einig sein müßten. Ja, wir müssen uns einig sein. Das streite ich nicht ab, aber Stokely Carmichael hat uns ziemlich sonderbares Zeug gesagt. Wenn man die Anführer nicht verteidigen kann und wenn ein Anführer nicht den anderen Anführer unterstützen kann, dann gibt es nie eine Organisation, weil die Anführer dann nur so daherreden. Das ist ganz wichtig. Deshalb will die Black Panther Party zuerst und vor allem unseren Anführer Huey P. Newton befreien. Der Verteidigungsminister ist der Mann, den wir befreien wollen, und alle anderen politischen Häftlinge dazu. Das hat Stokely nicht verstanden. Meiner Meinung nach ist Stokely ein Opportunist.
Der Stabschef David Hilliard, Kathleen und ein paar andere Panther fuhren hinauf, um Eldridge abzuholen. Ich blieb in Charles Garrys Büro in San Franzisko und wartete, bis sie Bruder Eldridge hereinbrachten. Sie kamen angefahren, und wir hatten eine große Pressekonferenz. Die Polizeischweine hatten Eldridge das Gesicht rasiert und ihm das Haar ganz abgeschnitten, aber der Bruder war in tadellos guter Stimmung, wie die meisten Revolutionäre, die im Kampf stehen. Sogar ehe Eldridge wußte, daß er freigelassen würde, war er in guter Stimmung. Ich war mit Stokely und ein paar anderen Brüdern nach Vacaville gefahren, um ihn zu besuchen, ein paar Wochen ehe er herauskam, und Eldridge war wirklich in guter Verfassung. Das war kurz bevor der Richter Raymond Sherwin von Solano ihn freiließ, weil er nur aus politischen Gründen festgehalten wurde, so daß er tatsächlich ein politischer Häftling war.

Am Tag nachdem wir Eldridge im Gefängnis besucht hatten, merkte ich, wie Stokely überall herumlief und lauter verrücktes Zeug redete, er würde die Partei organisieren, er würde die Partei disziplinieren und solche Sachen. Etwa die Hälfte von allem, was er sagte, handelte vom Kulturnationalismus. Es kam aber nicht an. Wir brauchten Brüder, die uns halfen, mehr Mitglieder zu organisieren und auszubilden, aber Stokely verließ sich noch auf den Kulturnationalismus, und der Kulturnationalismus bildet die Leute nicht aus. Er macht sie zu Rassisten.
Der Kulturnationalismus versucht, Dashikis, langes naturkrauses Haar, Sandalen und afrikanische Kleidung zu verbreiten. Es ist nichts gegen langes naturkrauses Haar zu sagen, ich trage es auch und mag es gern, aber die Macht für das Volk kommt nicht aus einem Dashiki-Ärmel. Und das wollen die Kulturnationalisten einfach nicht begreifen.
Es war Stokelys Trick, daß er sagte, jeder ›Neger‹ könnte ein schwarzer *Mann* werden. Aber wir versuchten Stokely zu erklären, jeder schwarze Mann müßte ein Revolutionär sein, wenn er wollte, daß unsere dekadente Gesellschaft geändert wird. Viele

Afrikaner wissen das, doch Stokely schien keine Ahnung davon zu haben.
Jedenfalls brachten sie Eldridge an seinem Entlassungstag nach San Franzisko hinunter. Kathleen, David und die anderen Panther brachten ihn zu Garrys Büro, wo ich schon wartete. Wir hatten da eine große Pressekonferenz, und dann gingen wir hinüber zu dem Haus von Eldridge und Kathleen an der Pine Street. Nach einer Weile kam Eldridge mit Kathleen zu mir und sagte: »Weißt du, Chairman, ich muß jetzt weg.«
»In Ordnung, Bruder«, sagte ich, »das kann ich bestimmt verstehn. Das war bei mir auch so, als ich vor ein paar Monaten aus dem Gefängnis kam.«
»Ich will mich einen oder zwei Tage lang nicht sehen lassen«, sagte er.
»Richtig, Mann. Dann bis bald mal!«
So gingen Eldridge und Kathleen weg. Sie wollten bei Freunden wohnen, und das war gut so.

Unser Informationsminister

Als das Obergericht die Entscheidung von Richter Sherwin, Eldridge aus dem Vacaville-Staatsgefängnis zu entlassen, aufhob und als Eldridge den Bescheid bekam, er müßte ins Gefängnis zurück, hat er sich wohl im Augenblick entschlossen, nicht zurückzugehen. Er hat in seinen Reden gesagt, er ginge nicht zurück. Er wußte, daß sie vorhatten, ihn da zu töten. Und was er wohl auch empfunden hat: Wir wollten nicht, daß er ins Gefängnis ging. Ich wollte es auch nicht. Ich war immer dagegen.
Eldridge redete nie über das, was er vorhatte. Wir hofften alle, etwas Rechtliches zustande zu bringen, damit Eldridge nicht wieder ins Gefängnis müßte. Wir haben wirklich gehofft, das Oberste Gericht des Staates würde zu Eldridges Gunsten entscheiden. Aber in den Tagen, ehe er fortging, hatte Eldridge eine andere große Auseinandersetzung mit dem Staat und mit Ronald Reagan. Sie betraf die Vorlesungen über ›Rassismus in Amerika‹, zu denen man ihn an die kalifornische Universität verpflichtet hatte.
In der Zeit von Anfang September bis zum 27. November 1968 hat Eldridge überall in Kalifornien in den Colleges gesprochen, zu dreitausend, fünftausend oder auch zehntausend Menschen. Es gibt allein in Kalifornien achtzehn staatliche Colleges und neun Universitäten, und er sprach nicht nur in Kalifornien, sondern auch in anderen Colleges im ganzen Lande. Er brachte Tausende von Studenten dazu, auf Ronald Reagan zu fluchen. Die Studenten waren gegen Reagan wegen der schlechten, un-

ehrlichen politischen Haltung der reichen Männer, die ihn lenkten. Eldridge sagte das den Studenten, und sie fingen an zu erkennen, wie es wirklich um die Politik stand.
Eldridge sagte: »Ich habe mich durch dies ganze Land und wieder zurück hindurchgeflucht. Diese Schweine haben wirklich Angst vor dem, was ich sage. Sie haben Angst, weil die Leute darauf hören. Sie müssen mich mundtot machen, und sie wissen, das können sie nur, wenn sie mich wieder ins Gefängnis stecken und mich da umbringen. Sie denken, ich ginge in das gottverdammte Gefängnis zurück«, sagte er, »aber das tu ich nicht.«
»Eldridge«, sagte ich, »wenn du vorhast, wegzugehn, sag mir's nicht. Geh einfach. Du hast das Nötige getan. Du hast uns alle dazu gebracht, auf diese Hunde zu fluchen. Die hatten es schon lange nötig, daß jemand auf sie fluchte. Aber du weißt ja, das war so eine Streitfrage. Bruder Huey P. Newton hat gesagt, wir sollten nicht fluchen.«
»Ich weiß, Mann«, sagte Eldridge, »und ich glaube, ich sollte zu befolgen versuchen, was der Verteidigungsminister sagt. Aber sie haben Huey von allen getrennt, fast ein Jahr lang ist er nun schon da unten. Irgendwer muß doch diese Schweine dafür verfluchen, daß sie Huey dies angetan haben!«
Ich sagte: »Ja, du hast recht, Mensch. Ich möchte auch mal ordentlich auf sie fluchen.«

Huey sagte immer, die älteren Leute in der Wohngemeinde würden das Fluchen nicht begreifen. Er meinte, wenn wir so redeten, würden die älteren Leute, besonders die Mütter, das eigentliche Programm der Black Panther Party falsch verstehen. Eines Tages habe ich mal meine eigene Mutter danach gefragt.
»Mutter«, habe ich gesagt, »wie findest du Eldridge?«
Sie sagte: »Oh, ich finde Eldridge fabelhaft. Er ist einer von den besten Leuten hier in der Gegend.« Sie erzählte mir, bei der Wahl hätte sie für Eldridge als Präsidenten gestimmt. Nachdem sie so viele Jahre lang all diese Demokraten und Republikaner gewählt hatte, hat sie jetzt für Eldridge Cleaver gestimmt.
Ich sagte: »Mama, du bist wunderbar. Du erkennst wirklich die Revolution, in deinem Alter.« Mama ist ungefähr sechzig.
»Doch, mir gefällt alles, was Eldridge sagt«, meinte sie. »Und er hat recht. Er sagt denen da die Wahrheit. Ich wünschte nur, er würde nicht so viel fluchen.«
»Aber das bringt dich doch hoffentlich nicht von ihm ab.«
»O nein«, sagte sie, »bestimmt nicht. Ich habe nur immer gewünscht, daß ihr es richtig macht, und ich weiß, ihr macht es richtig. Ich verstehe, daß ihr manchmal wütend werdet darüber, wie diese« — sie zögerte einen Augenblick, dann redete sie weiter und sprach es aus — »diese Rassistenschweine — wie sie uns behandeln und unser ganzes Volk.«

Mama ist immer eine christliche Frau gewesen. Sie hat nie im Haß geredet oder auf die Bedrücker geflucht. Aber sie sagte: »Ich hasse die Art, wie sie's treiben. Ich hasse einfach die Art, wie sie Bobby Hutton ermordet haben. Ich hasse sie, weil sie alte, gemeine, garstige Hunde sind. Sie haben uns viele Jahre lang so behandelt, sie haben einfach unser Volk geprügelt und getötet und sind auf uns herumgetrampelt. Eldridge Cleaver ist ein ganz wunderbarer Mensch, und er hat eine sehr schöne und wunderbare Frau. Ich respektiere ihn. Ich verstehe, wieso er auf diese gemeinen Politiker flucht. Trotzdem, ich wünschte wirklich, er würde ein ganz kleines bißchen weniger fluchen.«

Ich sagte: »Aber du bist doch trotzdem auf unserer Seite, ja, Mama?«

»O ja, Bobby, ich bin ganz auf eurer Seite, und das werde ich auch immer sein, weil ich weiß, daß ihr es richtig macht. Früher, in der Zeit, als sie meine Mama einfach geprügelt haben und als unsere Leute ihnen gehörten wie Tiere, da weiß ich noch, wie meine Mutter mir gesagt hat, wir müßten nicht hier in diesem Land bleiben und so behandelt werden, irgendwie müßten wir wieder nach Afrika zurückkommen.«

»Mama«, sagte ich, »du weißt doch, daß wir nie wieder nach Afrika zurückgehn. Das können wir nicht.«

»Sicher, ich weiß. Ich erzähle dir ja auch bloß, was meine Mutter gedacht hat. Aber ich weiß auch, wie ihr, du und Huey, früher mal von Afrika geredet habt und davon, daß wir zurückgehn wollten nach Afrika und so weiter. Ich glaube, in unserem Volk träumt jeder irgendwie davon, sogar ihr jungen Leute. Ich weiß aber, ihr versucht alle zu tun, was ihr könnt, und ich hoffe bloß, daß keiner euch was antut. Aber wenn ihr wenigstens etwas für das Volk tun könnt –«

Sie seufzte. »Ich bin jetzt alt«, sagte sie. »Ich wollte, ich wäre jung. Ich würde direkt losgehn mit dir und Huey und Kathleen und euch allen. Ich bin alt, und ich kann nun mal nicht bei den Panthern sein, ich kann es nicht so machen wie ihr Jungen. Aber ich habe wirklich für Eldridge Cleaver gestimmt.«

Natürlich, sie mußte ja unsere Partei ergreifen und auf unserer Seite sein, weil sie meine Mutter war. Trotzdem hoffe ich, daß es viele andere ältere Mütter auch so meinten, wie sie es gesagt hat. Die Mütter verstehen hoffentlich, daß wir nicht *unserem* Volk fluchen, wenn wir diesen Politikern fluchen. Es geht nur gegen die Machthaber und heißt nie, daß wir das Volk nicht achten. Wir nennen sie ganz ehrlich so, wie sie sind, wenn sie uns so widerlich behandeln. Ich hoffe, die Mütter verstehen, wie uns zumute ist gegenüber denen, die immer weitermachen mit dieser Ausbeutung, diesem scheußlichen Kapitalismus und Rassismus, den Grausamkeiten und all den politischen, wirtschaft-

lichen und sozialen Übeln. Ich hoffe, die älteren Leute begreifen, daß wir uns selbst verteidigen müssen.
Manche von den Älteren haben gesagt: »Wißt ihr, sie würden euch gar nicht angreifen, wenn ihr nicht ›Schweine‹ und all sowas sagen würdet.« Aber dann antworten wir, daß unser Volk immer angegriffen worden ist, und jetzt müssen wir es den anderen sagen, was diese Rassistenschweine sind. Wir müssen sie ganz genau so nennen, wie sie sind, und wir dürfen es nicht länger zulassen, daß sie uns begaunern. Ich glaube, die meisten älteren Leute verstehen uns und *sind* auf unserer Seite.

Huey wollte nun einmal gern, daß die Leute das Zehn-Punkte-Programm wirklich verstanden; also trug Eldridge in seiner Stellung als Informationsminister es ziemlich dick auf, aber mit einer Gestaltungskraft und einem Humor, wie ihn eben nur Eldridge hatte.
Ich besinne mich noch darauf, daß Eldridge eines Abends auf Kanal 44, einem Fernsehsender in San Franzisko, in einer Sendung reden sollte. Ich war als erster bei der Sendestelle angekommen, und sie führten mich nach hinten in einen dieser Räume mit Spiegeln an den Wänden, mit Schemeln und Stühlen, wo man sitzen konnte und warten, bis das Programm dran war.
Da kam einer von den Leuten herein, die das Programm leiten oder produzieren. Er sagte: »Hören Sie, können Sie nicht Eldridge sagen, daß er bitte, bitte bei dem Programm nicht fluchen möchte! Es ist eine Live-Sendung.«
»Na, ich weiß nicht«, meinte ich. »Sie wissen ja, wie Eldridge ist. Er ist diese Politiker so leid . . .«
Als Eldridge kam, sagte ich zu ihm: »Huey hat erzählt, daß er sich dies Programm ansehn will, ich meine also, du solltest dabei nicht fluchen. Außerdem« – hier konnte ich mir das Lachen nicht verbeißen – »ist dieser alte dämliche Produzent hiergewesen, und er macht sich richtig Sorgen, ob du in der Sendung auch nicht fluchen wirst. Es ist schließlich eine Live-Sendung.«
Da sprang Eldridge auf und sagte: »Was! Was! Die können mir doch nicht vorschreiben, was ich sagen darf! Ich werde auf alle fluchen, auf jeden geizigen Geschäftsmann, auf jedes Polizeischwein, auf jeden einzelnen von ihnen, der jemals Schwarze grausam behandelt hat. Das müßte ich doch tun, Bobby! Ich muß es tun, ich muß es tun.« Aber in Wirklichkeit führte er sie natürlich bloß an und brachte sie alle hoch. Er hat bei der Sendung keinen einzigen Fluch gebraucht.
Doch einmal waren Eldridge und David gerade von einer Vortragsreihe wiedergekommen, bei der sie durch das ganze Land gefahren waren, und David erzählte mir: »Mensch, dieser Eldridge! Es ist doch nicht zu glauben. Er war in einem College für katholische Mädchen, so einem, wo sie die Mädchen zu Nonnen

ausbilden. Bobby, er hat fünftausend Mädchen dazu gebracht, daß sie gesungen haben: ›Scheiß auf Ronald Reagan‹.«

»David, das glaube ich einfach nicht«, sagte ich. »Er müßte ihnen ja schwer was über Politik erzählt haben, damit sie das richtig verstanden hätten.«

David sagte: »Er hat die Politiker bloßgestellt als das, was sie sind, Mann. Er hat sie im Eilzugtempo bloßgestellt. Er hat schreckliche Sachen von den Schweinen gesagt! Und im nächsten Augenblick, mitten in seiner Rede, hatte Eldridge fünftausend Mädchen soweit, daß sie gesungen haben: ›Scheiß auf Ronald Reagan! Scheiß auf Ronald Reagan! Eins, zwei, drei, vier: Scheiß auf Ronald Reagan! Scheiß auf Ronald Reagan! Eins, zwei, drei, vier: Scheiß auf Ronald Reagan!‹ Ich hab eine Tonbandaufnahme davon.«

»David«, sagte ich, »laß mich die mal hören. Wenn ich das Tonband höre, dann will ich's glauben.«

Eldridge tat, was er nur konnte, um die Machthaber bloßzustellen. Man merkte an allem, daß er keinen Schritt zurückging. Man merkte es daran, wie er sich benahm, und an dem, was er sagte. Er stellte Ronald Reagan bloß. Er fuhr in andere Städte und stellte andere hetzerische Politiker bloß, und er tat es eilig. Es war gut, daß er es getan hat. Eldridge wußte, daß er seine Zeit ausnutzen müßte, um diese faschistischen Machthaber als das bloßzustellen, was sie wirklich waren.

Ehe Eldridge fortging, hat wohl jeder nachgedacht und sich zu überlegen versucht, wie es auf die Partei wirken würde, wenn sie Eldridge ins Gefängnis zurückschickten. Als dann in den Zeitungen bekanntgegeben wurde, daß Eldridge fortgegangen war, machte das uns alle entschlossener; wir versuchten, weiterzukommen und die Dinge zu organisieren. Wir fingen wirklich an, bei den Unterdrückern einen Grundsatz durchzuführen, den uns Huey klargemacht hatte: Der Unterdrücker hat keine Rechte, an die sich das unterdrückte Volk zu halten braucht. Was Eldridge getan hatte, war ein deutliches Beispiel dafür. Indem er nicht erschien, verweigerte er dem Unterdrücker das Recht, ihn ohne Grund wieder einzusperren, nachdem schon die Kaution für ihn hinterlegt und er aus dem Gefängnis entlassen war. Die kalifornische Regierung, angeführt von diesem betrügerischen Faschisten Ronald Reagan, hatte ihn als politischen Häftling festgehalten.

Ich glaube, die meisten von uns hatten das Buch ›Seele auf Eis‹ schon gelesen. Aber ich sagte, die Brüder sollten unbedingt ›Seele auf Eis‹ jetzt noch einmal lesen, sie sollten wieder lesen, was Eldridge darin klarmachte. Das Buch ist ganz wichtig und sehr deutlich, wenn man sich dagegen die massive amerikanische Gehirnwäsche im ganzen besieht. Wir kennen ja die Gehirn-

wäsche an den Schwarzen, aber sie ist im Grunde nichts anderes als die Gehirnwäsche an den Proletariermassen Amerikas. Ich glaube, daß die Kulturnationalisten das sehr oft nicht merken.
Wir wollen etwas gegen die Gehirnwäsche an unserem Volk tun, indem wir ihm die wirkliche, historische Geschichte erzählen. Wenn man die wirkliche Geschichte erzählen will, muß man vom Klassenkampf reden, davon, wie die kleine Minderheit der regierenden Klasse die riesige proletarische Arbeiterklasse beherrscht und unterdrückt. Wenn ich ›Arbeiterklasse‹ sage, dann meine ich Arbeiter und Arbeitslose, Menschen, die mit dem Existenzminimum oder unter dem Existenzminimum leben.
Dieses Buch ›Seele auf Eis‹ rüttelt wirklich an den bestehenden falschen Vorstellungen. Wenn man das Buch liest, dann sieht man, daß Eldridge zuerst ein schwarzer Mann gewesen ist, der seine Gehirnwäsche hinter sich hatte und im Gefängnis saß. Er hatte nur die Ideale der Weißen, des Westens und der weißen Frau. Als er sich das *Playboy*-Foto an die Wand pinnte, sagt er, da hat er sich psychologisch und persönlich in die Frau auf dem Bild verliebt. Dann hat ihm dieser rassistische Gefängnisbulle das Bild abgerissen. Eldridge sagte ihm, er hätte kein Recht, es abzureißen, sie hätten doch hier alle Pin-ups. Der Bulle erklärte Eldridge: »Wenn Sie ein Bild von einem schwarzen Mädchen aufgehängt hätten, dann hätte ich nichts dagegen gesagt.« Durch diese Begebenheit hat sich das Bewußtsein von Eldridge geändert; damals fing er an, das zu werden, was er heute ist. Das erste Kapitel in dem Buch heißt ›Werden‹.
Das ist sehr bedeutsam mit allem anderen verbunden, was das Buch herausstellt. Wenn man an das Kapitel ›Die Urmitose‹ kommt, dann sieht man, wie dies alles etwas mit dem Gebiet der Politik zu tun hat und mit der psychologischen Veranlagung des allmächtigen Administrators, der psychologischen Veranlagung der Nixons und der Johnsons, der Aliotos und der Ronald Reagans — derer, die eine solche geistige Höhe anstreben — und auch mit dem schwarzen Mann, der auf eine niedere Stufe verbannt ist. Ich glaube, Eldridge hat mit seinem Buch *jeden* in der Gesellschaft von der Gehirnwäsche befreit: Schwarze, Weiße, Blaue, Grüne, Gelbe, Rote, Getüpfelte, unabhängig von Unterschieden der Völker usw. Eldridge befreit jeden von der Gehirnwäsche, der wirklich mit wachem Geiste liest.
Ich glaube, daß Eldridge die Geschichte im heutigen revolutionären Kampf hier an die Schwelle geführt hat, zur Front einer Befreiungsbewegung mitten in einem Prozeß, der faschistischer ist als jeder andere auf dieser Erde, mitten im Bauch des Walfischs, im Bauch des Ungeheuers.
Als Eldridge und ich in Carmel waren, passierte etwas, woran man sehen konnte: Eldridge, der Huey so sehr gut erfaßt hatte,

konnte die ganze durch Gehirnwäsche entstellte Geschichte mit der heutigen Lage zusammenbringen.

Als noch nicht bekanntgegeben war, daß Eldridge wieder ins Gefängnis gehen müßte, hatte er mit mir davon geredet, daß wir eine Biographie von Huey und der Partei schreiben wollten. Eldridge sagte: »Bobby, du kennst Huey schon länger als alle anderen in der Partei. Ihr beide habt die Partei zusammen gegründet. Also mußt du uns über alles informieren, alles von Bruder Huey und von der Partei, wie sich das Ganze entwickelt hat.« Eldridge sagte, Huey P. Newton wäre auf Malcolm X gefolgt wie Jesus Christus auf Johannes den Täufer. Dabei konnte ich mir gewaltig viel denken. So besorgte Eldridge ein paar Tonbänder, ein Tonbandgerät, eine Schreibmaschine und fuhr mit mir nach Carmel herunter zu einem kleinen Häuschen. Dort wollten wir an dem Buch arbeiten.
Nun war da vor dem Häuschen ein großes Schwimmbecken und ringsherum viel Rasen mit Obstbäumen und so. Gegen zehn Uhr morgens kamen wir aus dem kleinen Haus. Vorn um das Schwimmbecken herum lag ein grüner Schlauch. Er reichte bis zur anderen Seite des Beckens und endete direkt unter einem Baum, einem Apfelbaum. Hinter dem Becken standen ein paar Liegestühle; darin saßen Bob Scheer und eine junge Weiße. Nun hatten Eldridge und ich eben davon geredet, daß unsere ganze Gesellschaft durch eine Gehirnwäsche gegangen war, und wie die Geschichte allen Menschen den Geist verwirrt hat. Wir kamen gerade heraus, da sagte Scheer zu dem Mädchen: »Hallo, Baby, geh doch mal zu dem Apfelbaum rüber und hol mir einen von den Äpfeln!«
Sie ging herüber und pflückte einen Apfel ab. Eldridge und ich sahen zu. Dann kam sie wieder und gab Scheer den Apfel. Im gleichen Augenblick, als Scheer hineinbeißen wollte, sagte Eldridge: »He, Mann, paß lieber auf! Du hast sie eben zu dem Apfelbaum rübergeschickt, Äpfel zu holen!«
Scheer biß in den Apfel. »Was redest du da?« sagte er, hielt den Apfel vor sich hin und besah ihn sich. »An dem Apfel ist nichts dran.«
Eldridge sagte: »Nein, es war ein Fehler.«
Ich fragte: »Eldridge, was heißt das?«
Eldridge erklärte: »Die Geschichte hat die Gesellschaft verwirrt. Unser Verteidigungsminister ist im Gefängnis, und die Geschichte hat den Geist der Gesellschaft mit diesen puritanischen Ideen durcheinandergebracht.«
Scheer stand auf und kam mit dem Mädchen um das Becken herum zu uns. Er sagte: »Ich weiß nicht, was du meinst.«
Da guckte ich auf den grünen Schlauch, der dort lag wie eine riesig lange Schlange, und ich sagte: »Ich hab's! Er redet von

Scheer im Garten Eden und davon, daß das Mädchen hier zu dem Apfelbaum gegangen ist. Du bist im Garten Eden«, erklärte ich Scheer.
Eldridge sagte: »Und du hast ihn nicht verteidigt. Du hast das Paradies nicht verteidigt.«
Scheer ist ein Weißer, und er gilt als Liberaler. Er wußte noch immer nicht, wovon Eldridge redete.
»Was du getan hast«, sagte Eldridge, »ist das: Du hast den allmächtigen Administrator einen Polizeischwein-Engel herunterschicken lassen. Sein Name war Polizeichef Gain oder sonst ein Polizeichef im Lande. Du hast ihn mit einem flammenden Schwert herunterkommen lassen. Mit einer Waffe hast du dich von ihm aus dem Garten Eden vertreiben lassen. Und du hast ihn nicht verteidigt, du nicht und sie auch nicht.«
Das entwickelte sich zu einem sehr schöpferischen Moment; und weil ich mit Eldridge dabei war, sagte ich: »Ja, das stimmt. Ihr habt nur herumgetrödelt, und der allmächtige Administrator war im Unrecht. Er hat euch gesagt, ihr solltet die Erde erfüllen, und gerade um die Zeit, als ihr darangehen wolltet, die Erde zu erfüllen, hat er sich umgedreht und euch aus dem Garten in die Wildnis vertrieben. Er hat einen Engel mit einem flammenden Schwert heruntergeschickt.« Ohne den Vergleich ist es kein Engel, nicht wahr, es ist in Wirklichkeit ein Polizeischwein. »Und ihr habt den Garten nicht verteidigt.«
Eldridge sagte: »Ihr habt euch von dem Polizeischwein in die Wildnis hinaustreiben lassen.«
»Laß die Taube ausfliegen«, sagte ich, »und beschneide ihr die Flügel. Das ist die Taktik des allmächtigen Administrators.«
»Wenn das aber Huey Newton gewesen wäre im Garten Eden«, sagte Eldridge, »und der Polizeischwein-Engel wäre heruntergekommen, nachdem der allmächtige Administrator gesagt hatte, Huey sollte seine verfassungsmäßigen Rechte ausüben und die Erde erfüllen – wenn es Huey P. Newton gewesen wäre, und dies Polizeischwein hätte sein flammendes Schwert geschwungen, Huey wäre zurückgesprungen und hätte gesagt: ›Nein, ich verteidige mich. Wenn du das Schwert nach mir schwingst, dann schieße ich zurück.«
Bildlich gesagt war Scheer der liberale Weiße, der den Garten Eden, das Paradies, nicht verteidigen wollte. Wir sehen, daß die Menschheit aus dem Paradies vertrieben worden ist, um im Schweiße ihres Angesichts von Sonnenaufgang bis Sonnenuntergang zu arbeiten. Wäre aber Huey P. Newton im Garten Eden gewesen, dann hätte er sich verteidigt. Er hätte das Land verteidigt. Ihn hätte man nicht hinausgetrieben, nachdem ihm befohlen war, zu gehen und die Erde zu erfüllen. Das war kein Vorwurf gegen Scheer, gegen das, was Scheer getan hatte, denn wir sprachen nicht von Scheer. Wir haben Scheer in dieser Si-

tuation sozusagen als Bild genommen für den Liberalen, der nichts tun will, der wirklich nur herumsitzen möchte und trödeln und reden, wenn doch im nächsten Augenblick das bösartige faschistische System, das sich selbst für Gott hält, und der allmächtige Administrator an seiner Spitze die Menschen umbringen werden und ihnen das Paradies und das Recht, glücklich und friedlich auf der Erde zu leben, nehmen werden.
Man muß das notwendige neue System, das kommen wird, verteidigen. Reden ist nicht genug. Man muß dafür kämpfen, man muß dafür arbeiten, wenn man es haben will. Wenn man irgend etwas anderes tut als das, dann wird man eben unterdrückt.

Diese Begebenheit hat mir geholfen, die Bedeutung des Buches ›Seele auf Eis‹ zu sehen und zu erkennen, daß die Menschen eine Gehirnwäsche hinter sich haben. Viele haben mich über die Idee des Superman reden hören. Ich versuche, sie mit den Alltagssituationen in Verbindung zu bringen, darum rede ich von den Vorstellungen der Comic-Books, zum Beispiel von Donald Duck, Mickey Mouse, Archie, Jughead usw. In ihnen werden puritanische Ideen und Symbole aufgestellt, die direkt mit dem Rassismus zu tun haben. Ich fing an zu sehen, daß Superman ein erbärmlicher Lump ist, der gar nicht – wie Huey und andere wirkliche Menschen – begreift, daß er die Erde erfüllen soll. Superman ist in Wirklichkeit eine oberflächliche Phantasie, die einem Eisenmann entspricht. Eisenmänner haben überhaupt nichts mit irgendeiner Wirklichkeit zu tun, weil Eisen kein wirkliches menschliches Leben und kein wirkliches menschliches Fleisch und Blut hervorbringt. Ich habe davon gesprochen, daß Superman nie eine Beziehung zu Lois Lane gehabt hat und daß ›Tricky Dick‹ Nixon und ›Lynchin'‹ Baines Johnson und solche Typen versuchen, den Superman zu spielen, als allmächtige Götter mit ihren Panzer-Abwehr-Kanonen, ihren Raketen-Abwehr-Geschossen, ihren Wasserstoffbomben und ihren Geschützen, die in Wirklichkeit Leben zerstören. Superman ist in der Hauptsache Betrug und Schwindel. In allen Geschichten der Comic-Books rettet er in unserem Lande nie irgendwelche schwarzen Menschen. Diese dreißig Jahre alte Figur und die anderen Figuren von Donald Duck haben ja alle so einen Bart. Sie sind älter als die Berge. Sie sind unecht und absurd.
Tatsache ist, daß Mann und Frau aufeinander ansprechen und daß sie durch geschlechtliche Beziehungen einen neuen wirklichen Menschen erzeugen. In den Comic-Books haben Mickey Mouse und Donald Duck nie versucht, geschlechtliche Beziehungen mit Daisy und Minnie Mouse aufzunehmen. Archie und Jughead haben nie den Versuch gemacht, sich geschlechtlich mit Betty und Veronica zu vereinigen. Das ist sehr wichtig, um zu sehen, daß die Menschen unserer Gesellschaft durch eine Ge-

hirnwäsche gegangen sind. – Zweieinhalb Billionen Menschen sind dadurch auf diese Erde gekommen, daß ein Mann und eine Frau eine Geschlechtsbeziehung zueinander hatten. Die allmächtigen Administratoren stellen solche Dinge unter Tabu. Diese Art der Gehirnwäsche hat zu der Sorte Menschen geführt, die die Geschlechtlichkeit für etwas Garstiges hält und von ›illegitimen Kindern‹ redet. Ein Kind, ein Mensch, kann nicht illegitim sein. Das alles wird einem sehr klar verständlich, wenn man Eldridge Cleavers Buch liest.

Eldridge zeigt, wie die Homosexualität überhandnimmt und in Wahrheit zum psychologischen Make-up der allmächtigen Administratoren dazugehört, so sehr, daß sie zu ihrem Körper keine Verbindung haben. Sie arbeiten mit der Vorstellung, daß der Geist gänzlich überlegen ist, und vergessen den Körper. Nachdem ich ›Seele auf Eis‹ gelesen hatte, habe ich oft in meinen Reden gesagt, daß man beides gebrauchen muß, den Geist *und* den Körper, beides zusammen. Eldridge weist darauf hin, wie der Geist mit dem Körper zusammenarbeiten muß und wie man den schwarzen Mann seines Geistes beraubt und ihm nur den Körper gelassen hat; der allmächtige Administrator hat sich selbst seines Körpers beraubt und läßt nur den Geist gelten. Eldridge zeigt, daß die Homosexualität ein Ersatz ist, und wie sich dadurch die Existenz eines Klassensystems erweist. Das Klassensystem hat sehr viel dabei zu sagen, wenn ein Mann und eine Frau versuchen, in eine reichere und vollständigere Beziehung zueinander zu kommen, und wenn bedrückende soziale Hindernisse, politisch wie auch wirtschaftlich, das ganz zunichte machen.

Es ist sehr notwendig, daß die Volksmassen das Buch ›Seele auf Eis‹ verstehen, damit sie die tyrannische Herrschaft unserer Regierung erkennen und sie an der richtigen Stelle ›aufspießen‹ können, damit sie sich auch darüber klar werden, daß dieses System geändert werden muß; unser System muß fortschrittlicher werden und allen Menschen nützen. Damit befaßt sich die Partei als ganze, und vielen Millionen Menschen werden diese Dinge schon besser bewußt. Das Buch ist mit einer Auflage von über einer Million verkauft worden und wird noch immer in phantastischen Mengen abgesetzt.

Bruder Eldridge steht uns sehr nahe. Wir wissen, daß er und Kathleen gewaltsam von uns getrennt worden sind. Es ist nicht so, daß er uns verlassen hätte. Wir verstehen, daß Eldridge unter einem Druck dorthin gegangen ist, wo er sich jetzt aufhält. Wir wissen, daß die Machthaber ihn töten wollen. Sie wollen nicht, daß er wieder hierher kommt. Eldridge war und ist einer der maßgebenden Brüder in der Black Panther Party. Von allen Brüdern des Zentralkomitees war Eldridge der maßgebendste.

Ehe Eldridge weggegangen ist, hat er als Informationsminister großartige revolutionäre Arbeit geleistet; er hat die Volksmassen Amerikas unterrichtet; er hat das schwarze Volk über die Notwendigkeit aufgeklärt, in Einigkeit zusammenzuarbeiten; er hat den Weißen gezeigt, daß die allgewaltigen Machthaber und Administratoren die Feinde des ganzen Volkes sind. Ich glaube, daß er nach seinem Weggang erst recht noch viele Menschen zu Mitgliedern der Black Panther Party gemacht hat. Tausende von Schwarzen fingen an, sich mit ihm zu beschäftigen, viel eingehender als vorher.
Einige Parteimitglieder hatten nur eine sehr oberflächliche Beziehung zu Eldridge und haben ihn nicht wirklich verstanden. Aber Eldridge strebte danach, die Leute dahin zu bringen, daß sie konkreter tätig würden: Die schwarzen Brüder und Schwestern, die auf Seitenwege liefen und nicht wirklich eng mit den Leuten in der Wohngemeinde zusammenarbeiteten, sollten sich ganz und gar *mit* den Leuten in der Wohngemeinde verbinden. Eldridge wollte auch die liberalen Weißen dazu bewegen, Revolutionäre zu werden.

Bunchy Carter und Bobby Hutton

Bobby Hutton war das erste Mitglied unserer Partei, das von der Polizei ermordet wurde; Fred Hampton und Mark Clark gehören zu den letzten. Zwischen diesen Morden wurde eine ganze Reihe schwarzer Brüder niedergeknallt – von rassistischen Bullen und von schwarzen rassistischen Kulturnationalisten, die mit den Machthabern gegen das revolutionäre Programm der Black Panther Party arbeiteten.
Bobby Hutton hing sehr an Bunchy Carter. Bobby Hutton hat zu verschiedenen Anführern der Partei enge Beziehungen gehabt – zu Huey, Eldridge, zu mir und zu Bunchy. Zuletzt hatte er, kurz vor seiner Ermordung, die Beziehung zu Alprentice ›Bunchy‹ Carter. Er ahmte ihn nach. Er bemühte sich um eine größere politische Bildung, so wie Bunchy sie hatte, und stand zu Bruder Bunchy wirklich im engsten Einverständnis, weil Bunchy im Gefängnis gewesen war. Nicht daß Bobby auf irgendeine absurde Prahlerei angesprochen hätte wie »Ich habe hier so viel Zeit abgesessen« und »Ich habe da so viel Zeit abgesessen«. Bobby sprach auf Bunchy an, weil Bunchy der Bruder war, der aus dem Gefängnis wieder in die Wohngemeinde gekommen war und der dafür arbeitete, unserem Volk zu dienen.
Bunchy hatte auch etwas in seiner Haltung, ein gewisses flottes Benehmen in der umgebenden schwarzen Wohngemeinde, das Bobby gern übernahm. Es zeigte sich in den Gedichten, die Bunchy schrieb und rezitierte, ebenso in seiner eleganten Kleidung –

nach der Art, wie man sich eben kleidete. Wir haben alle ein paar schicke Sachen, aber Bunchy war immer schick — sauber, mit einem eleganten Anzug, hauchdünnen Nylonsocken und modischen, blankgeputzten Schuhen. So stand Bunchy vor Little Bobby, mit reichem naturkrausen Haar, das sehr gepflegt war, einem großen Schnurrbart, einem flotten Anzug und reinlicher Kleidung; Bobby war wirklich begeistert davon, wie Bunchy aussah.

Dabei war Bunchy nicht etwa ein selbstsüchtiger Mensch. Im Allerinnersten liebte er sein Volk wirklich, er liebte seine Leute so sehr, daß er die Brüder schalt, wenn er sie jemandem Unrecht tun sah, denn er wollte sie zu der Einsicht bringen, daß wir uns behaupten, uns einigen, uns verteidigen müssen, daß wir Revolutionäre sein müssen und in der Wohngemeinde so arbeiten, daß wir den Menschen dienen.

Das war für Bobby das Überraschende. Little Bobby war erst sechzehn Jahre alt, und er wollte gern schick sein. Er lebte in Armut und sah, daß Bruder Bunchy irgendwie immer schick blieb und sich gleichzeitig in seiner Wohngemeinde nützlich machte; das zeigte Bobby, daß er nicht aus der Partei auszutreten brauchte. Er brauchte nicht zu sagen: »Jetzt gebe ich die Partei mal auf, damit ich mir ein paar elegante Sachen kaufen kann«, wie das manche Brüder aus lauter Selbstsucht taten. Bunchy hatte es so hingekriegt, daß er in seiner Bewährungsfrist ganz schön verdiente; er arbeitete bei einem Armenhilfe-Programm als stellvertretender Leiter. So konnte er immer obenauf sein.

Wenn man Bunchy zum erstenmal sah, konnte man ihn für einen Zuhälter oder Betrüger von der Straße halten, aber das war er nicht. Nicht daß er die Zuhälter und Betrüger nicht gekannt hätte. Bunchy war in ganz Watts und der schwarzen Wohngemeinde von Los Angeles bei vielen, vielen Menschen sehr geachtet und gut bekannt. Nach seiner Ermordung mußte die Partei hingehen und mit manchen Brüdern dort zu reden versuchen; denn rund fünf- oder sechshundert Brüder in Watts legten Schrotflinten in ihre Autos und sahen sich danach um, wer wohl ungefähr so aussah, als könnte er zu Ron Karengas US-Organisation* gehören, die den Mord an Bunchy begangen hatte. Wir versuchten den Brüdern zu erklären, daß wir in der Wohngemeinde keinen Kleinkrieg zwischen schwarzen Menschen haben wollten; andererseits wollten wir aber dafür sorgen, daß die Kerle, die Bunchy ermordet hatten, angeklagt würden. Wir meinten, wenn die Machthaber sie nicht anklagten oder sie nachher durch irgendeinen Trick wieder laufenließen, dann würde das der Bevölkerung schließlich doch zeigen, daß die US-Organisation, der schwarze Rassismus und der Kultur-

* ›US‹ ist hier keine Abkürzung für ›United States‹, sondern das Wort ›Wir‹ als Name einer Organisation. *(Anm. d. Übers.)*

nationalismus letztlich Werkzeuge der Machthaber sind; sie bringen den revolutionären Kampf des Volkes für den nötigen Wandel in der Wohngemeinde zum Stocken.

Besonders achtenswert war an Bunchy der tiefe Ernst und sein ehrlicher Glaube an die Notwendigkeit eines revolutionären Wandels. Wenn Eldridge, ich oder sonst einer vom Nationalen Hauptbüro ihm die Anordnung gab, mit irgend etwas aufzuhören, dann hörte er auf. Falls er meinte, es wäre doch richtig, weiterzumachen, kam er an, setzte sich mit uns zusammen und diskutierte mit uns darüber, nicht auf feindliche Art, sondern so, daß wir merkten, er wollte von uns hören, wo er denn im Unrecht wäre, weil er es noch immer richtig fand, weiterzumachen. Aber wenn wir es ihm sagten, hörte er auf. Außerdem hatte Bunchy viel Sinn für gute Organisation, das hat Little Bobby auch von ihm übernommen.

Alprentice ›Bunchy‹ Carter wurde getötet, weil eine Gruppe von Schwarzen – schwarzen Rassisten und Kulturnationalisten aus Ron Karengas US-Organisation – zum Feind unseres Volkes wurde und im wesentlichen die Partei der kapitalistischen Machthaber ergriff. Diese schwarzen Rassistenschweine arbeiten tatsächlich mit den Machthabern gegen ihr eigenes Volk, sie tun es aus einem psychologischen Bedürfnis, weiße Menschen einfach wegen ihrer Hautfarbe zu hassen.

Bunchy hatte in Los Angeles daran gearbeitet, die Black Panther Party in der ganzen Stadt zu organisieren. Im Januar 1968 hatte er ein paar Auseinandersetzungen und kleine Konflikte mit der US-Organisation. Bunchy machte sich Gedanken darüber, daß die US-Leute herumgelaufen waren und Menschen in der Wohngemeinde, in der B.S.U. (Black Students Union, Vereinigung schwarzer Studenten) und in kleinen, unruhigen schwarzen Vereinigungen eingeschüchtert, bedroht und geschlagen hatten. Bunchy und die Black Panther Party hatten nicht vor, sich von irgendwem einschüchtern zu lassen. Diese anderen kleinen Gruppen baten Bunchy, ihnen gegen Ron Karenga zu helfen und auch den ›Black Congress‹ (Kongreß schwarzer Organisationen) zu übernehmen, der dort entstanden war und den Ron Karenga in der Hand hatte.

Bunchy rief uns an und erzählte uns, er wollte Karenga und seine Jungen zu fassen kriegen und ihnen sagen, sie müßten aufhören, die Leute einzuschüchtern. Wir sagten Bunchy, er möchte sich nicht um Ron Karenga kümmern; denn solche Organisationen sind gewöhnlich Stiefellecker, sie vertreten die Wohngemeinde nicht, und die Leute werden sich schon *die* Organisation aussuchen, die ihnen am meisten nützt. Ich sagte ihm am Telefon: »Du solltest Ron Karenga und den Black Congress vergessen, in die Wohngemeinde gehen und dort unsere Büros einrichten, fünf, sechs oder sieben Büros, in all den schwarzen

Wohngebieten von Los Angeles. Bemühe dich von da aus, dem Volk zu nützen, das Zehn-Punkte-Programm der Partei durchzuführen und die Volksmassen politisch auszubilden. Das muß getan werden. Kümmer dich nicht um Ron Karenga!«

Bunchy richtete sich nach der Anweisung. Eine Woche danach kam er mit dem Flugzeug herauf, um mit uns über seine Auffassung zu diskutieren, aber Eldridge und ich sagten ihm wieder, er solle doch Karenga und US vergessen. Bunchy hatte das Gefühl, Karenga könnte zu einer großen Gefahr für die schwarze Wohngemeinde werden. Dagegen sagten wir, wenn er die schwarze Wohngemeinde angreifen sollte, dann würde die Wohngemeinde ihn auch angreifen und ihn hinauswerfen.

Ein paar Monate später wurde John Huggins stellvertretender Informationsminister der Partei für Südkalifornien; er sollte die Stelle dieses Gecken Earl Anthony übernehmen, der seine Aufgaben auf dem Gebiet nicht ordentlich durchführte. John und Bunchy arbeiteten sehr eng zusammen, um die Partei in Los Angeles auf die Beine zu stellen. Der Zwischenfall, der zu ihrer Ermordung führte, war ein Teil dieser Arbeit.

Die ›Black Students Union‹ hatte im Universitäts-Campus von Los Angeles schon seit langem Schwierigkeiten mit US. Nun wurde für die Leitung eines gemeinschaftlichen Studentenprogramms eine Stelle mit zwanzigtausend Dollar Jahresgehalt eingerichtet. Die Schwarzen von US wollten die Stelle gern besetzen und eine ihrer Marionetten dort als Direktor drinhaben; die B.S.U. wünschte aber nicht, daß sie das Programm in die Hand bekamen; und da die Black Panther Party zum festen Bestandteil der schwarzen Wohngemeinde in Los Angeles geworden war, bat die B.S.U. Bunchy und John, zu einer Versammlung über diese Frage in den Campus der Universität zu kommen. Dort fragte die B.S.U. sie nach ihrer Ansicht über Karengas Versuche, ihre Gruppe in die Hand zu bekommen; Bunchy und John sprachen etwa fünf Minuten, sie sagten bei der Versammlung nur, die Studenten hätten das Recht, ihre Angelegenheiten selbst zu bestimmen: »Die Macht den Studenten!« Dann gingen sie. Zwei Tage später, am Freitag, wurde wieder eine Versammlung einberufen. John und Bunchy sprachen wie beim vorigen Mal fünf Minuten lang über »Die Macht den Studenten!« An diesem Tag wurden sie dort im Versammlungsraum von den rassistischen US-Schweinen getötet und ermordet.

Ron Karenga hat natürlich mit seinem Kulturnationalismus und schwarzen Rassismus in Los Angeles keine politische Machtgrundlage. Er rennt durch die Gegend und hat irgendwo ein lächerliches kleines Büro aufgemacht, aber jeder kennt sein Spiel und weiß von seiner kapitalistischen Serie kleiner Schwindel-Geschäfte; hauptsächlich sind es Tankstellen. Aus seinem früheren Lebenslauf und daher, daß er sich hinter den Kulissen mit

den Rockefellers getroffen hat*, wissen wir, daß er diese kleinen Schwindel-Geschäfte als Bettelgeschenke bekommen hat, und so kann er jetzt der Wohngemeinde mit seiner Vorstellung vom Schwarzsein und seinem »Schwarz ist schön« etwas vormachen. Ron Karenga hat bisher nicht vorgehabt und hat auch jetzt nicht vor, gegen die Machthaber zu arbeiten, damit das System geändert wird und die Bedürfnisse des schwarzen Amerika erfüllt werden.
All die Morde an Parteimitgliedern – an Bunchy, Little Bobby, John Huggins, Fred Hampton, Mark Clark, Tommy Lewis und den Brüdern, die vor Bunchy niedergeknallt wurden, wie auch an einer ganzen Schar anderer Brüder im ganzen Land, die getötet wurden – all diese Morde haben die Partei nicht zerstört. Auch die Verhaftungen vieler Mitglieder haben die Partei nicht zerstört. Wir denken mit großer Achtung an unsere toten Brüder, alle Mitglieder der Black Panther Party und die Menschen in der schwarzen Wohngemeinde ehren sie. Wir werden weiter gegen die Rassistenschweine und gegen die schwarzen Rassisten kämpfen, die sich zusammentun und versuchen, die Partei zu vernichten.

Charles R. Garry, der Lenin des Gerichtssaals

Wenn die Machthaber Charles Garry etwa daran hindern wollten, in den Gerichtssaal zu gehen und die humanen und gesetzlichen Grundrechte der Menschen zu verteidigen, wenn sie Angeklagte daran hinderten, zu ihren Anwälten zu gehen und sich ihre verfassungsmäßigen Rechte zu verschaffen – Charles Garry ließ sich durchaus nicht hindern. Er ist ein Mann von solcher Art, daß er es fertigbringen würde, ins Leihhaus zu gehen, sich ein Gewehr zu kaufen und damit sein Zuhause und sich selbst zu verteidigen; denn er ist einsichtig genug, um zu erkennen, daß unser System korrupt ist. Ich habe ihn sogar sagen hören, er wollte niemals Richter sein, jedenfalls nicht bei der Art und Weise, wie es in unserem System zugeht. Er möchte auch niemals Statthalter oder Politiker sein.
Er erklärt es damit, daß die öffentlichen Einrichtungen von den Reichen ausgenutzt werden, von den großen Geschäftsleuten, die sie in der Hand haben, und für sie will er keine Marionette abgeben. Er sagt, er hätte sich vor langer Zeit entschieden, ob er in den Straßen kämpfen wollte oder lieber versuchen, im Gerichtssaal für das Volk zu arbeiten. Wir respektieren seine Entscheidung und sind froh über sie, denn das Volk braucht einen

* In *The Black Panther* vom 2. Februar 1969 ist ein Artikel aus dem *Wall Street Journal* über die Zusammenkunft Karengas mit den Rockefellers abgedruckt. *(Anm. d. amer. Hg.)*

Menschen wie Charles R. Garry, der vortreten und die Bevölkerung, auch die ihrer Stellung nach unterlegene, verteidigen kann, wenn er die Dinge falsch laufen sieht. Wir wissen, Charles Garry hat sich das zur Lebensaufgabe gemacht. Ich habe noch nie einen solchen Menschen wie ihn getroffen, nicht einmal in der Black Panther Party.
Charles greift nicht in unsere Politik ein. Manchmal sieht er fast, wie wir in einer bestimmten Angelegenheit oder Situation einen Fehler machen; aber wenn wir anderer Ansicht sind als er, dann mischt er sich nicht in unsere Politik ein. Er macht keinen Versuch, sie zu beeinflussen oder dergleichen. Manchmal haben wir festgestellt, daß unsere politischen Beziehungen zu einer Organisation oder Gruppe etwas danebengerieten und nicht vorankamen. Dann war es oft so, daß Charles schon vorher darüber mit uns geredet und uns gesagt hatte, wir machten da einen Fehler. Es ist gut, wenn man einen solchen Menschen um sich hat: Er sagt einem, was man falsch macht, und wenn man anderer Meinung ist, dann läßt er einen, daß man es so lernt; dabei ist er doch immer ein guter Freund und Kamerad, der einen mit Hingabe verteidigt und weiß, daß man im Recht ist.

Wenn man schon in das Haus von Charles Garry kommt! Seine Frau ist sehr liebenswürdig und ganz wunderbar. Man ist dort willkommen, man ist dort Mensch. Oft sind wir zu ihm gegangen, und wenn wir gern ein Glas Bier gehabt hätten, dann bekamen wir ein Glas Bier. Wenn wir gern etwas essen wollten, schien es für Mrs. Garry ein reines Vergnügen zu sein, uns eine Mahlzeit auf den Tisch zu setzen. Oft waren wir ganz erschöpft und hatten auch nichts gegessen. Charles merkte das, und ich glaube, er hat seiner Frau manchmal gesagt, wir würden uns noch zu Tode hetzen. Gelegentlich, wenn wir zu ihnen herüberkamen, waren wir dermaßen erledigt und hungrig, daß sie es uns ansehen konnte; dann fing sie an und machte uns etwas zu essen, deckte den Tisch und sagte, wir sollten nur zugreifen. So ist die Beziehung, die sich zwischen uns und dem Ehepaar Garry entwickelt hat. Es ist eine sehr menschliche Beziehung, und sie ist uns sehr lieb.
Charles ist ein Kerl, der nicht vor den Dingen zurückweicht. Als er vor längerer Zeit die Gewerkschaften verteidigte, während sie streikten oder Schritte unternahmen, um besseren Lohn und bessere Arbeitsbedingungen zu bekommen, wurde auf viele Gewerkschaften und auf die Leute, die sich um einen höheren Lebensstandard bemühten, starker polizeilicher und politischer Druck ausgeübt. Charles hat sie bis zuletzt verteidigt. Man hat uns erzählt, daß er zwei- oder dreimal nachts allein abgefangen worden ist, daß die Bullen aus ihren Wagen gestiegen sind, Garry aus seinem Wagen gezerrt und ihn brutal geschlagen

haben. Ein solcher Mann, der seine Zeit daran gesetzt hat, Anwalt zur Verteidigung des Volkes zu werden, erfährt sehr deutlich, was für Bedrückungen von einer korrupten Regierung ausgehen, wenn man sich auf die Seite der Bevölkerung stellt. Als ich diese Dinge erfuhr, fing ich an zu verstehen, warum Charles nie zu dem korrupten Regierungssystem dazugehören wollte.
Charles kommt aus einem armen, unterdrückten Volk. Er stammt von den Armeniern ab, die Hitler in seinem Regime niedermachen und morden wollte; dadurch wurde dies Volk über Europa und die ganze Welt zerstreut und zugrunde gerichtet. Wir kennen nicht alle Einzelheiten aus dem Lebenslauf von Charles. Aber wir sehen, daß dieser Mann sich dem Fortbestand der Menschen und ihrem Recht auf Selbstbestimmung widmet. Wir müßten noch sehr viel mehr von der Lebensgeschichte Charles R. Garrys wissen, um wirklich zu verstehen, was den Mann dazu treibt, ein solcher Kämpfer für die Menschenrechte der Bevölkerung zu sein.

Einmal, als wir in Alameda County unter dem Richter Lionel Wilson vor Gericht standen, verteidigte Charles meine Frau und mich gegen Anklagen, die man erhoben hatte, als die Bullen widerrechtlich in unsere Wohnung eingedrungen waren. Charles nahm diesen Bullen aus Berkeley ins Kreuzverhör, der da behaupten wollte, er hätte einen vernünftigen Grund gehabt, in unsere Wohnung zu kommen, sie zu durchsuchen und uns festzunehmen. Charles ertappte ihn bei einer Menge Lügen. Charles weiß so viel von den Gesetzen, er hat sie alle im Kopf und bereit. Er bewies, daß das Polizeischwein gar keinen vernünftigen Grund hatte, denn er brachte es dazu, zuzugeben, daß unser Haus ruhig war, daß es in der Nacht bei unserem Haus keinerlei Störung gegeben hatte, und dabei hatte es über eine Stunde gedauert, bis sie gekommen waren, um mich zu verhaften. Artie und ich saßen den ganzen Tag da im Gerichtssaal und sagten kein Wort. Wir beobachteten nur, wie Charles die Sache behandelte, und hörten uns alles an. Nach der Art, wie Charles die Dinge handhabte, wie er bestimmte Punkte hervorhob, und nach dem Stil seiner Kreuzverhöre meinte Artie: »Charles ist besser als Perry Mason.« Sie hatte dies Gefühl schon, ehe der Richter entschied, die Polizei hätte keinen vernünftigen Grund gehabt, unsere Wohnung zu durchsuchen. Der Zeuge erlitt eine Niederlage, und der Richter erklärte, wir sollten freigelassen und von der Schuld losgesprochen werden.
Artie hatte wirklich sehr großes Vertrauen zu Garry, weil er uns manchmal bei Problemen in der Familie half. Ich war oft sehr beschäftigt, stieg ins Flugzeug, flog nach New York und von da am nächsten Tag nach Los Angeles, oder ich reiste drei bis vier Tage lang im Land herum und sprach in Colleges und

auf Versammlungen. Dann wurde meine Frau oft recht ärgerlich, und ich wollte sie dazu bringen, mehr für die Partei zu arbeiten. Sie neigte dazu, gern vor dem Fernsehschirm zu sitzen und sich um den Haushalt zu kümmern. Ich wollte ihr zeigen, daß sie auch ein revolutionärer Politiker sein müßte, obwohl wir einen kleinen Jungen hatten. Dadurch wurde sie sehr beunruhigt, und sie ließ mich wissen, daß sie beunruhigt war und es nicht mochte. Dann ging sie zu Charles und sprach mit ihm; Charles half ihr zu verstehen, warum ich so viel fort sein mußte. Aber Charles kam auch zu mir, redete mit mir und sagte, ich müßte mir etwas Zeit nehmen und so viel wie möglich zu Hause sein, weil meine Frau oft ganz fassungslos darüber wurde, daß ich so sehr mit der Partei beschäftigt war.

Charles ist keiner von den Anwälten, die nicht ganz und gar zu ihren Klienten stehen. Als Hueys Verhandlung lief, ging er los, um die Lage selbst zu prüfen. Er sprach mit den Leuten und forschte vielem persönlich nach. Als bei der Schießerei am 6. April die Bullen den Panther-Brüdern auflauerten und Bobby Hutton ermordeten, war Charles sofort zur Stelle. Als man unser Haus überfallen hatte, kam er und untersuchte das Haus, die Art, wie sie es umstellt hatten, die Größe unseres Apartments und so weiter. Er vertieft sich immer in die Angelegenheiten und geht jedem Rechtsfall ganz auf den Grund. So ein Mensch ist das. Wenn er nicht selbst kommen konnte, schickte er jemand anderen. Manchmal traf er sich sogar mit unserem Stabschef David Hilliard und ließ Hilliard einiges untersuchen bezüglich der Anklagen, die man gegen uns erhoben hatte; oder er ließ einige Brüder nach Beweisen forschen.

Wenn Charles aus dem Gerichtssaal kommt, ist er immer bereit, in seinem Büro mit uns zu reden, falls er Zeit dafür hat. Er hat jetzt nicht viel Zeit, aber sobald er die Zeit aufbringen kann, ist er ganz für uns da.

Charles ist der Hauptanwalt der Black Panther Party. Wenn ich sage, daß er ganz für uns da ist, dann weiß ich es aus Erfahrung, nicht nur aus Worten oder daher, daß er uns etwas vormacht. Wenn ein Bruder im Gefängnis ist, geht er grundsätzlich hin, um ihn zu besuchen, mit ihm zu reden und ihn zu fragen. Er läßt die Brüder und Schwestern nicht ohne Verbindung mit ihm im Gefängnis sitzen. Anderen Anwälten, die auch Panther-Fälle bearbeiten, hat er gezeigt, daß sie sich ganz und gar für ihre Klienten in der Black Panther Party einsetzen müssen. Er hat ihnen klargemacht, auf welche Art sie mit einer politischen Organisation wie der unseren zu arbeiten haben: Sie müssen ganz für uns da sein, eng mit ihren Klienten zusammenarbeiten, sie besuchen, befragen und kennen.

Als wir Charles beauftragten, Huey zu verteidigen, vertiefte er sich in die Geschichte des schwarzen Volkes. Er nahm sich Zeit, sie zu studieren, etwas darüber zu lesen und zu erfahren. Dann begegnete er Huey P. Newton. Er hat mir schon öfter gesagt, wie fabelhaft er Huey findet und wie froh er ist, daß Huey solchen politischen Weitblick, solche Einsicht und so großes menschliches Verständnis hat. Er sagte, die Begegnung mit Huey hätte in ihm den lebhaften Wunsch erweckt, das schwarze Amerika besser kennenzulernen. Von Zeit zu Zeit brachte ich ihm Bücher und Schriften in sein Büro, über W.E.B. DuBois, über Nat Turner, über die Geschichte des schwarzen Amerika, über Marcus Garvey, Malcolm X und andere. Charles hat diese Sachen wirklich studiert und gelernt. Aber nicht nur mit Büchern hat er sich beschäftigt — sondern auch damit, eine wirkliche Verbindung zu uns zu finden.

Der Mann widmet sich völlig unserer Verteidigung. Er sieht, daß wir verfolgt werden. Er weiß, daß es Unterdrückung ist. Er weiß, daß dem sozial Unterlegenen seine Menschenrechte auf Leben und Fortbestand verweigert werden. Wenn er den Gerichtssaal betritt, hat er kein Gewehr, keine Schußwaffe und nichts von der Art, aber er hat etwas anderes, das ebenso wirksam ist. Huey hat oft gesagt, eine Zeitung könnte scharf sein wie ein zweischneidiges Schwert. Ich glaube, die Rechtsverteidigung, wie Charles R. Garry sie ausübt, ist für uns ein ebenso wirksamer Schutz gegen ungerechte Angriffe wie ein Gewehr. Man sieht diesen Menschen im Gerichtssaal in Tätigkeit, und plötzlich sind einem die Vorgänge ganz klar.
Man beobachtet, wie ein Staatsanwalt mit rassistischen Taktiken vorgeht, wie ein Richter sich buchstäblich gegen uns wendet, uns unsere Rechte abspricht und rassistische Manöver im Gerichtssaal zuläßt — aber dann trägt Charles Garry das Gesetz vor, und es erscheint einem so klar, so sonnenklar, daß man es selbst wiedergeben könnte. — Man sagt kein Wort, aber man würde am liebsten diesen Richter oder Staatsanwalt, der uns unrecht tut, einen Rassisten nennen. Auf einmal hat Charles R. Garry die menschliche Keckheit, dem Richter glatt ins Gesicht zu sagen, daß er ein Rassist ist.
Es gibt einem ein gutes Gefühl, zu wissen, daß dieser Mann für uns eintritt und uns verteidigt. Er kann im Zusammenhang mit Gesetz und Recht die Empfindungen und Wünsche eines Menschen klarlegen, seine Unschuld, sein Anrecht auf Erhaltung des Lebens und auf ein menschenwürdiges Dasein. Er vertritt die Rechte des Volkes. Das ist das Schöne bei Charles.
Wenn man Lenins Werke studiert, seine Bücher und Schriften, dann erfährt man viel von Lenins Gabe, die Sprache zur Darstellung einer treffenden Philosophie über das Leben des Menschen auf dieser Erde zu gebrauchen; man erfährt auch viel über

die Taktiken, mit denen man durch revolutionären Sozialismus die Welt entsprechend umgestalten kann. Wir wenden das nun nach einer anderen Richtung, wir sehen Charles Garry an und sagen: Dieser Mann ist der Lenin des Gerichtssaals.

Charles war zuerst Hueys Anwalt, dann wurde er auch mein Anwalt. Als die Angriffe und Verhaftungen sich häuften, übergaben wir Charles alle Fälle, bald war er der Rechtsanwalt für die gesamte Panther Party. Wir haben Garrys ganzes Rechtsbüro bei der Tätigkeit für Panther-Fälle kennengelernt — Bernard Dreyfus, Al Brotsky, Frank McTernan, Fay Stender, Jim Herndon und die anderen Rechtsanwälte, die mit ihnen zusammenarbeiten. Sie sind alle sehr gute Anwälte. Eines Tages kam ich hin und fand sie sämtlich dabei, meinen und Hueys Fall, die Schießerei vom 6. April, die Fälle all der Brüder und Eldridges Fall zu bearbeiten. Wir reichten eine Klage gegen die Stadt Oakland ein, und das gab eine Menge Verhandlungen. Das ganze Büro war mit unseren Fällen beschäftigt. Bald bearbeiteten sie auch andere Rechtsangelegenheiten für uns, halfen uns mit der Einkommensteuer und ähnlichen Sachen. Das Büro summte wie ein Bienenschwarm. Ab und zu gingen wir immer mal dorthin. Die Leute arbeiteten zehn Stunden am Tag, und wir konnten manchmal drei oder vier Monate lang die Gebühren für sie nicht aufbringen! Aber sie hielten zu uns.
Das schätzen wir so sehr an Charles Garry und seinem Büro. Diese Menschen, die Sekretäre und alle, nahmen sich Zeit, uns kennenzulernen. Fay Stender hat uns viel gute, schwierige juristische Arbeit geleistet für Huey P. Newtons Berufung an das Obergericht. Es dauerte nicht lange, da konnte Charles nicht mehr alle Fälle bearbeiten. Jetzt hat auch McTernon Fälle übernommen, ebenso andere Rechtsanwälte unseres Landes wie zum Beispiel William Kunstler, Francis Andrew, Gerald Lefcourt, Sanford Katz, Bill Crain und Arthur Kinoy. Ich hoffe, daß sie sich Charles als Verteidigungs-Anwalt zum Vorbild nehmen. Er erklärt mit den rechtmäßigen und passenden Taktiken des Gerichtssaals die eigentliche Philosophie und Ideologie der Partei und aller fortschrittlichen, revolutionären und liberalen Leute, die für Menschenrechte und Fortbestand kämpfen — in einem Lande, das von Tag zu Tag faschistischer wird.
Charles ist immer zu unserer Verteidigung bereit. Wir sind mit ihm menschlich verbunden. Er hat auch ein paar Fälle verloren, bei denen wir tatsächlich sahen, wie im Gerichtssaal ganz offen Rassismus praktiziert wurde. Aber deswegen sind wir nicht aufgesprungen und haben gerufen: »Ach, er verliert ja Fälle.« Die menschlichen Beziehungen, die man zu jemandem hat, sind doch das Beste, und wir wissen, daß Bruder Charles Garry für uns wacht und kämpft. Darauf kommt es an. Als die schwarzen

Rechtsanwälte Charles angreifen wollten, nur weil er ein Weißer ist, haben wir ihn verteidigt. Er hat Huey vor der Gaskammer bewahrt. Das Verdienst schreiben wir ihm mit Recht zu. Charles gibt das Verdienst uns, weil wir Gemeinschaft und politische Unterstützung organisiert haben. Aber wir geben es sofort an ihn zurück.

Charles ist nur einmal mit mir in Chikago gewesen; das war im April 1969, als ich beim Bundesgericht wegen der Verschwörung in Chikago angeklagt war. Als wir hinkamen, waren die Flure und Gänge im Bundesgericht gedrängt voll mit etwa tausend Menschen, hauptsächlich Schwarzen. Wir bahnten uns schließlich einen Weg durch die Menge zum Gerichtssaal, aber an der Tür standen viele Polizeischweine von der Bundespolizei und sagten, es müßte sich jeder durchsuchen lassen.
»Ich brauche nicht durchsucht zu werden«, sagte Charles Garry, »ich bin hier einer von den Rechtsanwälten.«
»Das ist ganz gleich«, erklärte das Polizeischwein, »Sie werden durchsucht. Richter Hoffman hat gesagt, daß alle durchsucht werden.«
»Mich werden Sie nicht durchsuchen. Sie werden meine Integrität vor dem Gericht nicht zerstören. *Ich* habe kein Gewehr bei mir. Sie sind derjenige, der Waffen bei sich hat. Sie werden mich nicht durchsuchen.«
»Na, dann kommen Sie eben nicht in den Gerichtssaal rein«, sagte das Polizeischwein.
»Und wir kommen hinein!« erklärte ihm Charles. »Wenn ich nicht hineinkomme, gibt es keine Verhandlung. Sie durchsuchen mich nicht.«
Ich stand auf der anderen Seite des Beamten, schon im Gerichtssaal. Mehrere waren dabei, mich zu durchsuchen, und ich rief: »So ist's richtig, Charles!« Charles holte alle Anwälte draußen zusammen und sagte: »Wir kommen nicht hinein!«
Als ich mich drinnen gesetzt hatte, kam Jerry Rubin, und sie klopften ihn ab. Nach Jerry kam noch ein Angeklagter, ich glaube, es war John Froines. Als sie Froines abklopften, fing Jerry an, ihn auch abzuklopfen. Der Beamte klopfte ein Bein ab und Jerry Rubin das andere Bein. »Oh, der ist in Ordnung, lassen wir ihn durch«, sagte Jerry.
»Was macht ihr denn da?« fragte ich.
Jerry meinte: »Die klopfen die Leute ab.« Dann sagte er: »Hier, ich will Sie mal eben durchsuchen«, ging auf den Beamten zu, klopfte ihn etwas ab und ging fort. Ich habe bald einen Lachanfall gekriegt.
»Es sieht so aus, als gäbe es heute keine Verhandlung«, sagte ich zu Jerry, »denn wie ich Charles kenne, wird er sich nicht gefallen lassen, daß sie seine Aktentasche durchsehen und ihn

durchsuchen. Er hat ihnen schon gesagt, er ließe sich seine Integrität als Rechtsanwalt und Gerichtsperson nicht von ihnen zerstören.«
Dann saßen alle acht Angeklagten da. Wir sahen auf, und was meinen Sie, wer kam aus der Tür, durch die sonst der Richter geht, in den Gerichtssaal? Charles R. Garry und sämtliche Rechtsanwälte!
»Hallo, Charles, haben sie dich durchsucht?« fragte ich ihn.
»Teufel auch, nein, sie werden weder mich noch sonst einen von uns durchsuchen. Keinen Anwalt haben sie durchsucht.« Dann kam er herüber und erzählte: »Es war dem Richter nicht angenehm, weil wir nicht hereinkommen wollten. Da hat er sich doch entschlossen, uns durch die andere Tür hereinzulassen.«
Das hatte er auch so an sich. Rechtsanwälte sind Gerichtspersonen, und man hat sie nicht so zu behandeln, als ob sie sonst etwas wären. Daran hielt er fest, an diesen Prinzipien. Weil die Verteidigungs-Anwälte die menschliche Integrität besitzen, für das Recht einzutreten, hat Richter Hoffman sie in dem Verfahren wie Verbrecher behandelt.

Man muß sich einmal Garry im Gerichtssaal vorstellen. Er ist ein zäher Anwalt, aber nicht zäh in dem Sinn, wie die Staatsanwälte es sein wollen. Die Staatsanwälte versuchen auch, gefällig zu handeln, kriechend und schleichend, sie gebrauchen kleine juristische Tricks. Aber Garry ist ein zäher Anwalt und läßt diese kleinen unsauberen, hinterlistigen Tricks keinem Staatsanwalt durchgehen. Ich glaube, Shultz und Foran hätten es in Chikago unter Garry aufgegeben. Und Richter Hoffman hätte Garry nicht ständig beleidigt, wie er es bei Kunstler und Weinglass gemacht hat. Hoffman hat sie später wegen ihrer wirklichen Unbescholtenheit zu mehreren Jahren Gefängnis verurteilt.
Garry hat so viel von der Juristerei auf Lager, daß er im Gerichtssaal ein Schlachtfeld betritt. Dort wird nicht mit einer Glocke geläutet, sondern mit einem Hammer geklopft. Dann ruft jemand: »Ordnung im Gerichtssaal!« oder »Alle aufstehen! Das Gericht setzt die Verhandlung fort.« Nun, Charles ist da, er ist den ganzen Tag beweglich. Er ist immer in Aktion. Nach seinem Verhalten würde man niemals denken, daß er sechzig Jahre alt ist. Wenn er da so sitzt und dann aufspringt, um einen gemeinen Trick aufzudecken, den ein Staatsanwalt etwa anwenden will, müssen sie auf der Hut sein; Charles kommt ihnen nämlich mit sehr viel Rechtswissenschaft und bringt alles sehr deutlich, kurz, treffend und klar. Er sagt dem Richter, daß solche niedrigen Taktiken im Gerichtssaal überhaupt nicht erlaubt sein dürften, oder etwas in diesem Sinne. Das ist Charles, und wenn man ihn kennt, dann weiß man: Er glaubt an das, was er vertei-

digt. Er weiß, daß er eine gerechte Sache verteidigt und einen Menschen, der im Recht ist.
Er ist wirklich imstande, einen gegen erfundene Anschuldigungen zu verteidigen, bei denen man weiß, daß sie einen ohne Grund ins Gefängnis bringen wollen. So haben wir ihn jedenfalls erlebt. Er hat Tatsachen bereit bei Dingen, wo man nicht damit rechnen würde. Wenn man im Gerichtssaal sitzt und Charles an der Arbeit sieht, kommt er oft mit bestimmten Sachen zur Verteidigung seiner Angeklagten heraus, die man einfach nicht erwartet hätte. Er läßt sich von keinem etwas gefallen. Er läßt sich von Richtern, Staatsanwälten, Bullen, Sheriffs und Gerichtsdienern keinen Unsinn bieten. Sie fahren ihm nicht an den Karren, denn er kennt das Gesetz, und er weiß, daß er es rechtmäßig verteidigt. Manche Rechtsanwälte lassen bei den Richtern und Staatsanwälten einen Haufen verlogenes Zeug durchgehen, aber bei Charles gibt es so etwas nicht. Er läßt sie nicht mit einem Haufen Schund durchrutschen. Wenn ein Richter — ich meine nicht die, die einen gern ins Gefängnis bringen wollen, und nicht die, die nur *sagen*, daß sie die Gerechtigkeit achten —, aber wenn ein Richter tatsächlich die Gerechtigkeit achtet, dann achtet Charles ihn auch. Wenn ein Staatsanwalt glaubt, daß er recht hat, dann überfährt Charles den Mann nicht; dann kann er zu ihm sagen: Guten Tag, guten Morgen, wie geht's Ihnen? So einer ist er. Er vergißt nie, daß viele Menschen unrecht haben können, aber deswegen sind sie doch immer noch Menschen, und er behandelt sie auch wie Menschen. Doch er läßt sich nicht von Fanatikern, Rassisten oder Faschisten überfahren, ganz gleich ob das Sheriffs, Bullen, Richter oder Staatsanwälte sind, und sie dürfen ihm auch seine Klienten nicht überfahren.
Es hat Fälle gegeben, bei denen Charles Richter oder Staatsanwälte ertappt hat, als sie schlaue Tricks hinzukriegen versuchten, und er hat sie bloßgestellt. In manchen Panther-Fällen hat er so etwas im Gerichtssaal ans Licht gebracht. Ich habe auch schon erlebt, wie er es zustande brachte, daß drei Bullen glaubten, sie erzählten alle die gleiche Geschichte, und es waren drei völlig verschiedene Geschichten, so daß es einem schien, als wären sie an drei verschiedenen Orten passiert. Das ist nur ein Beispiel dafür, daß Charles einfach großartig ist, wenn ein Bulle im Zeugenstand lügt; besonders wenn er einen Bullen dabei erwischt, daß er sich als unschuldiges Opfer eines grundlosen Angriffs aufspielt, oder wenn er an einen Bullen gerät, der die verfassungsmäßigen Rechte eines Angeklagten verletzt hat. Wenn sie bei Charles solches Theater machen, dann kann er sie geradezu fressen. Er fegt die Aussagen solcher Bullen beiseite. Das ist etwas Schönes, wofür Charles eine Begabung hat — ein Polizeischwein im Zeugenstand bei seinen Lügen zu ertappen.

Charles Garry ist nicht nur unser Anwalt, unser Hauptverteidiger, er ist auch Ehrenmitglied der Polizei von San Franzisko. Er hat ein besonderes Dienstabzeichen des Polizeipräsidiums. Dr. Washington Garner, ein schwarzer Doktor, der Charles sehr gut kannte, wurde vor mehreren Jahren in den Polizei-Ausschuß von San Franzisko gewählt. Dr. Garner hat Charles zum Ehrenmitglied der Polizei ernannt und ihm ein goldenes Dienstabzeichen verliehen. Das ist durch alle Zeitungen in der Bay Area gegangen. Es hat Bullen in ganz Kalifornien aus der Fassung gebracht, die Fanatiker und die Rassisten, denn zu der Zeit steckte Charles mitten in der Verhandlung über Huey P. Newton. Wir haben wilde, verrückte, aufregende Bemerkungen und Geschichten von Rassisten zu hören gekriegt. Wir lasen sie in den Zeitungen bis in den Süden herunter, bis nach Los Angeles. Die haben wahrhaftig getobt. Aber Charles hat sein Ehren-Dienstabzeichen der Polizei behalten. Gleich danach bekam er haufenweise Drohbriefe; wir haben den Verdacht, daß die meisten von rassistischen Fanatikern in der Polizei stammten. Charles hatte das Ehrenabzeichen der Polizei erst zurückgeben wollen; aber als die Fanatiker, Rassisten und Narren ein solches Geschrei anstimmten, beschloß er, es doch zu behalten.

Als er Warren Wells verteidigte, der in die Schießerei vom 6. April verwickelt war, zog Charley in einer Pause sein goldenes Polizei-Dienstabzeichen heraus und fing an, damit herumzuwedeln. Warren dachte, es wäre kein echtes Abzeichen, und flüsterte ihm schrecklich aufgeregt zu: »Charles, Charles, steck das lieber weg, sonst verhaften sie dich gleich! Die lochen dich ein, Mann! Du kannst doch kein Polizeischwein markieren, und das heutzutage!« Man kann sich denken, daß Warren Wells alle möglichen Gedanken durch den Kopf fuhren, da doch Charles Garry der Hauptbeistand und Hauptanwalt für alle Panther war. Man kann sich vorstellen, daß Warren sich wer weiß was dachte, weil er meinte, wenn einer von den Abgeordneten Charles mit dem Dienstabzeichen sähe, dann würde sein eigener Rechtsanwalt ins Gefängnis geworfen. Warren geriet in höchste Erregung, als Charles sich während der Pause im Flur mit einigen Leuten amüsierte, sein Dienstabzeichen hochhielt und sagte: »Bitte sehr, ich bin auch ein Polizeischwein! Ich bin auch eins!«

Charles wollte Warren nicht beunruhigen, und Warren konnte Charles wirklich nicht als Schwein bezeichnen. Niemand hat das jemals gekonnt, denn Charles R. Garry ist ein großartiger revolutionärer Rechtsanwalt, ein Bruder, und in unseren Augen — der Lenin des Gerichtssaals.

Chikago: Gekidnappt, verhört, in Ketten, geknebelt

Gekidnappt

Am Abend des 19. August 1969 kamen wir von der Trauung unseres Erziehungsministers Ray ›Masai‹ Hewitt mit Shirley Needley, einer Schwester aus unserer Partei. Die Trauung hatte in der Freikirche zu Berkeley stattgefunden; sie liegt nicht ganz einen Kilometer vom Nationalen Hauptbüro entfernt. Nach der Trauung zwängten wir uns alle in Eldridges Wagen, den mit der Telefonanlage*, und fuhren wieder zum Büro. Wir waren noch etwa drei Häuserblocks vom Büro entfernt, als links von uns ein Wagen das Tempo beschleunigte, herumkurvte und vor unserem Wagen an der Ampel hielt. Die Leute im Wagen schienen uns alle durch den Rückspiegel zu beobachten.
Masai sagte: »Die Kerle da sehen aus wie . . .«
». . . Polizeischweine!« führte June Hilliard für ihn den Satz zu Ende. June fuhr den Wagen. Ich guckte nach rechts und sah, daß ein Volkswagen die Einfahrt zur Tankstelle an der Ecke blockierte. Hinter uns kamen noch zwei Wagen angefahren. »Um uns her sind überall Polizeischweine, in Zivilautos«, sagte June. Plötzlich wurden an all den Wagen die Türen geöffnet; Agenten und Polizisten strömten von allen Seiten auf die Straße. Sie liefen auf unseren Wagen zu und schrien: »Steigen Sie aus dem Wagen aus! Steigen Sie aus dem Wagen aus!« Sie hielten .38er-Revolver, .357-Magnum-Pistolen und Schrotflinten auf uns gerichtet. Wir waren von mindestens fünfzehn Bullen umgeben. Ich dachte: »Wenn sie schießen wollen, sollen sie doch anfangen zu schießen, dann sind wir ja sowieso tot.« Sie brüllten noch immer: »Aussteigen! Aussteigen!« Dann meinte ich, sie wollten bloß den Wagen nach Waffen durchsuchen; ich fand es gut, daß wir keine drin hatten, falls sie uns am Ende doch nicht erschießen wollten.
June war ausgestiegen, aber der Wagen fing an zu rollen, weil

* Eldridge hatte Kathleen gesagt, sie möchte den Wagen abzahlen, ihn der Partei übergeben und dann zu ihm nach Algerien kommen. Als Eldridge den Wagen fuhr – einen Plymouth Fury –, war er goldfarben gewesen, aber wir haben ihn blau spritzen lassen.

die Notbremse nicht angezogen war. Masai stieg auch aus dem Wagen, und ich rief June zu, er sollte die Notbremse anziehen. An der Seite, wo Shirley saß, wurde die Tür aufgerissen, ein Bulle hielt ein Gewehr in den Wagen und sagte: »Aussteigen! Wir sind vom FBI. Raus aus dem Wagen! Raus aus dem Wagen!«
»Na ja, die werden uns halt schikanieren und verhaften, das wird's sein«, sagte ich mir.
Als June ausgestiegen war, hatten sie ihn herumgestoßen, von der Tür weg. Einer von den Agenten langte in den Wagen und packte die Notbremse. Ich sah, wie er sie hochriß. Dann richtete er ein Gewehr auf mich und sagte: »Na los, Seale, aussteigen!« Ich zog den Verschlußgriff auf, öffnete die Tür und kam aus dem Wagen; ich ließ die Arme herunterhängen, die Handflächen offen, sah den Kerl an und verfluchte ihn mit allen Schimpfwörtern, die mir nur einfielen; denn in dem Augenblick war das einzige, was ich sehen und mir denken konnte, daß sie uns auf diese Art einfach belästigen wollten. Sofort sagte jemand: »Hände hoch!« und »Drehn Sie sich um!« Sie packten mich an der Schulter, wirbelten mich herum und stießen mich zum Wagen hin. Sie fingen an, mich zu durchsuchen; ein Bulle schnappte meinen rechten Arm, zog ihn nach hinten und legte mir eine Handschelle an. Ein anderer packte meinen linken Arm, zog ihn vom Wagen weg, drehte mir beide Handrücken gegen meinen Rücken und sagte: »Gehn wir. Daß wir hier rauskommen. Daß wir hier rauskommen.« Sie hatten Gewehre in den Händen und stießen mich herum. Sie zeigten mir keinen Ausweis. Es müssen noch fünfzehn oder zwanzig andere Polizisten und Geheimpolizisten da gewesen sein. Sie hatten alle Gewehre. Manche hatten sogar Bluejeans, Baumwollhemden oder kurzärmelige Hemden an. Ich habe keine Uniformen gesehen.
Ich wurde in einen Wagen gedrängt und auf den Rücksitz gestoßen, auf jeder Seite saß ein Agent neben mir. Drei andere mit Schrotflinten stiegen vorn ein. Dann fuhren sie auf San Franzisko zu. Ein Agent erklärte: »Ich informiere Sie jetzt über Ihre Rechte.« Er sagte mir alles, nur nicht, daß ich das Recht hatte, mich mit meinem Anwalt in Verbindung zu setzen. Sie fragten mich, ob ich etwas zu sagen hätte. Ich gab keine Antwort. Sie sprachen miteinander, kicherten und meinten: »Das ist aber leicht gegangen.« Ich schätze, daß sie eine Art erotisches Gefühl dabei hatten. Sie sprachen in ihr Funkgerät: »Die Polizeieinheiten und anderen Einheiten, die das Haus in Berkeley umstellt haben« (ich nehme an, sie meinten das Haus, in dem ich wohne), »können sämtlich ihren Platz verlassen. Wir haben den Verdächtigen in Gewahrsam.«
Ich wurde zum Stadtgefängnis von San Franzisko gebracht und dort angemeldet. Ehe sie mich anmeldeten, nachdem ich meine

Taschen ausgeleert hatte, nahm mir der FBI-Mann mein kleines Telefonbuch weg. Das war mein Eigentum. Sie haben es mir nie wiedergegeben. Ich weiß nicht, wo es jetzt ist. Ich sah mich nach ihnen um, und eins von den FBI-Schweinen sagte: »Ich habe Sie jetzt über all Ihre Rechte informiert.«
»Sie haben mich nicht über all meine Rechte informiert!« erklärte ich.
»Doch, das habe ich vorhin im Wagen getan.«
»Nein, es stimmt nicht. Sie sind ein Lügner, und das wissen Sie auch. Sie haben mich nicht über alle meine Rechte informiert.«
Ich bemerkte ein anderes Polizeischwein, das da auch stand. Ich hatte dies Gesicht schon früher gesehen, mehrmals bei Pressekonferenzen und Vorträgen. Ich kenne sein Gesicht sehr gut, ich bin nämlich einmal bei einer Pressekonferenz zu ihm hingegangen und habe ihn gefragt, ob er ein Regierungsagent wäre. »Nein«, hatte er geantwortet, »ich habe überhaupt nichts mit der Regierung zu tun. Ich bin bloß von der Presse. Kann ich mit zu dieser Pressekonferenz kommen?«
»Natürlich können Sie das«, sagte ich. »Ich hatte Sie nur bloßstellen wollen, wenn Sie etwa ein Agent gewesen wären, damit die anderen Presseleute der Bevölkerung bekanntgeben könnten, daß wir überall von Agenten und Provokateuren umgeben sind, die für die Regierung arbeiten, die Dinge verdrehen und Lügen erzählen wollen.« Also war er doch einer von den Kerlen.
Soweit ich schließen konnte, muß er ein FBI-Agent gewesen sein, denn er war dort beim Gefängnis, als sie mich da absetzten. Ich fragte ihn: »Habe ich sie nicht schon mal irgendwo getroffen?«
Er guckte mich an und grinste bloß. Er dachte wirklich, er wäre ein Superman. Man braucht so einen Kerl nur anzusehen, dann weiß man schon, daß er psychologisch verdreht ist vor lauter Superman-Vorstellungen; die Gehirnwäsche hat bei ihm so schön gewirkt, daß er sich einbildet, er verteidigte die sogenannte ›freie Welt‹. Wir haben keine ›freie Welt‹. Zum Kuckuck, wie kann Amerika frei sein, wenn da etwa vierzig bis fünfzig Millionen arme, unterdrückte Menschen mit dem Existenzminimum oder noch darunter leben?
Der Kerl grinste und sagte: »Ja, es kann wohl sein, daß Sie mich früher schon mal gesehen haben.«
»Ich habe Sie bei verschiedenen Pressekonferenzen getroffen, und da sind Sie durch ein paar von den echten Presseleuten bloßgestellt worden. Dabei habe ich Sie gesehen – und Sie haben damals geleugnet, ein FBI-Agent zu sein oder zu irgendeiner rassistischen Organisation zu gehören.«
»Tja, Bob, so geht das nun mal«, sagte er mit einem boshaften Grinsen. Ich glaube, der hielt sich für James Bond oder für einen großen weißen Jäger.

Sie wollten mich dazu bringen, eine Erklärung zu unterschreiben. »Nein«, sagte ich, »die unterschreibe ich nicht.« Dann wollten sie mich dazu bringen, irgend etwas anderes zu unterschreiben. Ich weiß nicht, ob sie versuchten, mich so einen blöden Quatsch unterschreiben zu lassen, daß ich auf Auslieferungsrechte verzichtete, oder was es sonst gewesen ist. »Ich unterschreibe gar nichts«, sagte ich zu ihnen. »Ich brauche nichts zu unterschreiben.«

Sie nahmen meine Fingerabdrücke, fotografierten mein Gesicht und sagten, ich sollte durch den Vorraum gehen, sie würden mir eine Zelle anweisen. Ich ging durch den Vorraum und redete mit einem schwarzen Bullen; er erzählte mir, er wäre Gerichtsbeamter. Er sagte, ich sollte mich doch hinsetzen, so setzte ich mich dort in einem kleinen Büro hin. Er bot mir eine Tasse Kaffee an, und ich trank sie. Ich war ziemlich müde und wollte gern schlafengehen. Ich wußte, daß ich bis zum andern Morgen warten müßte, ehe ich gegen Kaution freikommen könnte; er gab mir also ein paar Wolldecken, brachte mich in eine Zelle, und ich schlief ein.

Nachdem sie mir in Berkeley in der Shattuck Avenue Handschellen angelegt hatten, kriegte ich die erste Andeutung dafür, daß ich wegen irgendeiner erfundenen Anklage in Verbindung mit diesem Komplott von Connecticut ins Gefängnis gebracht werden sollte – meiner Ansicht nach ein verbrecherischer Anschlag der Agenten, die Black Panther Party zu unterdrücken; was ihnen aber nicht gelingen wird. Sie brachten mich zu einem Auto und sagten: »Sie sind verhaftet wegen Mordverschwörung und wegen Entführungs- und Mordverschwörung in Verbindung mit Connecticut.«

»Was machen diese verdammten Narren da?« dachte ich sofort. »Die Kerle haben wohl den Verstand verloren.«

»Und wegen ungesetzlicher Flucht, um sich der gerichtlichen Verfolgung zu entziehen«; so haben sie es ausgedrückt.

Ich lag in meiner Koje im Gefängnis und sagte mir: »Diese verdammten Narren! Die wollen mich doch einfach ins Gefängnis stecken. Sie wollen so viele wie möglich von unserer Partei ins Gefängnis stecken. Sie wollen die Partei daran hindern, weiterzuarbeiten. Wir haben ja gewußt, daß das kommen würde, aber jetzt versuchen sie, noch was Neues zu erfinden, und natürlich über mich. Ich rechne damit, daß die Polizeischweine und die Regierung mich angreifen, weil wir wissen: Unsere Richtung stimmt und wird die Machthaber bloßstellen, die dauernd das Volk unterdrücken.«

Etwa nach einer Stunde kam Charles Garry herein, da weckten sie mich. Ehe ich in die Zelle gegangen war, hatte ich das Büro der Black Panther Party angerufen und gesagt, daß ich im Stadtgefängnis von San Franzisko wäre, damit sie wüßten, wo sie

Charles hinschicken sollten. Charles Garry kam herein, und wir lächelten uns zu, weil wir wußten, daß die Rassistenbullen bei ihren Versuchen, die Partei und die Parteiführung zu zerstören, wieder mal gescheitert waren.
Am nächsten Tag wurde ich zum Bundesgericht hinübergebracht. Es war der Tag nach der Verhaftung. McTernan, ein Partner von Garry, kam zu mir, und ich sagte ihm: »Wir werden die Kaution hinterlegen müssen, nicht wahr?«
»Ja«, meinte er.
»Sehn wir mal zu, daß wir eine Kaution kriegen«, sagte ich. »Fangen wir damit an.« Sie hatten wahrhaftig noch nicht mal einen Haftbefehl. Am Tag darauf hatten sie noch immer keinen Haftbefehl. Ich erschien im Bundesgericht vor einem Kommissar der Vereinigten Staaten, und McTernan machte geltend, die Kaution von 25 000 Dollar wäre zu hoch, und ich wäre nirgendwohin geflohen, um einer gerichtlichen Verfolgung zu entgehen.
McTernan sagte, ich wäre vierundzwanzig Stunden am Tage beobachtet worden, ich wäre dauernd im Blickfeld der Öffentlichkeit gewesen, hätte Reden gehalten, in Los Angeles im Fernsehen gesprochen, ich hätte bei der Versammlung des Nationalkomitees zur Bekämpfung des Faschismus vor viertausend Menschen gesprochen, überall Pressekonferenzen gehalten, sogar im dortigen Gebäude – wie kam also die Regierung zu der Behauptung, ich wäre auf der Flucht gewesen, um mich der gerichtlichen Verfolgung zu entziehen?
Der Kommissar erklärte, darüber hätte er nicht zu entscheiden, er könnte nur die Kaution festsetzen, und die betrüge fünfundzwanzigtausend Dollar. Also ging ich wieder in die Zelle im Bundesgericht.
Ich sah eine ganze Menge Polizisten aus San Franzisko und auch welche, die wie Geheimpolizisten aussahen, mit Gefangenen ankommen. Damals wußte ich nicht, ob es Leute von der örtlichen Geheimpolizei San Franziskos waren oder Beamte vom Bundesgericht. Sie rannten wie wahnsinnig herum, ab und zu versuchten sie, nach mir herüberzusehen. Sie schüttelten die Köpfe und machten all so etwas und liefen hin und her.
Zwei Stunden nach diesem ersten Erscheinen vor dem Bundesgericht wurde ich wieder zurückgerufen und die Kaution hinterlegt – 25 000 Dollar in einem Barscheck. Da sagte ich: »Gut, jetzt komme ich hier raus und kann diesen Mist in Ordnung bringen, kann mit Garry reden und all das.« Charles steckte mitten in der Verhandlung wegen der Schießerei mit Warren Wells, darum vertrat ihn McTernan. Als ich mich fertigmachte, den Gerichtshof zu verlassen, sagten die Gerichtsbeamten: »Kommen Sie erst noch mal her?« Ich dachte mir: »Na, Moment mal. Die haben mich doch schon notiert.« Sie sagten wieder: »Kommen Sie hierher zurück!«

Mir fiel ein: Als ich das letzte Mal hier war (wegen der Sache in Chikago) und Kaution hinterlegt hatte, mußte ich auch wieder dadurch; also dachte ich, daß sie einen dort entlassen. Aber kaum war ich zurückgegangen, da hieß es: »Sie können in der Zelle dort warten.« Also ging ich wieder in die Zelle. Die Tür war noch offen, und nach einer halben Minute kam ein Geheimpolizist an und sagte: »Ich bin vom Polizeipräsidium in San Franzisko, und Sie sind verhaftet.«

»Was ist denn das für ein Unsinn?« dachte ich mir. »Die Kerle haben's wirklich darauf abgesehen, mich ins Gefängnis zu bringen. Gerade ist die Kaution für mich hinterlegt worden. Zum Teufel, wofür wollen sie mich denn jetzt wieder verhaften?«

Sie brachten mich zurück ins Stadtgefängnis. Sie sagten, sie hätten einen Haftbefehl aus Connecticut, wegen dieser erfundenen Anklagen — Mord, Entführungs- und Mordverschwörung —, aber in Wirklichkeit haben sie den Haftbefehl erst mehrere Tage später gekriegt. Sobald sie mich im Landesgefängnis hatten, ließen sie die erlogene Anklage wegen ›ungesetzlicher Flucht‹ fallen. Die hatten sie bloß als Vorwand gebraucht, um mich zu kidnappen.

Garry hatte gefordert, daß ein Assistent des Kronanwalts John Mitchell vorgeladen würde, aber der Richter wies die Vorladung zurück; das konnte ich nicht begreifen. Da steht man nun und muß doch jemanden vorladen können, damit man die Informationen bekommt, um herauszukriegen, wer was anzettelt. Aber so machen es die Machthaber und die Gerichte, sie halten zusammen gegen den einzelnen, der doch gewisse Rechte hat. Man hat das Recht, jemanden vorladen zu lassen. Und wenn das auch der Präsident der Vereinigten Staaten ist, das ist mir verdammt egal, er müßte vorgeladen werden.

Wir hatten deshalb einen von Mitchells Assistenten vorgeladen, weil McTernan versucht hatte, das Justizministerium der Vereinigten Staaten in Washington anzurufen und einiges wegen der Chikago-Sache herauszubekommen, die gegen mich lief. Sie sagten ihm am Telefon, dieser Assistent des Kronanwalts, Viktor Worheide, wäre in Connecticut. Worheide ist Leiter der speziellen ›Panther-Abteilung‹ im Justizministerium. Das war eine Woche vor meiner Verhaftung, und das heißt ja, daß dort in Connecticut die Bundesregierung mit den staatlichen und örtlichen Beamten von New Haven und Connecticut zusammenarbeitete, um diese Sache gegen mich zu planen. Deshalb wollten wir ihn natürlich in der Gerichtsverhandlung haben, damit wir ein paar von diesen falschen Anschuldigungen herausbringen könnten. Es kam auch am nächsten Tag vor Gericht heraus, daß noch gar kein Haftbefehl gegen mich erlassen war, als sie mich festnahmen, aber sie hatten diese Anklage der ›ungesetz-

lichen Flucht, um sich der gerichtlichen Verfolgung zu entziehen‹ dazu benutzt, mich festzunehmen.
Das änderte nichts an der Sache. Sie setzten ein Auslieferungsdatum fest, und ich wurde in das Landesgefängnis von San Franzisko gebracht, das ein Stockwerk über dem Stadtgefängnis liegt. Da oben habe ich drei Wochen lang gesessen; Garry besuchte mich, sooft er konnte, auch McTernan besuchte mich und brachte mir Informationen. Ein paar Tage später kam McTernan herauf und sagte, es sähe so aus, als ob Garry ins Krankenhaus müßte. Ich sollte in Chikago einen Antrag einreichen, daß ich nur von meinem Rechtsanwalt, von Garry, vertreten sein wollte. Er war *der* Rechtsanwalt, den ich mir ausgesucht hatte, und der einzige, mit dem ich die Dinge besprochen hatte. Ich sollte das Gericht ergebenst bitten, die Verhandlung auf ein späteres Datum zu verschieben, an dem mein Anwalt wieder teilnehmen könnte. Ich unterschrieb auch ein Dokument, in dem mir mitgeteilt wurde, es wäre unbedingt nötig, daß Garry ins Krankenhaus ginge, ehe er einen anderen Fall übernähme, weil er sonst sein Leben aufs Spiel setzen würde. Nach einigen Tagen besuchte mich Garry und erzählte mir, daß er in Chikago gewesen war und daß der Richter einen Aufschub der Verhandlung abgelehnt hatte. Er sagte, der Richter würde versuchen, einen Anwalt für mich auszuwählen.

In Ketten nach Chikago

Eines Abends saß ich im Landesgefängnis von San Franzisko, da stürzte Charles Garry herein und sagte: »Morgen bringen sie dich weg.«
»Morgen?« sagte ich. »Sie können mich nicht wegbringen. Sie dürfen mich nicht wegbringen, wenn ich auf eine Untersuchung wegen meiner Auslieferung warte. Die zetteln eine ganze Aktion an, um mich nach Chikago zu bringen, weil sie versuchen wollen, mich von dort auszuliefern. Ich weiß wohl, dieser verkommene Bürgermeister Daley wird zusehen, daß der Staat Illinois mich an Connecticut ausliefert.«
Ehe Garry an dem Abend fortging, sagte ich zu ihm: »Weißt du, wenn ich nach Chikago komme, dann lasse ich nicht die Kerle einen Rechtsanwalt für mich aussuchen. Einen, mit dem ich noch nie geredet habe; dazu haben die kein Recht. Ich glaube, ich bin besser dran, wenn ich mich selbst verteidige, falls du es da nicht kannst.«
Er sagte: »Ja, wir müssen es noch mal genau untersuchen, aber es sieht so aus, als müßte ich ins Krankenhaus und an der Gallenblase operiert werden.«
»Die anderen haben alle einen Rechtsanwalt«, sagte ich. »Das

einzige, worauf ich mich mit diesen Anwälten einigen werde, wird sein, daß sie meine Anträge vor der Verhandlung bearbeiten können — aber in die Gerichtsverhandlung gehe ich mit keinem Menschen als mit dir. Der Richter wird meinen Standpunkt begreifen müssen, ich werde nämlich alle Anwälte, die mir zugewiesen werden, entlassen. Und ich erlaube auch nicht, daß der Richter irgend jemand anderen für mich aussucht.«

Garry sagte: »OK, das kannst du tun, dazu bist du nach dem Gesetz berechtigt.« Er sagte mir auch, ich hätte das Recht, den von mir gewählten Anwalt zu verlangen. Der Sheriff und die Gefängniswärter wußten nichts davon, daß ich weggebracht werden sollte; also sagte ich ihnen, ich wollte gern früh duschen und wollte alles sauber haben, weil ich hier wegkäme. Erst sagten sie dauernd, ich wüßte wohl selbst nicht, was ich redete, aber nachher haben sie mir erlaubt, zu duschen und mich zu rasieren.

Ich packte das bißchen Zeug zusammen, das ich hatte — Zigaretten, Schreibpapier, Taschentücher und so weiter —; sie steckten es in eine Schachtel, schnürten sie zu und leerten meine Taschen aus. Als ich mich angezogen hatte, legten sie mir eine Kette um den Leib. An der Kette war eine kleine Klemme, und daran hing noch eine kleine, achtzehn Zentimeter lange Kette. Dann steckten sie zwei Paar Handschellen durch ein Kettenglied und legten mir die zwei Paar Handschellen an. Sie brachten noch zwei Gefangene heraus und legten uns Fußeisen an. Ich hatte ein Fußeisen am linken Bein, das war am rechten Bein von dem einen Gefangenen befestigt, und das Fußeisen an meinem rechten Bein hatte der andere am linken Bein.

So führten sie uns zum Aufzug, brachten uns ins Erdgeschoß hinunter und steckten uns in einen Gefängniswagen der Bundesregierung. Drei von den Wächtern setzten sich vor uns, sie hatten ihre Pistolen in der Hand, und zwei andere saßen mit Schrotflinten hinter uns.

Sie fuhren uns zum Bundesgericht hinüber, da nahmen sie uns die Ketten ab, dann legten sie uns sofort wieder Ketten an. Wir hatten die gleichen Ketten um den Leib mit doppelten Handschellen und Fußeisen. Wer in der Mitte saß, hatte an beiden Beinen Fußeisen, deshalb wechselten wir jeden Tag auf unserer Reise die Plätze. Die Fußeisen schnitten an den Beinen ein. Ich hatte zufällig Stiefel an, und ich konnte die Wächter dazu überreden, mir die Fußeisen um die Stiefel zu legen, damit sie nicht in die Beine schnitten. Die beiden anderen Gefangenen kriegten etwas mehr ab, sie kriegten es wirklich schlimm ab. Sie hatten die Eisen unten an den Beinen, und wenn jemand zufällig an der Kette zog, schnitt es in die Haut ein. Sie stopften uns in einen gewöhnlichen Wagen, eine Limousine, legten eine Schrot-

flinte auf den Boden, einer setzte sich vorn rechts hin, der andere Beamte saß links und fuhr.
Sie fuhren durch die Stadt hinaus, und als wir auf der freien Straße die Rampe zur Brücke über die Bucht hinauffuhren, war gleich einer von der Straßen-Polizeistreife da und schloß sich uns an. Als wir bei der Polizei-Hauptwache vorbeikamen, fuhr ein anderer Streifenpolizist vor unseren Wagen. So kamen wir über die Brücke. Am Zollplatz schloß sich uns ein dritter Streifenpolizist an. Dann fuhren wir auf der Interstate 80 nordwärts nach Sacramento.
Einer von den anderen Gefangenen war ein Weißer, er hieß George, und sie brachten ihn zu einem Bundeszuchthaus im Mittelwesten zurück. Er war bei einer großen Schießerei an der Westküste dabeigewesen. Sie brachten ihn zu einem besonders gesicherten Gefängnis, weil er schon einmal ausgerissen war. Darüber fingen er und die Beamten an zu reden, als wir nordwärts nach Richmond und Vallejo fuhren.
Der dritte Gefangene war ein junger Kerl, Joe, er sollte eine Lohnkasse geraubt haben. Nach dem Raub war er zu einem Flugbüro gegangen und hatte eine Karte für das nächste Flugzeug nach Kanada verlangt. Als man ihm sagte, jetzt flöge gerade keine Maschine nach Kanada, hatte er gefragt, wohin die nächste Maschine flöge. Man sagte ihm: »Nach Mexiko«, und er erklärte: »Geben Sie mir gleich eine Karte dafür.« Er hatte eine Tasche voll Geld bei sich, und als er das sagte, nahm er das Geld sofort heraus und bezahlte die Flugkarte. Er flog nach Mexiko und wurde ein paar Monate später geschnappt. Natürlich ist es ein Weißer. Wenn ein schwarzer Mann ein Flugkarte nach Kanada verlangt hätte und dann eine Karte nach einer ganz anderen Richtung genommen und in eine Tasche voll Geld gefaßt hätte, dann wäre er in der nächsten Minute von der Polizei umgeben gewesen. Daran sieht man auch den Rassismus in unserer Gesellschaft und wie die Gedanken bei den Menschen verlaufen. Sie haben ihn zu einer Ärztezentrale gebracht, zur Beobachtung. Wahrscheinlich nahm man an, er wäre verrückt. Er war in ein Warenhaus gekommen und hatte gesagt: »Geben Sie mir Ihre Lohnkasse«, danach war er weggegangen. Aber wenn es ein Schwarzer gewesen wäre, dann wäre er nicht verrückt, dann wäre er jetzt tot oder im Gefängnis.
Während wir auf der Autostraße an Berkeley vorbeifuhren und noch sechzehn bis achtzehn Kilometer hinter Richmond wurde das Ganze von fünf Streifenwagen begleitet; in fast allen saßen Bullen.
George kam ins Gespräch mit den Gerichtsbeamten und sagte: »Sie wissen ja, daß ich ausreißen möchte. Ich bin schon einmal ausgerissen, und wenn ich wieder eine Gelegenheit sehe, dann tu ich's wieder.« Der Gerichtsbeamte sagte: »Ja, das wissen

wir.« Dann sprachen sie davon, wie sie Gefangene transportieren. Ich hatte zu der Zeit nicht viel mit irgendwem zu reden. Alles, was die Gerichtsbeamten mal zu mir sagten, war so etwas wie: »Wenn's soweit ist, was essen wir denn dann?« Sie hielten an Verkaufsbuden, wo es Schnitzel gab. Das war alles, was wir kriegten. Ein Dollar pro Mahlzeit war für uns angesetzt. Gewöhnlich kriegten wir ein Schnitzel, ein Milch-Mixgetränk und vielleicht ein paar Bratkartoffeln, das war alles. Wir aßen in Handschellen auf dem Rücksitz im Wagen. Wir waren nicht an das Wageninnere angekettet, weil das nach einem Bundesgesetz verboten ist.

Im Weiterfahren sah ich mir die Landschaft an. Ich habe das freie Land immer gern gehabt, bis es dann zu gefährlich wurde, weil verrückte, schießlustige Jäger bei der Wildjagd Menschen töteten. Als ich noch jünger war, hat mein Vater mich manchmal mit in die Berge genommen. Ich habe das noch nicht so richtig verstanden, wir lebten doch meistens in Armut. Aber immer, wenn mein Vater etwas Geld verdient hatte, ging er mit seinen Freunden auf die Jagd. Dann wollte ich am liebsten mit ihm jagen gehn. Ich bin viel durch den Staat Kalifornien gefahren, rauf und runter, von Los Angeles bis zum Mount Shasta. Als wir jetzt so daherfuhren, sah ich Landschaftspunkte, die ich kannte, und Orte, in denen ich in meiner Jugend auf Farmen gearbeitet hatte.
Nach Sacramento fuhren wir durch Marysville, eine kleine Stadt, wo sie mich als Siebzehnjährigen mal auf dem Bahnhof geschnappt hatten. Ich war mit Steve Brumfield auf einem Güterwagen mitgefahren. Wir streiften zusammen durch den Staat, trampten zwei oder drei Wochen hintereinander ohne Hilfe von irgend jemandem, und dabei lebten wir von wilden Früchten und solchen Sachen. Als wir in Marysville geschnappt wurden, waren wir unterwegs nach Süd-Dakota, denn wir identifizierten uns mit den Indianern. Meine Mutter hat Indianerblut. Wir wollten die ›Black Hills‹, die Schwarzen Berge, sehen, wo Sitting Bull dem General Custer den Schädel eingeschlagen hatte, und die Schwarzfuß-Siouxindianer, die diese Gebiete von Montana, Wyoming und Dakota durchzogen. Als Steve und ich geschnappt wurden, blieben wir die Nacht über in einer Jugendhaftanstalt, bis mein Vater kam und uns herausholte.

In Marysville hielten die Gerichtsbeamten, und wir aßen dort. Sie ließen uns an einem Tisch sitzen und essen. Einer von ihnen stellte mir eine Frage, die ich albern fand. Er sagte: »Ihr Kerle wollt wohl nicht hier draußen essen? Manche haben das nicht gern, wenn andere Leute daherkommen und ihre Ketten und das alles sehen.«

»Mann, das macht mir doch nichts aus«, sagte ich. »Ich bin politischer Häftling. Das sollen die anderen hier entscheiden.« Die sagten, ihnen wäre es auch gleich, also setzten wir uns etwa zwanzig Minuten lang da draußen hin und aßen.
Damals wußte ich noch nicht, daß Allan Brotsky, ein Mitarbeiter von Charles Garry, sich beim Gericht in San Franzisko für mich eingesetzt hatte; so hatte der Richter angeordnet, ich sollte nicht nach Chikago gebracht werden. Der Beamte vom Bundesgericht versuchte, das dauernd zu blockieren. Er sagte, ich wäre jetzt weg, und sie könnten keine Verbindung zu unserem Wagen kriegen. Dabei brauchten sie sich nur mit den Streifenwagen in Verbindung zu setzen, die auf der ganzen Strecke bis an die Grenze von Nevada hinter uns herfuhren. Ich habe gemerkt, daß der Gerichtsbeamte, der die Aufsicht hatte, einmal telefonierte, als wir hielten. Das war gegen Mittag. Wie ich später erfahren habe, hatte der Richter seine Anordnung um elf Uhr vormittags gegeben, und wir waren mittags noch in Kalifornien. Rechtlich hätten sie mich nach San Franzisko zurückbringen müssen. Der Beamte muß mit San Franzisko telefoniert haben, denn am nächsten Morgen, als er uns aus dem Gefängnis in Reno herausholte, sagte er mir, gestern wäre ein Rechtsanwalt für mich zum Gefängnis gegangen und hätte da eine gute Sache hingekriegt. Er fragte mich, ob ich einen Al Brotsky kennte.
Mit Fußeisen und Handschellen ins Badezimmer zu gehen, ist eine scheußliche Sache. Die beiden anderen müssen dabei warten. Wir waren noch alle mit den Fußeisen zusammengekettet. Das Kettenstück an der Kette, die man um den Leib hat, gibt einem etwas Spielraum – man kann seine Hände ungefähr achtzehn Zentimeter nach oben und nach unten bewegen. Die Handschellen sind an dem achtzehn Zentimeter langen Kettenstück befestigt. Wenn ich meine Hose aufgemacht und uriniert hatte, trat ich zur Seite und ließ den anderen dran und dann den dritten. Dann drehten wir uns um, und einer von uns humpelte langsam zum Waschbecken und bückte sich ganz dicht darüber. Wir mußten ganz nah draufkommen, damit wir den Wasserhahn aufdrehn und uns die Hände waschen konnten. Wenn die Handtücher niedrig genug hingen, konnten wir hochlangen und ein Handtuch fassen. Wenn sie zu hoch hingen, mußten die Gerichtsbeamten, die uns bewachten, uns die Handtücher heruntergeben. Das war meine Situation in den sieben Tagen, als wir nach Chikago unterwegs waren. Man konnte sich einfach nicht auf die Toilette setzen, wenn man es mußte. Ich konnte nur in den Gefängnissen Verdauung haben, in denen wir übernachteten.
In der ersten Nacht waren wir in einem sehr schmutzigen Gefängnis in Reno. Ich wurde allein in eine Einmannzelle gesteckt.

Darin war nur eine einzige kleine Wolldecke mit lauter Löchern, eine Koje an der Wand und eine fünf Zentimeter dicke Schaumgummimatratze.
Ehe ich in das Gefängnis gebracht wurde, sagte ich dem Gerichtsbeamten, ich wollte gern meinen Rechtsanwalt anrufen, weil niemand wußte, wo ich war. Dazu sagte er nichts weiter als: »Ja, wir woll'n mal sehn.« – »Habe ich denn nicht das Recht, meinen Anwalt anzurufen?« fragte ich. »Wir müssen mal sehn«, sagte er wieder. Aber er sah nach gar nichts, so sagte ich jeden Tag auf der Fahrt, ich wollte meinen Rechtsanwalt anrufen, und bekam nie die Erlaubnis dazu.
Im Gefängnis von Reno kam einer von den Vertrauensleuten vorbei – ein Bruder. Ich versuchte, mit ihm zu reden, aber der Wärter guckte grade her. Mir schoß der Gedanke durch den Kopf, daß der Vertrauensmann vielleicht Besuch haben dürfte, dann konnte ich ihn bitten, jemandem zu sagen, er möchte Oakland anrufen und meinem Rechtsanwalt Nachricht geben, wo ich war. Der Wärter guckte noch immer zu mir hin, und als der Vertrauensmann sah, daß ich mit ihm zu reden versuchte, schüttelte er so eben den Kopf – er bewegte ihn kaum mehr als einen Zentimeter –, um mir zu sagen: »Sie passen auf dich auf.«

Am nächsten Tag wurden wir wieder angekettet und fuhren die ganze Strecke durch Nevada; auf dem halben Wege bekamen wir ein kleines Mittagessen. Wir wurden wieder von staatlichen Polizeiwagen begleitet, einer fuhr vor uns und einer hinter uns. Im Laufe des Tages hatte ich ein kurzes Gespräch mit den anderen darüber, worum es der Black Panther Party geht. Die Gerichtsbeamten waren Weiße, Joe und George waren auch Weiße. Ich erklärte ihnen das Zehn-Punkte-Programm, und dann stellten sie Fragen. Ich versuchte, ihnen all die Entstellungen über die Partei zu zeigen, die die offiziellen Nachrichtenmedien verbreitet hatten. Wir fuhren durch Nevada, durch die Salzebene nach Salt Lake City in Utah. Dort wurden wir für die Nacht in ein Gefängnis gebracht.
Jedes Mal, wenn wir in ein Gefängnis gebracht wurden, nahmen sie uns die Handschellen und Ketten ab, schrieben uns ein und machten ein Foto von uns. Jedes Gefängnis tat das bis auf das in Wyoming und das in der kleinen Stadt Hayes in Kansas.
Auf dem ganzen Weg nach Salt Lake City dachte ich an die Mormonen und an Lowell Jensen, den Staatsanwalt in Alameda, der Huey verfolgte. Jensen ist Mormone. Ich dachte an ihren Rassismus. Wenn Jensen überhaupt ihre Auffassung repräsentierte, dann waren diese Leute auch ziemlich rückständig mit dem Rassismus, der sich bei ihnen zeigte. Ich überlegte mir, was ich von den Mormonen wußte. Zunächst einmal behaupten

sie, daß schwarze Menschen nicht in ihren Himmel kommen. Ein paar Schwarze sind dumm genug, dieser Sekte beizutreten, aber sie werden da nicht besser als Sklaven oder Tiere behandelt. Ihre anerkannte Vorstellung der Rassenkategorien zeigt, worauf ihr Überlegenheitsanspruch beruht. Dieser Gedanke stammt noch aus dem alten europäischen System mit dem Gott, der nur einen Kopf hat. In Salt Lake City habe ich überall das Mormonenzeichen gesehen. Ich sah Bilder von einer Seemöwe; sie glich denen, die sich niedergelassen und die Wanderheuschrecken getötet haben sollen, die zur Zeit von Brigham Young die Ernte vernichteten.

Ich dachte daran, daß Brigham Young und die ersten Ansiedler von genossenschaftlichen Betrieben gesprochen hatten; genossenschaftliche Betriebe sind durchaus sozialistisch. Wenn man ein sozialistisches System aufbauen oder den Sozialismus einführen will, muß man den Rassismus vollkommen ausradieren. Es ist unmöglich, daß man ein sozialistisches System und gleichzeitig Rassismus hat; vielleicht ist das der eigentliche Grund, warum die mormonische Genossenschafts-Idee sich nicht halten konnte. Sie haben solche Leute wie Lowell Jensen, der Huey dadurch ins Gefängnis gebracht hat, daß er die Niederschrift des Verhörs abänderte. Als ich in dies Gefängnis kam, dachte ich, sie würden mich vielleicht schlecht behandeln, aber sie trugen mich nur ein.

Die Brüder in dem Gefängnis von Salt Lake City wußten, daß ich in der Nacht dort war. Die Nachricht hat sich herumgesprochen. Es war ein sehr modernes Gefängnis. Wenn ich sage ›modern‹, dann soll das nicht heißen, daß ich etwas für Gefängnisse übrig hätte, aber dieses Gefängnis ist so groß wie ein städtischer Häuserblock. Es liegt zur Hälfte unter der Erde, die Stockwerke fangen unter der Erde an. Ich sah mir das Gefängnis an und die kleinen Geschütze und das Zeug da herum. Das Gefängnis in Salt Lake City erinnert *sehr* an ein Konzentrationslager in Stromlinienform. Das Stockwerk, in dem ich war, lag 7,60 Meter unter der Erde. Es hatte sehr lange Gänge, und es waren nur wenige Menschen in meiner Umgebung. Alle Türen öffneten und schlossen sich elektronisch. In diesem Gefängnis ist alles elektronisch.

Ich wurde in eine Einzelzelle gesteckt, von den anderen Gefangenen getrennt. Diese Abteilung war anscheinend nicht viel benutzt worden. Ich hatte kleine dünne Matratzen auf einer schmalen Stahlkoje, die an der Wand angenietet war. Ich fragte, ob ich duschen könnte, und durfte es. Dann wusch ich meine kurze Hose, mein Baumwollhemd und die Socken. Später brachten sie mir etwas zu essen. Der Gerichtsbeamte wollte sich von der freundlichen Seite zeigen, er ging an dem Abend los und kaufte mir eine Dose Hühnchenfleisch für 79 Cents und ein

Milch-Mixgetränk für 20 Cents. Ich war in dem Wagen den ganzen Tag so zusammengequetscht gewesen, daß ich hundert Streckbeugen machte, immer zehn hintereinander, um mich zu bewegen und zu lockern.
Erst als ich einzuschlafen versuchte, wurde ich wieder ganz verzweifelt, weil ich wußte, daß ich praktisch gekidnappt war und Charles Garry in San Franzisko nicht anrufen konnte. Als ich zu diesem Gefängnis gekommen war, hatte ich den Beamten noch einmal gefragt, ob ich Garry anrufen könnte, und er hatte gesagt: »Wir woll'n mal sehn«, aber er ließ mich noch immer nicht. Am nächsten Morgen kamen sie und legten uns wieder ganz in Ketten. Wir haben im Gefängnis gefrühstückt, eh wir weiterfuhren.

Nachdem sie uns an dem Morgen wieder angekettet hatten, fuhren sie mit uns ganz durch Wyoming hindurch. Sobald wir an die Grenze zwischen Utah und Wyoming kamen, reihten sich die Polizei-Streifenwagen von Wyoming direkt hinter uns ein. Die Kerle waren ungeheuer von ihrer Wichtigkeit überzeugt. Ich merke das, wenn es einen Bullen juckt, daß er schießlustig ist. Sooft wir hielten, um eine kleine Mahlzeit zu essen, oder ausstiegen, um zur Toilette zu gehen, standen diese Bullen sechs Meter von uns entfernt Posten, mit übereinandergeschlagenen Armen und bereit, ihre Gewehre zu ergreifen. Wenn ich sie nur ansah, ließen sie die Arme hängen. Ich wußte, daß sie sonderbare Vorstellungen und falsche Begriffe von der Black Panther Party hatten. Vielleicht meinten sie, ich würde plötzlich ruckartig ein Gewehr herausziehen, oder so etwas. Da stand ich ganz in Ketten, da standen wir drei ganz aneinandergehakt, wir konnten uns nicht rühren und nichts, und die standen sechs Meter weiter in Bereitschaft, zum Gewehr zu greifen. Das nannten sie ›Sicherheit‹.
Unterwegs erzählte mir einer von den Gerichtsbeamten, wie sie einmal drei andere Gefangene transportiert hatten, drei Brüder, die ihn fragten: »Zu welchem Konzentrationslager bringen Sie uns?«
»Warum denken diese Burschen das?« fragte er mich. »Wir brachten sie doch nicht in ein Konzentrationslager. Wir transportierten sie nur von einem Gefängnis zum anderen. Wie kamen sie auf diese Ideen?«
»Nun«, sagte ich, »es ist eine Grundtatsache, daß es in Amerika Konzentrationslager gibt. In den Büchern stehen ein paar Gesetze darüber, daß die Konzentrationslager noch benutzt werden dürfen. Wahrscheinlich wird man sie für die Black Panther Party benutzen.«
»Nein, das wird nie geschehen«, sagte der Gerichtsbeamte, »Amerika wird nie zulassen, daß die Schwarzen ausgerottet werden.«

»Soll das ein Witz sein?« fragte ich. »Schwarze Menschen sind seit Jahrhunderten hingeschlachtet, ermordet, gelyncht und roh behandelt worden. Fünfzig Prozent der Menschen, die in Gefängnissen und Zuchthäusern sitzen, brauchten gar nicht dort zu sein. Fünfundzwanzig Prozent sind hartnäckige Verbrecher, die tatsächlich irgendeine Form der Rehabilitierung nötig haben. Die übrigen fünfundzwanzig Prozent sind einfach krank und brauchen eine wirklich gute psychologische Behandlung in Krankenhäusern.« Ich sagte ihm, die fünfzig Prozent, die nicht im Gefängnis zu sein brauchten, müßten einfach Arbeit bekommen. »Über eine Million Menschen sind in den Gefängnissen. Das sind die ursprünglichen Konzentrationslager.« Ich sagte ihm, meiner Meinung nach hätte der Kerl recht gehabt, der ihn fragte, in welches Konzentrationslager er gebracht würde.

»Die Arbeitsfarmen im Süden sind nichts anderes als Konzentrationslager«, sagte ich. In Texas unten hat einer neunundneunzig Jahre Gefängnis gekriegt, weil er ein Gewehr in die Hand nahm, als er einen Laden beraubt hat. Es ist keiner getötet worden, nichts von der Art, es hat keine Schießerei gegeben, aber weil er einen Getränkeladen beraubt hat und schwarz war, kriegte er neunundneunzig Jahre. Ein anderer, Lee Otis Johnson, hat in Texas dreißig Jahre gekriegt, weil die Bullen eine Marihuana-Zigarette bei ihm gefunden haben. Johnson ist auch ein politischer Häftling. Sein wirkliches Verbrechen bestand darin, daß er im SNCC als Organisator gearbeitet hat.

»Im Gefängnis gehen diese Burschen los und arbeiten wie die Hunde. Da sind sie Sklaven. Das sind unsere ersten Konzentrationslager«, sagte ich. »Das Gefängnis-System bietet keine Rehabilitierung und nützt der Gesellschaft nicht wirklich.«

Aber der Gerichtsbeamte sagte noch: »Ich weiß nicht, was Sie meinen, Sie reden vom Faschismus. Amerika ist anders.«

»Es passiert ja direkt vor Ihren Augen«, sagte ich. »Im kleinen Maßstab, es wächst doch aber rapide.«

Wir fuhren die ganze Strecke nach Laramie. Als wir dahin kamen, ist eine komische Sache passiert. Die Stadtpolizei von Laramie schloß sich direkt den beiden Streifenwagen an, dem vor uns und dem hinter uns. Als wir in Laramie einfuhren, reihten sich zwei Wagen von der Stadtpolizei mit ein, einer fuhr voran und einer hinterher. Ich glaube, für die war das eine ganz große Sache, mich über Nacht dort zu haben; aber ich muß dem alten Sheriff in der Stadt meine Anerkennung sagen. Er hat uns nicht schlecht behandelt. Er wohnt mit Frau und Kindern am Gefängnis, und sie kochen dort das Essen. Die Gefangenen bekommen dasselbe Essen wie der Sheriff und die Polizisten. Das Gefängnis selbst war sauber und geräumig.

Vom Gefängnisfenster aus haben wir unten einen Unfall mit

angesehen. Was ich da bei der Polizei beobachtet habe, hat mich wirklich begeistert.

Es waren drei oder vier Wagen ineinandergefahren. Als die Stadtpolizei ankam, habe ich eine wirkliche Kontrolle der Polizei in ihrer Wohngemeinde gesehen. Die Polizisten kannten die Burschen, die in den Unfall verwickelt waren. Sie gehörten zur gleichen Wohngemeinde. So meinen auch wir, wenn wir von einer Kontrolle der Polizei in der Wohngemeinde reden, daß die Polizisten in dem Gebiet wohnen sollen, über das sie die Aufsicht haben. Diese Polizisten haben die Leute, die den Unfall gebaut hatten, nicht brutal behandelt. Einige von den Leuten waren betrunken, sie redeten laut und sagten dummes Zeug.

»Na kommt schon, regt euch ab«, sagten die Bullen. Sie machten ihnen keine großen Schwierigkeiten. Es wurde niemand geschlagen oder in das verdammte Gefängnis gezerrt. Ich bin zwar ziemlich sicher, daß die Indianer in Laramie scheußlich behandelt werden, aber unter der weißen Bevölkerung gibt es eine ›Community Control‹. Das habe ich den beiden erzählt, die mit in meiner Zelle waren.

Es war das erste Mal, daß wir zusammen in einer Zelle waren, Joe, George und ich. Es war ein Landesgefängnis in einer Kleinstadt, so haben sie uns eben zusammengesteckt. Ich habe an dem Abend noch mit George und Joe geredet und ihnen viel über die Black Panther Party erzählt. Als sie mich angehört hatten, wurde ihnen klar, daß ihre Vorstellungen von uns falsch gewesen waren.

George war etwa fünfunddreißig Jahre alt. Er kam aus dem Süden. Aber er hatte keine eingewurzelten Vorurteile, und er war interessiert, so redeten wir miteinander und tauschten unsere Gedanken aus. Seine falschen Begriffe über die Panther stammten aus der Presse. Zuerst dachte er wirklich, wir haßten einfach die Weißen. Aber er erfuhr, daß es nicht so war; denn was wir hassen, das ist die Brutalität und Korruption der Gesellschaft. Ich zeigte ihm sogar, wo Weiße verarmt und unterdrückt waren, nicht so schlimm wie Schwarze, aber sie waren auch verarmt und unterdrückt. Als ich sagte, sie sollten sich tatsächlich gegen das System stellen, stimmte er mir sofort zu. George war ein richtiger Bankräuber. Er und sein Kumpel hatten auf der FBI-Liste der zehn gesuchtesten Leute gestanden. Richtiggehende Bankräuber waren sie. Es gibt kein anderes Wort, um sie zu beschreiben. Nach dem, was George erzählte, waren sie schon zu fünfzig Jahren in einem Bundeszuchthaus verurteilt worden.

Joe war vielleicht einundzwanzig Jahre alt. Er war auch ein Bankräuber. Diese Art politischen Gesprächs war ganz anders als die Unterhaltungen, die sie sonst mit anderen Gefangenen führten. Meistens redeten sie darüber, wie man einen Bankraub gut hinkriegt, oder etwas von der Art. Ich versuchte sie dazu zu bringen, daß sie sich geistig in die politische Lage der Gesellschaft hineinversetzten. Wir redeten davon, aus was für Gründen man zum Bankräuber wird. Sie stimmten mir zu, daß unsere Gesellschaft als ganze die Menschen bedrückt und daß jeder eine Gehirnwäsche durchmacht. Sie waren auch der Ansicht, daß in unserer Gesellschaft Rassismus herrscht und daß er ausgelöscht werden müßte. Sie sagten, sie hätten nie wirklich etwas gegen Schwarze gehabt, durchaus nicht. Aber sie waren früher in der falschen Vorstellung erzogen worden, daß sie den Schwarzen überlegen wären. Sie sagten sogar, es überraschte sie, daß die Black Panther Party anscheinend eine intelligente Auffassung darüber hätte, was heute in Amerika vorgeht. Ich bin ziemlich sicher, daß beide, besonders George, mich durchaus nicht für gefährlich hielten, weil ich nun eben ein Black Panther war. Sie erkannten, daß ich kein schwarzer Rassist war. Wir haben die Dinge besprochen und sind zu einer Verständigung gekommen.

Am nächsten Morgen wurden wir wieder angekettet und fuhren weiter. Wir kamen durch Colorado und an einer ›Cooperative Farmers Association‹ (Farmer-Genossenschaft), wie sie sich nannte, vorbei. Ich dachte mir: »Ich möchte mal wissen, ob das eine positive, eine sozialistische Sache ist. Alle Farmer Amerikas sollten zu einer Genossenschaft gehören.«

In Denver machten wir nicht halt. Wir fuhren am Flugplatz vorbei, und dann zeigte uns der Gerichtsbeamte, wo das Landesgefängnis war. Das ist das einzige, was die Kerle kennen. Ich hatte mir natürlich schon überlegt, ob wir dort wohl halten würden. Langdon Williams und Rory Hithe, beides Pantherführer aus San Franzisko, saßen in diesem Gefängnis. Sie waren beide in der gleichen Connecticut-Sache angeklagt wie ich. Sie waren in Denver zu Besuch gewesen, da hatten FBI-Leute das Pantherbüro in Denver überfallen und sie verhaftet, unter Verschwörungs- und Mordanklage.

Wir hielten an einer Tankstelle außerhalb von Denver, und der Beamte führte ein Telefongespräch. Sie hatten keine Begleitung, aber wir durften aussteigen, aufstehen und uns strecken. Es war dort ziemlich einsam, mit großen Feldern hinter der Tankstelle gleich an der Landstraße. Ich sagte: »Wie kommt es, daß sie euch durch Denver nicht begleiten?« Er erklärte: »Oh, dieses Land und die Bundesregierung und noch ein paar Leute hier in Denver sind sich über einiges nicht einig, zum Beispiel über den Betrag, den die Regierung den Landesgefängnissen dafür zahlt, daß sie Gefangene der Regierung übernachten lassen. Sie haben so ein paar Meinungsverschiedenheiten.« Ich dachte darüber nach — vielleicht war der Gouverneur von Colorado so wütend auf die Regierung, daß er Bruder Langdon Williams und Rory Hithe nicht auslieferte. Wir stiegen wieder in den Wagen und fuhren weiter.

Von Colorado kamen wir nach Kansas. Die Fahrt hat uns durch Nevada, Utah, nördlich durch Wyoming nach Denver, Colorado hinunter und dann östlich durch Kansas geführt. Es war das erste Mal in meinem Leben, daß ich nach Kansas kam. Wir fuhren dort schließlich nach Hayes und hielten am Ellis-Landesgefängnis.

Das Gefängnis war ein großes Gebäude. Sie taten uns mit drei anderen Gefangenen zusammen in eine Zelle. Wir aßen gebratenes Hühnchen, Erbsen, alles, was der Gefängnisaufseher und seine Familie auch aßen. Er wohnte im Gefängnis, und seine Frau kochte das Essen. Er war schon ein älterer Mann, der Hippies und lange Haare nicht leiden konnte, aber er schien nett zu sein. In dem Gefängnis gab es Fernsehen für die Gefangenen, es gab Rasierklingen und Rasierwasser, Zeitschriften, Spielkarten und Damespiele. Wenn man danach fragte, hatten sie das da. Die Wächter trugen Zivilkleidung. Das Gefängnis hatte vier Abteilungen, jede mit vier Kojen, und einen großen Tagesraum. Es war ein sauberes Gefängnis, denn die Gefangenen hatten es angestrichen. Aus den Abteilungen kam man durch die Diele in den Tagesraum. Dicht hinter den Stäben war ein Telefon. Der Sheriff sagte: »Wenn Sie irgendwas brauchen, gehn Sie nur ans Telefon und sagen es mir.« Man konnte aufbleiben, solange man wollte. Es war das beste Gefängnis, in dem ich in meinem ganzen Leben gewesen bin. Aber trotzdem hasse ich Gefängnisse.

Ein Gefangener fing mit mir ein Gespräch darüber an, wie man »Millionen Dollars« verdienen könnte. Sie sagten, der ganze Hippie- und Yippie-Kram könnte was einbringen. Einer meinte: »Bobby, mit deiner Organisation, Junge, da könnten wir doch prima verdienen, weißt du!« Das war ein Weißer aus dem Süden. Im Allerinnersten wußte ich, daß er ein Rassist war, nach der Art und Weise, wie er an ein wildes kapitalistisches Abenteuer dachte. Aber zu dieser Einstellung war er durch unsere Gesellschaft gekommen.

Die anderen Gefangenen redeten über drei Schwarze, die in der Stadt vor kurzem einen Juwelenraub gemacht hatten. Hayes hat ein College; es sind dort nur ungefähr zehn Schwarze an der Schule. Die Stadt liegt sehr abseits. Ein paar Schwarze waren durch die Stadt gefahren und in einen Schmuckladen gegangen, da hatte der eine sich eine Tasche voll Schmucksachen genommen, war wieder zur Tür hinausgegangen, in den Wagen gestiegen und weggefahren. Es war kein bewaffneter Überfall. Sie wurden sofort geschnappt. Ein weißer Gefangener sagte: »Mann, diese Schwarzen, in so einer Stadt wie hier hätten sie das wirklich nicht machen sollen. Ich verstehe, wenn sie's in Chikago machen oder sonstwo, da wo es eine ganze Menge Farbige gibt, aber dieser Ort ist so isoliert, daß sie im Handumdrehen entdeckt und verhaftet wurden. Es war eine tolle Schau im Fernsehen, als man sie erwischte.«

Am nächsten Morgen frühstückten wir im Gefängnis. Dann kamen wieder die Gerichtsbeamten und legten uns die Handschellen, die doppelten Handschellen, die Ketten und das alles an. Wir fuhren durch Kansas nach Missouri.
Diese Art Landschaft hatte ich noch nie gesehen. Sie war ganz flach, und überall stand hoher Mais. Eins sieht man, wenn man so durch das Land fährt: was für riesige, gewaltige Landflächen wir haben. Ich dachte daran, daß unsere Regierung am Gedanken des Privateigentums festhält, bei so viel ungenutztem Land, und dabei sind Schwarze, Braune, Indianer in Reservaten und Gettos eingesperrt. Warum können die Schwarzen nicht etwas von dem Land bekommen, da wir doch mit der modernen Technik Bewässerungsanlagen und Reservoire bauen könnten? Als wir aus der Sklaverei befreit wurden, hat man uns vierzig Äcker und zwei Maulesel versprochen. Das ist mir richtig nachgegangen bei dieser Fahrt. Ich dachte: »Da bin ich nun von der Bundesregierung gekidnappt worden, und ich kämpfe doch nur um etwas Land. Ich versuche, in diesem Kampf meinen Teil beizutragen, damit wir Freiheit bekommen; die Freiheit zeigt sich darin, daß man etwas Land, Brot, Wohnungen, Bildung, Kleidung, Gerechtigkeit und Frieden hat.« Das habe ich mir gedacht, als ich all den hohen Mais stehen sah und das viele Land, das nicht einmal genutzt wurde; und fünfzehn Millionen Menschen in unserem Lande hungern.
In Missouri fuhren wir eine schmale zweispurige Straße entlang. Es regnete, und ich dachte: »Wenn wir jetzt mal eine dicke Panne hätten? Was würde dann mit mir passieren?« Ich dachte daran, daß Everett schon einmal geflohen war. Er würde sicher versuchen, an das Gewehr eines Beamten zu kommen, und dann würde er bestimmt die Schlüssel für die Handschellen kriegen und ausreißen. Aber ich durfte nicht ausreißen. Ich stand unter politischer Anklage, wenn ich ausriß, dann würde jeder glauben, ich hätte tatsächlich all den Blödsinn begangen, den man mir in diesen erlogenen Anklagen vorwarf. Dabei wußte ich verdammt gut, daß die Machthaber tun werden, was sie nur können, um möglichst zu beweisen, ich wäre schuldig, damit sie mich ins Strafgefängnis und auf den elektrischen Stuhl bringen können.
Endlich kamen wir zur ärztlichen Zentrale des Bundes. Als wir

hereinfuhren, hielten sie uns an durch dieses kleine Mikrophon, in das einer von einem Turm sechs Meter über uns hineinsprach. Während sie Joe von uns losketteten, stand ein Kerl mit einem M-1-Gewehr vor uns. Einer von den örtlichen Gerichtsbeamten kam heraus und holte ihn ab, sie führten ihn durch einen Keller ins Haus. Dann stiegen wir wieder in den Wagen und fuhren weiter, zum Landesgefängnis herüber.

Das war das dreckigste, schmuddeligste Gefängnis, in dem ich jemals gewesen bin. Der Sheriff war ein alter Kerl, er hatte ein altes Gewehr umhängen. So ein dreckiges Haus habe ich noch nie gesehen. Wenn ich sage ›dreckig‹, dann muß man es sich so vorstellen, wie ich es beschreibe, und ich übertreibe kein bißchen. Die Zellen hatten Krusten in allen Ecken, drei bis fünf Zentimeter dick. Es roch so, als ob der Dreck da seit Jahren dringelegen hätte. Die Kojen waren nur sechzig Zentimeter breit mit kleinen, aufgerissenen und dreckigen Matratzen, und überall krochen Wanzen darauf herum. Wenn man ein paar Wanzen knackte und dann wieder hinguckte, waren neue Wanzen da. In dem Essen, das sie einem brachten, schwammen Fliegen und Dreck. Es sah aus wie Spülwasser. Das war einfach ein heruntergekommenes, schmuddeliges, schlechtes, schmutziges Gefängnis, es war so, daß ich mich fast übergeben mußte.

Die Wärter haben uns in diesem lumpigen kleinen Gefängnis nicht belästigt. Die Vertrauensleute trugen Bluejeans und Baumwollhemden. Die übrigen Gefangenen hatten ihre gewöhnliche Zivilkleidung an, darin mußten sie auch schlafen. Es gab keine Wolldecken, gar keine. Etwa vier oder fünf Vertrauensleute versammelten sich vor der Zelle, in die man mich und George gesteckt hatte. Sie fragten uns, wer wir wären und wo wir hinkämen. Über Georges Abenteuer schienen die meisten erstaunt und fragten ihn allerhand. Mich fragten sie, wer ich wäre, und ich sagte ihnen, ich wäre Bobby Seale. Den Namen kannten sie nicht. Dann erklärte ihnen George: »Das ist Bobby Seale, der Vorsitzende der Black Panther Party.«

»Ein Black Panther! He, Kerl, bist du wirklich ein Black Panther?«

»Ja, Mann, ich bin ein Black Panther. Ich gehöre zu der Partei.«

»Was, zu diesen Kerlen, die Gewehre haben und auf die Polizei schießen«, sagte ein weißer Vertrauensmann. »Ich kenne hier einen, der ist auch ein Panther. Der hat sich von keinem was gefallen lassen, und Junge, der hat diesen Bullen die Schüsse hingeknallt! Ich kann dir sagen, Mann, ich wäre auch dabei, wenn sie mir so an den Karren fahren würden wie euch allen. Ich habe gehört, daß sie euch wirklich an den Karren fahren.« Er schien da diesen ganzen Blödsinn durcheinanderzuwerfen, den er in den übertriebenen Berichten der Lokalpresse

gelesen hatte. — Ein anderer Vertrauensmann fing an zu erzählen, daß er dreißig Tage abzusitzen hätte, daß er seine Schweinezucht verloren hätte und daß seine Frau ein Kind bekäme. Er war dort, weil er einem seiner Kinder ein Bonbon in den Hals geschoben hatte.
Es waren noch zwei andere Gefangene in unserer Zelle. Ein schwarzer Bruder wartete darauf, daß er für drei Jahre ins Zuchthaus geschickt würde. Er erzählte, er hätte einen Einbruch verübt, wäre wieder freigelassen worden, und als er dann Geld brauchte, hätte er noch einen Einbruch verübt. Von den Panthern hatte er gehört, und ich versuchte, ein bißchen mit ihm über die Partei zu reden. In seiner Stadt gab es keine Ortsgruppe. Ich erfuhr, daß in der Stadt eine ganze Menge Schwarze wohnten, aber viele von ihnen kamen ins Gefängnis, weil dort in der Gegend wenig Arbeit zu finden war. Er sagte auch, es gäbe dort viel Rassismus, und die Polizei wäre oft sehr brutal. — Sie hatten da noch eine Abteilung für Jugendliche, die trennten sie von den anderen Gefangenen. Die meisten Gefangenen waren einfach durchschnittliche verarmte Weiße, wie man sie im Süden trifft, die noch nicht begriffen haben, daß sie von den Machthabern unterdrückt werden.
Am anderen Morgen merkte ich, wie es mich kratzte und juckte. Ich hatte den ganzen Körper voller Wanzen und mußte mein Hemd ausschütteln. Später habe ich festgestellt, daß ich mir in diesem dreckigen Gefängnis auch Filzläuse geholt hatte.

Als nächstes hielten wir am Stadtgefängnis von Saint Louis; die Beamten ließen mich anderthalb Stunden lang dort.
Das Haus war voller Schwarzer; gegen ungefähr hundertfünfzig von ihnen liefen Gerichtsverhandlungen. Als ich vor dem Gefängnis aus dem Wagen stieg, sah ich, wie manche Gefangene den Leuten, die draußen vorbeigingen, allerlei zuriefen. Einer sagte zu mir: »Black Power, Bruder!« Ein Weißer kam auf seinem Weg durch die Stadt vorbei, und derselbe Schwarze rief: »Wo willst du hin, du Handtuch?« Ich wußte, daß diese Brüder zu schwarzen Rassisten wurden. Sie verstanden die Lage noch nicht. Es klang, als ob er den weißen Mann wegen seiner Hautfarbe haßte. Solche Brüder brechen in rassistische Aggressionen aus, anstatt zu erkennen, daß wir unbedingt das Volk politisch organisieren müssen. Wir sind alle Produkte unserer rassistischen Gesellschaft und brauchen ein stärkeres revolutionäres Bewußtsein.
Da drin hatten sie ein paar Bullen, richtige ›Onkel Toms‹, die halfen, das Gefängnis in Betrieb zu halten; sie machten nämlich allen möglichen Schwarzen den Prozeß. Weiße gab es kaum im Gefängnis von Saint Louis. Ein Bruder, der mit in meiner Zelle saß, fragte mich, wer ich wäre. Er wunderte sich, daß ich in

Fußeisen, Fesseln, doppelten Handschellen und mit einer Kette um den Leib zum Gefängnis gebracht wurde. Ich sagte: »Wenn man Gefangener des Staatenbundes ist, dann reist man eben so.« Er hörte aber nicht auf, mich zu fragen, was ich denn verbrochen hätte; so mußte ich ihm schließlich sagen, ich wäre Bobby Seale, Vorsitzender der Black Panther Party. Zuerst hat er das nicht geglaubt, er meinte: »Ach Mann, du willst mir hier was vormachen.« Ich sagte: »Nein, Mensch, ich bin der Vorsitzende der Black Panther Party.« Ich mag nicht gern damit prahlen, daß ich der Vorsitzende der Black Panther Party bin. Aber dieser Bruder wollte es gar nicht glauben, so habe ich mit ihm geredet. Nach einer Weile hat er es dann einigermaßen geglaubt, aber er war noch immer unsicher. Ihn hatte man verhaftet, weil er gestohlene Sachen besaß.
Ich habe mit ihm und mit ein paar anderen Brüdern da drin geredet. Sie waren anscheinend wirklich hinterm Mond. Ich bin noch nie in einem Gefängnis im Süden gewesen, aber dieses Gefängnis war so, daß ich das Gefühl hatte, ich wäre im Süden. Die Art und die Einstellung der Brüder hatte zu nichts eine Verbindung. An der Westküste, in New York oder in Chikago haben sie im Durchschnitt doch schon mal von der Black Panther Party gehört; aber die Brüder hier gucken einen bloß an. Das ist etwas, wovon sie überhaupt nichts wissen. Ich glaube, was die wissen, ist so beschränkt, so eng, daß sie dazu neigen, die Black Panther Party für etwas Überspanntes zu halten, für etwas, worauf sie sich nicht einlassen wollen, weil sie denken, sie kommen sonst wahrscheinlich ins Gefängnis. Ein Bruder, mit dem ich dort gesprochen habe, sagte zu mir: »Mann, die meisten sind hier unten doch hinterm Mond. Die wissen noch gar nicht, was los ist.« Das war die Meinung dieses Bruders, und er wohnte in St. Louis.
Ich war dort noch keine zwei Stunden, da kamen die beiden Gerichtsbeamten wieder. Sie legten mir eine Kette um den Leib, taten mir nur ein Paar Handschellen an, machten die Handschellen an der Kette fest und brachten mich zum Rücksitz des Wagens. Ich war der Letzte. George hatten sie zu einem dieser besonders gesicherten Häuser gebracht in der Zeit, als sie mich in Saint Louis gelassen hatten. Dann fuhren sie mit mir nördlich auf Chikago zu.

Das Cook-Landesgefängnis

Wir kamen gegen halb acht am gleichen Abend in Chikago an und fuhren gleich zum Cook-Landesgefängnis. Im Gefängnis durchsuchten sie mich und brachten mich nach unten. Im Heruntergehen fing der stellvertretende Leiter, ein Weißer, zu er-

zählen an, er hätte Fred Hampton sehr gut kennengelernt, als Fred einmal dort im Gefängnis war.* Ich fragte ihn, was seine Arbeit hier wäre. Er sagte, er wäre Polizeioffizier gewesen und hätte mit Bandenbekämpfung zu tun gehabt. Natürlich traute ich ihm nicht im geringsten. Also griff ich ihn nicht etwa an, sondern ließ ihn weitermachen und sich vor mir produzieren; ich wollte mal sehn, wie er nun wirklich eingestellt war. Er erzählte weiter, daß er Bruder Fred Hampton so gern gemocht hätte. Das machte mir keinen Eindruck. Es klang nach ›Bandenbekämpfungs‹-Arbeit.
Er brachte mich in eine Halle hinunter, da stand ein Schwarzer. Ich hatte schon gehört, daß dies Gefängnis von einem Schwarzen geleitet würde, Moore hieß er. Er war dort der Oberaufseher, und sie nannten ihn ›Vorsteher Moore‹.
Moore sagte zu dem Assistenten: »Bring ihn hier herein, ich möchte ihm etwas sagen.« Ich ging also in seinen kleinen Raum. Er sagte: »Setzen Sie sich auf den Stuhl da drüben.« Ich setzte mich auf den Stuhl. »Jetzt will ich Ihnen mal was sagen«, fing er an, so als ob er für sehr grimmig gelten wollte, »ich bin der Leiter in diesem Gefängnis, ich habe es unter mir. Sie sind ziemlich berüchtigt, und wir wünschen hier in diesem Gefängnis keinen Ärger.«
Ich sah ihm ins Gesicht und sagte ganz gradheraus, ganz direkt: »Ich weiß, Sie wollen nicht, daß ich in Ihrem Gefängnis was organisiere. Die meisten wollen nicht, daß ich in ihrem Gefängnis was organisiere.«
Moore sagte: »In diesem Gefängnis gibt es keine Panther, keine Muslims, keine Bandenmitglieder. Hier gibt es nur *Insassen*. Verstehen Sie, was ich meine?«
»Ja«, antwortete ich, »und ich verstehe auch, daß ich noch immer der Vorsitzende der Black Panther Party bin. Ich möchte meine Zelle haben und meine juristischen Papiere, damit ich an einigen Rechtsangelegenheiten arbeiten kann.«
Moore sagte: »Schon gut, Sie kriegen Ihre Zelle.«
Dann kam ein Wärter herein, ein Schwarzer, und brachte mich in eine andere Abteilung, wo sie einen aufnehmen. Sie zogen mich aus, durchsuchten meine Kleidung und gaben sie mir wieder. Ich sah, daß es im Cook-Landesgefängnis viele schwarze Wärter gab. Als die Prozedur zu Ende war, mußte ich ein paar Papiere ausfüllen, auf einem Blatt mußte ich mein Eigentum angeben und etwas über den Empfang von Post, auf einem anderen alle meine Haftstrafen. Das letzte nennt sich Strafliste. Ich nahm das Blatt und fing an, es auszufüllen. Ich

* Fred Hampton, 22 Jahre alt, Vorsitzender der Black Panther Party von Illinois, wurde am 4. Dezember 1969 um fünf Uhr morgens im Schlaf erschossen, als die Polizei von Chikago in sein Haus eingedrungen war, angeblich um nach einem Waffenarsenal zu suchen. *(Anm. d. amer. Hg.)*

brauchte ihnen das eigentlich gar nicht mitzuteilen, und normalerweise sollte man sich glatt auf den Fünften Verfassungszusatz berufen und sich weigern, solche Auskünfte zu geben. Aber ich wußte, daß es bei mir schon jedem FBI-Agenten bekannt war — darum wäre es unsinnig gewesen, wenn ich mich geweigert hätte, das aufzuschreiben.

Es dauerte nicht lange, da hatten sich vielleicht dreißig schwarze Wärter um mich angesammelt und fingen an, mich nach all meinen früheren Verhaftungen zu fragen. Wahrscheinlich waren sie neugierig, weil sie so viele Lügen in den Zeitungen gelesen hatten. So versammelten sie sich richtig eifrig, zu hören, was ich über die früheren Ereignisse erzählen würde, über das, was sie mein Schuldregister nannten.

Manche dachten anscheinend, ich wäre wegen mächtig schlimmer Verbrechen verhaftet worden. Als ich sagte, daß man mich einmal verhaftet hatte, weil ich mit einem Gewehr nahe beim Gefängnis gewesen war, machten sie ›oh‹ und ›ah‹ und taten untereinander so, als dächten sie, ich hätte da eine tolle Sache oder ein Verbrechen vorgehabt; das stimmte überhaupt nicht.

In Wirklichkeit war es so gewesen, daß man grade mal wieder Huey festgenommen hatte. In dieser Zeit, als Huey verhaftet war, trugen wir Waffen, und ich hatte auf einem öffentlichen Weg vor dem Gefängnis auf ihn gewartet, mit einer Schrotflinte in der Hand. Am nächsten Tag wurde ich verhaftet. So etwas wußten sie nicht, daß man mich zuerst gar nicht gleich verhaftet hatte und daß ich nicht versucht hatte, jemanden mit Gewalt aus dem Gefängnis zu befreien. Wir trugen damals eben unsere Waffen in der Öffentlichkeit, um den Leuten zu zeigen, daß es gesetzlich erlaubt war, Waffen zu tragen, und daß wir uns verteidigen würden. Wir waren damals seit sechs oder sieben Monaten mit Gewehren auf die Straße gegangen, und die Bullen hatten uns nicht verhaftet, weil sie keine Anklage gegen uns fanden, bis wir zufällig zu nahe an ein Landesgefängnis herangekommen waren. Ich erklärte also den Wärtern: »Denkt bloß nicht, das wäre so etwas Besonderes. Es ist durchaus gesetzlich, daß sich jemand bewaffnet und eine Schrotflinte hat. Wir sind nur dem Landesgefängnis zu nahe gekommen.«

Sie sahen mich mißtrauisch an und sagten: »Na, nun sag schon, wofür bist du sonst noch verhaftet gewesen? Raus damit, wofür noch?«

Ich begriff, daß sie gar nichts Richtiges über meine Verhaftungen wußten, nur daß ich oft verhaftet war, daß auf der Strafliste eine lange Reihe stand, die sehr sensationell aussah. Sie wollten wissen, wer ist dieser Mensch Bobby Seale, der so viel auf dem Kerbholz hat? Die meisten dachten, ich wäre wirklich ein Bandit, und lauter solche Sachen; das war ich ja nun wirklich nicht. Ich war nie ein Bandenführer gewesen. Ich war nur so einer wie sie, der auch in der schwarzen Wohngemeinde aufgewachsen war. Aber sie erwarteten eine Menge Diebstähle und andere schlimme Sachen.

Darum sagte ich, daß ich ihnen gern alles im einzelnen erzählen würde, ich würde nur nicht über irgendwelche noch laufenden Fälle sprechen. Alles, was sie von meiner Vergangenheit wissen wollten, würde ich ihnen freiheraus sagen.

In den letzten zwei Jahren war ich fünfmal wegen größerer Sachen verhaftet gewesen, die die Regierung erfunden hatte, weil sie mich ins Gefängnis bringen wollte. Aber sonst, vor den zwei letzten Jahren und vor der Black Panther Party, war nichts Schlimmeres vorgekommen als Verstöße im Straßenverkehr. Seit der Parteigründung war einmal die Sache mit den Gewehren beim Landesgefängnis; dann waren meine Frau und ich beide wegen ungesetzlichen Waffenbesitzes verhaftet. Da lautete die Anklage zuerst auf eine sogenannte Mordverschwörung, aber das mußten sie am nächsten Tag fallenlassen. Darauf haben sich die Wärter gestürzt: »Warum haben sie denn die Anklage fallengelassen?« fragten sie. »Was war das denn? Und was ist dann passiert?« Aber davon wollte ich nicht mehr sagen, weil die Berufung noch läuft. Dann war die Verhaftung in Sacramento, die Sache in Chikago und die Mordanklage wegen Connecticut; über die ist noch keine Verhandlung gewesen. Und das sind alle meine Verhaftungen.

Schließlich waren die Wärter zufrieden. Ich konnte in meine Zelle gebracht werden.

Ein schwarzer Wärter, der Oakland kannte, sagte mir, er würde mich nach oben bringen; ich erklärte ihm, daß ich gern eine Einzelzelle hätte, weil ich da besser arbeiten könnte. Er sagte: »Ja, Mann, ich sorge dafür, daß du einen Platz kriegst, wo du arbeiten und deine Sachen machen kannst.« Als wir zu meiner Zelle gingen, sprachen wir von Oakland, aber das war geradeso, als ob wir von zwei verschiedenen Städten redeten, denn er war sehr lange nicht mehr dort gewesen.

Er war Leutnant. Eins habe ich bei diesen schwarzen Wärtern gemerkt: Sie wurden zwar durch das System dazu ausgenutzt, ihre eigenen Brüder, die Schwarzen, zu bewachen und einzusperren, aber die Hälfte tat es ganz einfach, um einen Job zu haben. Unter den Schwarzen gibt es so viel Arbeitslosigkeit, daß ein normaler, durchschnittlicher Schwarzer auch eine Stelle als Wärter annehmen wird, einfach damit er durchkommen kann.

Manche von den Älteren und ein paar andere versuchen, den Polizisten zu spielen und grimmig zu tun. Das ist die Gehirnwäsche bei ihnen, sie können nicht über das System des weißen Mannes hinaussehen. Aber dieser Leutnant war zufällig mit mir in Berkeley und Oakland aufgewachsen. Er konnte sich an die gleichen Leute in Berkeley erinnern, auf die ich mich auch noch besann. Als ich im Armenhilfe-Programm arbeitete, ehe die Black Panther Party gegründet war, hatte er ein örtliches Armenhilfe-Programm geleitet. Aber er war einer von denen, die sich einfach einen Job suchen, eine Stelle besorgen, und nicht wirklich so viel Anteil am schwarzen Volk nehmen, am schwarzen Amerika und an unserem Kampf.

An manchen Stellen in dem Gefängnis habe ich schmutzige Wände gesehen, die man wirklich mal hätte putzen müssen. Als wir zu meiner Zelle kamen, war ich erleichtert, daß die Wände und der Fußboden nicht schmutzig waren. Es war eine besonders gesicherte Zelle, klein und bestimmt nicht bequem, aber sie war wenigstens leer und sauber. Der Wärter ging fort, und ich legte mich schlafen.

Am nächsten Morgen kam der Vorsteher Moore mich besuchen. Ich hörte Schritte, es ging jemand den Flur entlang und versuchte, sehr leise zu sein. Ich saß mit dem Rücken gegen die Stahltür. Ich erinnerte mich daran, was es am Abend vorher für ein Geräusch gegeben hatte, als der Wärter auf den Knopf drückte, um sie aufzumachen – sehr laut, sehr erschreckend. Eine schöne Art, jemanden in Angst zu jagen und zusammenfahren zu lassen. Eine schöne Art für einen Vorsteher, der mit sachten Schritten ankommt, einen Gefangenen dadurch einzuschüchtern, daß er ihn erschreckt und ihn in die Defensive treibt.

Richtig, die sachten Schritte hörten auf. Bäng! Meine Tür öffnete sich. Ich wartete ein paar Sekunden, dann sah ich mich langsam um. Es war der Vorsteher Moore.

Er starrte mich durchdringend an, dann sagte er in ziemlich anmaßendem Ton: »Wie geht's denn?«

»Mir geht's ausgezeichnet, Vorsteher, und wie geht's Ihnen?« antwortete ich. Ich saß grade ziemlich lässig oben auf der Koje.

Er sah die Papiere, die ich um mich ausgebreitet hatte, und fragte mit einer Kopfbewegung auf sie zu: »Was machen Sie da?«

Ich sagte: »Ich überlege mir meine Rechtsangelegenheiten und bin bei dieser blödsinnigen erfundenen Anklage«, und ich zeigte auf eine Rechtsurkunde, die Garry mir gegeben hatte.

»Was ist das für eine Anklage?« knurrte Moore, da reichte ich ihm die Anklage von Connecticut.

Er sah sie an und las sie, dann gab er mir das Blatt wieder, trat einen Schritt zurück, steckte die Hände in den Gürtel und bemühte sich, einen gebieterischen Eindruck zu machen. »Wir haben über zweitausend Häftlinge in diesem Gefängnis«, verkündete er. »Wir haben dies Gefängnis ausgezeichnet im Gang. Wir haben hier über neunzig Prozent schwarze Wärter.«

»Schön«, sagte ich. »Ich war tatsächlich überrascht, daß so viele Schwarze ein Gefängnis besorgen.«
Er räusperte sich. »Sie möchten nach draußen?« fragte er.
»Das ist mir gleich«, erklärte ich ihm, »ich kann eingeschlossen sein, ich kann auch nach draußen gehn, ich kann auch hier bleiben, wo ich bin.«
Dann sagte er, wenn ich wollte, könnte ich gehn und mit ein paar Vertrauensleuten fernsehen. »Danke, nein«, sagte ich. »Ich brauche kein Fernsehen. Ich kann ebensogut eingeschlossen bleiben hier drin.«
Er sah mich ein paar Sekunden mit großen Augen an. Er machte einen etwas verwirrten Eindruck, als ich das sagte. Dann drehte er sich um und ging.
Das war ein kleiner Trick, den ich von Huey gelernt hatte. Huey brachte die Gefängniswärter aus der Fassung. Huey kannte die Wärter. Er wußte, daß es die meisten Wärter seelisch nicht ertragen könnten, eingeschlossen zu sein.
Die meisten dachten, sie würden verrückt werden, wenn man sie einsperrte. Also machte es Huey so: Wenn sie ihn in den Tagesraum gebracht hatten, sprang er nach einer Weile plötzlich auf und sagte: »Hallo, Officer, kommen Sie, schließen Sie mich wieder in meine Zelle ein.« Er verblüffte sie durch den Gegensatz. Wo andere Gefangene fast alles tun würden, um aus ihren Zellen heraus und in den Tagesraum zu kommen, da sagte Huey: »Schließen Sie mich in meine Zelle ein.«
Huey sagte, die Wärter sind grade die, die am meisten Angst vor dem Gefängnis haben, sie haben Angst vor dem, was sie da tun, sie haben Angst vor der Vorstellung, sie könnten in die gleiche Situation kommen wie die Gefangenen. Je schlimmer sie die Gefangenen behandeln, desto mehr Angst haben sie — so ist der Geist dieser Einrichtung.
Huey hatte uns auch von anderen Erfahrungen erzählt, die uns helfen konnten, mit den Situationen im Gefängnis fertigzuwerden. Einmal — vor langer Zeit, als es die Black Panther Party noch nicht gab — hatten sie Huey in die Strafzelle gesteckt. Sie brachten ihm einen Brei in einer Tasse und etwas Wasser. Der Brei war grün. Er nahm also dies Zeug und warf es durch eine Öffnung in der Tür hinaus, dann fing er an und machte Streckbeugen. Er war schon in der Strafzelle, das war die schlimmste Strafe, die sie hatten — sie konnten ihn nicht mehr woanders hintun. Sie konnten höchstens hereinkommen und ihn brutal behandeln. Und das taten sie. Sie kamen wirklich an und prügelten Huey ganz erbärmlich. Etwa zwei Tage später entpuppte sich der Wärter, der Nachtschicht hatte, als alter Freund von Huey. Sie hatten sich seit Jahren nicht gesehen, bis der Wärter kam und Huey in der Strafzelle fand. Er schmuggelte Huey ein paar belegte Brote zu. Von da ab konnte Huey immer nachts

essen, wenn dieser Wärter Nachtschicht hatte. Am Tage kamen die anderen Wärter und trafen Huey dabei, wie er Streckbeugen machte. Tag für Tag schüttete er das Essen weg und sagte: »Den Fraß will ich nicht. Das ist kein Essen für einen Menschen.« So machte es Huey zehn Tage lang. Er brachte die Wärter fast um ihren Verstand. Endlich fragte ihn einer: »Wie schaffen Sie das nur?«
Huey sagte: »Der Geist des Volkes ist stärker als die Gefängnisse des weißen Mannes. Mein Geist ist stärker als eurer.«
Solche Sachen hat Huey im Gefängnis fertiggebracht, noch ehe die Black Panther Party gegründet wurde. Durch die Methoden, mit dem Leben im Gefängnis fertigzuwerden, die er mir beigebracht hatte, konnte ich nun auch mit dem Aufseher Moore fertigwerden. Das soll natürlich nicht heißen, daß ich Gefängnisse leiden möchte. Ich finde sie abscheulich, sie sind mir ekelhaft. Aber ich lernte, das Gefängnis hinzunehmen und den Wärtern zu zeigen, daß das Eingesperrtsein nichts an meinem revolutionären Geist ändert. Wenn die Wärter das merken, fangen sie gewöhnlich an, sich sehr für die Philosophie der Black Panther Party zu interessieren, sie kommen, stellen Fragen und möchten von mir etwas über das Zehn-Punkte-Programm hören. So geschieht das, was Aufseher Moore ›organisieren‹ nennt.

In den nächsten Tagen schrieb ich mehrere Briefe. Ich hatte das Gefühl, daß ich hier in Chikago von allem abgeschnitten war, was an der Westküste passierte. Ich schrieb also nach Hause, um wieder damit in Kontakt zu kommen. – Ein Wärter kam und sagte mir, ich sollte so ein Ding für meinen Rechtsanwalt ausfüllen, dann könnte ich sofort die Verbindung mit ihm aufnehmen. Ich füllte es aus, und der Wärter versprach mir, es gleich abzuschicken. Inzwischen hatten die Wärter erkannt, daß ich weder aufs Töten versessen noch ein Narr war, wie die Zeitungen alle Mitglieder der Black Panther Party schildern.
Am zweiten Tag fühlte ich ein Krabbeln am Leibe und stellte fest, daß ich mir Filzläuse geholt hatte. Ich konnte nur in diesem schmierigen Landesgefängnis in Missouri daran geraten sein, in dem ich eine ganze Nacht hatte bleiben müssen. Ich überschwemmte mich also ganz und gar mit DDT, mein Haar und alles. Das Zeug lief an mir herunter wie Wasser.
Am nächsten Dienstagmorgen holten sie mich heraus und sagten, ich käme zur Gerichtsverhandlung. Tatsächlich endete es damit, daß wir bis zum Gerichtsgebäude in Chikago gingen. Unterwegs traf ich Jerry Rubin. Ich habe ihn zuerst fast nicht erkannt, weil man ihm das Haar ganz abgeschnitten hatte. Wir haben zwei Stunden lang im Cook-Landesgefängnis in der Wartezelle gestanden und uns eine Weile unterhalten. Jerry erzählte mir, er wäre an einem Gang untergebracht, zu dem

man von mir aus durch die Halle käme, aber das Cook-Landesgefängnis ist so groß, es war, als ob er in einem anderen Gefängnis säße. Cook hat so viele Häftlinge wie die größten Gefängnisse. Ich erfuhr, daß Jerry fünfundzwanzig Tage im Gefängnis bleiben mußte. Er mußte sitzen, weil er in Berkeley bei der Rekrutenanwerbung für die Marine einen Tisch blockiert hatte.

Jerry erzählte mir, Vorsteher Moore wäre am gleichen Morgen durch den Gang gekommen, hätte ein wenig mit ihm gestritten und gesagt: »Bobby Seale ist ein Onkel Tom.« Ich lachte und sagte: »O Mann, wenn das nicht ein Witz ist! Neulich hat er mich behandelt, als ob ich der berüchtigtste Verbrecher auf der ganzen Welt wäre. Jetzt, wo er rausgekriegt hat, daß ich kein berüchtigter Verbrecher bin, soll ich ein Onkel Tom sein. Na, schließlich können wir von Vorsteher Moore nicht erwarten, daß er das Wesen der revolutionären Prinzipien begreift.«

Dann erzählte ich Jerry, wie Vorsteher Moore am gleichen Morgen *mich* aufgesucht hatte. »Bobby Seale«, hatte er gerufen, »Jerry Rubin hat gesagt, er würde Sie dazu bringen, mich zu überfallen.«

Ich hatte geantwortet: »Jerry Rubin kann viel erzählen. Er kann erzählen, daß er nach Westmoreland geht, um Nixon die Meinung zu sagen.« Darüber lachte Jerry.

Dann kam Moore selbst in die Zelle. Er setzte sich und fing an, davon zu reden, daß die Black Panther Party von der SDS* geleitet würde. Ich sagte: »Sie sind verrückt, Mann.«

Er behauptete: »Es ist wahr, ganz bestimmt.«

Da sagte ich: »Wer weiß, was für Zeitungen Sie gelesen haben.«

Moore ging in der Wartezelle herum, nicht in Uniform, sondern in Zivilkleidung. Nun führen sie an dieser Zelle die Gefangenen vorbei, die zum Gericht gebracht werden. Viele von ihnen haben keine Handschellen, aber jeder weiß, es sind Gefangene, die vors Gericht kommen. Wie Moore nun so da saß, konnte man durchaus nicht wissen, daß er der Leiter des Gefängnisses war. Einer, der grade zum Gericht geführt werden sollte, sah Moore sitzen und eine Zigarette rauchen, also sagte er zu ihm: »Hallo, Mann, hast du wohl eine Zigarette für mich?« Ich begriff, daß er Moore auch für einen Häftling hielt, und ich wäre bald geplatzt vor Lachen über Moores empörten Gesichtsausdruck.

Moore sah den Gefangenen mit einem ganz niederträchtigen Blick an und sagte sehr barsch: »Ich kann Ihnen nur raten, junger Mann, mich verdammt nicht so anzureden.« Der Häftling sah auf Moore und dann auf mich. Er begriff überhaupt nichts. Moore wandte sich wieder mir zu und redete weiter.

* SDS = Students' Democratic Society, eine den politischen Ideen des deutschen SDS nicht fernstehende Studentenorganisation. *(Anm. d. Übers.)*

Ich bin dann dahintergekommen, daß Moore so etwas oft machte. Er ging gern im Gefängnis herum – in Zivil. Im Cook-Landesgefängnis tragen alle Gefangenen Zivilkleidung, und alle Wärter tragen Uniformen. Moore läuft in einer Hose und einem alten Baumwollhemd herum. Man möchte schwören, daß er ein Gefangener wäre. Viele Gefangene, die zum Gericht gehen oder vom Gericht wiederkommen, wissen dann gar nicht, wer das ist. Sie sind vielleicht nicht grade sehr vorsichtig mit dem, was sie in seiner Nähe sagen.
Moore hat den Dr. phil. in Psychologie und Pädagogik. Er berechnet immer, wie die Menschen auf eine bestimmte Art reagieren werden, und danach hat er allerhand Methoden entwikkelt, um von den Gefangenen die Reaktionen oder die Auskünfte zu bekommen, die er haben will. Ich kannte seine Methoden, darum hatten sie bei mir keinen Erfolg.
Am andern Tag, Mittwoch, entdeckte ich, daß ich eine Hodenentzündung hatte. Der Arzt untersuchte mich und sagte, ich müßte zur Behandlung ins Krankenhaus. Ich wurde also aus meiner Zelle in die Krankenabteilung versetzt.

Meine verfassungsmäßigen Rechte werden mir verweigert

Am Mittwoch, dem 24. September, wurden Jerry Rubin und ich morgens zum Bundesgericht gebracht, und William Kunstler reichte einen Antrag ein, mich dort im Gefängnis zu sprechen. Er kam zu mir und sagte: »Wie ich höre, haben Sie davon gesprochen, daß Sie alle Anwälte entlassen wollen, wenn Sie nicht Garry bekommen.«
»Ja«, sagte ich, »denn alles, was Sie für mich tun sollen, ist nur, daß Sie die Anträge einreichen. Was mich anbetrifft, so wird Garry mein Rechtsanwalt in der Verhandlung sein. Er ist immer mein Anwalt gewesen.«
Kunstler sagte, wenn ich das machte, würde Richter Hoffman eine Art öffentlichen Verteidiger für mich ernennen. Da erklärte ich ihm: »Die können ruhig einen öffentlichen Verteidiger ernennen, aber ich werde nicht mit einem öffentlichen Verteidiger arbeiten. Ich will keinen öffentlichen Verteidiger haben. Ich will Garry haben. Ich will keinen anderen haben als Garry.
Bitte rufen Sie Garry an«, sagte ich zu Kunstler, »und sehen Sie zu, ob ich das Recht habe, einen öffentlich bestellten Verteidiger zu entlassen. Habe ich dieses Recht nicht?«
»Doch, Sie können es tun.«
»Schön, und das werde ich auch tun«, erklärte ich. »Wenn Hoffman versucht, Sie oder irgend jemand anderen zu meinem

Anwalt zu machen, dann werde ich den Betreffenden jedenfalls entlassen.«
Darauf sagte Kunstler: »Man ist jetzt dabei, die Jury zusammenzustellen, Sie können sich später mit Garry in Verbindung setzen.«
»Setzen Sie sich bitte für mich mit Garry in Verbindung, und danach werde ich genau sagen, was ich tun will; denn ehe diese Verhandlung anfängt, sorge ich dafür, daß ich eine rechtliche Verteidigung bekomme.«

Danach hatte ich Gelegenheit, mich mit all den anderen Angeklagten zu treffen. Am nächsten Tag kam die Verhandlung endlich in Gang. Ich war zu der Zeit im Krankenhaus, und es wurde mir erlaubt, meine juristischen Papiere bei mir zu haben. Ich beobachtete, daß sie an einem einzigen Tag eine ganze Jury zusammenstellten.
Inzwischen wartete ich auf Nachricht von Garry. Schließlich am Donnerstag bekam ich vom Cook-Landesgefängnis aus eine telefonische Verbindung mit Garrys Büro. Vorsteher Moore rief mich in sein Zimmer und wählte selbst die Nummer. Ich sprach mit Barney Dreyfus, einem Partner von Garry. Ich fragte ihn, ob Garry endgültig ins Krankenhaus ginge, oder ob er es sich anders überlegt hätte. Dreyfus sagte, die Verhandlung über Wells wäre vorbei, aber Garry müßte unbedingt am nächsten Tag ins Krankenhaus. Seine Ärzte hätten gesagt, er sollte diese Gallenblasenoperation sofort machen lassen, sonst entstünde Lebensgefahr.
»Dann werde ich also den Richter bitten, meinen Teil der Verhandlung so zu verschieben, daß ich Garry haben kann«, sagte ich, »denn ohne Garry kann ich es nicht machen, und diese anderen Anwälte hier will ich nicht haben. Sagen Sie Garry, was ich tu, und wenn er wieder aus dem Krankenhaus herauskommt, können wir vielleicht weitermachen.« Dreyfus sagte, er hätte mit dem Zentralkomitee der Panther Party über meine Lage gesprochen; das Zentralkomitee wäre auch der Ansicht, da ich das Recht hätte, die Anwälte zu entlassen, sollte ich es tun.
Und zack! So ist es passiert. Am gleichen Abend schrieb ich im Krankenhaus meine erste Eingabe, ein Gesuch um Erlaubnis, die Anwälte zu entlassen, und um Aufschub der Verhandlung, bis Charles Garry mich verteidigen könnte. Am nächsten Morgen, es war Freitag, stand ich auf und ging in die Verhandlung, und als ich an den Tisch der Verteidiger kam, sagte ich zu Kunstler, ich würde alle entlassen.
»Wie?« meinte er.
»Jawohl, sie werden alle entlassen, denn es ist entschieden, daß Garry ins Krankenhaus kommt, und ich werde die Entlassung

der anderen beantragen auf der Grundlage, daß die Verhandlung über mich verschoben wird. Dieser Richter«, sagte ich, »scheint ziemlich schäbig zu sein. Ich halte ihn schon jetzt für einen Rassisten, wenn ich sehe, wie er diese Sache behandelt. Ich habe meine Erklärung schon fertig geschrieben.« Ich gab sie ihnen zu lesen, und einer der Angeklagten fand: »Mann, dann sieht es ja so aus, als ob sich die Angeklagten trennen.«
»Ach wo«, sagte ich, »die Angeklagten trennen sich nicht. Ich trenne mich nicht von euch. Meine Situation ist nur sehr anders als eure, Mann, in mehr als einer Beziehung. Die Kerle haben mich an diese Anklageschrift drangehängt, weil sie mich gern ins Strafgefängnis bringen wollen; deshalb muß ich Garry hier haben, und das wissen sie alle. Garry ist mein Rechtsanwalt. Ich habe keinen von diesen anderen Anwälten für mich bestätigt. Ich werde doch nicht zulassen, daß Hoffman mir einen Anwalt aussucht, wenn er weiß, daß Garry mein Anwalt ist, mein gesetzlicher Anwalt.«
»Also gut«, sagten sie, »OK.«
»Das werde ich tun«, sagte ich; also ging ich daran, von meinem verfassungsmäßigen Recht Gebrauch zu machen.
Der Gerichtsbeamte schwenkte den Hammer und rief: »Alle erheben sich«, und alles stand auf. »Das Gericht fährt nun in seiner Sitzung fort.« Bum, bum, bum. »Der Ehrenwerte Julius J. Hoffman führt den Vorsitz.« An dieser Stelle stand ich auf, ging zum Podium und sagte zu Hoffman: »Ich möchte gern eine Erklärung über meine Rechtsverteidigung verlesen.«
»Haben Sie keinen Anwalt?« fragte Hoffman.
»Nein«, sagte ich. »Ich möchte diese Erklärung über meine Verteidigung verlesen.« Ich las also die Erklärung vor. Ich kam bis zu der Stelle: ». . . und wenn Sie meine verfassungsmäßigen Rechte nicht achten, dann werde ich Sie als krassen Rassisten ansehen müssen, der ein Vorurteil gegen alle Angeklagten hat und besonders gegen mich.«
Hoffman unterbrach mich: »Was haben Sie da gesagt?«
»Als krassen Rassisten«, gab ich zur Antwort. »Dann betrachte ich Sie ebenso als Rassisten wie all die anderen Richter, die im Laufe der Geschichte unseres Landes im Süden zugelassen haben, daß die verfassungsmäßigen Rechte der Menschen verletzt wurden.«
Er wußte nicht, wovon ich ausging: Ich ging von der Tatsache aus, daß er schon den Antrag abgelehnt hatte, den Charles Garry einen Monat vor Verhandlungsbeginn eingereicht hatte. Garry war im August nach Chikago geflogen und hatte versucht, einen Aufschub der Verhandlung zu erreichen aufgrund der Tatsache, daß er zu einer Operation ins Krankenhaus gehen mußte.
Hoffman sagte, mein Antrag würde abgelehnt. Kunstler stand

auf und sagte etwas, aber ich habe vergessen, was es war. Dann sagten Len Weinglass, der zweite Rechtsanwalt, und die sieben anderen Angeklagten, sie würden sich gern mit mir treffen. Weinglass sagte dem Gerichtsbeamten, ich würde heute und an allen anderen Tagen, wenn nachmittags die Verhandlung vorbei wäre, mit ihnen zusammenkommen. Ich erzählte den anderen Angeklagten, was ich vorhatte an Anträgen wegen meiner verfassungsmäßigen Rechte und an ähnlichen Sachen.

Jedesmal, wenn mein Name genannt wurde, stand ich auf und sagte: »Richter Hoffman, ich habe meinen Rechtsanwalt nicht hier.«

»Junger Mann, Sie haben einen Rechtsanwalt. Mr. Kunstler ist Ihr Anwalt.«

»Nein, er ist nicht mein Anwalt«, sagte ich und bestritt diesen Punkt. In der ersten Woche bin ich wohl vier- oder fünfmal auf diese Weise aufgestanden. Ich versuchte, etwas einzuwenden, und sobald ich anfing und sagte: »Aber Richter Hoffman, Sie irren sich. Ich habe ein gewisses verfassungsmäßiges Recht«, dann sagte er: »Führen Sie die Geschworenen hinaus!« Als ich am Freitagmorgen den ersten Antrag stellte, war nicht ein Zeuge für die Anklagevertretung vereidigt worden. Nicht einer. Das ist sehr wichtig, denn solange kein Zeuge vereidigt ist, hat die Verhandlung dem Gesetz nach noch nicht angefangen. Nachdem Schultz den Geschworenen seine einleitende Erklärung abgegeben hatte – auch dann war noch kein einziger Zeuge vereidigt worden –, stand Kunstler auf und gab eine Erklärung ab. Sobald er fertig war, fragte der Richter, ob noch jemand eine Erklärung abzugeben hätte.

Ich erhob mich von meinem Platz und ging zum Podium. Ich wollte eben etwas auf die Erklärung von Schultz erwidern: Schultz sagte, er würde meine Schuld beweisen; ich hätte in einer Rede unser Volk aufgefordert, sich Pistolen, Gewehre und Schrotflinten zu besorgen und einen Aufstand zu machen. In Wirklichkeit habe ich gesagt – wir haben eine Tonbandaufnahme von dieser Rede –, jeder schwarze Mann sollte eine .357-Magnum-Pistole, eine Schrotflinte und ein M-1-Gewehr in seiner Wohnung haben. Im wesentlichen habe ich in der Rede von unserem Recht gesprochen, uns gegen unberechtigte Angriffe von Polizeischweinen zu verteidigen; ich habe wörtlich gesagt: »Wenn die Polizeischweine uns unberechtigt angreifen, dann haben wir das Recht, etwas von dem Schweinefleisch am Spieß zu braten.« Aber ich habe den Leuten nicht gesagt, sie sollten auf die Straße gehen und einen Aufstand machen. Ich habe gesagt, wir hätten das Recht, uns gegen unberechtigte Angriffe zu verteidigen – gegen *unberechtigte* Angriffe. Aber Schultz hat alles verdreht.

»Wir werden beweisen, daß Mr. Seale diese Rede gehalten und

die Leute aufgefordert hat, Gewehre, .357-Magnums, Schrotflinten und so weiter zu ergreifen, damit auf die Straße zu gehen und einen Aufstand zu machen.« Schultz betonte vor den Geschworenen: »Mr. Seale ist ein sehr wirkungsvoller Redner; sehr *wirkungsvoll*.«

Als ich zum Podium ging, hatte ich vor zu sagen: »Mr. Schultz hat eben darauf angespielt, daß ich ein sehr wirkungsvoller Redner wäre; ich wünsche den Geschworenen mitzuteilen, daß ich beweisen möchte: Falls ich wirklich ein sehr wirkungsvoller Redner bin, so hat ja das Sprechen direkt mit meinen und mit jedermanns verfassungsmäßigen Rechten zu tun.« Das wollte ich als erstes sagen und davon ausgehen.

Aber ich sagte nicht mehr als »Mr. Schultz ...« So weit war ich gekommen, da rief Hoffman: »Moment mal, junger Mann«, und sah durchdringend auf mich herunter. Ich guckte zu ihm hoch. »Wer ist Ihr Rechtsanwalt?« fragte Hoffman.

»Mr. Charles Garry«, antwortete ich. Ich wollte sagen: »Mr. Charles Garry, der in Kalifornien im Krankenhaus liegt«, aber als ich gesagt hatte: »Mr. Charles Garry«, da rief Hoffman: »Führen Sie die Geschworenen hinaus! Führen Sie die Geschworenen hinaus!« Er drängte die Jury sofort hinaus und schaffte sie sich aus dem Wege. Die Geschworenen sollten den blöden Schwindel nicht mitkriegen, den er jetzt anbrachte. Als sie gegangen waren, redete er weiter; dann stand Kunstler auf und fing an zu reden.

»Sie sind nicht mein Rechtsanwalt«, sagte ich zu Kunstler; darauf sprach ich selbst über meinen Fall. Hoffman erklärte, daß er mir nicht zuhören wollte, daß ich nicht die Erlaubnis hätte, hier zum Anfang einen Bericht zu geben, denn mein Anwalt wäre Kunstler.

»Kunstler ist nicht mein Anwalt«, sagte ich, »ich habe ihn entlassen.«

Nun hatte ich persönlich nichts gegen Kunstler, denn ich wußte, daß Kunstler mit im Kampf stand und daß er als guter Anwalt bekannt war. Ich verteidigte aber den Grundsatz, daß ich das Recht auf meinen eigenen Anwalt hatte. Von da ab bin ich zwei oder drei Wochen lang jedesmal aufgestanden, wenn mein Name erwähnt wurde. Dann sagte Hoffman meistens zu Kunstler: »Sie sind Mr. Seales Rechtsanwalt.« Und ich erklärte immer: »Nein, er ist nicht mein Rechtsanwalt. Ich bitte um das Recht, meinen eigenen Rechtsanwalt, Charles R. Garry, hierzuhaben, oder um das Recht, mich selbst zu verteidigen.«

Hoffman hat die Sache nicht einmal untersucht; er hat sich nicht darum gekümmert. Von einem Richter erwartet man, daß er mindestens die Lage der Personen besonders hinsichtlich ihrer Rechtsverteidigung untersucht. Aber das hat er nicht getan.

Ich bemühte mich um jede juristische Information über diesen Punkt, die ich nur ausfindig machen konnte. Zu den Verhandlungen kam eine junge Schwarze, die in juristischer Ausbildung war. Hin und wieder kam sie zu dem Tisch der Verteidiger; ich bat sie, mir so viele rechtliche Informationen zu besorgen wie möglich. Weinglass versprach mir, er wollte das auch tun. So haben sie sich beide darum bemüht; sie haben mir gesetzliche Auskünfte verschafft über das Recht, sich in der Gerichtsverhandlung selbst zu verteidigen, und über das Recht, seinen eigenen Anwalt dabeizuhaben. Je mehr ich juristisch informiert war, desto mehr und härtere Einwände brachte ich vor.
Dann geriet ich an das Material über ein altes Rekonstruktions-Gesetz, Abschnitt 1941 im Gesetzbuch der Regierung der Vereinigten Staaten; darin heißt es, daß ein schwarzer Mann in bezug auf die ›Rechtsverteidigung‹ auf keine Weise und an keinem amerikanischen Gericht diskriminiert werden darf. Als ich das erwischte — Mann, war das eine Sache für mich! Denn ich wußte, daß ich im Recht war, nach den Gesetzen und nach dem Sechsten Verfassungszusatz.

Ehe ich geknebelt wurde, ist Hoffman wahrhaftig so weit gegangen, daß er mich überschrie. Oft sprang ich auf, fing schnell zu reden an und sagte: »Richter Hoffman, Sie wissen verdammt gut, daß ich berechtigt bin, meinen eigenen Anwalt hierzuhaben oder andernfalls mich selbst zu verteidigen.« Dann rief er laut über mich hinweg: »Führen Sie die Geschworenen hinaus! Führen Sie die Geschworenen hinaus! Ich will diesen Mann nicht hören. Gerichtsdiener, sorgen Sie, daß der Mann sich setzt. Führen Sie die Geschworenen hinaus! Führen Sie die Geschworenen hinaus!« Er machte es so, daß die Protokollführerin des Gerichts nur das festhalten konnte, was Hoffman sagte, und nicht das, was ich sagte. Aber ich kam ihm auf die Sprünge, ich merkte, welche Taktik er anwendete; sooft er also seine Stimme erhob, sprach ich auch lauter.
Dann, vier oder fünf Tage nach Verhandlungsbeginn, kam die Sache mit den Drohbriefen an die Geschworenen. Mann, das stank! Ich saß an dem Morgen in der Verhandlung, und plötzlich sagte Schultz, daß die Rechtsanwälte und die Anklagevertretung in das Gerichtszimmer gingen, um etwas zu besprechen. Oha! Die Gerichtsdiener führten mich und die anderen Angeklagten in einen Raum, dann kamen die Anwälte herein und sagten, die Jury hätte Drohbriefe bekommen: »Ihr werdet beschattet«, Unterschrift: »Die Black Panthers«.
»Was?« rief ich. »Na, Mann!«
Kunstler sagte, Schultz und Foran wollten nicht, daß es irgendwie an die Öffentlichkeit käme.
»Wollen nicht, daß es irgendwie an die Öffentlichkeit kommt?«

sagte ich. »Na, die Schufte kommen auch noch mal dran. Wir schicken nicht solche dummen Briefe, Mann. Da will uns jemand ins Gefängnis bringen.«

Ich hatte das Gefühl, Schultz und Foran wüßten über die ganze Sache Bescheid. Aber ich sagte mir: »Und wenn Schultz und Foran auch nichts davon wissen, dann ist es eben eine Regierungs- und CIA-Aktion; denn die rechnen damit, daß Schultz und Foran dahinterkommen und es gegen mich benutzen, daß sie damit versuchen, die Geschworenen gegen mich zu beeinflussen; ich bin nämlich der einzige, gegen den sie absolut keinen Beweis haben. Darum brauchen sie das, die Regierung der Vereinigten Staaten braucht diese Sache, um mich ins Strafgefängnis zu bringen.«

»Ich werde es bekanntmachen und werde die Regierung dafür anklagen«, sagte ich, »ich kann mir niemanden anders denken, der das machen würde.«

Jemand meinte: »Aber wie wollen Sie denn wissen, ob nicht irgendein Schwindler das Zeug geschickt hat?«

»Es könnte irgendein Schwindler geschickt haben«, sagte ich, »aber lassen Sie mal eine Kopie davon machen, eine Xerokopie von dem Zeug, schicken Sie die einem Handschriftenkundler und lassen Sie feststellen, was für ein Menschentyp die Briefe geschrieben hat! Ich wette zehn gegen eins, dann finden wir jemanden, der etwas mit irgendeiner Behörde in unserem System zu tun hat.«

Also schrieb ich eine Erklärung, ich nähme an, daß die Regierung der Vereinigten Staaten den Brief geschickt hätte, um uns zu betrügen, und die Black Panther Party unterschriebe nie ›Die Black Panthers‹. Wenn wir etwas unterschreiben, dann heißt die Unterschrift ›Black Panther Party‹; wir verschicken auch nicht solche Briefe. Es ist dieselbe Sorte Schwindel, die bei der Verhandlung gegen Huey P. Newton vorgekommen war, als sie Huey ins Gefängnis gesetzt haben – dieselbe Geschichte mit Drohbriefen und Drohzetteln. Als Huey dann bei dieser Verhandlung auf die Tribüne kam und richtig anfing, die eigentliche Philosophie der Black Panther Party zu erklären, da haben sich viele von diesen Geschworenen die Zeit genommen, sich Huey objektiv anzusehen. Sie stellten fest, daß Huey ein sehr intelligenter Mensch war. Er war nicht das, als was der Staatsanwalt ihn hinzustellen versuchte. Höchstwahrscheinlich wissen die jetzt, wie das geht, habe ich mir da gedacht; und die Regierung will die Vorstellung, die die Geschworenen von mir haben, ganz verderben, ehe ich auf die Tribüne komme oder das Recht kriege, mich selbst zu verteidigen.

Dieser Brief hat mich sehr aufgebracht; es war mir klar, daß ihn niemand anders geschickt haben konnte als die CIA- oder FBI-Leute. Falls Schultz und Foran etwas davon wußten, dann waren sie es gewesen, ich meinte aber, daß es wahrscheinlich die CIA-Leute gewesen sind. Die haben schon schmutzige und faule Sachen gemacht, sie haben die Geschichte in Kuba angezettelt, sie stecken hinter Vietnam und haben dort den Krieg immer stärker angeheizt. Und bei all den Morden und den Aktionen, in die sie sonst noch verwickelt waren, haben sie sich immer im Hintergrund gehalten und nie etwas gesagt. Wir haben sie manchmal mit der SS in Deutschland verglichen, denn die Regierung benutzt sie hinter den Kulissen für Polizeistaat-Aktionen.

So habe ich das jedenfalls gesehen und empfunden. Wenn ich an all ihre Versuche dachte, die Black Panther Party zu unterwandern, dann konnte ich es nicht anders sehen, und so war meine Reaktion auf die Sache. Danach erfuhr ich allmählich einiges von den Gesetzen über mein Recht, mich selbst zu verteidigen, und äußerte mich entschiedener. Richter Hoffman fing an, mich zu überschreien, damit die Protokollführerin das nicht hören sollte, aber ich sprach laut genug, daß sie mich doch hörte, und ich ging in der Auseinandersetzung mit ihm so weit, ihn einen Faschisten, einen Rassisten und ein Schwein zu nennen; ich gebrauchte diese Wörter direkt im Zusammenhang meiner Beweisführung.

Sicher möchte kein Richter gern Faschist, Rassist und Schwein genannt werden, aber er hat sich so benommen, so hat er meine verfassungsmäßigen Rechte überfahren und sie einfach nicht beachtet. »Dieses Argument werde ich jedesmal gebrauchen«, nahm ich mir vor, »vielleicht bringt es ihn zum Verständnis dafür, daß ich wirklich möchte, er soll es einmal untersuchen.«

Er hat es endlich untersucht, drei Tage nachdem er mich knebeln ließ. Tom Hayden und Len Weinglass sagten, sie wollten zu Charles R. Garry fahren und mit ihm darüber sprechen, daß man mich geknebelt hatte. Hoffman wußte, daß er über die Stränge geschlagen war mit dem Knebeln. Er versuchte dann zu erklären, es gäbe dafür einen Präzedenzfall, aber Hoffman war ein Erzlügner; ich konnte mir nämlich juristische Informationen besorgen über die anderen Angeklagten, die man in der Gerichtsverhandlung geknebelt hatte, und die hatten Stühle hochgehoben und auf die Leute geworfen. Ich habe nie Stühle hochgehoben und damit geworfen. Ich bin auch nie zur Geschworenenbank gelaufen und habe die Geschworenen bei den Schultern gepackt und geschüttelt. Solche Sachen habe ich nie gemacht.

Das einzige, was ich jemals nach diesen Drohbriefen zur Jury gesagt habe, war dies: »Guten Morgen, meine Damen und Herren Geschworenen! Ich hoffe, daß Sie mir nicht die Schuld an irgend etwas geben.« Hoffman drängte sofort die Geschworenen hinaus und versuchte, meine Stimme zu übertönen. »Denn diese Drohbriefe, die angeblich von der Black Panther Party kommen sollen, sind *nicht* von der Black Panther Party geschickt worden. Richter Hoffman, Sie wissen das, und dieses ganze Gericht weiß es.«

Hoffman redete zur gleichen Zeit wie ich. Ich glaube nicht, daß die Protokollführerin alles mitgekriegt hat. Sie war nicht gegen mich, denke ich. Ich meine nicht grade, daß sie auf meiner Seite war, aber irgend jemand hat mir auf einem zusammengefalteten Zettel eine Nachricht geschickt, die Protokollführerin hätte gesagt: »Wenn Sie laut sprechen, dann reden Sie bitte etwas langsamer, damit ich alles in das Protokoll bringen kann. Es ist zu Ihrer Verteidigung.«

Allmählich hatte ich das Gefühl, daß die Leute sich wirklich gegen den Richter stellten, denn ich kam dahinter, daß sogar manche Gerichtsbeamten Hoffman nicht mehr verstanden, wenn er so etwas machte. Hinter den Kulissen, im Gefängnis, haben sie oft gewaltig den Kopf geschüttelt.

Am Gericht arbeiteten ein paar Beamte stellvertretend, die eigentlich Wärter drüben im Cook-Landesgefängnis waren und dort abends Spätschicht machten. Wenn sie vormittags frei hatten, kamen sie herüber, zogen ihre Zivilsachen an und machten eine Tagesschicht als stellvertretende Gerichtsbeamte. Die meisten, die ich morgens, ehe ich zum Gericht ging, im Cook-Landesgefängnis sah, waren als Beamte mit bei der Verhandlung. Wegen der Art und Weise, wie Hoffman mit mir umging, konnten die Wärter nicht mehr mit und nahmen Partei für mich. Die Wärter — jeder einzelne — fingen an zu fragen. »Ich verstehe wirklich nicht, *wie* der Richter das machen kann.« Manche schüttelten einfach den Kopf.

An einem Vormittag haben sie versucht, Verwandte von mir aus dem Gerichtssaal zu schicken. Ich stand auf, protestierte dagegen und nannte den Richter wieder einen Rassisten. In Wirklichkeit schien eine alte Matrone vom Gericht dahinterzustecken. Jedesmal, wenn ich mich nach ihr umsah, flüsterte sie ihnen Ermahnungen zu, jedem Bruder von der Black Panther Party und jedem Schwarzen, der im Gerichtssaal saß. Man hatte sie alle in einer kleinen Gruppe zusammengesetzt, und sie beobachtete jeden einzelnen, die kleinste Bewegung, die einer von ihnen machte. Plötzlich sagte sie zu einem Mädchen, es sollte aus dem Saal gehen, und zu einem Jungen sagte sie dasselbe. Die beiden waren nicht etwa laut, aber sie schickte sie aus dem Gerichtssaal hinaus. Kunstler stand auf und sagte: »Warum werden dort schwarze Menschen aus dem Gerichtssaal geschickt?«

»Das sieht mir nach ein wenig Rassismus aus«, sagte ich, denn die schwarzen Menschen benahmen sich nicht im geringsten auffällig.

Dann kam eines Morgens, ehe die Verhandlung anfing, einer von den Gerichtsbeamten in die Wartezelle zurück und sagte: »Bobby, da draußen sind eine Menge Black Panthers, eine Menge Schwarze, die alle auf deiner Seite sind. Ich hoffe, daß nichts passiert.«
»Ach, es wird nichts passieren«, sagte ich. »Sie sind hier, um zuzusehn und zuzuhören. Sie haben das Recht, zuzusehen und zuzuhören. Sie haben das Recht, da drin zu sein.«
»Der Richter hat uns nur eben gesagt, wir sollten zu dir hingehn und dich hinsetzen, und ich möchte halt nicht, daß einer von ihnen irgendwas anfängt.«
»Die werden nichts anfangen«, antwortete ich. »Wenn ihr mich auf meinen Stuhl zurückstoßt und ähnliche Sachen, dann führt ihr den Befehl eines rassistischen Richters aus. Er ist schuld, wenn ihr wie Rassisten handelt.«
»Ich bin eigentlich gar kein Rassist.«
Ich sagte: »Ja, du sagst, daß du keiner bist. Aber ich werde mit ihnen reden.«
Fünf Minuten später kamen sie wieder und holten mich. Die Verhandlung hatte noch immer nicht angefangen. Die Angeklagten hatten sich um den Tisch der Verteidigung verteilt. Schultz und Foran waren am Anklagetisch. Ich sagte: »Ihr Brüder und Schwestern unter den Zuhörern, euch möchte ich gern etwas sagen. Ihr habt in den letzten Wochen hier im Gerichtssaal erlebt, daß der Richter mir gedroht hat; es wird auch davon geredet, mich zu knebeln und all solcher Unsinn, aber ich habe das Recht, für mich zu sprechen.«
(Vor ein paar Tagen war ich in eine Auseinandersetzung mit Richter Hoffman geraten und hatte ihn gefragt – es steht im Verhandlungsprotokoll –: »Habe ich das Recht, aufzustehen, Gesuche und Anträge zu stellen und zu diesen Gesuchen und Anträgen für mich zu sprechen, oder habe ich dieses Recht nicht?« Genau das habe ich gefragt. Hoffman hat mir nie geantwortet, ob ich dieses Recht hätte oder nicht. Das ist sehr wichtig, denn er hätte sagen sollen: »Nein, Sie haben nicht das Recht, aufzustehen und für sich zu sprechen.« Aber er sagte nur: »Sie haben einen Anwalt.«
»Ich behaupte, daß ich keinen Anwalt habe«, erklärte ich Hoffman und wies darauf hin, daß ich Kunstler entlassen hatte. »Sie können keinen für mich ernennen. Habe ich nun das Recht, für mich selbst zu sprechen, ein Gesuch oder einen Antrag zu stellen und diesen Antrag zu vertreten, oder habe ich das Recht nicht?« Und ich sagte dazu: »Dies ist ein Gesuch und ein Antrag.« Das habe ich gesagt, aber Hoffman wollte mir darauf nicht antworten.)
So habe ich zu den Brüdern unter den Zuhörern gesprochen und ihnen gesagt, ich hätte das Recht, für mich zu sprechen, und ich

wollte mich selbst verteidigen. »Aber ich möchte nicht, daß ihr dort im Saal die Fassung verliert, daß ihr euch aufregt und anfangt, irgend etwas zu tun, das nicht zur normalen Ordnung gehört. Ihr habt das Recht, hier teilzunehmen. Ihr habt das Recht, diese Verhandlung zu beobachten und zu sehen, was vorgeht. Wenn etwas passiert, dann tut nichts Unnötiges!
Falls uns jemand angreift, verteidigen wir uns. Das ist ein Grundsatz unserer Partei. Ob sie ein Gewehr haben oder nicht, wenn sie uns angreifen, dann verteidigen wir uns. Wenn sie uns aus dem Gerichtssaal hinausschicken, dann tun sie das eben. Dann gehen wir. Aber fangt nichts an, bewahrt eure Ruhe. Wir sind Menschen und haben das Recht, uns zu verteidigen. Aber tut nichts! Behaltet die Ruhe, denn ich habe noch das Recht, für mich zu sprechen.«
Dann versammelte sich der Gerichtshof; Schultz stand auf und sagte auf eine ganz widerliche Art: »Wenn der Gerichtshof erlaubt: ehe Sie in diesen Saal kamen, ist Bobby Seale aufgestanden und hat zu der Gruppe dort geredet.« Schultz bemühte sich, daß es wirklich schlimm klingen sollte.
Er stand da oben und redete, da sprang ich auf, ging zum Rednerpult und sagte: »Ich *kann* auch sprechen, aufgrund meiner verfassungsmäßigen Rechte.« Dann ging ich auf meinen Platz zurück und setzte mich hin. Überall in dem Raum waren Gerichtsdiener auf dem Sprunge, mich anzugreifen. Sie gingen wirklich auf mich los, Mann! Schultz versuchte noch zu sagen, ich hätte davon geredet, daß sie Leute angreifen sollten. Da stand ich wieder auf.
Die Gerichtsdiener liefen zu mir hin, packten mich, und der große schlug mich. Er packte mich und stieß mich gleichzeitig. Er stieß mich in den Stuhl zurück, als ich aufstand. Als ich auf den Sitz fiel, kippte der Stuhl nach hinten über, und ich fiel auf den Boden. Der Stuhl fiel nicht ganz um, aber ich saß direkt vor einigen Zuschauern. Der Stuhl hatte Räder und rollte zurück, als ich gestoßen wurde. Als der Stuhl nach hinten ging, kam mein Bein hoch. Der Gerichtsdiener stieß mich nieder, da kam mein Bein hoch und schlug von unten gegen den Tisch der Verteidigung.
Im gleichen Augenblick kam noch ein Kerl heran, ein dicker, großer Kerl, den wir immer Slim (›Schmächtig‹) nannten, zog an meinem Arm und nahm ihn in den Schraubgriff.
»He, Mann, du tust mir ja weh«, sagte ich. Nun wollte Slim tun, was man ihm gesagt hatte, aber er wollte auch nicht mit mir aneinandergeraten. Er zog meinen Arm wieder nach unten und hielt ihn da fest. Er sagte: »He, Mensch, ruhig Blut!«
»Nein«, rief ich, und jetzt schrie ich. Jetzt fing ich an, laut zu schreien:
»Sie lügen ja! Sie dreckiger Lügner! Ich habe ihnen gesagt, sie

sollten sich verteidigen. Sie sind ein verkommenes Rassistenschwein, ein faschistischer Lügner, das sind Sie! Sie sind ein schäbiger Lügner. Sie sind ein schäbiger Lügner. Sie sind ein faschistisches Lügenschwein.«
An dieser Stelle redete Schultz weiter und erzählte dem Richter, ich wollte den Gerichtshof sprengen.
»Schultz, warum sagen Sie nicht die Wahrheit?« rief ich. »Warum sagen Sie nicht die Wahrheit, was ich genau geredet habe?«
Die Gerichtsdiener hatten mich inzwischen losgelassen.
»Warum sagen Sie nicht die Wahrheit, was ich genau geredet habe? Ich habe gesagt: ›Behaltet die Ruhe und tut nichts; wir haben das Recht, uns zu verteidigen, wenn wir angegriffen werden.‹ Ich habe nichts von der Art gesagt, wie Sie es andeuten wollen. Ist es nicht so? Sagen Sie die Wahrheit!« rief ich ihm zu.
Und was tat Schultz jetzt? Er sagte: »Ja, Euer Ehren, bitte entschuldigen Sie; Euer Ehren werden mich sicher verstehen.« Damit ging Schultz hin und setzte sich. Ich hatte ihn bei einer kaltblütigen, dreisten Lüge ertappt.

Am gleichen Tag reichte Schultz das Foto eines Schwarzen herum, der eine Baumwollhemd trug mit dem Zeichen der geballten Faust darauf — das ist der Gruß ›Die Macht dem Volk‹. Schultz sagte: »Ich bitte, daß dieses Foto mit zu den Beweisen gelegt wird; es zeigt einen Schwarzen in einem Jerseyhemd, und auf dem Jerseyhemd ist eine geballte Faust zu sehen, der ›Black Power‹-Gruß (›Die Macht den Schwarzen‹).« Da stand ich auf und sagte: »Ich erhebe Einspruch gegen die Kennzeichnung des Beweisstücks, sie ist nicht richtig. Der Gruß ist mit der Black Panther Party verbunden, sie hat ihn eingeführt. Er bedeutet in Wirklichkeit ›Macht dem Volke!‹ Diesen Gruß so nur als Zeichen der Black Power-Bewegung zu charakterisieren und zu isolieren, ist sehr rassistisch.«
Schultz sprang von seinem Stuhl auf. Er kriegte einen roten Kopf — er war wütend. »Euer Ehren«, sagte er sehr laut und redete so, daß es möglichst abfällig klingen sollte, »Mr. Seale hat mich einen Rassisten genannt, Euer Ehren. Und er hat *Sie* einen Rassisten genannt.«
»Das stimmt«, sagte ich, »genau das sind Sie, wenn Sie Beweisstücke so auslegen. Sie sind ein Rassist. Euer Ehren«, wiederholte ich, »die Darstellung ist falsch. Der Gruß bedeutet ›Macht dem Volke‹ und beschränkt sich nicht auf Black Power, auf die Macht für Schwarze. Den Gruß haben zwar schwarze Menschen in der Black Panther Party eingeführt, aber wir meinen damit Macht für das *ganze* Volk.« Das war auch eine Form meiner Selbstverteidigung. Schultz mußte sich schließlich hinsetzen.

Sie waren wirklich an einen Punkt gekommen, wo sie nichts anderes mit mir zu tun haben wollten. Als sie anfingen, Dinge falsch auszulegen, die sich direkt auf mich bezogen, blieb mir nichts anderes übrig, als laut für mich zu sprechen oder wenigstens zu protestieren, denn ich hatte das Recht, mich zu verteidigen, auch wenn Hoffman mir dieses Recht weiter verweigerte. Etwas von diesen Dingen konnten die Geschworenen sehen, obwohl Hoffman die Jury meistens schleunigst aus dem Raum führen ließ.

Geknebelt, gefesselt und gebunden

Der Tag, an dem ich Schultz einen Lügner nennen mußte, weil er versucht hatte, mich falsch zu zitieren, war auch der Tag meiner Knebelung. Ich hatte meine Rechte gefordert. Ich sagte zu ihnen: »Ich verlange meine verfassungsmäßigen Rechte.« Ich schlug sogar beim Reden mit der Faust auf den Tisch. »Und, Richter Hoffman«, sagte ich, »Sie wissen, daß ich das verfassungsmäßige Recht habe, mich zu verteidigen.« Das Gericht zog sich zurück, kam nach kurzer Zeit wieder, und Hoffman sagte: »Mr. Seale, werden Sie diese Verhandlung noch weiter sprengen?«

»Ich sprenge diese Verhandlung nicht«, antwortete ich. »Ich stelle den Antrag und die Forderung, daß ich das Recht bekomme, mich selbst zu verteidigen, denn ich weiß, daß ich das Recht dazu habe.«

Da sagte Hoffman zu den Gerichtsdienern: »Nehmen Sie den Angeklagten und behandeln Sie ihn angemessen.« So hat Hoffman das gesagt – auf diese ganz gemeine Art. Sie führten mich wieder in die Wartezelle neben dem Gerichtssaal. Sie nahmen ein Stück Tuch und wickelten es mir über den Mund. Sie legten mir Handschellen an, machten sie unten dicht an den Beinen eines Klappstuhls aus Metall fest und legten mir Fußeisen an. Die Kette wickelten sie um einen Stab, der vor dem Klappgestell des Stuhls saß, und machten sie mit einer Klammer an meinem rechten Bein fest.

Die Geschworenen kamen wieder herein, und Richter Hoffman sagte einigen verrückten Schwindel von »dies mißachtet und das mißachtet«. Ich schüttelte den Kopf nach den Geschworenen hin und machte »uh uh, uh uh«. Einer Geschworenen kullerten die Tränen; ich sah wieder zu den Geschworenen – »uh uh«.

Hoffman sagte solches Zeug wie: »Mr. Seale versucht, die Verhandlung zu sprengen.«

Ich schüttelte den Kopf zu den Geschworenen hin – »uh uh, uh uh« –, um zu zeigen, daß ich sie nicht zu sprengen versuchte.

Dann passierte etwas anderes. Hoffman sagte noch etwas über mich, da klapperte ich mit den Handschellen gegen den Metallstuhl — ding ding ding ding —, um so zu widersprechen; ich versuchte noch immer, mich zu verteidigen. Kurz darauf kamen sie mit einem Zeugen, der etwas aussagte, und dabei wurde mein Name genannt.

Ich rief durch das Tuch hindurch: »Ich erhebe Einspruch«; es klang gedämpft, aber man konnte es hören: »Ich erhebe Einspruch.« Das Tuch hielt nicht besonders gut, weil ich den Bart hatte. Ich sagte also wieder: »Ich erhebe Einspruch, ich erhebe Einspruch. Ich habe das Recht, mich selbst zu verteidigen.«

Da brachten sie mich wieder hinaus. Zwei oder drei Gerichtsdiener hoben den Stuhl auf und trugen mich zurück in die Wartezelle. Sie machten das Tuch wieder fest, stopften noch einen Lappen dahinter, verknoteten das Ding und brachten mich in den Gerichtssaal zurück.

Später hat mich Hoffman gefragt, ob ich versprechen wollte, die Verhandlung nicht zu ›sprengen‹. Er gebrauchte gern die Wörter ›sprengen‹ und ›Ausbruch‹, damit die Zeitungen auch ›sprengen‹ und ›Ausbruch‹ drucken konnten und die Leute nicht merkten, was wirklich vorging. In Wirklichkeit ging es um die Frage der verfassungsmäßigen Rechte. Hoffman sagte, ich sollte bei ›ja‹ mit Kopfnicken oder bei ›nein‹ mit Kopfschütteln antworten.

Ich habe weder mit dem Kopf genickt noch den Kopf geschüttelt. Ich habe gesagt, richtig durch diesen Knebel, »Ich habe das Recht« — meine Stimme klang gedämpft, aber sie konnten mich alle hören — »ich habe das Recht, mich selbst zu verteidigen; Sie wissen, daß ich das Recht habe, mich zu verteidigen; und Sie haben nicht das Recht, mich zu knebeln und zu fesseln. Ich möchte mich selbst verteidigen, und das ist alles, was ich will.«

Die Leute im Hintergrund konnten mich wahrscheinlich überhaupt nicht hören, aber der Richter, die Gerichtsdiener, die Presseleute und die Zuhörer in meiner Nähe konnten mich hören.

Am nächsten Tag banden sie mich an einen hölzernen Lehnstuhl fest, taten eine dicke Wattierung vor meinen Mund und banden einen großen, breiten Lappen darum. Unter mein Kinn legten sie auch einen Lappen. Die Gerichtsdiener banden ihn oben auf meinem Kopf zu einem Knoten. Der Lappen ging mir über den Mund und hinten am Hals herum. Am ersten Tag, an dem ich geknebelt und gefesselt wurde, machte ein großer schwarzer Gerichtsdiener das Eisen um mein Bein richtig stramm, so daß die Blutzirkulation in meinem rechten Bein tatsächlich aufhörte. Als sie mich das zweite Mal gefesselt hatten, habe ich der Rechtsstudentin, die am Tisch der Verteidigung saß, Zeichen gemacht, daß sie mir ein Stück Papier geben sollte; darauf schrieb ich, sie hätten die Handschellen so um meine Handgelenke gelegt, daß die Blutzirkulation in meinen Armen unterbrochen würde. Ich bekam nur dadurch etwas Erleichterung, daß ich mich in dem Stuhl nach unten hängen ließ. Einer im Gericht sagte, meine Blutzirkulation würde unterbrochen, da kam ein anderer Gerichtsdiener und lockerte die Handschellen.

Am Tag darauf hatten sie statt der Handschellen große Riemen. »Hinsetzen, auf den Stuhl«, sagte ein Gerichtsdiener. Ich setzte mich auf den Stuhl und sagte mir: »Hoffman scheint ein verdammter Narr zu sein, daß er da oben sitzt und mich knebelt und so unmögliches Zeug macht. Er weiß, daß ich das Recht habe, mich selbst zu verteidigen; er weiß, daß ich einen Anwalt hierhaben sollte, einen Anwalt, den ich mir selbst ausgesucht habe. Er ist nicht bei Troste.« Inzwischen fing der Kerl an, die Riemen um meinen Arm zu wickeln.

»Hör mal, Mann, die sind aber reichlich stramm«, sagte ich.

»Das sollen sie ja auch sein.«

»Au, Scheiße«, sagte ich.

Er wickelte mir einen Riemen um das Bein nach unten und fragte: »Ist das stramm?«

»Nein«, sagte ich, »da unten sind sie nicht stramm.« Da zog er sie etwas strammer. Nachher kam ein anderer Gerichtsdiener vorbei und sagte: »Hör mal, Mann, die Dinger sind doch zu stramm«, da lockerte er sie ein bißchen. Dann band er mir den Knebel über den Mund.

Als sie mich geknebelt hatten, gingen sie hinaus, und dasselbe große schuftige Schwein von einem Nigger zog mir die Riemen um die Arme wieder stramm, er zog sie einfach wieder ganz stramm. Dann machte er die Tür auf und sagte zu einem anderen Gerichtsdiener, der vor der Tür stand: »Los, komm!« Sie hoben mich hoch und trugen mich an den Tisch.

Ich versuchte, meine Hände zu bewegen, damit in meinem linken Arm das Blut wieder zirkulieren könnte. Ich saß da, und die Verhandlung ging weiter. Ich hörte zu, und zwischendurch versuchte ich immer wieder, die Hände zu bewegen. Ich saß eine ganze Weile so da und merkte, daß die Blutzirkulation in meinen Armen buchstäblich aufhörte, wenn ich nicht die Hände bewegte. Dann machte dieses eine Schwein, das direkt neben mir saß, die Riemen wieder ganz stramm, richtig stramm.

Ich wedelte weiter mit den Händen, aber diesmal half das nichts mehr für die Blutzirkulation, deshalb versuchte ich es mit Stoßen und Ziehen, Stoßen und Ziehen. Ich machte der Jurastudentin ein Zeichen mit dem Kopf. Durch sie hatte ich auch Verbindung zu Garry. »Was möchten Sie?« fragte sie mich. »Möchten Sie einen Bleistift haben?« Ich nickte mit dem Kopf, das

sollte ›ja‹ heißen. Ich versuchte auch, durch den Knebel zu reden.
Als sie da stand und mir zu helfen versuchte, kam Schultz dazwischen und sagte: »Euer Ehren, ich möchte dem Gericht gern mitteilen, daß die junge Dame gestern, als Mr. Seale den Gerichtssaal verließ, seine Hand auf eine sehr mütterliche Art berührt hat.« Er sagte das so, daß es die Geschworenen hören sollten. Er hoffte, es würde ihr Ansehen schädigen, daß sie versuchte, mir herauszuhelfen.
Jedenfalls schrieb ich eine kleine Notiz, daß meine Blutzirkulation unterbrochen wäre; ich bat sie, die Weinglass zu geben und ihm zu sagen, er möchte es dem Gericht melden. Sie machten da noch eine Art Kreuzverhör. Ich versuchte, die Riemen zu bewegen. Diese Holzstühle sind einigermaßen glatt und poliert. Mein Arm lag oben auf der Seitenlehne, und ich versuchte, mit dem Arm danebenzurutschen. Die Riemen gingen um die Lehne, und als ich meinen Arm von der Lehne herunter bewegte, wurden sie etwas locker, ich sagte »ah!« Nun schob ich den Arm immer zurück und vor, da wurden die Riemen ganz lose, dann fing ich wieder an, mit den Händen zu wedeln, damit das Blut zirkulierte. So ein großes Schwein guckte herunter und sah, daß ich die Riemen gelockert hatte und mit den Händen wedelte. Er langte nach mir herüber, packte den Riemen und bemühte sich, ihn straff zu ziehen. Das tat höllisch weh am Arm. Er zog an dem Riemen, zog meinen Arm wieder fest an den Stuhl, und ich schüttelte mit dem Kopf und machte »uh uh«.
Ich fing an zu murmeln, man konnte aber nicht mal die Hälfte verstehen: »Ich muß Blutzirkulation haben, ich will meine Blutzirkulation in Gang bringen.« Als er über mich weglangte und an den Stuhl stieß, kamen noch zwei Gerichtsdiener und packten den Stuhl. Ich beugte mich vor und sagte »uh uh«, da stieß mir das erste Schwein seinen Ellbogen gegen die Brust. Der Ellbogen stieß mich gegen die Armlehne zurück. Er stieß mich noch einmal. Ein Gerichtsdiener versuchte, den Stuhl hochzuheben, der andere versuchte, ihn hinzustellen, und ich stieß gegen die Rückenlehne und versuchte, diesem Kerl auszuweichen, der mich gegen die Brust schlug.
Dabei merkte ich aber: Wenn auch meine Beine unten an den Stuhlbeinen angeschnallt waren, meine Füße standen fest auf dem Boden; wenn er mich also mit den Ellbogen stieß und ich dabei mit den Füßen nach hinten schob, dann rutschte der Stuhl. Da griffen mich noch drei Gerichtsdiener an, gleichzeitig mit den beiden, die den Stuhl hochheben wollten. Der ganze Stuhl ging in die Luft, und ich fiel zurück mitten zwischen die Presseleute. Die Presseleute saßen gleich hinter dem Tisch der Verteidigung, und ich fiel auf sie drauf. Sie versuchten in wahnsinniger Hast, auszuweichen. Alle Gerichtsdiener liefen auf

mich zu. Dieser eine Kerl stieß mich noch immer mit dem Ellbogen und zog dabei den Riemen fester um meine linke Hand. Noch ein Gerichtsdiener kam hereingestürzt, der Stuhl ging wieder halb in die Höhe und fiel übereck. Dann raste wieder so ein Schwein herein, und sein Ellbogen fuhr mir direkt gegen die Augäpfel. Das tat ganz höllisch weh.

Da beugte ich mich nach rechts, ich drehte die Hand in dem Riemen herum und kam schließlich mit den Fingerspitzen nah an meinen Schnurrbart heran, zerrte und zog den Kopf zurück und riß den Knebel von meinem Mund weg. Ich schrie:

»Du Hundesohn, du hast mich am Augapfel getroffen, hau mich doch nicht ins Auge! Ich versuche doch, meine Blutzirkulation wieder in Gang zu kriegen.«

Drei- oder viermal hab' ich das gesagt. Ich habe auf ihn geflucht, ich habe ihn einen Faschisten und alles mögliche genannt. Gleichzeitig rief der Richter: »Die Sitzung ist vertagt, die Sitzung ist vertagt.« Die Geschworenen liefen hinaus. Es sah aus, als ob alle zehn oder zwölf Gerichtsdiener auf mich einprügelten und mich umbrächten.

Jerry Rubin, der mir am nächsten saß, stand auf und rief: »Paßt doch auf, was ihr macht! Den Mann da mit Ellbogen zu stoßen! Ihr habt ihn in den Mund gehauen.«

Der Richter sagte etwas, daß er die Sitzung vertagte; es war ein richtiges Chaos. Das ist alles passiert, weil Richter Hoffman mich geknebelt hatte, und dann hatte dieses Mistschwein versucht, mich brutal zu behandeln, als ich geknebelt und gebunden und an den Stuhl gefesselt war. Mann, war das ein Theater! Schließlich kriegten sie diesen anderen Kerl dazu und hoben den Stuhl auf. Die Sitzung war vertagt.

Als sie mich heraustrugen, schrie ich: »Grausame und unnormale Bestrafung!« Ich glaube nicht mal, daß sie das ins Protokoll gekriegt haben, aber ich schrie es heraus: »Grausame und unnormale Bestrafung!« Ich sagte: »Ihr seid ein Haufen Faschisten. Richter, Sie sind ein Faschistenhund.«

Ich wurde genau auf die Hoden gehauen, und sie hatten mir Ellbogenstöße gegen die Brust versetzt, und meine Blutzirkulation war weg. Es spottete jeder Beschreibung. Sie machten die Tür zu, und dann sagte dieser große Gerichtsdiener: »Du machst es dir selber schwer.« – »Ich mache mir gar nichts selber schwer«, sagte ich zu ihm, »ihr haltet es bloß mit dem verdammten Richter, ihr arbeitet mit dem zusammen.«

Als sie mich am nächsten Morgen knebeln wollten, dachte ich, ich würde sterben; ich meine ganz richtig: sterben – so haben sie es gemacht. Ich war in der Wartezelle, ehe sich das Gericht versammelte, und sie sagten: »Setz dich auf den Stuhl.«

»Zieht mir diese Dinger nicht zu stramm«, sagte ich. Dieser

eine Gerichtsdiener meinte: »Wir werden sie schon nicht zu stramm ziehen.« Sie schnallten mich fest, und dann erklärte der eine, der gesagt hatte, er würde die Dinger nicht zu stramm ziehen: »Bobby, wir stecken dir jetzt was in den Mund.«
»Nein, ihr steckt mir nicht so ein verdammtes Ding in den Mund«, sagte ich, »nicht in den Mund.«
»Wir müssen dir was in den Mund stecken. Das hat der Richter angeordnet, und das werden wir tun.«
»Nicht doch. Ihr steckt mir nichts in den Mund.« Ich hatte mir schon vorgenommen, wenn er auch nur mit seinen Fingern meinem Mund nahkäme, dann wollte ich ihm seine verdammten Finger abbeißen, denn ich wollte nicht zulassen, daß sie mir was in den Mund steckten.
»Versucht lieber nicht, mir was in den Mund zu stecken, ich habe nämlich Mandelentzündung, und es wird mich ganz fertigmachen, noch dazu mit der anderen Entzündung, wegen der ich in Behandlung bin. Bei all dem Penizillin, das ich in mir habe, steigt meine Temperatur um anderthalb Grad, manchmal auch um zwei Grad, und ich muß schlafen, damit meine Temperatur wieder heruntergeht. Also steckt mir ja nichts in den Mund! Ich lasse euch bestimmt nichts in meinen Mund stecken.«
»Pack ihn am Kopf«, sagte der Gerichtsdiener. Ich war gefesselt. Einer von den Gerichtsdienern legte seine Handflächen oben auf meinen Kopf. Er trat an mich heran – er hatte Gummihandschuhe an und hatte so ein Polster aus zusammengerollten Lappen in der Hand. Es war ungefähr zweieinhalb bis vier Zentimeter lang und hatte zweieinhalb Zentimeter Durchmesser. Diesen Klumpen wollte er mir in den Mund zwängen. Ich war gefesselt, die Beine, die Arme, alles. Er packte meine Nase und hielt diesen Stöpsel aus Lappen in etwa acht bis zehn Zentimetern Entfernung vor meinen Mund. Ich konnte mir denken, daß er warten wollte, bis mir die Luft ausging, weil er mir die Nase zuhielt und wußte, daß ich den Mund nicht aufmachen wollte. Er wollte warten, bis ich Luft holen müßte, und wenn ich dann den Mund aufmachte, wollte er mir ganz fix das Lappenzeug reinstecken.
»Aber das soll ihm nicht glücken«, dachte ich mir, »das wird nicht klappen.«
So saß ich da. Nach einer Weile brauchte ich Luft. Ich hielt und hielt die Luft an, solange ich konnte. Er war schon darauf vorbereitet, gleich den Lappen in meinen Mund zu pressen, aber ehe ich den Mund aufmachte, fuhr ich mit dem Kopf ganz schnell nach links und dann nach rechts; so befreite ich mich aus dem Griff des anderen Gerichtsdieners an meinem Kopf und aus dem Griff dieses Gerichtsdieners an meiner Nase. Ich beugte den Kopf nach unten und fing an, Luft zu holen.
Ich sah auf. Sie waren zurückgetreten. Als sie es dann wieder

versuchten, legte mir der Kerl seinen Arm um den Kopf, als ob er mit jemandem ringen wollte — nur daß ich gefesselt auf dem Stuhl saß, und er stand. Er legte mir so den Arm um den Kopf, daß mein Hinterkopf gegen seine Brust gelehnt war. Er hielt den Arm etwas nach unten, daß er auf mein rechtes Ohr kam. Der Kerl packte wieder meine Nase. Ich wurde wahnsinnig, Mann. Ich wurde absolut wahnsinnig.
»Ihr Hundesöhne«, rief ich, »ihr erbärmlichen Hunde!« Sie hielten mich wieder fest und hielten mir die Nase zu. Als es so aussah, als müßte ich bald Luft holen, hielt der mir den Klumpen aus Lappen direkt an den Mund und fing an, ihn mit der Handfläche ganz kräftig dagegenzupressen. Er preßte so sehr, daß ich sogar spürte, wie mir Blut aus dem Zahnfleisch sickerte und wie meine Lippen innen aufplatzten; denn ich hielt aus, ich hielt aus, so sehr ich konnte. Dann fing ich an zu denken: »Gleich geh ich drauf. Gleich geh ich drauf.« Ich wollte nicht draufgehen. Da kriegte ich es mit der Angst. Ich wußte, ich würde die Kerle nicht diesen Lappen in meinen Mund stecken lassen.
Ich habe an alles mögliche gedacht. Mir fuhren manche Gedanken durch den Kopf. Mir kam zum Bewußtsein, daß meine Füße auf dem Boden standen, und ich wollte nach hinten stoßen und nach links rutschen, aber der Kerl, der meinen Kopf festhielt, merkte, wie ich meinen Körper anspannte, und er hielt mich fester und härter. Ich hatte das Gefühl, ich würde draufgehen, und ich wollte nicht draufgehen. Ich wollte nicht gezwungen werden, draufzugehn. Und dieser Kerl drückte, drückte, drückte gegen meinen Mund.
So stieß ich mit den Füßen und fing irgendwie an, mit meinem Gewicht gegen den Stuhl zu drücken. Meine Beine waren an den Stuhlbeinen festgemacht. Ich stieß mit aller Gewalt. Ich war nahe daran, draufzugehen. Ich dachte an Eldridge, ich dachte an unseren Kampf, an alle in der Partei, ich dachte sogar an Nat Turner — alles mögliche verrückte Zeug. Ich stellte mir vor, daß ich den Mund nicht aufmachen wollte, auch nicht, wenn ich draufginge. Dabei wußte ich doch, wenn man draufgeht, dann öffnet sich der Mund automatisch, ehe man stirbt.
Ganz plötzlich stieß ich mit meinem ganzen Gewicht nach hinten, und schon hatte ich den Kerl gegen die Wand gedrückt. Er stand hinter dem Stuhl, und ich hatte ihn zwischen den Holzstuhl und die Wand gequetscht. Ich hatte ihn das ganze Stück nach hinten gestoßen, knapp einen Meter, und er hatte meinen Kopf losgelassen. Sein Körper saß zwischen Wand und Stuhl, ich stieß und zerrte; er versuchte, den Stuhl von der Wand wegzustoßen, und ich quetschte ihn nach hinten gegen die Wand. Ich war befreit, ich fühlte mich frei und fing an zu atmen.

Dieser andere Kerl sagte: »Wir können dem das nicht in den Mund stecken. Der verdammte Richter. Weshalb hat er uns überhaupt diesen Scheißdreck befohlen?« Sie beschlossen, mir nichts in den Mund zu stecken. Aber das war vielleicht eine Schlacht, die ich da mit denen ausgekämpft habe!

Der Gerichtsdiener, der meinen Kopf gehalten hatte, war ein Weißer, und der, der mir den Lappen in den Mund stecken wollte, war ein Schwarzer. Sie arbeiteten zusammen. Sie waren beide Schweine. Ihre Farbe hatte gar nichts zu sagen. Der schwarze Gerichtsdiener sagte: »Also wir machen es nicht. Wir können es nicht machen. Wir haben versucht, was wir konnten.«

Dann holten sie eine Bandage. Es war eine Rolle, so eine, die sich die Fußballspieler und die Basketballspieler immer um die Beine wickeln. Man wickelt sich das um die Beine, und wenn man sich bewegt, wird es strammer. Sie hatten ein Stück von etwa siebeneinhalb Zentimeter Breite. Erst taten sie Stoffband und dicke Wattierung über meinen ganzen Mund, dann fingen sie an zu wickeln. Sie wickelten es ringsherum. Sie wickelten es stramm, sehr stramm. Dann legten sie es mir unters Kinn, wickelten es mir oben über den Kopf und wieder unter dem Kinn her – es drückte mir wirklich auch auf die Kehle. Ganz stramm machten sie das. Mir ging die Luft aus. Die Bandage fing an, mich zu ersticken. Ich fing an, den Kopf nach rechts und nach links zu schütteln, da sagte der eine Kerl: »Ich glaube, jetzt kriegt er keine Luft mehr.« So haben sie es in aller Eile wieder losgewickelt.

Sie fingen von vorne an und achteten darauf, daß sie die Bandage direkt unter mein Kinn legten und nicht an die Kehle. Sie wickelten es wieder zu dicht, aber als ich dann in den Gerichtssaal kam und nach rechts und links sah, wurde das Ding immer strammer und strammer.

Es kam mir kein Blut mehr in den Kopf. Das war zuviel. Ich fing an und schüttelte den Kopf, schüttelte den Kopf; da standen Jerry Rubin und noch ein paar andere Leute auf.

»Er stirbt! Das Ding ist zu stramm!«

Ich schüttelte wieder mit dem Kopf und kriegte den Arm etwas frei. Ich schob den Kopf nach unten, kriegte mit den Fingerspitzen den Knebel zu fassen und zog ihn ab. Ich gab Richter Hoffman alle Namen, die mir einfielen. »Sie Faschist, Sie erlauben eine grausame und unnormale Bestrafung, Sie verstoßen gegen den Achten Zusatz zur Verfassung der Vereinigten Staaten.« Der Gerichtsdiener schnappte sich den Stuhl und versuchte, mich schleunigst wieder in die Wartezelle zu bringen. Die Sitzung wurde vertagt, und es war ein solcher Tumult, weil der Scheißdreck so weit ging, daß ich fast am Abkratzen war. Das Zeug war verdammt zu stramm um meinen Kopf gewickelt.

Ich nannte Hoffman einen Faschisten und verwies immerzu auf den Achten Zusatz zur Verfassung der Vereinigten Staaten; darin heißt es, daß niemandem eine grausame und unnormale Strafe auferlegt werden soll, und dieses große alte Schwein von einem Gerichtsdiener legte mir seine Hand um Mund und Nase und fing an, mich zu ziehen. Die anderen Gerichtsdiener schnappten schnell den Stuhl und zerrten daran, aber als sie an die Tür kamen, bildete dort die Teppichleiste zwischen der Tür und dem Betonfußboden eine Erhöhung, und der Stuhl ging nicht weiter. Ich rief ihnen noch immer so ungefähr alles zu, was mir einfiel, und die Gerichtsdiener sprangen um mich herum und versuchten, den Stuhl herauszukriegen. Dieses dicke Schwein packte mir ins Gesicht und hielt mir den Mund zu, damit ich nichts sagen könnte, aber ich schüttelte es von mir ab. Der Kerl packte mich wieder, jetzt hielt er mir die Nase *und* den Mund zu, bis ich keine Luft mehr kriegte. Da ließ er los, und ich fing wieder an zu rufen. Die Tür war noch offen. Er langte nach der Tür und wollte sie zumachen, aber ehe er soweit kam, brüllte ich so laut, daß er zurück nach mir faßte; er packte mich wieder an Nase und Mund, daß ich nicht mehr Luft holen konnte, und hielt mich so einfach fest. Dann rief er einen von den anderen Gerichtsdienern dazu.

Alle schienen den Gerichtssaal zu verlassen, einer nach dem andern. Während das alles passierte, gingen die Geschworenen hinaus. Richter Hoffman kommandierte sie hinaus. Es war kein Ausbruch, es war auch kein Versuch, die Verhandlung zu sprengen. Sondern es war dies: Ein Mann versuchte, sein verfassungsmäßiges Recht zu bekommen, sich entweder selbst zu verteidigen oder seinen Rechtsanwalt dazuhaben. Dazwischen kann er wählen, so sagt es der Oberste Gerichtshof der Vereinigten Staaten. Ich wußte ziemlich sicher, daß der Oberste Gerichtshof der Vereinigten Staaten gesagt hat: Man kann einen berufsmäßigen Anwalt haben, den man sich selbst aussuchen darf; wenn das nicht möglich ist, hat der Angeklagte das Recht, sich selbst zu verteidigen.

Hoffman hat es nicht so aufgefaßt, und sie knebelten mich wieder, aber locker. Sie lockerten auch die Riemen. Als sie mich in dem Stuhl wieder hereinbrachten, stellten Weinglass und Tom Hayden den Antrag, das Gericht sollte die Tatsache zur Kenntnis nehmen, daß mein Rechtsanwalt Charles R. Garry wäre. Sie sagten, daß sie am Wochenende Garry besuchen wollten. An dem Freitag beendete Hoffman die Verhandlung eher, damit Hayden und Weinglass nach San Franzisko zu Garry reisen konnten.

Das Gerichtsprotokoll kann jeder lesen und daraus sehen, daß ich nicht versucht habe, die Verhandlung zu sabotieren; ich wollte nur erreichen, daß mein verfassungsmäßiges Recht anerkannt wird, mich entweder selbst zu verteidigen oder meinen Rechtsanwalt dazuhaben – aber Richter Hoffman wollte mein Recht nicht anerkennen.

Am Montag danach haben sie mich nicht geknebelt. Ich habe den ganzen Tag nichts gesagt, weil mein Name nie genannt wurde. An diesem Tag sagte auch niemand etwas davon, daß Kunstler mein Anwalt wäre; ich saß also bloß dabei. Ehe morgens die Geschworenen hereinkamen, sagte Hoffman, wenn ich mich ordentlich betragen wollte, würde er mich nicht knebeln lassen. So hat er das auf seine jämmerliche, verlogene Art ausgedrückt. Ich sagte, daß ich mein verfassungsmäßiges Recht forderte und daß ich es weiterhin fordern würde. Ich versuchte, ihm klarzumachen, daß ich eine grausame und unnormale Bestrafung erlitten hatte, durch die noch eins von meinen verfassungsmäßigen Rechten verletzt wurde, das im Achten Verfassungszusatz festgelegt ist. Dann setzte ich mich und hatte weiter nichts zu sagen. Niemand brachte etwas gegen mich vor.
Dann führten sie einen Zeugen in den Zeugenstand, der gegen mich aussagte. Er nannte meinen Namen, also stand ich auf und sagte, mein Rechtsanwalt wäre nicht hier, deshalb protestierte ich dagegen, daß dieser Zeuge gegen mich aussagte. Das war montags am Spätnachmittag. Ich erklärte, ich hätte das Recht gefordert, und es stünde mir auch zu, den Zeugen selbst ins Kreuzverhör zu nehmen.
»Mr. Seale«, sagte Hoffman in seiner üblichen sarkastischen, dramatisierenden, kümmerlichen Rassistenmanier, »ich erinnere Sie daran, daß Sie einen Anwalt haben.«
»Ich habe durchaus keinen Anwalt und habe etwas in eigener Sache zu sagen«, erklärte ich ihm. »Sie erzählen mir immer wieder, ich hätte einen Anwalt, aber ich habe keinen Anwalt.«
Ich erklärte dem Gericht, daß Kunstler nicht mein Anwalt war. Mit allem Temperament und allem Empfinden, das ich aufbringen konnte, machte ich ihnen klar, daß Kunstler nicht mein Anwalt war. Die Geschworenen sahen es ein, alle sahen es ein. Die Jury wußte mittlerweile recht gut, daß ich keinen Anwalt hatte. Sie wußte recht gut, daß Hoffman ein böses Spiel mit mir trieb. Und Hoffman wußte, daß die Jury es wußte. Ich habe eine Frau unter den Geschworenen weinen sehen. Ich hoffte immer, daß die Regierung sich keinen von den Geschworenen gekauft hätte. Ich meine, wenn ich noch sagte, daß ich keinen Anwalt hatte, nachdem sie mich *geknebelt* hatten, dann mußten doch die Geschworenen erst recht erkennen, wie die Dinge standen.

Am Dienstagmorgen kam das Gericht wieder zusammen, und ich nahm mir vor, dem Richter Hoffman zu zeigen, daß ich mich auf geeignete Weise selbst verteidigen konnte. Das war auch eine Art, um mein Recht zur Selbstverteidigung zu kämpfen. Als die Geschworenen hereingekommen waren, fragte Hoffman Kunstler und Weinglass, ob sie den Zeugen ins Kreuzverhör nehmen wollten. Sie sagten beide: »Nein, der Zeuge sagt nicht gegen unsere Klienten aus; Mr. Seale wird nicht durch uns vertreten.«

Ich stand auf und sagte: »Ich möchte gern zum Pult gehen und dem Zeugen« (einem Sheriff aus San Franzisko) »ein paar Fragen stellen.« Ich fragte ihn, ob er schon einmal jemanden von der Black Panther Party getötet hätte, ob er sich an Überfällen auf ein Büro der Black Panther Party oder auf die Wohnung eines Parteibruders der Black Panther Party beteiligt hätte. Ich fragte ihn, warum er den Leuten auf den Flugplatz nachläuft, wenn sie verreisen und wenn sie sich Flugkarten kaufen.

»Setzen Sie sich!« sagte Hoffman.

»Ich möchte noch eine Frage stellen.« Hoffman sagte wieder, ich sollte mich setzen. Ich war grade dabei, mich zu setzen, so sagte ich: »Das ist eine faschistische Aktion«, drehte mich um und setzte mich. Hoffman besänftigte seine Gerichtsdiener. Er ließ sie nicht mehr so auf mich losgehen, wie sie es vorher getan hatten.

Hoffman vertagte die Sitzung, und am Nachmittag kam er wieder und las einen Haufen Unsinn vor. Er riß einfach alles aus dem Zusammenhang heraus und erzählte die Dinge nicht so, wie sie wirklich passiert waren. Er las den Verhandlungsbericht und sagte, *dies* war Mißachtung des Gerichts, und *dies* war Mißachtung des Gerichts, und *dies* war auch Mißachtung des Gerichts. In all diesen Fällen hatte ich von meinem Recht gesprochen, mich selbst zu verteidigen, von meinem verfassungsmäßigen Recht. Dann raffte er sich auf und fragte mich, ob ich mich selbst verteidigen wollte oder etwas in meiner Sache sagen wollte – nachdem er das von all diesen sogenannten Mißachtungen vorgelesen hatte. Ich sagte, darüber wollte ich nicht zu ihm reden, denn er hätte mich ja vorher nie in meiner eigenen Sache sprechen lassen. »Ich werde Sie nicht anbetteln, daß ich nicht ins Gefängnis komme«, sagte ich zu ihm. Und ich fragte ihn: »Wie lange stecken Sie schon schwarze Menschen in Gefängnisse und Zuchthäuser, auch ohne ordentliche Verhandlung, und verweigern ihnen ihre verfassungsmäßigen Rechte?« Dann setzte ich mich hin.

Er gab mir vier Jahre Gefängnis. Er hat mich ungerecht verurteilt. Er hat mich zu vier Jahren Gefängnis verurteilt, weil ich meine verfassungsmäßigen Rechte *gefordert* hatte. Er hat die Verhandlung als nicht beweiskräftig bezeichnet, nur für mich – weil die Geschworenen ihm niemals zugestimmt hätten. Das ist der wirkliche Grund. Er hat versucht, ihn zu verschleiern, und hat gesagt, es wäre etwas anderes gewesen, aber vier oder fünf von den Geschworenen waren richtig wütend. Diese Menschen konnten den Richter Hoffman nicht leiden. Ich habe zu ihnen hingesehen, als ich geknebelt war. Hoffman hat diese Jury auch beobachtet. Er hat gewußt, was er tat. So ist es im wesentlichen zugegangen, daß es in der Verhandlung über den Fall Chikago zuerst acht Angeklagte gab und dann nur noch sieben.

Yippies, Sträflinge und Bullen

Wenn wir zum Gerichtsgebäude in Chikago herübergebracht wurden, waren Jerry Rubin und ich sehr oft in einer Zelle allein. Es war fast immer so in den fünfundzwanzig Tagen, die Jerry noch im Gefängnis abzusitzen hatte.
Wir hatten immer das Gefühl, daß sie uns zusammen in eine Zelle steckten, weil diese Zelle abgehorcht wurde, und daß sie herauskriegen wollten, was wir redeten, oder sonst irgend etwas, das sie falsch auslegen und gegen uns verwenden könnten. Sie hofften wohl, wir würden über die juristische Strategie reden, mit der die anderen Anwälte ihre sieben Klienten verteidigten. Aber das haben wir natürlich nicht getan.

Ich habe mit Jerry viel über die Partei geredet. Ich hatte das Gefühl, daß Jerry zu einer politischeren Auffassung über die Situation gekommen war. Wir haben auch viel von der Yippie-Hippie-Bewegung gesprochen. Ich fragte ihn nach dem Unterschied zwischen ›Yippie‹ und ›Hippie‹. Er sagte, Yippie ist die politische Seite der Hippie-Bewegung, und der Hippie gehört zu einer Gruppe, die noch nicht unbedingt politisch geworden ist. »Ihnen liegt gewöhnlich mehr an ihren ekstatischen Zuständen«, sagte er, »aber die meisten von ihnen wollen Frieden haben und daß der ganze Ärger aufhört.« Jerry erzählte viel davon, wie die Yippies, Hippies und so weiter diskriminiert werden — ebenso wie das Volk der Schwarzen, der Braunen, der Roten oder andere Völker. Ich habe ihn auch gefragt: »Warum tragt ihr eigentlich langes Haar?«
»Das ist ein Protest und eine Art, uns auszuweisen«, sagte er. »Wenn man langes Haar trägt und das System ablehnt, dann fangen die Leute an zu fragen. Mit anderen Worten, man wird zum wandelnden, zum sichtbaren Teil der Revolution, wenn man mit langen Haaren durch die Straßen geht. Wenn ich durch die Straßen gehe und richtig langes Haar habe, dann weiß ich, daß die Leute Fragen stellen und allerhand sagen. Der Mittelstand versteht gar nicht recht, was an unserem System falsch ist und wie korrupt es ist. Jedenfalls nicht danach, wie es in den Geschichtsbüchern beschrieben wird.« Ich erfuhr, daß Jerry Ru-

bin fünf Jahre lang in Cincinnati ein erstklassiger Zeitungsreporter gewesen war. Das hat bei mir richtig eingeschlagen. Darüber mußte ich viel nachdenken!

Jerry ist dahin gekommen, sich gegen die Bedrückung, die Armut, die faschistischen Taktiken der Bullen, gegen das ganze System zu stellen. Er wußte, daß das System notwendig überholt werden müßte. Er wußte auch, daß man eine Art sozialistisches System durchführen müßte, wenn man wirklich anfangen wollte, die bedrückenden sozialen Hindernisse und sozialen Mißstände des jetzigen Systems zu beseitigen. Jerry sagte mir, daß er Jimmy Hoffa* schätzte, weil Hoffa dafür kämpfte, daß die Arbeiter ein besseres Leben bekämen. Hoffa hat viel für die Arbeiter getan. Ich fragte ihn, ob er glaubte, daß Jimmy Hoffa politisch genug wäre, um die Notwendigkeit eines sozialistischen Systems zu begreifen. Er meinte, bis jetzt wäre Hoffa das noch nicht, aber es wäre sehr gut, wenn Hoffa sich auf die Seite der Volksmassen stellen und den Arbeitern klarmachen würde, daß unbedingt hier in Amerika eine Art grundlegendes sozialistisches System eingeführt werden muß — für alle Arbeiter, die Beschäftigten und die Arbeitslosen. Er hatte wirkliche Achtung vor dem, was Hoffa bisher geleistet hat.

Ich sprach zu ihm davon, daß das schwarze Volk eine Nation innerhalb der Nation ist. Es kann falsch gedeutet werden, wenn man das dem schwarzen Volk auseinandersetzt, aber man darf es nicht falsch deuten; das betrifft nicht nur das Reden, sondern auch das Tun und die Praxis. Man darf es nicht mit schwarzem Rassismus verwechseln, und ich erklärte ihm, wie das Chicano-Volk und das Latino-Volk auch Nationen innerhalb der Nation sind, ebenso die Chinesen; dieser Zustand bleibt erhalten, weil das Ausbeutungssystem — das rassistisch ist — und das kapitalistische System — das den Rassismus nicht aufgibt — in Wirklichkeit ein und dasselbe sind. Solange dieses System besteht, ist schon allein dadurch das schwarze Volk tatsächlich als eine Nation innerhalb der Nation definiert, ebenso jede andere Gruppe von Menschen, die als eine Nation innerhalb der Nation den ausbeuterischen und rassistischen Taktiken ausgesetzt ist. Ich sagte Jerry, wir bezeichneten uns als eine Nation in der Nation nicht etwa nur wegen unserer Hautfarbe, sondern wegen der wirtschaftlichen Lage des schwarzen Amerika; das verstand er. Unsere geographische Lage hier in Amerika; daß wir tatsächlich zweitrangige Bürger sind; daß wir zu Tausenden und Millionen verstreut in kümmerlichen Gettos und ländlichen Bezirken wohnen und darin eingesperrt sind; auch die Sprache der schwarzen Wohngemeinde in ihrer unmittelbaren Beziehung zur kolonisierten Situation der schwarzen Menschen; unsere

*** Hoffa ist Vorsitzender der Transportarbeiter-Gewerkschaft.** *(Anm. d. Übers.)*

bedrückenden Lebensbedingungen: alles das, von der Geschichte her bis in die Gegenwart hinein, begründet unsere psychologische Verfassung. Unsere Sprache steht in einer Wechselbeziehung zu unserer Umgebung und ist Ausdruck bestimmter psychologischer Auffassungen und Haltungen bei unseren Versuchen, weiterhin am Leben zu bleiben.
Ich glaube, Jerry verstand die Psychologie, die Sprache, die wirtschaftliche Situation und die geographische Lage der Afro-Amerikaner hier in Amerika; er verstand: die schwarzen Brüder in Afrika sind tatsächlich unsere Brüder in der Unterdrückung, aber sie sprechen eine andere Sprache als wir; wir leben in Amerika in einer hochtechnisierten Gesellschaft, aber die Afrikaner leben zum großen Teil in ländlichen Gegenden und unterentwickelten Gebieten rückständiger Länder; da wir unserer Sprache und Umwelt nach so verschieden sind, wird durch die Rasse nicht notwendig eine weltumfassende Nation geschaffen. Er schien es wirklich zu verstehen, als ich ihm klarmachte, wie wir zu einer Nation innerhalb der Nation geworden sind – da man uns von Afrika hierher gebracht hat und wir nach der Ausbeutung und der Rassentrennung zu Afro-Amerikanern wurden. Ich habe ihm die Sprache erklärt und ihm einige Wörter und Wendungen gesagt, die aus dem Afrikanischen erhalten blieben und sich direkt auf unsere jetzige Lage hier beziehen. Ich sagte ihm, wir hätten es unmittelbar mit der Tatsache zu tun, daß der Rassismus in Afrika dem amerikanischen Rassismus durchaus entspricht. Man muß den Marxismus-Leninismus ausweiten, man muß hinsichtlich der Notwendigkeit, das in Amerika herrschende System zu ändern, fortschrittlichere Ideen entwickeln, damit man den Menschen zeigen kann, daß wir Schwarzen ein Recht auf unsere menschliche Freiheit besitzen.
Jerry hat wohl unter allen linksradikalen und revolutionären Brüdern, mit denen ich gesprochen habe, diese Dinge fast am besten verstanden. In unseren allgemeinen Gesprächen war er seiner Auffassung nach so politisch wie kein anderer.

Ich hatte Jerry Rubin bis dahin nicht gekannt. Vor diesem demokratischen Nationalkonvent hatte ich auch keinen von den sieben anderen Angeklagten in der Chikago-Sache kennengelernt. Ehe ich das Vortragsengagement bei dem Konvent abschloß, hatte ich noch nicht einmal mit einem von ihnen gesprochen. Ja, als ich zum Park ging, um die Rede zu halten, habe ich zu Jerry nicht mehr gesagt als »Na, hallo!«
Das war die Rede, die angeblich einen Aufruhr anfachen sollte. Wir haben eine Tonbandaufnahme davon, und es war eine von meinen typischen Reden. Ich habe bestimmt niemals irgendwem gesagt, er sollte einen Aufruhr machen. Als erstes habe ich allen gesagt, daß sie das Recht haben, sich zu verteidigen; als zwei-

tes habe ich den Leuten gesagt, sie sollten Gewehre mit in ihre Wohnungen nehmen, weil es ihr gutes Recht war, Gewehre in den Wohnungen zu haben, und wir hätten auch das Recht, uns in der schwarzen Wohngemeinde zu verteidigen, wenn wir unberechtigt angegriffen würden. Das war es, was ich in dieser Rede gesagt habe. Die Staatsanwälte Schultz und Foran dachten, sie könnten mich vor allem wegen dieser Rede ins Gefängnis bringen, wenn sie sagten, ich hätte einen Aufruhr angefacht und die Leute aufgefordert, auf die Straße zu gehen und Aufruhr zu machen. Ich bin gegen spontanen Aufruhr, und die Partei ist immer dagegen gewesen. Ein spontaner Aufruhr hat gewöhnlich keinerlei Führung; er ist nur eine Ansammlung vieler schwarzer Menschen, die bereit sind, dem System Widerstand zu leisten, die aber gänzlich unorganisiert sind, und sie schaden nur sich selbst. In dieser Rede habe ich den Leuten gesagt, wir sollten uns in kleinen Gruppen — zu zweien, zu dreien, zu vieren — *organisieren*; und dann hatte ich von der Tatsache geredet, daß wir das Recht haben, uns zu verteidigen, wenn die Bullen in unsere Wohngemeinde kommen und sie besetzen, als wären sie eine ausländische Truppe. Die Rede hat bestimmt niemanden angeregt, einen Aufruhr zu machen. Aber trotz dieser Tatsachen war ich nun hier im Cook-Landesgefängnis und ging jeden Tag wegen einer solchen Anklage zur Gerichtsverhandlung.

Sie weckten mich jeden Morgen um fünf Uhr und brachten mich in die Wartezelle; da wartete ich drei Stunden lang mit den Gefangenen, die an dem Tag grade vor Gericht sollten. Und jeden Tag brachten sie mich gefesselt zurück, mit Handschellen und einer Kette um den Leib. Manchmal ketteten sie mich mit meinen Handschellen an einen anderen Gefangenen. Vom Gerichtsgebäude bis zum Cook-Landesgefängnis fuhren Begleitwagen mit. Die beiden Häuser sind etwa elf Kilometer voneinander entfernt. Auf den Begleitwagen ließen sie die Warnleuchten blitzen. Wir fuhren in einem großen Gefängniswagen, einem Lastauto der Regierung, an allem anderen Verkehr vorbei. Manchmal hatten sie Kerle im Wagen, die vom Staat angeklagt waren und vor anderen Gerichten erscheinen mußten. Bei solchen, die schon einmal ausgerissen waren, machten sie es mit höchster Sicherung — drei oder vier Wagen und Schrotflinten.

Ein Wärter war etwa 1,70 Meter groß, und er war ein faschistisch gesinnter Narr. Wir nannten diesen stellvertretenden Gerichtsbeamten James Bond, weil er Messer in seinen Stiefeln hatte. Er hatte immer zwei Schußwaffen, eine Schrotflinte und eine .357-Magnum-Pistole im Begleitwagen, und man wußte einfach, daß er über seine Waffen stolpern würde. Man merkte ihm an, daß er eigentlich ein psychopathisches Polizei-

schwein war. Wenn sie uns transportierten, packte er immer eins von diesen Maschinengewehren, die sie haben, und ging in ›Klar-zum-Gefecht‹-Stellung. Er war eigentlich ein törichtes Polizeischwein mit dummem Gesichtsausdruck, nicht im geringsten der oberflächlichen, unwahren Filmgestalt James Bond ähnlich, aber man merkte, daß dieser dumme Schwindel ihm Eindruck gemacht haben mußte. Manchmal, wenn sie die Tür zum Gefängniswagen zumachten und man aus dem Fenster guckte, konnte man sehen, wie er in Stellung ging mit seiner Schrotflinte und seiner .357-Magnum, oder mit Schrotflinte und Maschinengewehr, und dann sah man, wie er in sein Auto zu klettern versuchte und dabei bestimmt über seine eigenen Waffen stolperte. Einmal, als er wieder in den Begleitwagen steigen wollte, ist ihm fast ein Gewehr hingefallen.
Wir kamen dahinter, warum er Messer in den Stiefeln hatte: Wenn die Wärter mit uns wieder auf das Gefängnisgelände kommen, müssen sie ihre Waffen dem Gefängnisvorsteher abliefern, und der schließt sie ein. Einmal haben wir aus dem Fenster des Gefangenenwagens beobachtet, wie sie ihre Gewehre wieder in Empfang nahmen. James Bond stellte den Fuß auf einen Stuhl, zog sein Hosenbein hoch und steckte ein Messer in seinen Stiefel. Dann zog er das andere Hosenbein hoch und steckte in den anderen Stiefel auch ein Messer. Er trug eine Art Geländestiefel, die etwa zwanzig Zentimeter über seine Fußgelenke gingen, und er steckte seine Messer so tief hinein, als hätte er da unten Messerscheiden eingenäht.
Manche von diesen Gerichtsbeamten waren Fanatiker. Wenn man uns im Gefängnis zugehört hätte – wir redeten über die Kerle, als ob sie nicht alle beisammen hätten. James Bond war absurd. Er war ein Fanatiker mit dem Gewehr und wartete nur darauf, daß jemand von uns stolpern würde, damit er schießen könnte. Manchmal ist einer gefesselt – wenn er nun stolpert? Ein Fanatiker von der Sorte würde denken, er wollte fliehen oder so etwas. Wenn einer stolpern würde, dann würde so ein Narr die Gerichtsbeamten und alle zusammenschießen. Darum mochten wir James Bond nicht. Wir mochten den Kerl überhaupt nicht.

Viele von den Häftlingen, die mit mir in der Wartezelle im Gerichtsgebäude saßen, als Jerry seine fünfundzwanzig Tage abgesessen hatte und nicht mehr da war, waren wirklich ganz erstklassige Burschen. Sie begriffen die Korruption, die in Chikago bis ins einzelne herrscht, vom Bürgermeister abwärts, und auch die korrupten Aktionen der Regierung. Sie erzählten mir einiges von den schlauen Schachzügen des Bürgermeisters Daley; er hat beispielsweise zwei Häuser, das eine liegt ganz dicht beim Wohnviertel der Schwarzen, und im Fernsehen wurde den

Leuten gezeigt, wie er in dies Haus hineinging; aber in Wirklichkeit wohnte er in einem herrschaftlichen Haus, das ganz woanders lag. Und nach dem, wie es die Gefangenen schilderten, hingen die Verbrechen in der Stadt zu einem sehr großen Teil eng mit den Regierungsaktionen zusammen.
Die Gefangenen berichteten so etwas ohne jede Feindseligkeit, einfach ganz sachlich. Sie waren sich offenbar ihrer schlimmen Lage durchaus bewußt und auch der schlimmen Lage vieler anderer Angeklagter. Die meisten, die da waren, wußten sehr gut, was vorging, auch wenn sie im Gefängnis die Zeitungen der Stadt nicht lesen durften.
Unter den Richtern in Chikago herrschte Korruption. Einige Richter hatten ihr Amt niederlegen müssen, sie hatten heimlich Bestechungsgelder angenommen. Die meisten Gefangenen wußten: wenn man genug Geld hatte, konnte man sich aus bestimmten Verhandlungen und Prozessen freikaufen, mit zwei-, drei- oder fünftausend Dollar. Die Gefangenen erklärten einem diese Dinge ziemlich oft in unseren allgemeinen Unterhaltungen über das, was so vorging, oder in unseren Gesprächen über Richter Hoffman.
Von Hoffman wußte man, daß ihm ein paar große Betriebe gehörten oder daß er Aktien oder Anteile von Betrieben hätte, die Kriegsmaterial für den Vietnamkrieg herstellten; daran sieht man an sich schon, daß er an der Verfolgung von Menschen interessiert und voreingenommen ist, gänzlich gegen die acht Angeklagten eingestellt; höchstwahrscheinlich möchte er gern, daß sie verurteilt werden. Er würde natürlich auffahren und das bestreiten, denn das ist so seine Art, wenn er um das Vertrauen der Öffentlichkeit wirbt. Aber bei ihm ist es nicht viel mit dem Vertrauen der Öffentlichkeit, bei seiner Unwissenheit und seiner Art, tyrannisch auf den verfassungsmäßigen Rechten der Leute herumzutrampeln.

Etwas ist den anderen Gefangenen aufgefallen, wenn ich mit ihnen in eine Zelle gebracht wurde: Sobald die drei oder vier Gerichtsdiener kamen und mich nach unten in den Gerichtssaal holten, wurde der eine Gefangene auch herausgeholt, und er kam nie eher in die Zelle zurück, als bis ich in der Mittagspause wiederkam, um eine belegte Schnitte zu essen und das Zeug, das man da im Gefängnis bekommt. Dieser Gefangene wurde immer kurz vor mir zurückgebracht. Manche von den Gefangenen sagten mir, sie könnten einen Bullen kilometerweit riechen. Wenn wir uns dann unterhielten, meinten sie: »Sei still, Bobby, reg dich ab.« Sie zogen mich in eine Ecke und sagten: »Der da könnte sonst versuchen, irgendwas falsch auszulegen.«
Dann sagte ich: »Die können gar nichts falsch auslegen, ich

rede doch nur von der Philosophie unserer Partei und solchen Sachen.«
»Ja, aber du weißt doch, was die Kerle machen. Die kriegen sich einen von den Gefangenen hier ran, der nimmt dann etwas von dem, was du wirklich gesagt hast, verdreht es im Zeugenstand und lügt noch etwas dazu, bis es so aussieht, als hättest du ganz was andres gesagt. Damit haben sie einen richtigen Agenten zur Unterwanderung, der in den Zeugenstand geht und diese Sachen wiederholt und noch ein bißchen übertreibt und alle möglichen Lügen erzählt. Grade mit dem, was du von der Philosophie eurer Partei gesagt hast, könnten sie sich schön was zusammenlügen und eine Jury so überlisten, daß sie ihnen glaubt. Auf die Art arbeiten sie doch, also sieh dich dabei vor.« Ich habe das manchen Gefangenen da sehr hoch angerechnet.
Das waren alles Staatsgefangene. Viele von ihnen kriegten lange Gefängnisstrafen. Einer von ihnen, er hieß Bob, war anscheinend in den letzten sieben, acht Jahren bei rund fünfundzwanzig Anklagen glatt durchgerutscht. Es machte mir Spaß, wie gut er immer begriff – obwohl er nicht politisch eingestellt war –, wovon ich zum Teufel redete. Er verstand, was ich von einem grundsätzlich sozialistischen System und ähnlichen Dingen sagte. Er wurde verurteilt und kriegte fünfundzwanzig Jahre. Sie kamen ihm auch mit noch einer anderen Anklage und versuchten, ihm noch fünfundzwanzig Jahre dazu zu geben.
Sie sagen, in den Bundesstaaten wäre das Bewährungssystem einfach ganz durcheinandergeraten, so daß einer, der zu zehn Jahren verurteilt ist, sechs Jahre und drei Monate sitzen muß; oder wenn man fünfzig Jahre gekriegt hat, muß man vielleicht fünfunddreißig Jahre bis zum letzten absitzen. Das sind solche Sachen, für die die Gefangenen natürlich gar nichts übrig hatten, denn die Bundesbehörden haben die Neigung, einem eine ziemlich lange Zeit aufzubrummen. Die meisten Gefangenen sagten auch, es hätte den Anschein, als ob überall Leute aufgegabelt würden, mehr als früher. Sie werden zu Unrecht ins Gefängnis gesteckt. Bei manchen Häftlingen brauchte man bloß zu hören, wie es ihnen gegangen war und in was für einer Lage sie waren, dann wußte man schon, daß sie wirklich nicht schuldig waren. Einige waren ganz offenbar schuldig und zeigten auch, daß sie es wußten. Aber andererseits gab es viele, denen man einfach Schwierigkeiten machte.
In Chikago wucherte auf der höheren, der politischen Ebene die kriminelle Tätigkeit dermaßen, daß man unbedeutendere Leute als Sündenböcke brauchte und sie fertigmachte. Sie wurden dazu benutzt, einen großen Politiker zu retten, jemanden, der mit den Politikern in Verbindung stand, oder die Geschäftsleute, die die Sachen lenkten und die Politik der Stadt Chikago in der Hand hatten. Ich glaube, die Leute könnten von diesen Gefangenen,

die gewaltsam ins Gefängnis gesteckt wurden, eine ganze Menge lernen.
In einem Fall hatten sie sogar einen Vater mit seinem Sohn wegen irgendeiner erlogenen Mordanklage ohne weiteres ins Gefängnis gesteckt. Manche Leute wurden auch als Angeber benutzt: Erst warf man ihnen ein Verbrechen vor, dann wurde ihnen von der Regierung ein Freispruch angeboten, falls sie helfen würden, einen anderen zu überführen; sie sollten als Zeugen lügen und erzählen, sie hätten diese Person hier und jene Person da gesehen, und in Wirklichkeit waren es Personen, die sie noch nie in ihrem Leben gesehen hatten.
Es schien so, als wenn die Gefangenen recht gut wüßten, wann unsere verfassungsmäßigen Rechte verletzt wurden. Ich war überrascht, wieviel Einblick sie doch hatten. Für mich war es ein Erlebnis, mit so vielen Leuten wirkliche Verbindung zu bekommen, die man auf sehr krasse Weise ungerecht ins Gefängnis gesteckt hatte.

In diesem Landesgefängnis müssen die Brüder eine Menge wissen. Sie müssen begreifen, daß es die Machthaber sind, die ihnen all den Ärger machen.
Einige von den Wärtern haben versucht, mich zu verstehen. Denen, die nicht versuchten, mich gemein zu behandeln, habe ich das hoch angerechnet. Die schwarzen Wärter haben mich nicht ärgern wollen, und ich wollte sie auch nicht ärgern. Viele von ihnen interessierten sich für die Black Panther Party und ihre Philosophie. Ich habe versucht, zweitausend Panther-Zeitungen in das Gefängnis hereinzubekommen, aber es ist mir nicht geglückt. Die Muslim-Zeitung lassen sie rein, sie lassen auch die Katholiken rein, damit sie ihre Filme zeigen und ihre kleinen Blättchen anbringen, und auch andere religiöse Gruppen. Es gab da drin sogar eine Schule für manche Brüder. Wenn sie abends zu dieser Schule gehen wollen, können sie das tun; das ist doch eine positive Sache. Ich fand, die Gefangenen sollten auch die Black Panther-Zeitung und ›Seele auf Eis‹ bekommen. Viele Wärter könnten sich eine Menge richtiger Vorstellungen machen, wenn sie die Gelegenheit hätten und sich die Zeit nähmen, unsere Panther-Zeitung und ›Seele auf Eis‹ zu lesen. Da sie im Gefängnis sind, könnten sie sich als revolutionäre Politiker betrachten, um die dekadenten Bedingungen zu ändern, denen wir unterworfen sind, die sie hauptsächlich ins Gefängnis gebracht haben und die daran schuld sind, daß unsere Brüder und Schwestern ermordet wurden. Aber wir werden sie so oder so als Schweine betrachten, wenn sie nicht dafür arbeiten und sich darum bemühen, die faschistischen sozialen Ungerechtigkeiten abzuschaffen.
Diese schwarzen Wärter haben von mir gelernt, und ich habe

von ihnen gelernt. Das Cook-Landesgefängnis ist ein Ort, an dem man gut erfahren kann, wie es wirklich in Chikago aussieht. Für mich ist Chikago eine große Stadt, in der einfach alles voller Korruption steckt, angefangen beim Bürgermeister Daley bis zu dem Polizeischwein auf der Straße, das Menschen ermordet. So sehe ich Chikago. Und alle anderen Städte Amerikas, in denen schwarze Menschen leben, sind auch Chikagos.

In einem einzigen Monat hat die Polizei in Chikago achtzig schwarze Menschen getötet, und das ist Rassenmord. Kleine Mädchen, die bloß auf der Treppe saßen und gar nichts taten. Einfach niedergeschossen. Achtzig schwarze Menschen sind auf den Straßen ermordet worden.

Als ich im Cook-Landesgefängnis in der Krankenabteilung war, haben sie das Fernsehen angestellt, und ich sah diesen Mann, der der Präsident der ›Afro-American Patrolmen's League‹ (Vereinigung afro-amerikanischer Polizeistreifen) war. Das war grade in der Zeit, als die Brüder Soto getötet wurden. Es war so gewesen, daß ein Bruder von einem Bullen ermordet wurde, als er die Straße entlangging. Es zeigte sich eindeutig, daß der Bulle ohne jeden Grund auf ihn geschossen und ihn getötet hatte. Sein Bruder kam vom Heer, vom Kampf für sein sogenanntes Land, nach Hause, um an der Beerdigung teilzunehmen. Keine drei oder vier Tage danach wurde er auch von einem Bullen in den Hinterkopf geschossen. Andere haben beobachtet, daß er nur die Straße herunter ging, und der Bulle nahm sein Gewehr, schoß nach ihm und tötete ihn. Ein weiterer Bruder war dort im Cook-Landesgefängnis. Ich habe nie die Gelegenheit gehabt, ihn zu sehen, aber es wurde mir erzählt, er hätte nicht den Kopf verloren. Er ist nicht explodiert vor Wut oder so etwas. Er machte seinen Kram weiter. Aber sie sagten alle, sie wüßten schon, er würde das nicht einfach durchgehen lassen, die Art, wie sie seine beiden Brüder getötet hatten.

Ich sah also diesen Mann im Fernsehen, den Präsidenten der ›Afro-American Patrolmen's League‹. Es war noch ein Mitglied dabei, und sie erzählten, wie das Polizeipräsidium von Chikago in seiner rassistischen Einstellung ihnen vorgeworfen hätte, sie gehörten der Black Panther Party an. Dieser Polizist verteidigte sich nicht dadurch, daß er die Black Panther Party *schlechtmachte*, sondern er klagte sehr entschieden die rassistische Brutalität an und den Mord an schwarzen Menschen in der schwarzen Wohngemeinde. Er zeigte, daß er die sozialen Mißstände und die sozialen Bedingungen, denen wir unterworfen sind, begriffen hatte.

Bis dahin war ich erst einmal mit der ›Afro-American Patrolmen's League‹ in Verbindung gekommen. Das war vor längerer Zeit, als wir eine Kontrolle der Polizei in der Gemeinde durchführen wollten und diese Leute uns im Büro aufsuchten.

Wir hatten schon angefangen, den Antrag auf eine Kontrolle der Polizei in den Wohngemeinden vorzubereiten; darin sollten die wahlberechtigten Gemeindebewohner unterschreiben, daß sie eine solche Kontrolle der Polizei haben wollten, mit Nachbarschaftsräten, die die Polizisten einstellen und entlassen würden; alle Bürger der Stadt sollten über ein solches Gesetz mit ›ja‹ oder ›nein‹ abstimmen; die Polizisten sollten von *der* Wohngemeinde eingestellt werden, in der sie selbst wohnten. Und die ›Afro-American Patrolmen's League‹ interessierte sich dafür. Sie hatte nichts gegen eine solche Sache.
Diese Leute konnte und wollte ich nicht ›Polizeischweine‹ nennen. Die Partei nannte sie auch nicht so, denn es geht ihnen wirklich um die Leute in der Wohngemeinde. Und das ist sehr bedeutsam. Manche von den schwarzen Bullen in San Franzisko nennen sich ›Officers for Justice‹ (Beamte für die Gerechtigkeit). Sie haben sogar einige Weiße in ihrer Organisation. Diese Leute würden wir auch nicht ›Polizeischweine‹ nennen.
In Los Angeles ist sogar vor einigen Jahren ein weißer Polizist von der Polizei weggegangen. Er wollte sich als Staatsanwalt für Los Angeles bewerben, weil er so aufgebracht war über die Methoden, mit denen man fast die Hälfte aller Schwarzen, die ins Gefängnis kamen, da hineinschob. Sie wurden wirklich unter grober Verletzung ihrer verfassungsmäßigen Rechte ins Gefängnis geschoben. Aber nach seiner Beschreibung war die Belästigung der schwarzen Menschen in ihrer Wohngemeinde durch die rassistische Polizei und das rassistische Polizeipräsidium an sich noch schlimmer. Daran und an die ›Officers for Justice‹ habe ich gedacht, als ich im Fernsehen des Cook-Landesgefängnisses diese Leute von der ›Afro-American Patrolmen's League‹ hörte.
Es ist von großer Bedeutung, daß schwarze Polizisten sich so zusammentun. Ich halte es für nötig, daß sogar die Schwarzen, die als Bevollmächtigte draußen im Departement des Sheriffs arbeiten – daß sie in die ›Afro-American Patrolmen's League‹ gehen, dazugehören und sich wirklich um ihre Wohngemeinde kümmern, ganz gleich, was der Sheriff oder der Inspektor dazu sagt.
Die meisten Schwarzen in der Polizei wissen wirklich, daß sie bloß dabei sind, um einen Job zu haben. Aber ich meine, sie müßten ihr politisches Bewußtsein und auch das der anderen Polizeibeamten auf einen höheren Stand bringen – so wie die Black Panther Party versucht hat, das Bewußtsein einiger Bandenmitglieder auf eine höhere politische Ebene zu heben. Das ist sehr nötig, denn viele von den Strolchen, die Verbrechen begehen, verüben in Wirklichkeit jämmerliche Verbrechen an ihrem eigenen Volk; sie haben eben kein eigentliches politisches Bewußtsein. Die Black Panther Party hat sich unter anderem

darum bemüht, vielen von den Jungs in der schwarzen Wohngemeinde ein wirklich revolutionäres politisches Bewußtsein zu geben, damit sie nicht mehr durch die Gegend laufen und ihre kleinen Verbrechen begehen. Dann werden sie anfangen, sich selbst zu verteidigen, und sie werden merken, daß sie etwas verteidigen, was die Mühe wert ist. Auf diese Weise sollten die schwarzen Leute, die schwarzen Polizisten und auch diejenigen weißen Polizisten, die gegen Rassismus und Unterdrückung eingestellt sind, sich bemühen, den Rassismus der Polizeipräsidien bloßzustellen. Wir sind der ›Afro-American Patrolmen's League‹ wirklich allerhand Achtung schuldig, daß sie eine solche Haltung einnimmt.

Politik, Polizeischweine, Panther-Probleme

›Als-ob-Terroristen‹ und andere Probleme

Die Black Panther Party hatte von Anfang an Schwierigkeiten mit allerlei Leuten, die zur Partei kamen und sie als Basis für verbrecherische Handlungen benutzten — für Handlungen, denen unsere Partei nie zugestimmt hat und mit denen sie nichts zu tun hatte. In den Anfängen der Partei mußten wir so manches Mal einem Bruder klarmachen, daß er unsere Regeln brach; schließlich mußten wir ihm sagen, daß er nicht mehr zur Partei gehörte und sie nicht mehr vertrat.

Manche Brüder kamen zu uns, sahen uns mit Gewehren und interessierten sich *nur* für das Gewehr. Aber eins haben wir von Anfang an getan: Wir ließen die Brüder sich zu uns setzen und gaben ihnen eine politische Schulung. Wir haben ihnen Bücher und Lesestoff zugewiesen, beispielsweise die Autobiographie von Malcolm X und Fanons ›Die Verdammten dieser Erde‹; wir haben ihnen geholfen, ihre verfassungsmäßigen Rechte und einige Gesetzesgrundlagen zu verstehen.

Dabei war das Zehn-Punkte-Programm wesentlich, denn es machte den Brüdern klar, daß wir die Gewehre nicht für törichte Verbrechen gegen das eigene Volk hatten; wir trugen sie vielmehr zu unserer Verteidigung, weil die Bullen so viele ungerechte Brutalitäten und Morde an schwarzen Menschen begingen. Seit den ersten Anfängen der Partei haben wir immerzu versucht, den Brüdern das beizubringen, und viele, sehr viele haben es gut gelernt und das Ziel der Partei verstanden. Aber während die Partei sich entwickelte, mußten viele allmählich aus ihr verschwinden, wurden ausgewiesen oder aufgefordert, die Partei zu verlassen.

Manche Leute liefen herum und erzählten, sie wären Mitglieder der Black Panther Party, und in Wirklichkeit waren sie es gar nicht. Wenn sie verhaftet wurden oder vielleicht etwas begangen hatten oder wenn die Bullen ihnen einfach etwas anhängten, dann teilte das Polizeipräsidium der Presse mit, es hätte eben einige Mitglieder der Black Panther Party verhaftet. Die hetzerischen Politiker und die Polizei als bewaffnete Staatsgewalt, die den Staat und die gierig gehüteten Reichtümer der geizigen Geschäftsleute bewacht – sie logen natürlich und versuchten, die Bevölkerung irrezuführen. Sie wollten nicht, daß die Leute die wirkliche Philosophie der Black Panther Party verstanden, ihr Zehn-Punkte-Programm und die ganz praktischen Aktionen in der Wohngemeinde, mit denen wir die Menschen lehren wollten, ihrer Unterdrückung ein Ende zu setzen.

Die Verletzungen der Parteiregeln ergaben sich vor allem aus den früheren Lebensbedingungen und aus der Unterdrückung, in der wir leben. Die Partei vertritt den Grundsatz: Mitglieder sollten nur die sein, die etwas wert sind, die sich wirklich dem Dienst an unserem Volk widmen, die den Sinn unserer Regeln und unserer Philosophie erfassen können. Eine unserer Regeln heißt, daß niemand in betrunkenem Zustand für die Partei arbeiten darf. Damit ist nicht gesagt, daß ein Mitglied unserer Partei nie etwas trinken dürfte, aber wenn er betrunken ist, kann er keine politische Arbeit leisten. In den Büros der Black Panther Party und ihrer engeren Umgebung kann man nicht trinken. Eine Zeitlang haben manche Brüder Getränke mitgebracht, dann haben wir ihnen gesagt, sie sollten damit in den hinteren Raum gehen und dafür sorgen, daß sie nicht betrunken würden. Später haben wir das auch nicht mehr erlaubt. Manchmal kamen betrunkene Brüder an und wollten sich gern für die Partei anmelden. Ihnen haben wir gesagt, sie könnten keine Mitglieder der Black Panther Party werden.

Wenn ein Mitglied betrunken und nicht mehr einsatzfähig war, dann durfte es eine Zeitlang nicht mitarbeiten. Wenn es noch einmal gegen die Regeln verstieß, wurde er ausgewiesen. Sein Name und sein Bild erschienen in der Parteizeitung mit einer Erklärung, diesem Menschen ständen offenbar seine eigensüchtigen Wünsche und Bedürfnisse höher als der Parteigrundsatz, der Bevölkerung in unserer Wohngemeinde zu dienen.

Manche Leute kamen auch aus Prestigegründen zur Partei. Die Partei war in der Wohngemeinde gut bekannt, und die Zeitungen schrieben viel über sie. Solche Burschen legten gern die vollständige Panther-Uniform an – schwarze Baskenmütze, schwarze Hose, schwarze Socken oder Nylonsocken, schwarze, blankgeputzte Schuhe, blaues Hemd. Sie waren glattrasiert, oder wenn sie einen Knebelbart oder Kinnbart hatten, dann war er säuberlich beschnitten. Sie standen gern vor dem Büro mit einem widerlichen Gesichtsausdruck, streckten die Brust heraus, schlugen die Arme übereinander und betrachteten die Vorbeigehenden. Sie zehrten psychologisch von der falschen

Sensationsmache, die sie aus den Zeitungen kannten. Wir fingen an, sie die ›Als-ob-Terroristen‹ zu nennen. Nur eins taten sie: mit den Schwestern reden. Einige Schwestern hatten gern solche Brüder, die da herumstanden, häßlich und laut redeten, ihnen nachstellten und sich auffallend benahmen. Sie leisteten keinerlei Arbeit, gaben sich auch gar nicht den Anschein, zu arbeiten; wir mußten also viele von diesen Brüdern und Schwestern suspendieren und dann ausweisen.

Einige standen immer am Büro herum, denen haben wir gesagt, sie sollten etwas tun und Flugblätter verteilen. Sie belogen uns dann und sagten, sie hätten die Flugblätter schon verteilt. Aber die Hälfte der Flugblätter warfen sie weg. Wir fanden Stöße davon irgendwo hingeworfen oder in diesen Papierkörben ›Halte deine Stadt sauber‹. Das hat viele von uns wirklich sehr verärgert. Die Kerle wollten sich nur als Mitglieder der Black Panther Party aufspielen und mit den Schwestern reden. Manche waren einfach regelrechte Kulturnationalisten, schwarze Rassisten. Sie waren nur Nichtsnutze, die wir loswerden mußten.

Gelegentlich kamen weiße Freunde der ›Peace and Freedom Party‹ zu unserem Büro; sie wollten uns Geld bringen für Versandkosten oder für ein paar Ballen Papier. Dann sagten diese dummen Als-ob-Terroristen: »Ihr Weißen könnt nicht in unser Büro kommen.« Es waren auch ein paar schwarze Rassisten dabei, die zwar arbeiten *wollten*, aber sie warben für eine schwarze rassistische Haltung, die ganz im Gegensatz zu der revolutionären Richtung unserer Partei stand. Immer wieder haben wir versucht, diesen Burschen zu erklären, wir hätten ein Arbeitsbündnis mit der ›Peace and Freedom Party‹ für einen ganz bestimmten Zweck. Manche wollten das aus seinem Zusammenhang herausreißen und herumerzählen, wir trauten den Weißen; aber wir sagten: »Nein, wir ›trauen‹ nicht einfach den Weißen, wir trauen dem, was Weiße tun. Und die Weißen, die etwas Positives tun, achten wir; aber die, die etwas Negatives tun, achten wir nicht.« So muß man das sehen. Manchmal wollten sie damit vertuschen, daß sie keine Arbeit taten; da haben wir sie kritisiert und ihnen gesagt, sie redeten nur so herum, leisteten keine Arbeit und täten nichts Positives für die Partei.

Schließlich haben wir es Huey erzählt. Darauf hat Huey angeordnet, die Brüder der Black Panther Party sollten ihre schwarzen Baskenmützen nicht mehr tragen, außer wenn sie in solchen öffentlichen Funktionen tätig wären, bei denen die Black Panther Party zeigen wollte, daß wir eine Uniform hatten und eine politische Partei waren, deren Mitglieder der Bevölkerung gute Dienste leisteten.

Das gab vielleicht eine Reaktion! Die Nichtstuer sagten:

»Mann, was soll das denn? Baby, du verdirbst mir ja das ganze Spiel!«
»Eben darum«, sagten wir, »also laßt die Baskenmütze weg. Daran wird man jetzt erkennen, wer etwas tut und wer nicht. Ihr braucht uns hier nicht herumzulaufen, weil ihr in der Partei was gelten wollt.«

Ein anderes Problem in der Zeit bildeten die Brüder, denen es *nur* um das Gewehr ging. Als wir die Partei gegründet haben, hatten Huey und ich durchaus nicht die Absicht, daß es den Parteibrüdern nur um das Gewehr gehen sollte. Es war uns klar, daß wir ihnen beibringen mußten: Das Gewehr ist bloß ein Werkzeug, man hat es mit Verstand anzuwenden.
Unsere ersten Mitglieder ganz im Anfang mußten eine politische Schulung durchmachen. Dazu gehörte eine Stunde über Waffengebrauch, Sicherung und Reinigung der Waffen zu Hause und so fort. Dann kamen ein oder zwei Stunden für regelrechte politische Ausbildung und politisches Studium. Als drittes wurde gearbeitet, hier wurden verschiedene Tätigkeiten miteinander vereinigt; hier ging es auch darum, die politische Bedeutung von mancherlei Aktionen zu verstehen: wenn wir mit unseren Gewehren zum Polizeipräsidium gingen, wenn wir den Brüdern und Schwestern in Richmond zu Hilfe kommen mußten, wenn wir zum Sheriff-Büro gingen und versuchten, mit Gewehren bewaffnet und gemeinsam mit Leuten aus der Wohngemeinde hineinzugelangen, um gegen Morde und Brutalitäten der Polizei zu protestieren.
Wir haben in der Wohngemeinde auch noch eine Arbeit getan, nämlich Rundgänge an den Polizisten vorbei unternommen und damit versucht, Punkt Sieben des Zehn-Punkte-Programms wirklich durchzuführen. Bei all diesen Aktionen wollten wir den Brüdern auch zeigen, wie wichtig es ist, die Bevölkerung politisch zu unterrichten. Die genaue politische Unterweisung der Mitglieder war nötig, um Meinungsverschiedenheiten zu lösen, wie wir sie hatten, als wir die Partei zu gründen versuchten. Gleichzeitig wollten wir so viele Mitglieder wie nur möglich haben, damit die Partei sich ausbreiten konnte und ihre Mitglieder die Botschaft weitertrugen. Wir brauchten auch einen wirklich festen Stamm von Leuten, die tatsächlich arbeiteten, um alles in Gang zu bringen. Huey hat uns dann aus dem Gefängnis eine Nachricht geschickt, wer keine Arbeit leistete, sollte aus der Partei ausgewiesen werden; er wollte lieber mit hundert flotten Leuten arbeiten als mit tausend Flaschen.

Warum unsere Büros überfallen werden

Die Überfälle auf fast alle Stützpunkte der Black Panther Party in den Vereinigten Staaten im Jahre 1969 hingen teilweise mit einem Schritt zusammen, den die Partei unternommen hat: Eldridge Cleaver setzte sich mit Leuten der Regierung von Nordvietnam in Verbindung und bat sie um Zustimmung, in ihrem Namen einen Vorschlag zu machen: daß die Regierung von Nordvietnam ihre amerikanischen Kriegsgefangenen entlassen würde, wenn die Regierung der Vereinigten Staaten die politischen Häftlinge in Amerika freigäbe, angefangen bei Huey P. Newton und mir selbst.

Sobald das angekündigt war – ich war zu der Zeit in Chikago bei der Verhandlung –, nahmen sie es schnell aus den Zeitungen heraus und hinderten die Massenmedien, noch etwas darüber bekanntzugeben. Das taten die Machthaber, und es hat allerhand mit den Überfällen der letzten Zeit und mit dem Mord an Fred Hampton zu tun.

Die Überfälle auf die Black Panther Party standen in engem Zusammenhang mit der Säuberungsaktion der Partei. Diese Überfälle, von denen die Bevölkerung gehört hat, haben praktisch jedes Büro der Black Panther Party im Lande betroffen. Die Black Panther Party begann ihre Säuberungsaktion im Januar 1969 mit der Ankündigung, daß wir keine neuen Mitglieder mehr aufnähmen. Wir hatten gearbeitet und dabei manches über eine Menge Narren herausgekriegt, hatten sie ausgewiesen, ihren Namen und ihr Bild in *The Black Panther* gebracht und erklärt, daß sie nicht mehr die Partei verträten. Dadurch wurde die Unterwanderungsaktion von CIA und FBI schon abgestoppt. Die Überfälle kamen zum Teil daher, daß die Partei durch ihre Säuberungsaktion andere daran hinderte, in sie hineinzukommen, sie zu unterwandern und den Schweinen von Machthabern dabei zu helfen, die wahren Ziele und Absichten der Black Panther Party zu verzerren.

In Los Angeles wurde seit Mitte 1969 eine typische Technik der Machthaber und ihrer Faschistenschweine angewandt, bis zu dem Überfall auf das Büro der Black Panther Party in Los Angeles im Dezember 1969.

Vor dem Dezember-Überfall wurden rund 300 maßgebende Anführer und Organisatoren der Partei in ganz Los Angeles verhaftet. Etwa fünfzig Mitglieder, die wichtigsten, die Gruppen in der Wohngemeinde leiteten und organisierten, wurden immer wieder verhaftet. Neunzig Prozent der Anklagen bei diesen Verhaftungen wurden niedergeschlagen, nachdem wir die Leute durch Kaution befreit hatten. Diese Kautionen und übermäßig hohen Lösegelder waren ein ständig gebrauchtes Mittel, um unsere Kasse zu leeren.

Wir wurden unaufhörlich belästigt. Wir haben die vollständigen Unterlagen über sämtliche Verhaftungen und darüber, wie die Anklagen niedergeschlagen wurden. Auf solche Art wollten die faschistische, rassistische Polizei in Los Angeles und die Machthaber versuchen, die Black Panther Party auszulöschen.
Diese Aktion fand nach einem festen Modell im ganzen Land statt. Das wurde immer deutlicher, als man unsere Brüder Fred Hampton und Mark Clark in Chikago ermordete und auch auf andere Mitglieder der Panther Party schoß.
Bei ihrer Aktion von 1969 im ganzen Land haben sie offenbar auch Bruder Alex Rackley in New Haven/Connecticut ermordet, sie oder einer ihrer servilen Spitzel.
Vierzehn Parteimitglieder wurden bei Razzien verhaftet, als sie angeblich nach Rackleys Mördern suchten. Die Polizeischweine überfielen die Büros in Detroit, in Boston, in New York, in Chikago und in Denver. Davor hatten sie schon die Büros in New Haven und in Indianapolis überfallen. Sie sind auch in das Büro in Sacramento eingebrochen und haben es zerschossen. In das Büro von San Diego sind sie eingedrungen, aber zu der Zeit waren keine Panther darin. Viele andere Büros überall im Land sind zwei- oder dreimal angegriffen und zerschossen worden, auch Parteibrüder wurden angeschossen. Die Überfälle und Angriffe auf die Black Panther Party gehören mit zu dem Unternehmen, so viele Parteimitglieder wie möglich umzubringen.

Das ist auch ein Grund, warum wir mit der Zeitung der Black Panther Party angefangen haben: damit der Schwarze in New York lesen kann, was in Los Angeles, Atlanta, Chikago oder irgendwo im Land passiert. Alle, die die Zeitung der Black Panther Party bekommen, können etwas darüber lesen, was wirklich vorgeht, wie Tausende von schwarzen Brüdern und Schwestern in den schwarzen Wohngemeinden und den erbärmlichen Gettos im ganzen Land ermordet, angeschossen und brutal behandelt werden. Die Auflage unserer Parteizeitung ist in die Tausende gestiegen. Es ist jetzt so weit, daß *The Black Panther* eine höhere Auflage hat als alle anderen Untergrund-Zeitungen.
Die Machthaber wollen die Black Panther Party zerschlagen, weil die Partei sich anschickt, die rassistischen Machthaber als das bloßzustellen, was sie wirklich sind; die Partei will das aufdecken, was Eldridge Cleaver die drei Ebenen der Unterdrükkung nennt: die habgierigen Geschäftsleute, die hetzerischen Politiker und die faschistischen Truppen von Polizeischweinen; diese Truppen sind in jeder größeren Stadt und überall, wo schwarze oder braune Menschen, protestierende oder fortschrittliche Weiße wohnen, verdoppelt, verdreifacht oder vervierfacht

worden. Das sind zunehmend faschistische Zustände, und die Machthaber müssen die Black Panther Party loswerden, weil diese Partei eine Ideologie entwickelt und der Bevölkerung korrekte Methoden beibringt. Wir reden nicht nur davon, daß wir uns gegen Unterdrückung verteidigen werden, wir stellen die Machthaber auch bloß durch unser Frühstücksprogramm für Kinder und durch die Programme für freie Gesundheitsstationen und kostenlose Kleidung. Wir sind auf den Straßen verhaftet worden, weil wir die Zeitung verkauft haben, man hat uns angeklagt, daß wir uns herumtrieben und die Gehwege versperrten.

Es hat Untergrundaktionen von Lockspitzeln gegeben und Lügen, daß Parteimitglieder ehemalige Panther getötet hätten. Das sind Versuche, der Bevölkerung ein falsches Bild von der wirklichen Philosophie und dem Programm der Partei zu geben, damit die Bullen ihre Überfälle auf unsere Büros rechtfertigen können. Die Spitzelaktionen wurden in den Zeitungen groß aufgemacht. Manche von den Agenten waren schwarze Rassisten, die mit den Polizeischweinen zusammenarbeiten.

Das McClellan-Komitee und solche Leute erlauben den Polizeischweinen, uns zu überfallen, sie versuchen es zu rechtfertigen, daß unsere Büros überfallen und zerschossen werden. Ich hoffe, daß die Bevölkerung das Schema erkennt. Das Schema wird deutlich, wenn das FBI und das örtliche Polizeipräsidium in Connecticut vierzehn Mitglieder der Black Panther Party verhaften und ihnen Verschwörung zu Mord und Entführung sowie Mord und Entführung vorwerfen – vierzehn Leuten. Die Hälfte davon sind Anführer, richtige Anführer der Black Panther Party, wie etwa Schwester Erica Huggins, die stellvertretende Vorsitzende in Connecticut. Zur Zeit ihrer Verhaftung waren sie grade dabei, das Frühstücks-Programm für Kinder durchzuführen. Auch die Brüder in New York fingen eben an, das Frühstücks-Programm einzurichten, als sie wegen erschwindelter Anklagen verhaftet wurden. Diese Vorgänge und die Art, wie die Machthaber verfahren, machen es für mich deutlich und augenscheinlich, daß sie ein bestimmtes Schema haben. Sie wollen uns ihrerseits möglichst viel Ärger und Schwierigkeiten machen, wenn wir versuchen, unsere Programme durchzuführen. Diese Art, uns anzugreifen, ist auch ein Teil des ganzen Plans. Der vollständige Bericht über alle Verhaftungen und all die Anklagen gegen Parteimitglieder, die dann doch fallengelassen wurden, kann zeigen, daß die Machthaber diese Verhaftungstaktik benutzt haben, um die Geldmittel der Black Panther Party anzugreifen.

Fast in jedes Panther-Büro des Landes sind sie eingedrungen. In Des Moines/Iowa haben sie das Büro gesprengt, haben es

buchstäblich bombardiert. Dort war eine große Massenversammlung gewesen mit den Leuten in der Wohngemeinde, die das Frühstücks-Programm gern unterstützen wollten; Weiße und Schwarze waren dazu bereit und wollten helfen, daß dies Programm zustande käme. Und da haben die Polizeischweine das Büro bombardiert.
1969 war das Jahr der Polizeiüberfälle auf die Büros der Panther Party, das Jahr der Versuche, die Partei und ihre Gemeindeprogramme auszulöschen.

Renegaten, ›Affen‹ und Agents provocateurs

Als Huey erfuhr, daß ich wegen der Schrotflinte verhaftet war, versuchte er sofort, das Kautionsgeld zu bekommen. Er holte die Brüder zusammen und sagte, sie sollten die Zeitungen der Black Panther Party nehmen, sich in ihre Wagen setzen, nach Richmond fahren und dort die Zeitungen verkaufen. Er hatte schon rund 60 Dollar zusammengeschrappt, aber die Kaution für mich betrug 1 400 Dollar. Außerdem brauchten wir 80 Dollar Bürgschaft für mich. Huey erklärte den Brüdern, wir müßten das Geld durch die Zeitungen bekommen, fünfundzwanzig Cents je Exemplar.
Von der zweiten Nummer der Black Panther-Zeitung waren noch etwa 4 000 Exemplare da. Die Brüder zogen damit los, aber anstatt die Zeitungen zu verkaufen, schwatzten sie mit ein paar Mädchen in Nord-Richmond herum. Als sie nach drei oder vier Stunden zurückkamen, hatten sie nur rund fünfundzwanzig Zeitungen verkauft und mächtig viel geredet. »Wollt ihr sagen, daß ihr nicht mehr Zeitungen als die losgeworden seid?« fragte Huey. Nach einigem Hin und Her gab einer der Brüder zu, eigentlich hätten sie gar nicht Zeitungen verkauft.
»Zum Teufel mit dem Zeitungen-Verkaufen grade jetzt! Ich will mich jetzt mit den Mädchen hier amüsieren«, hatte ein Bruder erklärt. Sie hatten welche von den Mädchen mitgebracht, und Huey wollte die Jungs nicht in Verlegenheit bringen. Er nahm sich die Brüder beiseite und sagte: »Bringt die Mädchen nach Hause. Mit denen könnt ihr euch später einlassen. Geht jetzt und verkauft die Zeitungen!«
Sie fuhren zurück nach Richmond, aber dort trödelten sie wieder herum und verkauften die Zeitungen nicht. Da stieß Huey sie alle miteinander aus der Partei aus.
»Als ihr in Sacramento im Gefängnis gesessen habt«, sagte er zu ihnen, »da ist Bobby durch Kaution freigekommen, und als erstes hat er sich an die Arbeit gemacht, euch auch freizukriegen. Er hat sich richtig Sorgen darum gemacht, wie er die Kaution bekommen könnte, damit ihr herauskämt, er hat versucht,

Anwälte für euch zu kriegen und was noch alles. Jetzt macht ihr da ein dummes Gerede, der Bruder ist im Gefängnis, und ihr wollt nicht mal dasselbe für ihn tun. Das ist keine Einigkeit unter Brüdern. Ihr seid keine Captains mehr. Ihr seid alle nichts mehr. Wenn ihr für die Partei arbeiten wollt, dann verkauft die Zeitungen. Legt eure Gewehre ab. Ihr versteht es nicht, der Wohngemeinde und der Bevölkerung verantwortlich zu sein. Ihr versteht es nicht, euren Anführern in der Partei verantwortlich zu sein. Ihr seid alle aus der Partei ausgeschlossen. Ihr seid abgesetzt.«

Ich war schon drei Tage wieder aus dem Gefängnis heraus und wußte noch nichts von der Geschichte. Ich bemerkte eine Art Niedergeschlagenheit beim Büro und fragte mich: »Was haben die Jungs denn bloß?« Sie trieben sich noch dort herum. Sie mochten nicht weggehen, denn im Innersten hingen sie an der Partei. Sie waren eben nur mal danebengerutscht und hatten ein paar Grundregeln verletzt.

Drei Tage später zogen sie mich an die Seite und erzählten: »Bruder Huey hat uns neulich alle abgesetzt. Und zwar deshalb, weil wir nicht ordentlich gearbeitet haben. Wir hätten etwas dafür tun sollen, das Geld für deine Kaution zu kriegen, damit du wieder rauskamst. Bobby, es tut uns leid, Mann.«

Ich ging zu Huey und sagte ihm: »Die Brüder haben mir erzählt, was sie gemacht haben, und daß du sie alle rausgesetzt hast.« Huey meinte: »Sie müssen lernen, sich zusammenzunehmen.« Da erklärte ich: »Wir müssen zusammenhalten und nicht bloß herumreden, das ist wichtig, sonst kriegen wir keine Organisation. Sie haben mich gebeten, ihnen das zu verzeihen, und ich habe es getan.« Huey war einverstanden, und wir haben sie wieder in die Partei aufgenommen.

Aber solche Schwierigkeiten gab es immer wieder. Ungefähr eine Woche später haben wir gehört, daß einige Brüder Säcke voll Marihuana besaßen. Wir haben sie alle zusammengerufen, die Sache besprochen und ihnen gesagt, daß in der Partei die Regel gilt: Keiner von uns darf Marihuana bei sich haben; denn die Bullen paßten immer auf uns auf, und es war für jeden Parteibruder gefährlich, Marihuana bei sich zu haben. Wir haben uns dann hingesetzt und ein paar Regeln ausdrücklich aufgeschrieben. Es war das erste Mal, daß wir sie geordnet zusammengestellt haben. Wir ließen die Brüder dabei helfen. Wir haben gesagt, wenn einer gegen diese Regeln verstößt, sind alle anderen Parteibrüder verpflichtet, dafür zu sorgen, daß der Betreffende suspendiert oder aus der Partei ausgeschlossen wird. Es gehörte beispielsweise zu den Regeln, daß ein Parteibruder auf niemand anderen mit einer Waffe zielen oder schießen darf als auf einen Feind, der ihn angreift, daß unsere Mitglieder

nichts stehlen dürfen, nicht einmal eine Nadel oder ein Fädchen, und daß sie nicht auf Leute fluchen sollen, denn das bringt sie nicht weiter.
Heute haben wir fünfundzwanzig Regeln. Etwa die Hälfte ist hauptsächlich für die einzelnen Mitglieder der Black Panther Party bestimmt; die anderen sind für Dienst- und Parteifunktionen im ganzen und für die Ausübung politischer Pflichten in der Wohngemeinde.

Seit den Anfängen hat es eine ganze Menge Zwischenfälle gegeben, bei denen jemand die Regeln gebrochen hat. Teilweise lag es daran, daß Spitzel in die Partei gekommen waren; sie haben mit Absicht Probleme aufgerührt und gegen die Grundsätze und Regeln der Partei verstoßen.
Besonders deutlich erinnere ich mich an die Geschichte, wie J. aus einem Lastwagen der Black Panther Party ausgestiegen ist und einen Speisewagen beraubt hat. Auf dem großen weißen Lastwagen stand seitlich in riesigen schwarzen Buchstaben: BLACK PANTHER NEWSPAPER; er wurde hauptsächlich für den Transport und die Verteilung der Zeitung benutzt. David Hilliard und ich hatten J. und S. gesagt, sie sollten mit dem Lastwagen über die Bucht nach San Franzisko fahren und dort die acht oder zehn Brüder abholen, die fast die ganze Nacht durch gearbeitet hatten, um die Zeitung fertigzumachen. Nach dem, was wir durch unsere Nachforschungen herausbekommen konnten, hat S. anscheinend den Lastwagen an einen Speisewagen herangefahren und ist dort auf die Toilette gegangen. Sie hatten die anderen acht Brüder schon abgeholt. J. saß vorn im Auto, die acht anderen saßen hinten und hatten keine Ahnung, was da passierte. Als S. wieder auf das Lastauto zuging, sah er J. vom Speisewagen herkommen, eine Kassette und ein Gewehr in der Hand. »Mann, was ist hier los?« fragte S. »Gar nichts ist, Mann. Alles sehr schön.« sagte J. – S. beschloß, weiterzufahren und dort wegzukommen. Fünf Minuten später wurden sie von den Polizeischweinen geschnappt. J. schoß und verwundete einen Bullen schwer.
S. (er war Captain und Koordinator in der Partei) hätte J. das Gewehr wegnehmen sollen, er hätte die achtzig Dollar dem Kassierer wiedergeben sollen, und er hätte J. zum Hauptkomitee der Partei bringen sollen, damit es ihn bestrafen könnte. Er sagte, er hätte den Fehler gemacht, von dem Speisewagen wegzufahren; wir kamen deshalb auf den Verdacht, daß er womöglich ein Spitzel wäre. Wir waren uns auch über J. nicht ganz sicher, aber unser Argwohn war groß.
Ich war zu der Zeit in Santa Barbara und hatte dort einen Vortrag zu halten. Ich saß dort und las in den Zeitungen von der Schießerei und dem Raubüberfall in San Franzisko. Ich wollte es

nicht glauben; ich hielt es für irgendeine Schwindelangelegenheit. Als ich am gleichen Abend spät ins Büro zurückkam, fand ich eine Bekanntmachung von David am Schwarzen Brett, es dürfte niemand ein Gewehr tragen, der nicht die Erlaubnis des Zentralkomitees dafür hätte. Am nächsten Tag haben wir J. öffentlich aus der Partei verwiesen. Wir haben schließlich alle Brüder bis auf J. aus dem Gefängnis herausgeholt.

Ungefähr einen Monat später wurde J. aus dem Gefängnis entlassen und kam zu uns. Er sagte: »Ich habe doch das Programm des Verteidigungsministers durchgeführt.« – »Du bist ein verdammter Lügner«, sagten wir, »du hast kein Programm des Verteidigungsministers durchgeführt, bestimmt nicht mit einem schäbigen Raub.«

Da fragte J. mich: »Na Bobby, was meinst du denn dazu?« Er wollte mich gern von David und Bunchy abbringen. David sagte: »Was heißt das, was Bobby dazu meint? Wir haben dir gesagt, was ich, Bobby, das Zentralkomitee, Huey, Eldridge Cleaver und alle darüber denken. Wir alle zusammen.« Ich erklärte: »Das ist richtig, Mann. Du hast nicht das Programm des Verteidigungsministers durchgeführt. Auf die Tour bestimmt nicht. Du bist wohl nicht gescheit, Mensch. Es tut mir leid, du mußt einfach raus aus der Partei.«

Bunchy sah später, daß J. versuchte, sich noch als Revolutionär zu geben. Also sagte Bunchy zu ihm: »Wenn du in Ordnung bist, wenn du nur einen Fehler gemacht hast – niemand kann einen weghalten, der in Ordnung ist. Wenn du wirklich ein Revolutionär bist, dann wirst du der Bevölkerung dienen. Aber du bist noch immer aus der Partei ausgewiesen. Du kannst uns diese Geschichte nicht erklären, nicht damit, daß du sagst, du hättest das Programm unseres Ministers durchgeführt.«

Als diese Sache passiert war, wurden wir von überall aus der Stadt angerufen. Wir wurden von vielen unterstützt. Sie sagten: Das sind ein paar Bullen, ein paar Agenten, die euch allen Schwierigkeiten machen. – Sie wußten, daß es der Partei nicht um jämmerliche Raubüberfälle ging. Wenn man in solche Sachen verwickelt wird, dann werden die älteren Menschen in der Wohngemeinde die Partei mißverstehen. Dann wird auch der junge Lumpenproletarier irregeführt, der wahrscheinlich genug Courage hat, einen Raubüberfall zu begehen, den wir aber in der Partei haben möchten, damit wir ihm in der politischen Unterweisung klarmachen können: Ein Raubüberfall ist nicht das Richtige, um die sozialen Probleme zu lösen, die ihn hauptsächlich in seine jetzige Lage gebracht haben.

So sahen wir diese Art Tätigkeit auf die eine oder andere Weise doch als Spitzeltätigkeit an. Wir konnten im Augenblick nichts gegen J. beweisen. Wir dachten, daß er entweder den Verstand verloren hätte oder ein Spitzel wäre.

S. haben wir nicht aus der Partei verwiesen; aber nachdem wir ihm geholfen hatten, gegen Kaution freizukommen, kam er wieder an und versuchte, J. zu verteidigen. Da wurde er mir verdächtig, und ich nahm mir vor, ihn einfach zu beobachten. Wir haben tatsächlich oft Jungs aus dem Gefängnis rausgeholt, auch wenn sie etwas Unrechtes getan hatten; wir wollten versuchen, dahinterzukommen, was denn zum Teufel bei ihnen nicht stimmte, wir wollten dahinterkommen, wer eigentlich was tat, wer uns anführte und wer schuld war, daß solche Sachen vorkamen.

Endlich wurde es so schlimm, daß wir bei den nächsten Narren, die verhaftet wurden – sie waren in einem Panther-Wagen mit kaputten Scheinwerfern, ohne amtliches Kennzeichen und mit umgehängten Gewehren durch die Gegend gefahren –, den Entschluß faßten, sie nicht durch Kaution auszulösen. David sagte: »Wir geben jetzt keine Kautionssummen mehr aus für solche Strolche, die unsere Parteiregeln verletzen. Wenn der Kram an die Presse geht, dann sieht es so aus, als wären wir bloß ein Haufen Verbrecher und Halsabschneider, nur weil ein paar Leutchen anfangen, dummes Zeug zu treiben.«

Etwa sechs von den Parteibrüdern und -schwestern waren anderer Meinung und fanden, wir sollten die Kaution für diese Jungs doch einzahlen. Als wir sie fragten, weshalb, erklärten sie: »Weil sie Schwarze sind.« – »Nein«, sagten wir da, »wir werden sie nicht nur darum loskaufen, weil sie Schwarze sind. Sie tun der Bevölkerung keinen Dienst. Ja, sie zerstören sogar die Partei. Die Leute sollen wissen, daß diese Typen in der Partei nichts zu sagen haben. Wir sollten sie aus der Partei raussetzen.« Dieser kleinen Gruppe von fünf oder sechs Leuten paßte das nicht, da haben wir ihnen gesagt, dann sollten sie selbst das Geld für die Kaution aufbringen.

Das war der Anfang einer kleinen Gruppe von ›Affen‹ in der Partei, die es mit dem schwarzen Rassismus hatten. Später hat sich gezeigt, daß in dieser Gruppe ein Spitzel steckte, aber das wußten wir damals noch nicht. P. war ein regelrechter Spitzel, er war 1968 in die Partei gekommen. Dieser kleinen Gruppe lag mehr am schwarzen Rassismus als an einem fortschrittlichen revolutionären Programm, das dem Volke diente. Diese kleine Gruppe verstand nicht, daß wir in einem Klassenkampf standen und nicht in einem Rassenkampf.

Die Spitzel nutzten für ihre Zwecke solche Kerle aus, die sich gegen die politische Unterweisung wehrten und sich nicht an die revolutionären Grundsätze und Regeln der Partei halten wollten. Die Hälfte von allen, die sich nicht an unser Programm hielten, wurde durch Spitzeltätigkeit irregeführt. Im Anfang wußten wir das nicht, aber wir empfanden und merkten, daß entschieden etwas nicht in Ordnung war.

Eine kleine Gruppe von zehn oder zwölfen hatte sich abends irgendwo am Stadtrand getroffen. P. leitete diesen Blödsinn und redete hinter den Kulissen richtig schlecht über die Partei. Die Bürschchen begriffen nicht, daß man für eine Revolution nicht nur die Leute zusammenzuholen und ihnen zu sagen braucht, sie hätten das Recht, sich gegen ungerechte Polizeiattacken zu verteidigen. Sie begriffen nicht, daß man für eine Revolution auch grundlegende Gemeinschaftsprogramme durchführen muß, wie das Frühstück für Kinder, die ›Liberation Schools‹, Schulen für politische Befreiung, und freie Gesundheitsstationen, und daß man daran wirklich jeden Tag zu arbeiten hat. Sie begriffen nicht, wie dadurch den Volksmassen beigebracht wird, stärkeren revolutionären politischen Druck auf die Machthaber auszuüben, damit die Machthaber ähnliche Programme durchführen. Sie begriffen nicht, daß man dafür hart arbeiten muß, und P. brachte sie ständig davon ab, an diesen Dingen mitzuarbeiten.

Diese Bürschchen waren das, was die Partei einfach ›Affen‹ nennt. Ein ›Affe‹ ist ein Narr. Er ist töricht, aber er hat keine Angst vor der Polizei. Er ist töricht, weil er es wahrscheinlich dahin bringt, daß sie ihn schneller töten. Wenn man ihm nicht zurechthilft und versucht, ihn politisch zu unterweisen, wird er sicher die Partei zugrunde richten. Ist ein Spitzel in der Nähe, so wird der einen hindern, diese Jungs politisch zu unterweisen; er wird sie dazu verleiten, aus ihrem Gefühl heraus unsinnige Sachen anzustellen, anstatt aus dem Verständnis für sozialen Wandel heraus zu arbeiten. Beispielsweise wird ein solcher ›Affe‹ die Straße entlanggehen, das Gewehr in der Hand, und vor sich hin reden: »Die verfluchten Polizeischweine. Zur Hölle mit den Polizeischweinen. Und ich geh nicht ins Gefängnis.« Und bald wird er von fünfundzwanzig Bullen umgeben sein, die ihre Schrotflinten auf ihn gerichtet halten, und er wird ins Gefängnis gehen. Im Allerinnersten hat er eigentlich gar nichts zu verteidigen, weil er nicht weiß, was er verteidigt. Echte Revolutionäre sind wie die Brüder bei der Schießerei in Los Angeles, wo die Polizeischweine das Büro angriffen und die Brüder noch in der Nacht überfielen. Diese Brüder haben das Büro verteidigt, weil sie damit die Gemeinschaftsprogramme verteidigten, die sie durchzuführen versuchten. Sie haben sich selbst verteidigt, weil sie erkannten, daß die Machthaber sie vernichten und systematisch ausrotten wollten, daß sie die Organisierung und Einigung der Bevölkerung durch revolutionäre Programme verhindern wollten.

Ein echter Revolutionär steht morgens früh auf, geht und hilft beim ›Frühstück für Kinder‹. Wenn er das getan hat, organisiert er etwas für einen bestimmten Zweck, z. B. um Unterstützung für das Kinderfrühstück oder sonst ein Programm zu bekommen. Er leistet revolutionäre Arbeit in der Wohngemeinde, er treibt dort Propaganda, er verteilt Flugblätter. Als Bürger in der Wohngemeinde und als Mitglied der Black Panther Party geht er auf den Schießplatz und übt sich im Schießen, aber er hält sich an alle Waffengesetze, er trägt seine Waffe nicht verborgen oder macht sonst dummes Zeug. Er befolgt die Regeln und widmet sich ganz der Sache. Er ist ständig bemüht, sich politisch zu bilden, über die revolutionären Grundsätze und wie sie wirken, er versucht, seinen Gesichtskreis zu erweitern. Wenn wir von Rassistenschweinen ungerecht angegriffen werden, dann verteidigt er auch sich selbst und sein Volk.

Ein ›Affe‹ dagegen arbeitet als Opportunist. Für ihn dreht sich alles um das eigene Ich, er ist noch selbstsüchtig. Ihm gilt sein Marihuana und sein Wein mehr als die Partei. Er meint, daß er seine Waffe nach Belieben gebrauchen kann, um etwas für sich selbst zu ergattern.

Man kann ihn politisch ausbilden, das ist ganz klar. Aber wenn man da Spitzel herumlaufen hat, die CIA und FBI einem geschickt haben, schwarze Jungs, die das eine sagen und das andere tun, dann wird es viel schwieriger, weil sie die ›Affen‹ verführen, allen möglichen Unfug anzustellen, der die Partei zerstört. Man muß die Angeber und Spitzel vor der Bevölkerung bloßstellen.

Die Burschen in der schwarzen Rassistengruppe und noch einige andere, die schon vor längerer Zeit in die Partei gekommen waren, hatten Raubüberfälle gemacht. Wir sagten ihnen, wenn sie in der Partei sein wollten, dann sollten sie so was lieber bleiben lassen, denn das gehört nicht zum Parteiprogramm, und die Partei stellt sich nicht dahinter. Wir haben diesen Bürschchen sogar gesagt, solange die Partei Geld hätte, brauchten sie sich um ihre Miete und um ihr Essen keine Sorgen zu machen. Wir haben ihnen erklärt, fünf oder sechs Brüder könnten ein Haus gemeinsam mieten, dann wäre die Miete niedriger, und sie brauchten sich keine Gedanken zu machen, wo sie bleiben und das Nötigste herbekommen sollten. Solange sie wirklich treue Revolutionäre wären und den ganzen Tag arbeiteten, würde die Partei für sie sorgen. Wir zahlen nie jemandem ein Gehalt. Wir sorgen einfach für das, was die Parteibrüder zum Leben brauchen. Diese Kerle wußten, daß sie keinen Raub begehen sollten.

Eines Tages, kurz bevor David und ich nach New York reisten, kam A. zu uns – er hat es mit dieser kleinen Gruppe von ›Affen‹ zu tun – und sagte: »He, Mann, ich muß mal notwendig etwas Geld abstauben.« Wir erklärten ihm: »Hör mal, Mensch, so was hast du vielleicht gemacht, ehe du in die Partei gekommen bist; aber jetzt machst du das nicht mehr, denn die Partei hat für diesen Unfug nichts übrig. Um eure Miete und euer Essen braucht ihr euch keine Gedanken zu machen.« Da

meinte er: »OK, Mann«, und wir dachten, es wäre alles in Ordnung. David und ich mußten am gleichen Nachmittag die Stadt verlassen.
Wir fuhren nach New York. Am nächsten Tag rief David beim Nationalen Hauptbüro an, um zu kontrollieren, ob alles in Ordnung wäre, und dann wandte er sich richtig angewidert mir zu. »Bobby«, sagte er, »wir können den verdammten Ort keine vierundzwanzig Stunden allein lassen, ohne daß irgendein ›Affe‹ oder ein Schafskopf Unsinn macht. K.'s alte Dame ist am Telefon und redet was von so einem erbärmlichen Raub, bei dem A. und K. dabeiwaren.« Ich meinte: »So was kann doch A. nicht passieren, wir haben ihm ja erst gestern gesagt, daß wir uns auf solchen Scheißdreck nicht einlassen.« David sagte: »Mann, laß uns lieber sehen, daß wir hier schleunigst fertigwerden und wieder zurückfahren; diese Typen werden noch versuchen, die Partei zu erledigen, wenn wir nicht auf sie aufpassen.«
Als wir zurückkamen, gab uns der stellvertretende Stabschef June Hilliard den Bericht, er gab uns auch ein paar Zeitungen zu lesen. Es war wirklich eine verdammte Schande. Sie haben am hellichten Tage, um zwei Uhr mittags, in einer Hauptstraße versucht, einem Lebensmittelhändler zweihundert Dollar zu rauben. Sie waren zu sechsen, mit Schrotflinten, M-1-Gewehren, 45ern und so weiter — noch dazu Waffen, die der Partei gehörten. Wir waren wirklich sehr ärgerlich. Sie konnten zu mir kommen oder zu dem, der die Kasse hatte, und fragen, ob sie das Geld haben könnten für die Miete oder was es sonst war. Wir kriegen für jeden Vortrag fünfhundert bis tausend Dollar, und ich hielt zehn oder zwölf Vorträge im Monat. Sie brauchten nicht den Laden da zu berauben.
Wir haben sie in der Presse heruntergemacht. Wir haben gesagt, sie wären Spitzel, Narren und ›Affen‹, und sie wollten die Partei nur als Stützpunkt benutzen für irgendwelche kleinlichen verbrecherischen Handlungen, mit denen die Partei nichts zu tun hat und die sie auf keinen Fall billigt. Das Zentralkomitee der Partei und die Parteiregeln sind absolut dagegen. Alles das haben wir auch in der Pantherzeitung gebracht.
K. und A. waren im Gefängnis. Die anderen konnten wohl teilweise ausreißen. Wir hatten durch Flüsterpropaganda ausbreiten lassen: »Kommt bloß nicht mehr in die Nähe der Partei« — an alle, die wahrscheinlich an dem sogenannten Raub teilgenommen hatten — »ihr seid raus aus der Partei. Ihr seid keine Mitglieder der Partei mehr, ihr vertretet die Partei nicht.« Zwei Tage später machte die Polizei eine Razzia in dem Haus, in dem A., K. und P. gewohnt hatten. Einige Brüder, die auch dort wohnten, die aber nicht unbedingt zu dieser kleinen verrückten Gruppe gehörten, wurden sämtlich verhaftet. Wir sind hinge-

gangen und haben P. herausgeholt, weil wir meinten, er wäre in Ordnung und bloß wegen dieser verdammten Razzia verhaftet. Wir haben auch noch ein paar andere aus dem Gefängnis geholt, von denen wir wußten, daß sie nichts mit dem Raub zu tun hatten. Wir trauten ihnen und haben sie aus dem Gefängnis herausgeholt, weil sie zu Unrecht hineingeraten waren.

Aber, so sicher wie nur was – rund einen Monat später erfuhren wir, daß P. es gewußt hatte: wenn David und ich in New York wären, sollte der Raub vor sich gehen. Wir holten ihn in eine Versammlung des Zentralkomitees und sagten: »Hör mal, Mann, wir haben erfahren, daß du über diesen Raub Bescheid wußtest, und du hast es dem stellvertretenden Stabschef nicht gemeldet. Du hattest sogar an dem Tag die Aufsicht und mußtest es melden.«

»Ich habe nichts davon gewußt, Mann, ich hab' nichts davon gewußt«, behauptete er zuerst. Dann wollte er uns aufbinden, er hätte einfach nicht genug Zeit gehabt, zurückzukommen und Meldung zu machen, er wäre nur nachlässig gewesen. Wir haben ihn für einen Monat suspendiert.

Inzwischen waren K. und A. noch im Gefängnis, und wir haben uns geweigert, für sie Kaution zu hinterlegen. Diese Splittergruppe (manche von ihren Leuten trieben sich noch in der Partei herum) fand: »Ihr solltet die Kaution bezahlen, damit sie rauskommen.« Es paßte ihnen gar nicht, daß wir das ablehnten. K.'s Frau sagten wir, solange sie in der Partei mitarbeitete, brauchte sie sich um nichts zu sorgen, aber wenn sie ihren Mann heraushaben wollte, dann müßte sie sich das Geld dafür selber verschaffen.

Das nächste, worin P. verwickelt war, war die Geschichte mit der Bildermappe. Die Sache ist sehr wichtig, weil darüber in der öffentlichen Untersuchung im McClellan-Komitee gegen die Partei ausgesagt wurde. Die Sache mit dem Ausmalbuch hat im November 1968 angefangen.

Diese Bildermappe hatte ein Mann in Sacramento gezeichnet, ein Künstler, der einiges von schwarzem Rassismus im Kopf hatte. Die Brüder mit wirklich beschränkten kulturnationalistischen Ideen, aus denen schwarzer Rassismus entsteht, versuchten wir zu belehren; also sagten wir ihm, er sollte solche Bilder zeichnen, die das wirkliche revolutionäre Programm wiedergeben. Er ging nach Sacramento und machte ein paar Zeichnungen, aus denen er eine Bildermappe zusammenstellen wollte. Was er fertig hatte, brachte er in bestimmten Abständen zum Parteibüro. Ich sagte ihm immer wieder: »Sieh mal, Bruder, deine Black Panthers sind lauter Muskelprotze, auf jedem Bild, das du zeichnest. Die Black Panthers sehen alle aus wie Supermänner, ganz muskulös und so weiter. Wir sind keine Supermänner, wir behaupten auch nicht, daß wir das wären. Wir sind einfach Menschen und Leute wie alle anderen. Manche von uns sind klein. Von den Mädchen sehn manche gut aus, aber wir sind nicht alle das, was man hübsch nennt. Einige von uns sind mager und einige dick. Manche sind wirklich muskulös, aber so sind wir nicht alle.« Ich erklärte ihm: »Diese Bildermappe, also was du da gezeichnet hast – es hat zu viel Anklänge an Rassismus. Und noch etwas. Du zeigst einen Panther, der auf einen Bullen schießt. Aber du zeigst nicht den politischen Zusammenhang, den Grund, warum ein Panther auf einen Bullen schießen würde. Du mußt zeigen, wie ein Panther sich gegen ungerechte Angriffe von dem Bullen verteidigt. Wenn du also einen schwarzen Mann zeigst, der roh behandelt und ungerecht angegriffen wird, und einen Panther, der mit dem Gewehr aus seinem Haus kommt und dem schwarzen Bruder helfen will, sich gegen den ungesetzlichen Angriff von diesem Bullen zu verteidigen, oder so etwas Ähnliches – dann zeigst du den politischen Zusammenhang, dann zeigst du das Recht der Schwarzen, sich zu verteidigen. So mußt du das machen. Verstehst du, was ich meine?«

Ich habe ihm das alles erklärt, und dann nahm er es wieder mit, um daran zu arbeiten. Im November hatte er es fertig und brachte es an einem Sonntag zur Versammlung des Zentralkomitees. Aber es war noch immer alles verkehrt, und ich sagte ihm: »Nein, Mann. Dies Buch hat zu wenig politische Substanz, und es steckt zu viel vom schwarzen Rassismus darin. Du mußt die revolutionären Grundsätze der Partei kennenlernen, und wenn du die Grundsätze erst richtig siehst, dann wirst du zeichnen können wie Emory; denn Emory versteht es, seinen Zeichnungen politische Substanz und Bedeutung zu geben.«

Nun, ich glaube, er hing an seiner Kunst, und ihm gefiel das Buch so, wie es war. Er ließ fünfundzwanzig Stück davon in Sacramento als Ausmalbücher drucken und brachte sie uns ins Büro. Dann holte er sich einen ran, der im Vervielfältigungsraum arbeitete, der sollte noch mehr davon drucken. Das haben wir abgestoppt und zu ihm gesagt: »Nein, Mann, von den Büchern werden nicht noch mehr gedruckt. Die Bücher sind so nicht richtig. Du weißt, was ich meine. Mach doch ein neues Ausmalbuch, das mehr von der revolutionären politischen Substanz zeigt!«

Irgendwann im Januar 1969, nachdem wir K. aus der Partei geworfen hatten, ging er und druckte noch tausend von diesen Büchern. Die kleine Gruppe, die sich abgesondert hatte und unter P. stand, nahm die Bücher und verteilte sie heimlich, gegen die Anordnung des Zentralkomitees. Uns ist erst einen Monat nach dem Raub der Verdacht gekommen, daß mit P. etwas nicht stimmte. Als wir K. und A. nicht durch eine Kaution be-

freien wollten, hörten wir, daß die Splittergruppe erklärte: »Die Partei hat nicht recht. Die Partei macht es nicht richtig.« Wir dachten uns, das wäre halt einfach eine kleine Gruppe von Gecken, die sich da lächerlich machten, und sagten: »Ach, lassen wir die doch jetzt.« Dann erfuhren wir von jemandem, daß P. anscheinend in dieser Gruppe führend war. Er hatte wohl das Amt, diese kleine Gruppe zu bestärken, wenn sie sich mehr an den schwarzen Rassismus hielt als an das Programm der Partei.
In dem Monat, als P. suspendiert war, kam er drei Wochen lang jeden Tag ins Büro und arbeitete dort eifrig. Dann erschien er eines Tages im Büro zusammen mit jemandem, den keiner von uns kannte. Nun haben wir da ein kleines Schild angebracht: *»Ab hier kein Zutritt für Unberechtigte«*. In den vorderen Teil unseres Nationalen Hauptbüros kann jeder hereinkommen, aber man kann nicht alle hinteren Räume durchstreifen, wenn man nicht zur Partei gehört. Wir dachten, die Bullen könnten uns Spitzel schicken, die da Marihuana hinlegten im Hintergrund oder sonst etwas; wir dachten, sie könnten hereinkommen und eine Bombe in einer Aktentasche da liegenlassen, damit sie uns alle in die Luft sprengte. Darum lassen wir nicht jeden durch die hinteren Büroräume laufen. Unberechtigte bleiben im vorderen Teil des Büros, wo der Aufsichtführende und alle Brüder und Schwestern, die dort arbeiten, sie beobachten können.
P. brachte diesen Mann durch alle hinteren Räume. June und David bemerkten sie zufällig. David erzählte mir später gegen Abend: »Mann, P. hat da einen angebracht, den ich noch nie gesehen habe, und hat ihm unsere Maschinen und alles gezeigt.« Wir haben da hinten eine Maschine, die 2500 Dollar wert ist, eine elektrische Schabloniermaschine, eine Vervielfältigungsmaschine zu vierhundertfünfzig Dollar, unsere Tonbandgeräte und sonstige Ausrüstung. David erzählte: »June hat ihn angehalten und gefragt, was er sich denn zum Teufel eigentlich vorstellte, daß er Fremde da hinten hinbrächte, ihnen die ganze Ausstattung der Partei zeigte und sich solche Sachen leistete.« P. hatte gesagt: »Ach weißt du, Mann, dieser Bruder hier möchte gern in die Partei, und da habe ich ihm nur mal unsere Büros gezeigt.« – »Moment mal, mein Lieber, Moment mal«, hatte ihm June geantwortet, »hier hinten kannst du niemanden hinbringen. Der Mann gehört nicht zur Partei, und du hast das nicht zu machen. Du weißt, daß du das nicht darfst. Außerdem werde ich dich dem Zentralkomitee melden.«
Bei der Versammlung des Zentralkomitees sagte David zu P.: »Ich habe da über dich erfahren, daß du mit dieser verrückten Gruppe von Affen und solchen Kerlen rumläufst, die es mit dem schwarzen Rassismus haben und an dem ganzen Schwindel festhalten. Dann ist es wohl am besten, daß du unsere Partei verläßt. Geh du raus und komm uns auch nicht mehr nur in die

Nähe vom Parteibüro; mir scheint nämlich bald, daß du vielleicht derjenige bist, der andere Leute anstiftet, uns nachts, wenn wir nicht hier sind, das Zeug aus dem Büro zu stehlen. Zwei .357-Magnum-Pistolen sind geklaut worden, es fehlen auch sonst noch ein paar Maschinen und Tonbandgeräte.« So hat ihm David das gesagt.
»Und du kommst hierher und zeigst den Leuten das Zeug. Ich bin lange genug im Getto gewesen, daß ich einen Gangster und einen Halsabschneider erkennen kann, wenn ich einen sehe; und wenn so ein Narr wie du, der zur Partei gehört hat, rumläuft und sich mit solchen Kerlen abgibt, und wenn er sie nicht auf dem ordnungsgemäßen Weg über die Partei hier hereinschickt, dann habe ich den Eindruck, daß du es bist, der alles das angerichtet hat. Du hast da auch diese Splittergruppe. Geh raus aus dieser Partei und komm uns hier nicht mehr her!« So ist das gewesen.
Als nächstes haben wir erfahren, daß ein Mädchen aus dieser Splittergruppe versucht hat, mit einem M-1-Gewehr eine Wells-Fargo-Bank zu berauben. Sie ging in die Wells-Fargo-Bank, da warteten die Bullen schon auf sie, und sie wurde festgenommen. Die Sache hatte P. gegen sie eingefädelt. Trotzdem waren wir noch nicht ganz sicher, ob P. ein richtiger CIA-Spitzel war. Aber wir wußten, daß er gegen uns handelte, und er war uns sehr verdächtig.
Danach kam ein Bruder wieder, als er aus dem Gefängnis entlassen war, und sagte: »Mann, ich war doch gar nicht bei der Sache dabei.« Er hatte im Gefängnis K. und A. im Gespräch gehört und war dahintergekommen, daß der Raub, in den die anderen verwickelt waren, von P. *geplant* worden war. Da haben wir gesagt: »Au, verdammt noch mal!« Allmählich sahen wir, was los war. So ist das alles nach und nach rausgekommen.
Dann holte sich P. vier oder fünf ehemalige Panther und ging nordwärts nach Seattle; er wollte versuchen, unsere Zweigstelle in Seattle gegen das Nationale Hauptbüro aufzuhetzen. Sie zogen da oben hin, und dann kam es durch die Zeitungen, daß man sie festgenommen hatte, weil sie Haschisch besaßen. Danach waren sie im Nu alle wieder frei. Das hat uns nicht eingeleuchtet, wieso sie da oben verhaftet und dann gleich automatisch wieder freigelassen wurden. Da steckte eine Schweinerei dahinter, und es hat damit zu tun, daß sie versuchten, die Zweigstelle Seattle von uns abzubringen. (Die Brüder von der Zweigstelle Seattle haben uns erzählt, daß die da oben waren und das versucht haben.)
Als wir das nun alles wußten und auch wußten, daß P. diese Geschichten lenkte, sind wir den Dingen nachgegangen, und es ist uns einiges klargeworden. Beispielsweise hatte er einen Arti-

kel in die Parteizeitung gebracht, in dem Mark Comfort beschuldigt wurde, daß er mit der Polizei in Oakland zusammenarbeitete. Es hieß in dem Artikel, das Polizeipräsidium in der Stadt hätte seiner Gruppe erlaubt, Gewehre zu tragen; wir haben aber später herausbekommen, daß Mark Comfort eine Aktion organisiert hatte, durch die einige von seinen Jungs die schwarzen Geschäftsleute in der schwarzen Wohngemeinde beschützen und ihre Läden bewachen sollten. Wenn sich ein Ladenbesitzer Leute mietet, die seinen Laden bewachen sollen, dann kann er ihnen doch wohl erlauben, Gewehre zu tragen. P. wollte, wir sollten in unserer Zeitung bekanntgeben, daß Comfort mit den Bullen zusammenarbeitete, aber wir sagten: »Nein, dazu müßten wir erst alle Tatsachen wissen.«

Doch in der nächsten Ausgabe der Zeitung erschien der Artikel, unter dem Pseudonym ›Sip‹. Keiner hatte die Erlaubnis gegeben, den Artikel in die Zeitung zu setzen. Es hat sich dann herausgestellt, daß P. im allerletzten Augenblick in das Redaktionszimmer gelaufen kam und erzählt hatte, wir hätten gesagt, der Artikel sollte noch hinein, und das war nicht wahr.

Als der Artikel erschienen war, bekamen Mark Comfort und seine Gruppe so viele Anrufe, und die Leute fielen dermaßen über sie her, sie nannten sie Schweine, daß es sie richtig fertigmachte. Auf die Art versuchte P. tatsächlich, zwischen einer Gruppe in einem anderen Stadtteil und der Parteileitung Zank und Streit zu stiften, damit wir uns uneins würden. Das deutete wieder darauf hin, daß P. in der Black Panther Party ein Spitzel wäre.

Bei der deutlichen Bloßstellung von P. kam ein Schwarzer mit ins Spiel, der niemals zur Partei gehört hat, der aber monatelang ankam und im vorderen Büro herumsaß. Er trieb sich so in der Stadt herum. Schließlich ist er mit jemandem drei Häuser hinter dem Parteibüro in einem kleinen Friseurladen in Streit geraten. Direkt vor dem Laden schoß jemand auf ihn – schoß ihn tot Am nächsten Tag, es war Sonntagmorgen, rief P. eine Pressekonferenz zusammen mit einer kleinen Gruppe anderer Affen und Abtrünniger, und da hat er geredet – ganz wie J. Edgar Hoover. Er sagte, dieser tote Junge wäre sein Bruder gewesen, sie wären beide aus der Black Panther Party ausgestoßen worden, die Partei hätte den Jungen ermordet und wollte ihn auch töten. Das ganze war eine glatte, unverschämte Lüge.

Der Erfolg war der, daß sich im ganzen Land die Lüge verbreitete, wir schössen auf Mitglieder der Black Panther Party und töteten sie. Nach dem, was ich mir denke, hat diese ganze Sache etwas mit der Verschwörung gegen mich und die anderen Brüder in New Haven, Connecticut, zu tun.

Als dann die Untersuchungen der Grand Jury anfingen, wurde es endgültig klar, daß P. ein Spitzel war. Wer kam da wohl in

Begleitung des FBI durch die hintere Tür herein, um als Zeuge auszusagen? Es war P., der immer noch versuchte, sich so zu geben, als ob er nur irgendwer wäre, der noch versuchte zu vertuschen, daß er ein Spitzel ist. Er saß da und sagte, er wäre in der Partei gewesen, und erzählte denen einen ganzen Haufen Lügen über die Partei. Das haben dann die Polizeischweine in der Presse benützt, um die Vorstellung der Bevölkerung von der Partei zu verzerren.

Bei den Aussagen in der öffentlichen Untersuchung des McClellan-Komitees ist einiges Zeug über das Malbuch drangekommen. Die nationale Presse hat diese Aussagen wirklich dazu benutzt, nach Möglichkeit die Partei zu zerstören. Sie hat erklärt: »Die Black Panther Party hat das Buch jetzt aus ihrem Programm für die Kinder herausgenommen«, und sie hat zu behaupten versucht, wir hätten das wegen der Untersuchung des Senats getan. Die wirklichen Tatsachen, die wir in einer Pressekonferenz bekanntgegeben haben, sind kaum genannt worden: Die Affen, von P. angeführt, sind herumgelaufen und haben die Malbücher verbreitet. P. hat sie dazu angestiftet, daß sie zu den Kindern hingingen, die von dem Frühstück wiederkamen, ihnen ein Buch gaben und sagten: »Ich bin ein Black Panther«. So haben sie das ganze in Szene gesetzt und versucht, die Partei politisch zu zerstören und auch unser Frühstücks-Programm kaputtzumachen.
Grade zu der Zeit, als die Untersuchung des Senats lief, hat A. einen Brief an Charles Garry geschrieben. Darin hat er ihm erzählt, er wäre in die verkehrte Gruppe geraten, und es wären da Spitzel und andere Leute, die der Partei etwas antäten und Lügen über sie verbreiteten. Er sagte, man hätte ihn aufgefordert, vor dem McClellan-Komitee auszusagen, er hätte sich aber geweigert. A. kriegte fünf Jahre Gefängnis.
Die Säuberungsaktion, die wir in der Partei angefangen haben, kam nach all diesen Spitzelaktionen von P. und anderen, bei denen wir es nicht wußten. Danach haben wir keine neuen Mitglieder mehr in die Partei aufgenommen. So konnten wir die Spitzel besser herausfinden, weil wir sahen, wer arbeitete, wer keine Arbeit tat und wer die Sachen durcheinanderbrachte. Dadurch, daß wir niemanden mehr hereinließen, hörte auch die Unruhe auf, die durch das ständige Einströmen von neuen Leuten entsteht. Im ganzen Land sind über tausend Leute aus der Partei ausgewiesen worden. Es waren Opportunisten, Affen, Renegaten, Agenten und andere, die einfach nicht verstehen wollten, daß wir der Bevölkerung dienen und uns ihr dadurch unterordnen.
Von den Leuten, die wir aus der Partei ausweisen, erscheint ein Bild in der Black Panther-Zeitung. Wir bringen darin auch die

Gründe, warum wir sie ausgewiesen haben, um es allen zu erklären. Viele Leute laufen herum und erzählen, sie wären Mitglieder der Panther Party, und dabei sind sie es gar nicht. Die machen allerhand verrücktes Zeug, sie machen anderen Angst, sie toben und rennen durch die Straßen und benehmen sich wie nicht gescheit. Die geben der Partei einen schlechten Ruf. Wenn jemand, der wirklich zur Black Panther Party gehört, auf Leute flucht oder ihnen Angst macht oder so etwas, dann hoffen wir, daß er uns gemeldet wird. Er wird nicht lange in der Partei bleiben, wir werden ihn ausschließen und ihn als das hinstellen, was er ist. Wir halten die Partei allgemein in guter Disziplin. Die Parteibrüder achten die Leute in der Wohngemeinde und arbeiten, um ihnen zu dienen. Gleichzeitig sind sie in Bereitschaft, die Partei und die Wohngemeinde gegen Bullen, die uns angreifen, zu verteidigen.

Das Entscheidende, wodurch wir die Partei zusammenhalten, ist echte politische Unterweisung und Achtung für das Volk. Dafür kommt Bruder David großes Verdienst zu. Bruder Ray ›Masai‹ Hewitt hat geholfen, den Parteimitgliedern einen weiteren Gesichtskreis zu vermitteln. Die Arbeit unserer Parteimitglieder ist nicht mit üblichen Organisationen in der schwarzen Wohngemeinde zu vergleichen. Bei der Hingabe, mit der unsere Parteimitglieder arbeiten, gibt es keinen Opportunismus, keine Selbstsucht, keine Trägheit und keine Gleichgültigkeit gegen die Bevölkerung. Das liegt daran, daß die Parteimitglieder den Fortbestand des schwarzen Volkes wollen, auch auf die Gefahr hin, daß sie politische Häftlinge werden, daß sie von faschistischen Bullen getötet und ermordet oder daß sie ins Exil getrieben werden.

Hier sind die Regeln, wie sie jede Woche in der Black Panther-Zeitung erscheinen:

Regeln der Black Panther Party
Nationales Hauptbüro
Berkeley/Kalifornien

Jedes Mitglied der Black Panther Party in unserem rassistischen Amerika hat sich an diese Regeln zu halten, um aktives Mitglied der Partei zu sein. Für die Durchführung dieser Regeln sorgen die Mitglieder des Zentralkomitees, die zentralen und örtlichen Mitarbeiter einschließlich aller Captains, die der nationalen, einzelstaatlichen oder örtlichen Leitung der Black Panther Party unterstehen. Die Dauer einer notwendigen Suspendierung oder einer anderen disziplinarischen Maßnahme wegen Verletzung dieser Regeln bestimmen nationale Entscheidungen durch die nationalen, einzelstaatlichen, Kreis- oder örtlichen Ausschüsse und Mitarbeitergruppen, unter denen gegen die Regeln der Black Panther Party verstoßen wurde.

Jedes Mitglied der Partei muß diese Regeln wörtlich auswendig kennen und sie täglich anwenden. Eine Verletzung der Regeln hat jedes Mitglied seiner Führung zu melden; andernfalls ist es antirevolutionär und unterliegt ebenfalls der Suspendierung durch die Black Panther Party.

Die Regeln lauten:

1. Kein Parteimitglied darf Narkotika oder Marihuana in seinem Besitz haben, während es für die Partei arbeitet.
2. Jedes Parteimitglied, das Narkotika injiziert, wird aus unserer Partei ausgeschlossen.
3. Kein Parteimitglied darf bei der täglichen Arbeit für die Partei *betrunken* sein.
4. Kein Parteimitglied darf gegen Vorschriften verstoßen, die sich auf die Verwaltungsarbeit, auf die Generalversammlungen der Black Panther Party oder auf Versammlungen der Black Panther Party an irgendeinem Ort beziehen.
5. Kein Parteimitglied darf eine Waffe, gleich welcher Art, unnötig oder versehentlich gegen irgend jemanden *benutzen, richten* oder *abfeuern.*
6. Kein Parteimitglied darf in eine andere militärische Streitmacht eintreten als in die *Schwarze Befreiungsarmee.*
7. Kein Parteimitglied darf eine Waffe bei sich haben, wenn es betrunken ist oder unter dem Einfluß von Narkotika oder Marihuana steht.
8. Kein Parteimitglied darf irgendein Verbrechen an anderen Parteimitgliedern oder überhaupt an *schwarzen* Menschen begehen oder in unserem Volk etwas stehlen oder an sich nehmen, auch nicht eine Nadel oder ein Fädchen.
9. Im Falle einer Verhaftung geben Black Panthers nur Namen und Anschrift an, leisten aber keine Unterschrift. Alle Parteimitglieder müssen sich die ›Erste Rechtshilfe‹ zu eigen machen.
10. Jedes Parteimitglied muß das Zehn-Punkte-Programm der Black Panther Party kennen und verstehen.
11. Mitteilungen der Partei müssen national und örtlich bekanntgegeben werden.
12. Alle Finanz-Officers unterstehen der Gerichtsbarkeit des Finanzministers.
13. Jeder hat täglich einen Arbeitsbericht zu erstatten.
14. Jeder Leiter einer Unterabteilung oder Abteilung, jeder Leutnant und Captain hat täglich die Arbeitsberichte vorzulegen.
15. Alle Panther müssen lernen, Waffen einwandfrei zu handhaben und zu bedienen.
16. Jeder aus dem Führungskader, der ein Mitglied ausschließt,

muß dies dem Herausgeber unserer Zeitung mitteilen, damit es in der Zeitung veröffentlicht und so allen Zweigstellen und Gruppen bekanntgemacht wird.

17. Die Teilnahme an politischen Schulungskursen ist Vorschrift für die allgemeine Mitgliedschaft.
18. In den Bürostellen sollen sich nur die Diensttuenden aufhalten, die an dem Tage jeweils für die betreffenden Arbeiten bestimmt worden sind. Alle anderen, einschließlich Captains, Abteilungsleitern usw., haben unsere Zeitung zu verkaufen und in der Wohngemeinde politisch tätig zu sein.
19. Kommunikation: Alle Zweigstellen haben dem Nationalen Hauptbüro schriftliche Wochenberichte vorzulegen.
20. Alle Zweigstellen haben Erste-Hilfe- und / oder medizinische Kerntruppen einzurichten.
21. Alle Gruppen, Zweigstellen und Teilgruppen der Black Panther Party müssen dem Finanzministerium und auch dem Zentralkomitee monatlich einen Finanzbericht erstatten.
22. Jeder, der eine leitende Stellung einnimmt, hat täglich mindestens zwei Stunden zu lesen, um über die wechselnde politische Lage auf dem laufenden zu bleiben.
23. Keine Gruppe oder Zweigstelle darf Zuschüsse, Unterstützungen, Gelder oder sonstige Hilfen irgendeiner Regierungsstelle annehmen, ohne sich vorher mit dem Nationalen Hauptbüro in Verbindung zu setzen.
24. Alle Zweigstellen haben sich an die politische Richtung und Ideologie zu halten, die das *Zentralkomitee* der Black Panther Party festgelegt hat.
25. Alle Zweigstellen haben ihren übergeordneten Gruppen schriftliche Wochenberichte vorzulegen.

Die Frauen in der Black Panther Party

Wir sind in der Black Panther Party der Ansicht, daß der männliche Chauvinismus in direkter Beziehung zur Klassengesellschaft steht. Ehe ich erkläre, wie die Partei männlichen Chauvinismus behandelt, möchte ich zeigen, wie die Partei denkt und wie sie die Dinge auffaßt.

Die Ideologie der Partei enthält die gesamte historische Erfahrung des schwarzen Volkes in Amerika, die Erfahrung all der sozialen Mißstände, die schuld daran sind, daß man auf uns herumgetrampelt ist und uns unterdrückt hat. Diese historische Erfahrung des schwarzen Volkes, gedeutet durch den Marxismus-Leninismus, ist eigentlich die Ideologie der Black Panther Party. Die Geschichte unserer Partei ist eine fortschreitende praktische Durchführung der grundlegenden revolutionären

Prinzipien, die wir uns angeeignet haben. Und diese Prinzipien *beziehen* sich nicht nur auf die wirtschaftlichen und sozialen Mißstände, sie werden auch *verhindert* durch die wirtschaftlichen und sozialen Mißstände unseres Systems, die das schwarze Volk unterdrücken. Diese sozialen Mißstände werden durch unsere kapitalistische Regierung geschaffen und erhalten, die von gierigen Geschäftsleuten und hetzerischen Politikern der oberen herrschenden Klasse durchsetzt ist. In unserer Partei selbst hat bei den Mitgliedern immer die gleiche Art einer fortschrittlichen, sich wandelnden Erfahrung der Einigkeit mit unserem Volk geherrscht.
Wir müssen ein System errichten, das auf dem Ziel der absoluten Gleichheit aller Menschen beruht; und zwar muß es beruhen auf dem Prinzip der Gleichheit sowohl *von* jedem einzelnen Menschen, Mann oder Frau, *her* — gemäß seinen Fähigkeiten — wie auch *auf* jeden einzelnen Menschen, Mann oder Frau, *hin* — gemäß seinen Bedürfnissen. Wir halten die Einführung des Sozialismus in der Gesellschaft für ein Mittel, durch das wir auch anfangen, die bedrückenden gesellschaftlichen Hindernisse zu beseitigen; wir hoffen, eine Gesellschaft aufzubauen, in der sich eines Tages Mann und Frau ganz nach ihrer natürlichen Neigung verbinden können.
Wenn wir andere Gesellschaften studieren (und das muß man tun, damit man seine eigene Gesellschaft versteht, damit man von irgendeinem Gesichtspunkt aus über die Bevölkerungsgruppen reden kann, die innerhalb dieser Gesellschaft in Armut leben), dann sehen wir bei diesen verarmten Menschen eine ständig wechselnde kulturelle Lage; ihre wirtschaftliche, politische und soziale Situation steht in enger Beziehung zu unserem Alltagsleben.
Wenn Eldridge, Huey und unsere ganze Partei sich bemühen, den männlichen Chauvinismus zu vernichten, dann handeln wir nach dem Prinzip der völligen Gleichheit von Mann und Frau; denn männlicher Chauvinismus ist mit eben der Klassenstruktur unserer Gesellschaft verbunden, wie sie heute besteht. Sogar in der Partei sind manche Beziehungen zwischen Mann und Frau so, daß man sie glätten muß, damit sie in einen vernünftigen Zustand kommen. Die Partei arbeitet sehr angestrengt daran, den männlichen Chauvinismus zu zerbrechen: Wir arbeiten daran in der Wohngemeinde, aber gleichzeitig auch bei uns selbst, um das bei uns zu ändern.

Wir haben ein paar prima Schwestern in der Partei, Kathy, Marsha und noch einige, die kamen einmal vor den kleinen Friseurladen, der in Berkeley zwei Häuser hinter dem Nationalen Hauptbüro liegt. In diesem Laden lassen sich viele Brüder, von denen verschiedene eben aus dem Gefängnis gekommen sind, ihr Haar behandeln. Manche von diesen Brüdern nennen sich Kuppler, und man kann sich denken, daß einige hier und da mit Marihuana oder etwas handeln — wozu eben Schwarze getrieben werden, wenn sie am Leben bleiben wollen. Diese Brüder spielten das alte Spiel und sagten einer zum andern: »Mann, ich weiß, wie ich mit einer von den Panther-Schwestern reden kann und all diese Mädchen von den Kerlen da drüben im Panther-Büro wegholen.«

Dieses alte Spiel nun hängt mit dem männlichen Chauvinismus zusammen, damit, daß der Bruder über die Schwester herrscht. Es hat damit zu tun — so hat es Malcolm X einmal gesagt —, daß der Präsident der größte Zuhälter im ganzen Land ist. Diese Art, die Schwestern im Getto zu verschachern, steht mit der ununterbrochenen Existenz eines Klassensystems in Verbindung. Sie steht in einer wechselseitigen Beziehung zu den wirtschaftlichen Schwierigkeiten in der schwarzen Wohngemeinde, wo der Mann seiner Lage nach nicht wirklich das tägliche Brot für seine Familie verdienen kann.

Als nun also die Schwestern zu dem kleinen Friseurladen kamen, sah ich einige Brüder die Köpfe zusammenstecken und über die Panther-Schwestern spekulieren. Dann versuchten sie, mit Marsha und einigen anderen Schwestern zu reden, und Marsha sagte ihnen Bescheid.

Sie sagte: »Sieh mal, Bruder, das bringt dir nichts ein. Du kannst das auch nicht so auf der Straße machen. Es gibt bloß eine Möglichkeit, wie du mir näherkommen kannst, nämlich daß du in der wirklichen Ideologie der Black Panther Party einigermaßen firm wirst.«

Dann sagte eine andere Schwester: »Ja. Wenn ihr gern etwas mit uns zu tun haben wollt, warum lest ihr dann nicht mal das Rote Buch?«

Na, diese Brüder waren ganz schön erschüttert. Dann fingen die im Laden an, die Brüder draußen auszulachen. Das hat eingeschlagen bei den Brüdern. Alle in dem Laden schienen aus der Fassung zu kommen — nicht irgendwie schlimm, aber sie wollten gern wissen, was das wohl wäre, das die Schwestern hinderte, bei dem uralten Kuppelspiel mitzumachen. Sie dachten sich natürlich, die Schwestern wären in uns verschossen und deshalb mit unserem Reden einig. Was sie nicht verstanden, ist dies: Es geht nicht danach, wessen Gerede am besten ankommt, sondern die Ideologie der Partei half uns, daß wir nicht mehr so dachten wie sie.

Jetzt waren sie neugierig geworden; die Brüder versuchten, mit ein paar anderen Schwestern anzubändeln, da kriegten sie die gleichen Antworten. Es dauerte gar nicht lange, da tauchten all diese Brüder im Hauptbüro der Partei auf, etwa fünfundzwanzig oder dreißig waren es, um sich Panther-Schriften und das Rote

Buch zu kaufen. Sie hörten auf zu reden und fingen an zuzuhören. Und die Schwestern machten ihnen ganz genau die revolutionäre Ideologie klar.

Wir hatten schon seit langem auf verschiedenste Weise versucht, diesen Brüdern einen Antrieb zu geben; aber es mußten erst ein paar Schwestern kommen, die eine neue Selbsteinschätzung und Selbstachtung hatten, um die Brüder zu uns zu bringen!

Unten in Los Angeles hatte Bruder Bunchy Carter vor mehr als einem Jahr sechs Büros in den schwarzen Wohngemeinden eingerichtet, die Hunderte von Mitgliedern anzogen. Nun kamen ein paar von ihnen — nicht alle — ins Parteibüro, wenn ihnen der Wein in den Kopf gestiegen war. Manchmal kam Bunchy zu einem der Büros und erwischte sie, wie sie auf die Tür lossteuerten. Sie sollten um zehn Uhr da sein, aber sie kamen mittags oder noch später. Bunchy nannte sie immer ›the drunk-for-lunch bunch‹ (das Häuflein Mittags-Säufer).

Dann sagte Bunchy: »Was denkt ihr euch eigentlich? Wißt ihr denn nicht, daß die faschistischen Polizeischweine in der Nähe sind, um uns zu ermorden? Wißt ihr nicht, daß wir von imperialistischen Wölfen umgeben sind, die uns töten und Rassenmord am schwarzen Volk begehen? Und da kommt ihr Narren so spät an und seid mittags schon betrunken! Was ist denn los mit euch?«

Bunchy, der unsere Grundsätze mit unserem täglichen Leben verbinden wollte, bat nun alle Schwestern, diesen Narren, die erst so spät kamen, und denen, die nichts arbeiteten, die kalte Schulter zu zeigen. Er erklärte: »Der Verteidigungsminister wird sie nächstens alle raussetzen, und ich werde sie auch raussetzen, und das bald. Wollt ihr Schwestern der Partei helfen? — Diese Strolche leisten keine revolutionäre Arbeit, sie wollen nur mit euch ins Bett gehen, deshalb erzählen sie euch was, wie sehr sie euch lieben. Aber sie lieben euch doch offenbar gar nicht besonders, wenn sie überhaupt nichts für die Revolution tun, damit ihr frei werdet.«

Na, das haben die Schwestern begriffen. Bunchy mußte zwar ein paar von den Brüdern und Schwestern raussetzen, weil sie faul waren und einfach nicht die Arbeit im Büro und in der Wohngemeinde tun wollten, die eben nötig ist, um eine Gruppe der Black Panther Party in Gang zu halten. Aber die meisten rappelten sich auf und gingen an die Arbeit.

Ursprünglich hatten wir in der Black Panther Party eine Rangordnung eingeführt, je nach den politischen Aufgaben und Pflichten der Mitglieder. Ein Captain war gewöhnlich ein Koordinator, das war seine politische Pflicht. Wir haben die Leute danach beurteilt, ob sie Verantwortung übernahmen oder nicht; es ist nämlich ein Grundsatz unserer Partei, daß man wohl eine

Vollmacht weitergeben kann, aber Verantwortung kann man nicht abgeben. Leutnants waren für die Sicherheit verantwortlich, Sergeanten waren Abteilungsleiter, Korporale leiteten Unterabteilungen. Ein regulärer Panther ohne bestimmten Rang hatte keine Ausbildung, ein ›Buck Private‹ (= Rekrut) stand noch in der Ausbildung. ›Privates‹ (= Gemeine) waren Panther, die ihre Ausbildung – sechs Wochen lang in politischen Schulungskursen der Partei – beendet hatten. So hatten wir das im Anfang alles aufgebaut, bis zum Zentralstabsassistenten und dem Stabschef. Aber wir haben bald gemerkt, daß uns dieses System in manche Schwierigkeiten brachte. Beispielsweise war in einem Büro drüben im Osten ein Bruder zum stellvertretenden Gesundheitsminister gemacht worden, der nicht einmal wußte, wie man einen Verband anlegt. Wir mußten das schnell in Ordnung bringen und den Gruppen sagen, sie sollten nicht jemandem einen bestimmten Rang nur deshalb geben, damit der Platz besetzt würde. Endlich haben wir das System fallenlassen und uns gar nicht mehr um den Rang gekümmert. Diese Probleme hängen damit zusammen, daß manche Brüder – nicht alle, aber manche – dazu neigten, den Rang in der Beziehung zu den Schwestern zu mißbrauchen.

Wir kamen dahinter, daß hin und wieder ein Bruder von einer Schwester behauptete, sie wäre konterrevolutionär. Und die Schwestern wurden wütend darüber, weil es nur daran zu liegen schien, daß sie nicht mit dem Bruder schlafen wollten. Mit anderen Worten: So ein Bruder versuchte, an eine Schwester heranzukommen, und wenn die Schwester sich nicht rumkriegen ließ, dann lief er herum und erzählte, sie wäre ›konterrevolutionär‹. Manche Brüder redeten verdrehtes Zeug wie: »Ich stehe schließlich auf der Straße und muß dich verteidigen.« Manche sagten: »Ich bin Captain, also bist du verpflichtet, mir nachzugeben.«

Diesen Unfug haben wir schleunigst abgestoppt und erklärt, wenn ein Bruder Captain wäre oder sonst einen Rang hätte, dann könnte er seinen Rang nicht dafür ausnutzen, mit einer Schwester ins Bett zu gehen. Es ging aber nicht nur in einer Richtung; ein paar von den Schwestern neigten dazu, das mitzumachen. Schließlich haben eine oder zwei sehr deutlich ihre Meinung gesagt, und dann sind wir diese Art des männlichen Chauvinismus endgültig losgeworden. Die Brüder mußten vor allem begreifen, daß niemand das Recht hatte, aus persönlichen Gründen eine Schwester konterrevolutionär zu nennen oder zu behaupten, er müßte sie verteidigen. Unserer Meinung nach ist die Schwester auch ein Revolutionär, und sie muß ebenso wie wir lernen, sich zu verteidigen. Sie muß schießen lernen, ganz so wie wir. Denn die Polizeischweine des Systems kümmern sich nicht darum, daß sie eine Schwester ist; sie behandeln sie genauso brutal. Ich glaube, seit das schweinische System versucht hat, Erica Huggins zu töten, fangen die Brüder an zu begreifen, daß die Schwestern ebenso wie die Brüder verhaftet werden können. Ich weiß auch, daß die Bevölkerung es an der letzten Schießerei in Los Angeles sehen kann; da waren die Schwestern mit dabei, haben gekämpft und sich ebenso kräftig verteidigt wie die Brüder.

Viele Brüder in der schwarzen Wohngemeinde, die die Schwestern nur für zweitrangig halten — Brüder, die die Schwestern verkuppeln und meinen, so müßte es im Leben zugehn —, fangen an zu sehen, daß die Black Panther Party Beispiele gibt, die fortschrittlicher sind. Sie sehen, daß wir auf eine höhere Stufe kommen und daß wir die Schwestern auf gleicher Ebene behandeln. Die Brüder in der Gemeinde sehen, daß die Schwestern uns nicht beherrschen wollen; was sie wollen, ist Gleichheit. Sie wollen behandelt werden wie Menschen. Und wir haben die Erfahrung gemacht, daß die Schwestern in der Partei besser arbeiten, wenn sie so behandelt werden. Wenn eine Schwester ein Amt hat und die Verantwortung übernimmt, daß etwas getan wird, dann befolgen die Brüder ihre Anordnungen. Sie sagen nicht: »Auf eine Frau höre ich nicht.«

Zuerst hatten wir solche Schwierigkeiten, bis wir einige von ihnen politisch ausbildeten; endlich mußten wir alle unser Herz reinigen und, wie Eldridge es ausdrückt, unsere Seele und unseren Geist reinigen von den alten Vorstellungen, die uns unsere Umwelt mitgegeben hatte. Als wir zu dieser Haltung gekommen waren, wurden die Beziehungen der Schwestern zu den Brüdern noch besser, und das ging nicht danach, wer am schlauesten ist und wer am besten aussieht. Die persönlichen Beziehungen gründen sich jetzt mehr darauf, daß man sich persönlich und menschlich kennt, daß die Leute zusammen in der Partei arbeiten und wirken. Wenn sich Männer und Frauen jetzt begegnen, entsteht ihre Beziehung aus dem gemeinsamen Interesse und dem gemeinsamen Ziel, in der Partei als Revolutionäre zu arbeiten.

Eine Sache ist da passiert, als diese Veränderung eben anfing. Meine Frau und ich waren in eins der Panther-Häuser in Berkeley gegangen. In diesem Haus waren noch drei andere Schlafzimmer, und einige Parteimitglieder aus der Stadt waren grade dort. Einer von den Brüdern hatte seit Tagen eng mit einer bestimmten Schwester zusammengearbeitet, die dort in dem Haus wohnte und arbeitete. Er hatte die Schwester richtig gern, und sie hing auch an ihm.

Dann eines Abends, als meine Frau und ich schon zu Bett gegangen waren, klopfte jemand an unsere Tür. »Chairman Bobby?« rief die Schwester.

»Ja?« sagte ich.

»Kann ich dich mal was fragen?«
»Natürlich.« Ich stand auf, zog mir die Hose an und ging raus. »Was ist denn?« fragte ich sie.
Sie meinte: »Wenn ein Bruder das Zehn-Punkte-Programm nicht weiß, dann soll ich ihn wohl nicht zu mir lassen, oder?«
Ich sagte: »Na, nun mal langsam! Hast du ihn denn gern?«
»Das ja«, erklärte sie, »ich hab' ihn gern, aber ich lasse ihn nicht zu mir, wenn er das Zehn-Punkte-Programm nicht weiß.«
»Was willst du denn machen?«
»Ja, siehst du, wir sind ins Bett gegangen, und dann habe ich ihn gefragt, ob er das Zehn-Punkte-Programm weiß. Er hat ›ja‹ gesagt, da hab' ich mich hingesetzt und ihn abgefragt, und er hat ungefähr zehn Wörter ausgelassen. Er hat es nicht genau gesagt.«
Ich habe nicht gelächelt. Es war der Schwester ernst, und deshalb war es mir auch ernst. Darum habe ich ohne alle männlich chauvinistischen Feststellungen bloß gesagt: »Manche Brüder schaffen es nicht, das genau wörtlich zu wissen. Aber sie können es schaffen, die Bedeutung im großen ganzen zu verstehen. Vielleicht erklärt der Bruder es mit seinen eigenen Worten.«
Sie sagte: »Ach so, ich dachte, in der Partei müßte jeder das Zehn-Punkte-Programm auswendig können.«
»Nein«, antwortete ich, »nicht unbedingt. Wenn wir gesagt haben, daß jedes Parteimitglied das Zehn-Punkte-Programm auswendig können sollte, dann wollten wir jeden ganz ernsthaft dafür verantwortlich machen, sich wirklich damit zu beschäftigen und es zu verstehen. Aber wenn nun einer alle Worte ganz genau wüßte und dabei nicht verstehen könnte, was sie bedeuten? Wäre das denn was wert?« Sie schüttelte den Kopf. »Na also«, redete ich weiter, »wenn man das Programm mit seinen eigenen Worten sagen kann, was damit gemeint ist, bei jedem von den zehn Punkten, was wir wollen und was wir glauben — das ist sogar noch besser. Deine eigenen Worte haben mehr mit deinem täglichen Leben zu tun und haben mehr Sinn für dich. Wenn also der Bruder die Worte nicht so ganz genau weiß, dann heißt das noch nicht, daß er das Programm nicht weiß. Aber *magst* du den Bruder denn nicht?« fragte ich sie.
»Doch, sicher«, sagte sie, »ich mag ihn schrecklich gern, und ich möchte wirklich mit ihm lieben. Aber ich will die Ideologie der Partei nicht einfach übergehen.«
»Weißt du«, habe ich ihr erklärt, »manche Brüder lernen halt langsam, nicht wahr? Und sie verstehen sich viel besser aufs Lieben als auf alles andere.«
Während ich das nun der Schwester klarmachte, hatte sich der Bruder ein Kissen und eine Decke geschnappt und war nach unten gegangen. Er hatte gemeint: »Ich will mir in der Partei eine Schwester suchen, die ich leiden mag und die das Programm

nicht besser kann als ich, damit wir wirkliche Gleichheit haben.« Irgendwie war das alles für mich natürlich komisch, aber der Schwester war es sehr ernst. Sie wollte nicht, daß er sich einfach über sie hermachte und nicht auf das achtete, was ihr wichtig war.

Aber die Schwester hat den Bruder an dem Abend wieder nach oben gerufen und ihm gesagt, sie verstände das jetzt etwas anders, und sie hätte ihn wirklich gern. — Das ist ein Beispiel für die Dinge, die in der Partei passiert sind, als wir anfingen, etwas gegen den männlichen Chauvinismus zu tun.

Bei der Konferenz im letzten Sommer ist noch ein anderer Zwischenfall passiert, der wichtig war.

Die Menschen kamen aus dem ganzen Land herbei, um an der Konferenz des Nationalkomitees zum Kampf gegen den Faschismus teilzunehmen, und jedes Panther-Haus in der Bay Area war weit über seine Fassungskraft belegt. Die Leute schliefen auf dem Fußboden auf Strohsäcken, in Schlafsäcken, auf Sofas, in Betten, sogar auf den Fluren. Drüben im Haus von Eldridge Cleaver waren alle Schlafzimmer belegt, und die Leute schliefen auf dem Fußboden im Wohnzimmer und im Eßzimmer.

Danach schickte eine Schwester eine Beschwerde an das Hauptbüro der Partei, in der es hieß, ein Bruder hätte versucht, sie zu vergewaltigen.

Als wir der Sache nachgingen, stellte sich heraus, daß der Bruder ins Zimmer gekommen und in das Bett geklettert war, in dem sie in ihren Kleidern schlief. Wenn alles so überfüllt war, dann war es nichts Ungewöhnliches, daß ein Bruder und eine Schwester nebeneinander schliefen. Sie hatte ihm auch gesagt, es wäre OK, er könnte da schlafen. Nun muß er wohl dadurch, daß er so dicht bei ihr schlief, in sexuelle Erregung geraten sein, und dann hat er wohl versucht, ihr ein bißchen *gar* zu nahe zu rücken. Aber sie schubste ihn fort, und dann hat er es eben nicht mehr versucht. So haben wir ihr gesagt, wenn sie ihn nur einfach wegzustoßen brauchte, dann wäre das eigentlich kein Versuch gewesen, sie zu vergewaltigen. Und das hat sie eingesehen.

Das sind solche Schwierigkeiten, wie sie uns begegnet sind und immer noch begegnen. Wir versuchen, über diese erbärmlichen Probleme hinauszukommen. Wir versuchen, den Brüdern und Schwestern die grundlegenden Parteiprinzipien beizubringen und auch, wie sie diese Prinzipien im Umgang miteinander anwenden können.

Die Schwierigkeiten zwischen den Brüdern und Schwestern hängen mit den früheren Umwelteinflüssen zusammen. Unter den früheren Umweltbedingungen haben die Brüder gelernt, sie könnten in einer Situation, in der ein Bruder und eine Schwester nebeneinander liegen, Gewalt gegenüber der Schwester gebrauchen und sie sich nehmen, ohne sich um ihre Gefühle in der Angelegenheit zu kümmern. Jetzt muß der Bruder lernen, daß er kein Recht hat, irgendeine Art Gewalt gegen die Schwester anzuwenden; die Schwester muß auf ihre eigene Haltung achten, und sie darf nicht alles, was er tut, als Gewalt ansehen, wenn sie auch durch ihre früheren Umwelteinflüsse dazu erzogen worden ist.

Wir mußten noch mehr Regeln in der Partei aufstellen, weil eine Reihe von ähnlichen Zwischenfällen passiert sind. Eine solche Regel hieß, die Brüder sollten keinerlei Gewalt gegen irgendeine Schwester in der Partei gebrauchen. Es ist nicht immer glatt gegangen, diese Regeln durchzusetzen. Vor anderthalb Jahren, als das anfing, ist es sogar dahin gekommen, daß ein Bruder eine Schwester geschlagen hat. Sie ist rückwärts hingefallen auf ein Stück Glas, und das ist dabei zerbrochen und hat ihr die Ferse zerschnitten. Es war ein Kampf, bis so etwas nicht mehr vorkam.

Wenn die Schwester früher dazu bestimmt war, nur Schreibmaschine zu schreiben und zu kochen oder ähnliches, dann haben wir in der Partei diese Rollen aufgehoben. Das war auch ein Kampf. Wir mußten uns sogar darum kümmern, wie die Brüder mit den Schwestern redeten, denn manchmal erwischten wir einen Bruder dabei, wie er mit einer Schwester so barsch sprach, daß es ihr richtig Angst machte, auch wenn sie alles tat, was er sagte. Die Schwestern haben sich dann beklagt, und wir sagten zu den Brüdern: »Wir sind das jetzt leid, wir wollen so etwas in der Partei nicht haben. Wir wollen nicht haben, daß diesen Schwestern irgendwie Schwierigkeiten gemacht werden.« Ich glaube, die Schwestern achteten die Partei seitdem um so mehr, weil sie sahen, daß die Brüder sie behandeln wollten wie Menschen und nicht so, als wären sie uns notwendig untergeordnet.

All diese Zwischenfälle und Schwierigkeiten stehen in einer Verbindung zum Wirtschaftssystem unserer Gesellschaft, zu der Tatsache, daß ein schwarzer Mann keinen Job bekommt. Diese bedrückenden Hindernisse müssen beseitigt werden, oder sie werden nie aufhören. Wirtschaftliche Schwierigkeiten bringen den schwarzen Mann dazu, Verbrechen zu begehen, besonders um Weihnachten herum. So mancher schwarze Mann, der gewöhnlich kein Verbrechen begeht, wird losziehen und eine Tankstelle oder einen Bus ausrauben, damit er das Geld bekommt, seiner Familie die Dinge zu kaufen, die die übrige Gesellschaft sie zu wünschen gelehrt hat. Viele Brüder geben es einfach auf und verlassen ihre Familie. Weil unser System so verderbt ist, wachsen viele junge Brüder mit dem Wunsch auf,

nicht zu heiraten. Sie wollen nur den Zuhälter spielen und sich die Schwester unterordnen.
In unserer Partei wird der Schwester nicht gesagt, sie müßte zu Hause bleiben. Wenn sie einen Job hat, werden alle Kinder zu einem Haus gebracht, und dort sorgt jemand — ein Mann oder eine Frau — für sie alle. Das tun wir sehr oft für die Schwestern, die Kinder haben. Und dann ist da ja noch die Liberation School, die von Brüdern und Schwestern geleitet wird; und die Schwestern müssen ebenso wie die Brüder Schießen lernen. — Die Sache läuft auch in beiden Richtungen. Beispielsweise wollte eine Schwester Charles Bursey nicht in Kurzschrift und Schreibmaschine unterrichten, weil sie das Gefühl hatte, es wäre nicht schicklich. Nun, sie hat gelernt, daß Brüder auch Sekretäre sein können.
Diese Grundsätze stammen von Huey. Huey hat immer davon gesprochen, daß er an die Gleichheit von Mann und Frau glaubt. Es gibt ein paar Frauenorganisationen, die sehr genau innerhalb des kapitalistischen Systems arbeiten und etwas von Gleichheit unter dem kapitalistischen System reden. Aber es gehört zum eigentlichen Wesen dieses Systems, daß es die Menschen ausbeutet und versklavt — alle Menschen. Wenn wir diese Probleme lösen wollen, müssen wir also auf den Sozialismus zugehen. Wir müssen den Sozialismus *leben*.
Darum versuchen wir also in jedem Haus der Panther, den Sozialismus zu leben. Wenn gekocht werden muß, dann besorgen Brüder und Schwestern das Kochen. Beide waschen das Geschirr ab. Die Schwestern bedienen nicht einfach und warten den Brüdern nicht auf. Viele schwarze nationalistische Organisationen haben den Gedanken, daß sie der Frau die Rolle zuweisen wollen, ihren Mann zu bedienen, und das begründen sie mit der Männlichkeit des Schwarzen. Aber wirkliche Männlichkeit beruht auf Menschlichkeit, sie beruht auf keiner wie immer gearteten Form der Unterdrückung.

›Unsere Programme‹ — Dienst an der Bevölkerung

1969 hat die Black Panther Party versucht, Millionen Menschen zu erreichen: einmal um einen Widerstand gegen den Faschismus zu organisieren; zweitens wollte sie nach Möglichkeiten und Hilfe für die grundlegenden Aktionen in der Wohngemeinde suchen, die wir schon eingerichtet haben und künftig noch einrichten werden. Das nennen wir eine breit angelegte, massive politische Bewegung aus der Bevölkerung heraus. Sie ist als Reaktion gegen die wachsende Flut des Faschismus in Amerika entstanden, gegen die eiligen Versuche der Machthaber, die Black Panther Party und andere fortschrittliche Organisationen

auszulöschen, und gegen die Verstärkung der Truppen und der Polizeikräfte, die unsere Wohngemeinden besetzt halten.
In Los Angeles und verschiedenen anderen Städten sind die Bullen beim Frühstücks-Programm für Kinder aufgetaucht, um nach Möglichkeit die Kinder und die Partei einzuschüchtern. Sie kommen mit ihren Waffen an, halten ein oder zwei Flinten bereit, sagen ein paar Worte und gehen überall durch, mit der Schrotflinte in der Hand. Die kleinen Kinder kommen dann nach Hause und sagen: »Mama, die Polizisten sind bei unserem Kinderfrühstück gewesen.« Das ist die Technik der Machthaber, dieses Programm möglichst zu zerstören. Es ist ein Versuch, den Leuten Angst zu machen, damit sie ihre Kinder nicht mehr zu dem Frühstücks-Programm schicken, und gleichzeitig die Black Panther Party einzuschüchtern.
Inzwischen versuchen sie auch, durch die Politiker und durch die Massenmedien die Bevölkerung über den Wert und über die politischen Eigenschaften eines solchen Programms zu täuschen. Wir sagen, daß wir dieses Programm nicht nur für den Augenblick zu irgendeinem politischen Zweck haben wollen – wir sagen, das Programm sollte auch in Zukunft auf Jahre hinaus fortgeführt werden. Die Aktionen der Partei in der Gemeinde sind Programme für die Bevölkerung, die wir als revolutionäre, gemeinschaftliche, sozialistische Programme bezeichnen.
Viele Leute verstehen die politische Absicht dieser Programme falsch; manche neigen dazu, sie Reformprogramme zu nennen. Es sind keine Reformprogramme, es sind wirklich revolutionäre Programme für die Bevölkerung. Revolutionär ist ein Programm, das Revolutionäre aufgestellt haben, also die Menschen, die das bestehende System durch ein besseres System ersetzen wollen. Ein Reformprogramm ist ein Programm, das von dem jetzigen ausbeuterischen System als beschwichtigende Geste eingerichtet worden ist, um die Bevölkerung an der Nase herumzuführen und um sie ruhig zu halten; Beispiele dafür sind die Armenhilfe-Programme, die Arbeitsprogramme für Jugendliche und ähnliche Einrichtungen der gegenwärtigen hetzerischen Regierung. Sie werden gewöhnlich in Gang gebracht, um die Bevölkerung eine kurze Zeit zu besänftigen, dann hören sie wieder auf und werden vergessen.
Programme, die von Revolutionären wie der Black Panther Party aufgestellt werden, wollen den Volksmassen die Politik zeigen, durch die das System geändert werden kann. Diese Politik hat es mit den Bedürfnissen des Volkes zu tun, mit hungrigen Mägen oder auch mit dem Wunsch, die boshaften Polizeischweine mit ihren Revolvern und Gummiknüppeln loszuwerden. Wenn die Schweine von Machthabern Organisationen oder Menschengruppen angreifen, die diese Programme fördern, dann wird der revolutionäre Kampf zum blutigen Kampf.

Das Frühstücks-Programm haben wir so angefangen, daß wir Geschäftsleute in der schwarzen Wohngemeinde und auch außerhalb gebeten haben, Nahrungsmittel und Geld zu spenden. Wir haben uns auch darum bemüht, möglichst viele andere Leute aus der Wohngemeinde dafür zu gewinnen, bei diesen Programmen mitzuarbeiten und die Durchführung mit zu übernehmen. Meistens finden die Programme in kirchlichen Räumen statt. In einem Fall konnten wir sogar das Frühstück für Kinder in der Schule einrichten; das war ganz besonders gut, weil wir die Ausstattung des Frühstücksraums, der Schulküche und all das benutzen konnten; in Marin County war das, nördlich von San Franzisko. Gewöhnlich arbeiten wir in kirchlichen Räumen, weil die Kirchen alle Einrichtungen haben: einen großen Saal, eine Küche, Tische, Stühle und so weiter. Um sechs Uhr früh stehen Parteimitglieder auf, gehen hin und fangen an, das Frühstück zurechtzumachen, damit um sieben oder halb acht Uhr, wenn die Kinder nach und nach kommen, alles fertig ist. Wir versuchen auch, noch viele andere Leute aus der Wohngemeinde zu bekommen, die sich für einen oder zwei Tage in der Woche eintragen, an denen sie regelmäßig bei dem Frühstücksprogramm für Kinder helfen. Die Sache muß sehr gut organisiert werden, damit alles schnell geht und die Kinder doch ein gutes, nahrhaftes Frühstück bekommen.
In unserem Lande leben Millionen von Menschen unter dem Existenzminimum: uneheliche Mütter, verarmte Weiße, mexikanische Amerikaner, Chicanos, Latinos und Schwarze. Wenn ein solches Programm verbreitet würde, müßte es rasch den Nöten der Bevölkerung begegnen. Von Kirchen, Warenhäusern und Handelsgesellschaften kann man Lebensmittel- und Geldspenden bekommen. Wenn die Warenhäuser oder Molkereigesellschaften nichts spenden wollen, sollte man Flugblätter in der Wohngemeinde verteilen. Jede Lebensmittelfiliale, die nicht einen winzig kleinen Prozentsatz ihrer Erträge oder einen Penny von jedem Dollar, den sie in der Wohngemeinde verdient, zum Frühstück für Kinder oder zu anderen Gemeindeprogrammen beitragen will, sollte boykottiert werden. Nicht daß wir jemals drohen oder so etwas; aber wir sagen den Menschen in der Wohngemeinde, daß der Geschäftsmann sie ausbeutet, daß er Tausende von Dollars verdient und dabei keine Spende für das Frühstück für Kinder geben will, die er doch von der Steuer abziehen kann. So stellen wir die Machthaber als das hin, was sie wirklich sind, wir zeigen, wie habgierige Geschäftsleute arme, unterdrückte Menschen ausrauben. Schwarze, braune, rote Menschen und arme Weiße können alle das gleiche Grundprogramm haben; das heißt: Wir zerbrechen den Rassismus und konzentrieren uns auf die Machthaber.

Ein anderes Programm, an dem wir arbeiten, sind die freien Gesundheitsstationen. Wir werden sie in Nachbarschaftszentren einrichten. Wenn wir zuerst nicht mehr haben als einen Arzt mit seiner Tasche und ein paar Röhrchen Aspirin, dann ist das doch schon der Anfang einer freien Gesundheitsstation und kostenloser Medikamente für die Bevölkerung in den Wohngemeinden. Wir wollen den Menschen in den Wohngemeinden ganz praktische Dienste leisten.
Wir haben allein in der Bay Area rund fünfundzwanzig Ärzte und Medizinstudenten, die sich zeitlich verpflichtet haben, so daß wir sie in den Nachbarschaftszentren, die wir einrichten, fest einplanen können; dafür werden keine Honorare genommen. Wir haben überall im Lande freie Gesundheitsstationen, und wir richten noch mehr ein.

Außerdem setzt sich Charles R. Garry mit vielen Rechtsanwälten in Verbindung, denen langsam die Augen aufgehen und die anfangen einzusehen, daß die schwarze Wohngemeinde mehr Rechtshilfe braucht. Wir bauen eine freie Rechtsberatung auf, ebenfalls im Nachbarschaftszentrum. Soweit die Armenhilfe-Programme eine freie Rechtsberatung haben, wird ihnen immer wieder gesagt, daß sie keine Zuschüsse bekommen, wenn sie auch nur im geringsten politisch sind. Das geschieht, damit die Machthaber und die Ungerechtigkeiten des Systems nicht bloßgestellt werden. Sie behandeln auch nur zivilrechtliche Fälle. Unsere Rechtsberatung wird zivil- und strafrechtliche Fälle behandeln.
Weiter haben wir vor, uns für die Eintragung in die Wählerlisten einzusetzen. Wir wollen damit erreichen, daß mehr schwarze und arme Menschen in die Jurys kommen und wir vor Gericht wirklich von Geschworenen beurteilt werden, die unseresgleichen sind. Die Staatsanwälte versuchen ja immer, lauter weiße Rassisten als Geschworene zu bekommen oder vielleicht einen jämmerlichen Onkel Tom dazwischenzusetzen; das wird aber sehr viel schwieriger, wenn eine große Anzahl Schwarzer eingetragen ist und auf der Geschworenenliste steht, aus der sie die Jury zusammenstellen. Schwarze Menschen müssen Erfahrung darin gewinnen, als Geschworene zu dienen, denn in den Gerichten werden schwarze Menschen widerrechtlich verurteilt. Arme, unterdrückte Menschen werden durch die Gerichte widerrechtlich ins Gefängnis gesteckt, weil sie nicht genug Geld haben, sich einen Rechtsanwalt zu nehmen. Unter den älteren Menschen haben viele Angst davor oder lassen sich Angst davor machen, Geschworene zu sein; auch ziehen viele Schwarze so oft um, daß sie sich nicht die Mühe machen, sich jedesmal neu einzutragen. Es ist wirklich ein Problem, aber wir müssen die Leute darüber aufklären, daß sie in den Geschwo-

renenlisten stehen sollten. Dann können wir erst anfangen, eine revolutionäre Rechtsprechung zu bekommen. Augenblicklich ist die Art von sogenannter ›Gerechtigkeit‹, die man der Mehrzahl armer, unterdrückter Menschen erweist, eine Ungerechtigkeit voller Rassismus und kapitalistischer Ausbeutung.

Die Black Panther Party hat in einer Reihe von Gewerkschaften schwarze Wählerversammlungen, Black Panther-Wählerversammlungen, und wir arbeiten entschieden mit den Gewerkschaftern zusammen. Wir schieben die Black Panther-Wählergruppen nicht als Rassistengruppen ein; wir meinen es so, daß die Wählergruppe in Verbindung mit der Gewerkschaft arbeitet und mithilft, den anderen Gewerkschaftern klarzumachen, daß sie auch ein besseres Leben haben können. Die Arbeiter sollen begreifen, daß sie die Produktionsmittel kontrollieren müssen, und daß sie anfangen sollten, ihre Macht für die Kontrolle der Produktionsmittel einzusetzen und so der ganzen Bevölkerung zu dienen.

Den Arbeitern werden von ihren Löhnen hohe Steuern einbehalten; aber sie sollten allmählich verstehen, daß sie sich nicht nur um eine fünfzehn- oder zwanzigprozentige Lohnerhöhung bemühen müssen, weil die Steuern gestiegen sind, und auch nicht nur um bessere Arbeitsbedingungen; sie müssen auch die Notwendigkeit einsehen, ihre Arbeitskraft zum Wohl aller anderen armen, unterdrückten Menschen einzusetzen.

Sie sollten ihre gewerkschaftliche Macht dazu benutzen, noch mehr armen Menschen überall im ganzen Land einen Arbeitsplatz zu verschaffen. Wir meinen, die Arbeiter sollten ihre Bemühungen um Kontrolle der Produktionsmittel damit beginnen, daß sie Dreißig-Stunden-Wochen fordern mit dem gleichen Lohn, den sie jetzt für die Vierzig-Stunden-Woche bekommen. Dadurch würden automatisch neue Arbeitsplätze frei, die mit armen, arbeitslosen Menschen besetzt werden könnten. Das wäre ein Teil des Programms, die Arbeitermassen so auszubilden, daß sie eine politische Macht gegenüber den drei Ebenen der Unterdrückung werden – gegenüber den habsüchtigen, gierigen großen Geschäftsleuten, gegenüber den hetzerischen Politikern, die Lügen verbreiten und die Gewerkschaften ausnutzen, und gegenüber den faschistischen Schweinebullen, die heute wie früher dazu benutzt werden, das verfassungsmäßige Recht der Arbeiter auf Streiks zur Abstellung von Mißständen zu zerstören.

Die Arbeiter, Beschäftigte wie Arbeitslose, müssen sich untereinander und mit der Bevölkerung zusammenschließen. Sie sollten auch als Wähler eingetragen sein, in den Geschworenenlisten stehen; sie sollten die Eingabe zur Unterschrift umlaufen lassen, daß die Polizei durch die Wohngemeinde kontrolliert werden müßte.

Ein anderes Vorhaben der Black Panther Party sind die Liberation Schools. Der Unterricht wird nachmittags abgehalten, in Verbindung mit dem kostenlosen Frühstück und Mittagessen, in Kirchen und in den Nachbarschaftszentren. Wir betrachten diese Schulen als Ergänzung zu den vorhandenen Einrichtungen, in denen den Kindern, weißen und schwarzen, noch Rassismus beigebracht wird. Die Jugend muß verstehen, daß der revolutionäre Kampf, der jetzt in unserem Lande geführt wird, kein Rassenkampf ist, sondern ein Klassenkampf. Darum geht es in den Liberation Schools.
Wir bemühen uns, den Kindern zu zeigen, daß es nicht auf die Hautfarbe eines Menschen ankommt; in Wirklichkeit handelt es sich um einen Klassenkampf gegen die geizigen Geschäftsleute und gegen die kleine herrschende Klasse; sie beuten uns aus und halten an dem Rassismus fest, der in unseren Gemeinden wuchert. Wenn wir die Geschichte des schwarzen Amerika lehren, dann tun wir es unter dem Gesichtspunkt des Klassenkampfes, nicht des Rassenkampfes.

In New York haben wir auch mit einem Bekleidungsprogramm angefangen. Mitglieder der Black Panther Party sind losgezogen und haben Geschäftsleute gebeten, Bekleidungsgarnituren zu spenden, für Schulanfänger und weiter bis zu den Teenagern. Wir haben versucht, funkelnagelneue Sachen zu bekommen, denn die schwarzen Menschen sind die abgelegten Kleider bald leid. Wir haben auch ein paar sehr gute Sachen bekommen, die Leute in die chemische Reinigung gegeben und nicht wieder abgeholt haben. Wir haben alle möglichen Kleidungsstücke zusammengekriegt; aber vor allem wollten wir dadurch kostenlose Bekleidung für die Bevölkerung bekommen, daß wir die Geschäftsleute baten, je zwei vollständige Bekleidungsgarnituren für Kinder zu stiften. Besonders wichtig wird das zum Schulanfang im September und zum Semesterwechsel im Januar. Als dieses Bekleidungsprogramm vom Stapel lief, sind rund fünf- oder sechshundert schwarze Menschen in Harlem, Mütter und Wohlfahrtsempfänger, zu uns gekommen und haben Kleidung für ihre Kinder mitnehmen können.
Es kostet sehr viel Arbeit, und man braucht sehr viele Menschen, die Zeit und Geld opfern, um solche Programme durchzuführen. Die faschistische Regierung führt sie gar nicht durch. Natürlich breiten sich diese Programme aus, sie erreichen immer mehr Menschen, und die Black Panther Party kommt dadurch der Erfüllung ihres Zehn-Punkte-Programms immer näher. Wenn wir solche sozialistischen Gemeinschaftsprogramme

durchführen und auf einen Stand bringen, daß die Bevölkerung eine wirkliche Hilfe daran hat, dann sieht sie: wenn wir uns einig sind, wenn wir arbeiten und uns für solche Programme zusammentun, dann können wir die bedrückenden Lebensumstände nach und nach beseitigen.

Die Black Panther Party ist keineswegs begriffsstutzig, wenn es darum geht, die politische Lage zu begreifen. Wir verstehen, daß die gierige, hetzerische herrschende Klasse die rassistischen Polizeipräsidien und die Massenmedien dafür einsetzen wird, die wahren Ziele der Black Panther Party verzerrt darzustellen. Je erfolgreicher wir mit unseren Programmen sind, desto mehr wird man uns angreifen. Wir nehmen keine Gewehre mit, wenn wir diese Programme ausführen; aber wir sind uns darüber klar und wissen aus unserer eigenen Geschichte, daß man uns angreifen wird und daß wir dann fähig sein müssen, uns zu verteidigen. Sie werden uns bösartig und auf faschistische Manier angreifen und dann versuchen zu sagen, es wäre alles nur gerechtfertigter Totschlag gewesen; so haben sie ja die schwarzen Menschen in der schwarzen Wohngemeinde immer angegriffen.

Wir werden weiterhin das Recht vertreten, uns gegen ungerechtfertigte Angriffe rassistischer, faschistischer Polizeischweine zu verteidigen. Selbst wenn die Polizisten und die Nationalgarde mit Gewehren und Panzern in unsere Wohngemeinden kommen, haben wir das Recht auf Selbstverteidigung. Die Brüder und Schwestern sollten sich nicht in großer Zahl zu Aufständen zusammentun. Sie sollten kleine Gruppen zu dreien, zu vieren oder zu fünfen bilden und zurückschlagen, wenn man unsere Wohngemeinden mit Panzern angreift, wenn man anfängt, Gebäude in die Luft zu sprengen und Menschen zu töten. Sobald unsere Gemeinden besetzt und unsere Menschen ermordet werden, müssen die Brüder, die zu dreien, zu vieren oder zu fünfen zusammengehen, wissen, wie sie diese Panzer und diese Gardisten daran hindern können, uns zum Vieh zu machen, zu töten und zu ermorden.

Wir hungern nicht nach Gewalt; wir wollen keine Gewalt. Gewalt ist widerlich, Waffen sind widerlich. Aber wir meinen, daß es zweierlei Gewalt gibt: die Gewalt, die die faschistische Aggression der Machthaber an uns übt – und die Selbstverteidigung, das heißt eine Form der Gewalt, durch die wir uns gegen die über uns verhängte ungerechte Gewalt wehren. Die Machthaber gehen mit Gewalt gegen die Black Panther Party vor, weil wir Programme durchgeführt haben, die die Regierung bloßstellen; und diese Programme werden von einer revolutionären politischen Partei zusammengestellt und ins Werk gesetzt.

Auch die Befreiung der politischen Häftlinge steht auf dem Programm der Black Panther Party; denn jetzt, da ich dieses schreibe, laufen über dreihundert Gerichtsverhandlungen gegen Black Panthers. Darüber hinaus sind Hunderte von Parteibrüdern verhaftet worden, zu Unrecht verhaftet, weil sie von ihren verfassungsmäßigen Rechten Gebrauch gemacht haben. Wir sind der Ansicht, daß wir von unseren verfassungsmäßigen Rechten Gebrauch machen sollten, von dem Recht, uns frei zu versammeln, von der Pressefreiheit (Zeitung der Black Panther Party), von dem Recht, Waffen zu tragen, damit wir uns gegen Angriffe verteidigen können, und von all den anderen Rechten. Deshalb sind wir verhaftet worden.

Dabei muß man sehen, daß sie die Absicht haben, unsere grundlegenden Programme zu zerstören. Es ist sehr wichtig, das zu begreifen. Daß sie Mitglieder der Black Panther Party ermorden, Angriffe und Überfälle auf unsere Büros durchführen, uns verhaften und Lügen über uns verbreiten — das sind alles Versuche, die grundlegenden Programme zu vernichten, die wir in der Gemeinde aufbauen. Das Volk lernt aus den Programmen, weil sie deutliche Beispiele sind, und diesen Lernprozeß wollen die Machthaber verhindern.

Wir glauben nicht, daß die Machthaber diese Programme in die Hand bekommen werden; aber wir glauben die Machthaber endlich zu dem Geständnis zu nötigen, daß sie das System ändern müssen, da wir als das Volk geeint und zusammengeschlossen anfangen können, unsere Lebensbedingungen selbst zu ändern. Wir müssen mit der Macht des Volkes zusammengehen, mit den Arbeitermassen, damit wir die Produktionsmittel kontrollieren und die Machthaber zwingen können, zurückzuweichen. Wir werden uns mit Waffengewalt verteidigen müssen, denn wir wissen, daß man uns angreifen wird; wir wissen auch, daß man versuchen wird, noch mehr von unseren Leuten als politische Häftlinge festzunehmen.

Entscheidend ist die Kontrolle der Polizei durch die Wohngemeinde. Diese Kontrolle brauchen wir in jeder Stadt, in der die Polizei brutal handelt, in jeder Hauptstadt Amerikas, in der eine große Zahl von Schwarzen, Latinos und Chinesen wohnt. In all diesen Städten und auch da, wo fortschrittliche und liberale Weiße wohnen, die Protest einlegen, sind die Polizeikräfte verdoppelt, verdreifacht und vervierfacht worden; wir sind alle von faschistischer Unterdrückung betroffen. Auch die Arbeiter werden von der Polizei angegriffen und bedroht, wenn sie streiken und gegen die Bedingungen protestieren, unter denen sie arbeiten müssen.

Unser Feldzug für die Kontrolle der Polizei durch die Wohngemeinde hat die Form einer Unterschriftensammlung für unsere Eingabe. Eingetragene Wähler unterzeichnen die Eingabe, sie werden auch durch eine Wahl die Struktur des Stadtrechts hinsichtlich des Polizeipräsidiums ändern. Die Bevölkerung wird für ein Gesetz stimmen, nach dem alle Polizisten in der Wohngemeinde, die sie überwachen, auch wohnen müssen; die Bevölkerung wird für ein dezentralisiertes Polizeipräsidium stimmen. Wir werden Nachbarschaftsdivisionen mit Nachbarschaftsräten haben, die in der betreffenden Nachbarschaft ordnungsgemäß gewählt werden. Wir werden zwei, drei, vier oder fünf Polizeipräsidien haben, die durch die Beauftragten der einzelnen Nachbarschaftsdivisionen zusammenarbeiten, eine Stadt wird also nicht mehr einen einzigen Polizeichef haben. Die Beauftragten können durch die ordnungsgemäß gewählten Nachbarschaftsräte abgesetzt werden. Die aus fünfzehn Mitgliedern bestehenden Nachbarschaftsräte werden das Recht haben, einen Beauftragten zu ernennen und abzusetzen; sie werden Polizisten, die ungerecht sind oder über die Stränge schlagen, bestrafen können; sie werden auch die Gehälter festsetzen und die Polizisten bezahlen. Dann wird die Bevölkerung der Stadt die Polizei kontrollieren — jetzt tun es noch die Machthaber, die gierigen Geschäftsleute und die hetzerischen Politiker. Wesentlich an der Kontrolle der Polizei durch die Gemeinde ist dies: Die Bewohner der Nachbarschaft werden die Polizisten einstellen oder entlassen, die das betreffende Wohngebiet beaufsichtigen, und die Polizisten werden selbst zu der Nachbarschaft dazugehören — schwarze Polizisten für eine schwarze Nachbarschaft, chinesische für eine chinesische Nachbarschaft, weiße für eine weiße Nachbarschaft und so fort. Die Polizeisteuer, die jetzt noch an das zentrale Polizeipräsidium geht, wird dann unter den Nachbarschaftsdivisionen aufgeteilt werden. Die gesamte Ausrüstung, alle Polizeiwagen, die Gerätschaften für die Polizei, die jetzt die Stadt besitzt, werden dann in den Händen und unter der Kontrolle der Wohngemeinden sein.

Wenn das erst einmal alles in Gang kommt, werden die Machthaberschweine sagen: »OK, ihr könnt bürgerliche Prüfungsausschüsse haben.« Aber dann behalten die gleichen alten faschistischen Machthaber die Kontrolle über die Polizei, wenn wir nur nach außen hin einen bürgerlichen Prüfungsausschuß haben; so haben wir es nicht gemeint. Wir meinen eine regelrechte Kontrolle durch die Gemeinde, bei der diejenigen, die die Polizei kontrollieren, von den Gemeindebewohnern gewählt werden. Die Gewählten müssen auch zur Wohngemeinde gehören. Wenn sie ihre Sache nicht ordentlich machen, können sie durch einen umlaufenden Antrag auf Neuwahl abgesetzt werden. Wir wissen, daß ein solches Programm sehr positiv ist und sehr notwendig, damit das Volk in unserem Lande Macht bekommt und damit die gierigen Geschäftsleute uns nicht mehr mit Waffengewalt beherrschen und unsere verfassungsmäßigen Rechte verletzen.

Jedermann weiß, daß über den Mord an Bruder Fred Hampton Lügen erzählt worden sind, um die Tat zu rechtfertigen. Wenn Mitchell, Agnew und Nixon die Zivilrechtsabteilung des Justizdepartments herschicken, damit sie Nachforschungen über den Mord an den Brüdern Fred Hampton und Mark Clark anstellt, so haben sie doch im Hintergrund eine Aktion laufen, um die Black Panther Party auszulöschen. Wir wollen gar nicht, daß sie Nachforschungen anstellen lassen. Wir wollen, daß die Nachforschungen der Bürger und der Bevölkerung ans Licht kommen. Tausende von Menschen sind in das Apartment der Brüder gegangen, haben nachgeforscht und festgestellt, daß es glatter Mord gewesen ist; daß keine Schießerei stattgefunden hat, sondern die Brüder sind tatsächlich in ihren Schlafzimmern ermordet worden, während sie schliefen. Das ist reiner Mord, das ist reiner Faschismus. Wenige Tage später fand der nächste Angriff statt, auf das Büro in Los Angeles. Kontrolle der Polizei durch die Gemeinde ist das, was wir brauchen. Sonst gibt es keine andere Möglichkeit als einen Guerillakrieg.
Und es wird einen Guerillakrieg geben, wenn den Machthabern nicht Einhalt getan wird durch eine Gemeindekontrolle über die Polizei. Einer der Gründe, warum die Bevölkerung einen Feldzug für die Kontrolle der Polizei durch die Wohngemeinde führen muß, ist die Notwendigkeit, den Bürgerkrieg in Amerika zu beschränken — denn so weit sind wir jetzt schon. Kontrolle der Polizei durch die Wohngemeinde ist eins der wirksamsten und notwendigsten Programme, damit all die anderen grundlegenden Gemeindeprogramme ihren Dienst tun können.

»Seize the Time«

Gerade jetzt fängt man an, die Philosophie der Black Panther Party zu verstehen. Die Partei wird auch in Zukunft eine politische Partei und eine revolutionäre Organisation bleiben. Wenn das Volk unsere Ziele sieht und die praktischen Programme, die wir einrichten und tatsächlich durchführen, dann wird die Philosophie der Partei noch besser verstanden werden.
Wer glaubt, die Black Panther Party wäre jetzt vernichtet, der sieht die Dinge falsch. Der Gedanke scheint immer wieder aufzutauchen, denn die Presseleute fragen dauernd: »Ist denn die Partei jetzt nicht zerstört?« Grade als ob manche von ihnen – nicht alle – wünschten, es wäre so. Man hat versucht, durch die Schlagzeilen in den Zeitungen diesen Eindruck zu erwecken. Die Leute haben etwas über Angriffe auf uns gesehen oder gehört, über Verhaftungen und darüber, daß unsere Brüder und Schwestern von faschistischen Bullen und Kriminalpolizisten getötet und ermordet worden sind, die für die geizige, hetzerische, bedrückende, kapitalistische, ausbeuterische, rassistische Führungsschicht arbeiten.
Seit den ersten Anfängen, seit dem zweiten Mai 1967, als wir nach Sacramento und in das Kapitol des Staates Kalifornien gegangen sind, hat das Volk in den Massenmedien viele glatte Lügen und falsche Behauptungen über unsere Partei gelesen. Die etablierte Presse hat erklärt, wir wären ›Gangster‹, ›Halsabschneider‹ und ›Verbrecher‹. Sie hat versucht, der Bevölkerung einzureden, daß die Black Panther Party früher oder später zerstört würde. Aber das ist durchaus nicht der Fall, genau das Gegenteil ist richtig. Seit wir in Sacramento fälschlich festgenommen wurden, ist die Ideologie der Partei ständig gewachsen.
Die Leiden der älteren Generationen, unserer Mütter und Väter, und die historischen Erfahrungen des schwarzen Volkes werden jetzt in eine praktisch wirkende, fortschreitende Ideologie für die Black Panther Party übersetzt. Unsere Ideologie soll ständig in Bewegung, soll tätig sein, die wirklichen Probleme und die bedrückenden Umstände, unter denen wir leben,

angreifen und lösen, und zugleich sollen die Volksmassen unterwiesen werden. Das versuchen wir zu tun, und so bemühen wir uns, die grundlegenden politischen Wünsche und Bedürfnisse des Volkes zur Erfüllung zu bringen.

Eldridge Cleaver hat im Herbst 1968 in einem Interview mit der Zeitschrift *Playboy* sehr grundsätzlich und sehr konkret über die Art Gesellschaft gesprochen, in der wir eines Tages leben möchten. Die Zukunftsvorstellung von Eldridge ist sehr eng auf unser heutiges Leben bezogen und wird auf unser Leben bezogen bleiben. Sie hat es mit der heutigen wirtschaftlichen Lage zu tun, mit der Unterdrückung und damit, wozu die Existenz des Faschismus noch führen wird, wenn ihm nicht Einhalt geboten wird durch die Volksmassen und durch die Erhebung der Jugend – der afro-amerikanischen Jugend, der Chicano- und Latino-Jugend, der verarmten weißen Jugend, der Indianer- und der asiatisch-amerikanischen Jugend und der fortschrittlichen, liberalen und revolutionären weißen Jugend.

Die Jugendlichen Amerikas sind die neuen Menschen. Ich bin jetzt dreiunddreißig Jahre alt, und Eldridge Cleaver geht auf fünfunddreißig zu. Es gab eine Zeit, in der man uns sagen hören konnte, jeder über Dreißigjährige wäre aus dem Spiel. Dabei wußten wir natürlich damals, daß Malcolm X nicht aus dem Spiel war, obwohl er nicht mehr weit von Vierzig entfernt war. Malcolm war wirklich mittendrin. Seine Ideen sind nicht in frühen Jahren erstarrt – aber unglücklicherweise ist er ermordet worden.

Huey P. Newton, der Anführer und Verteidigungsminister der Black Panther Party, war erst vierundzwanzig Jahre alt, als wir die Partei gründeten; als ich Huey kennenlernte, war er erst neunzehn Jahre alt. Einiges, was ich aus Hueys Vergangenheit erzählt habe, war ihm begegnet, ehe er neunzehn war. Wir sind uns darüber klar, daß die Welt durch die Jugend geändert und geformt werden wird, denn wir wissen, daß heute über die Hälfte des amerikanischen Volkes unter fünfundzwanzig ist, und ein noch größerer Prozentsatz ist unter dreißig.

Die größte Gefahr, der die jungen Menschen jetzt gegenüberstehen, ist das Heraufkommen eines faschistischen Staates, ähnlich dem, den George Orwell in ›1984‹ schildert, wo der Große Bruder einen ständig beobachtet. In ein paar Jahren könnte dieses Buch Wirklichkeit werden. Wir müssen in die vergangene Geschichte zurückschauen und sehen, wie sie ganz konkret mit unseren heutigen Problemen zu tun hat. So werden wir andererseits ein Wahrheitslicht finden, das unsere Schritte leiten kann, damit wir uns dem faschistischen Staat im Stil von ›1984‹ widersetzen können, der in unserem Lande sehr schnell zur Macht kommt. Darum ist es den Rassisten und den engstirnigen Chauvinisten nicht recht, daß schwarze Menschen, Chicanos,

Puerto-Ricaner, Asiaten und verarmte Weiße ihre eigene wirkliche Geschichte studieren und kennenlernen – weil ihre Geschichte ihnen die Wahrheit über das heutige Amerika sagen wird.

Deshalb sind unsere freien Gesundheitsstationen, unsere Schulen für politische Befreiung und unser Frühstück für Kinder so bedeutende Programme. Sie sind Mittel, unserem Volk zu dienen, es zu unterweisen, zu einigen und zu organisieren, unsere Jugend zu organisieren und sie wissen zu lassen, daß wir in unserer Zeit unser Recht, zu leben und am Leben zu bleiben, ergreifen müssen.

Die Jugend ist eine gewaltige Quelle revolutionärer Möglichkeiten. Die lumpenproletarischen Brüder im Getto, die Schwestern und all die in den Straßen, die sich zu behaupten versuchen, gehören mit zu dieser Quelle, die eines Tages überströmen und sich als eine wilde Sturzflut ergießen wird. Der Wunsch und die Notwendigkeit einer revolutionären Bewegung zeigt sich im Volke. Die Zukunft der Black Panther Party ist die Zukunft des Volkes, und die Jugend ist die Zukunft der Black Panther Party.

Als Huey P. Newton die Black Panther Party gründete und anfing, etwas für die Lösung der vorhandenen Probleme zu tun, hat er die Zeit ergriffen. Die ›Jungen Patrioten‹, die ›Jungen Lords‹, Los Sieta de la Raza und viele andere radikale und revolutionäre Gruppen fangen jetzt auch an, die Zeit zu ergreifen und etwas zu tun gegen die bestehenden jämmerlichen Zustände, gegen die Armut, gegen die ungerechten Kriege, die auf der Welt geführt werden. Die gesamte Zukunft muß sich danach richten, was wir, das Volk, wollen – nicht danach, wie die alten Narren, die rückständigen Nichtwisser die Dinge haben möchten. Wir müssen alle anfangen und zusehen, daß wir die Zeit ergreifen. Wir müssen anfangen, unsere Energien zu gebrauchen, unsere Gedanken, unseren Verstand und unsere Fähigkeiten, damit wir sehen, was recht ist und was getan werden muß, damit das Leiden aufhört und damit die Phrase ›Leben, Freiheit und das Streben nach Glück‹ für die Menschen Bedeutung gewinnt.

Die Nixon-Agnew-Mitchell-Verwaltung – Hand in Hand mit den Reagans, den Daleys, den Hoffmans, den Carswells, Rockefellers, DuPonts, mit der Bank von Amerika und anderen Ausbeutern – geht mehr und mehr auf den offenen Faschismus zu. Die Zukunft der Black Panther Party wird eng damit zusammenhängen, ob der faschistische Staat, das faschistische Regime zerschlagen wird. Sooft die habgierige, hetzerische herrschende Klasse sich widerrechtlich gegen die Bevölkerung wendet und ihre verfassungsmäßigen Menschenrechte verletzt, muß die Ju-

gend Amerikas, müssen die Revolutionäre sich aufmachen und auf die herrschende Klasse losgehen. Sooft wir sehen, daß in der schwarzen Wohngemeinde ein Kind von einem rassistischen Schweinepolizisten niedergeschossen wird, müssen wir mit einer Art organisierter Gewalt gegen die Polizeischweine vorgehen, in einer Weise, die ihnen zeigt, daß das Volk genug hat von diesem Dreck. Sooft wir die Machthaber so handeln sehen, wie es nach unserer sicheren Erkenntnis falsch ist und den Fortschritt der Menschheit hemmt, müssen wir ihnen klarmachen, daß wir uns nicht noch mehr von ihrem Scheißdreck gefallen lassen werden.
Wir ziehen es immer vor, nicht antagonistisch zu handeln, aber wenn die Machthaber sich antagonistisch gegen das Volk verhalten und es ungerecht angreifen — ob das nun in Alabama, Mississippi, New York, Chikago, San Franzisko, Los Angeles, Oakland, Berkeley oder irgendwo sonst im Lande ist — dann muß die Jugend Amerikas ihnen Widerstand leisten und die Dinge auf eine höhere Ebene heben, sie muß dem Nixon-Agnew-Mitchell-Regime eins in den Hintern versetzen und es wissen lassen, daß der Kampf hier im Gange ist.
Gleichzeitig müssen die jungen Menschen unbedingt wissen, daß es nötig ist, organisierte und praktische Techniken anzuwenden. Wir dürfen es nicht zulassen, daß wir weiterhin in gewaltigem Maße unterdrückt werden. Wir versuchen nicht, Supermänner zu sein, denn Supermänner sind wir nicht. Wir kämpfen für die Erhaltung des Lebens. Wir lehnen die Gehirnwäsche durch die Vorstellungen der Comic-Books ab, die die wirkliche Lage verzerren. Es gibt nur einen Weg zur Befreiung der Welt: Die Jugend unseres Landes muß *vorwärtsgehen* — mit allen Prinzipien der Achtung für den Menschen, mit jeder liebenden Empfindung für das menschliche Leben, die wir im Herzen haben — auf eine Weise, die den Machthaber-Schweinen zeigt: Wenn die Menschen rassistisch und faschistisch angegriffen werden, dann wird die Jugend den Machthabern einen Tritt in den Hintern versetzen und ihr Blut gerinnen machen.

Wir sehen uns in der heutigen Welt um, wir sehen uns hier bei uns um, und wir stellen fest, daß es Unterdrückung gibt. Wir wissen, daß die Arbeiter ausgebeutet werden und daß auf die eine oder andere Weise die meisten Menschen unseres Landes ausgebeutet werden. Wir wissen, daß wir als Volk unsere Stunde ergreifen müssen.
Huey P. Newton hat die Zeit ergriffen, als er die Black Panther Party in Gang brachte. Andere Brüder und Schwestern in der Partei ergreifen immerzu die Zeit. *Jetzt* ist die Stunde, einen erbarmungslosen revolutionären Kampf gegen die faschistische,

gierige, hetzerische herrschende Klasse und ihre gemeinen, sadistischen Polizeischweine zu führen. Macht dem Volke! Ergreift die Stunde! Power to the People! Seize the Time!

Am 5. März 1970

Nachwort

Es geht um das Leben von Bobby Seale

Während dieses Buch auf deutsch erscheint, ist in New Haven, im US-Bundesstaat Connecticut der Mordverschwörungsprozeß gegen Bobby Seale in die ›Beweis‹aufnahme eingetreten, die Auswahl der Geschworenen ist beendet.
Der ›Fall‹ Bobby Seale ist mehr als nur *einer* aus der wachsenden Flut der politischen Prozesse in den USA. Tom Hayden, Mitangeklagter Bobby Seales im Prozeß der ›Chicaco 8‹ und einer der Mitgründer der amerikanischen *Students for a Democratic Society* (SDS) schrieb in *Ramparts*:

> »Bobby Seale, der Vorsitzende der Black Panther Party, ist kein politischer Häftling. Er ist Kriegsgefangener [...] Wenn unser Prozeß in Chicago der ›Prozeß des Jahrhunderts‹ war, dann entwickelt sich die justizielle Verfolgung von Bobby Seale zum stellvertretenden Prozeß gegen die Schwarzen Amerikas. Während die weißen Angeklagten wenigstens frei sprechen, schreiben und sich vorbereiten konnten, wurde Bobby auf der Straße in Berkeley gekidnapt, wegen der Mordanklage in Connecticut in Haft gehalten, heimlich in Ketten nach Chicago gefahren, ihm sein Recht auf freie Wahl des Anwalts bestritten und genommen, wurde Bobby gefesselt und geknebelt, zurück nach Kalifornien und nun nach Connecticut verschoben, wo ihn möglicherweise die Todesstrafe erwartet.«

Der Prozeß in New Haven bedeutet eine neue Verschärfung des Angriffs der Staatsorgane – Regierung, Polizei, FBI, Justiz und ›freie‹ Presse – gegen die inneramerikanische Opposition. Sie richtet sich nicht zufällig gegen die Black Panther Party. Sie soll die laut FBI-Boß J. Edgar Hoover »größte Bedrohung der inneren Sicherheit Amerikas«, eben die Black Panther Party treffen. Hatten jedoch früher direkte bewaffnete Überfälle der örtlichen Polizei zu spontanen Massensolidarisierungen mit der Partei geführt, wird nun – formal gesetzmäßig und unauffälliger – mithilfe der Justiz der Angriff gegen die Führung der bewußtesten Organisation im amerikanischen Befreiungskampf verstärkt fortgesetzt. Es ist längst »für jeden klarblickenden Menschen hinreichend bewiesen, daß es möglich ist, bei formaler

Achtung aller gesetzlichen Vorschriften, einen Menschen doch seiner Freiheit zu berauben oder sogar ermorden zu lassen, wenn die Vorurteile systematisch-demagogisch gegen ihn entfacht werden«. So Georg Lukàcs in seinem Appell für Angela Davis, deren ebenfalls gerade beginnender Prozeß mehr als nur eine Parallele zu dem Bobby Seales hat. Der Prozeß in New Haven stellt aber selbst im Rahmen der laufenden politischen Justizverfolgung eine Verschärfung dar: hatte man im Prozeß gegen die Führungsgruppe der Black Panther in New York, im Prozeß der ›New York 21‹, noch zu so absurden und lächerlichen Beschuldigungen gegriffen, es sei die Sprengung der Botanischen Gärten oder von Kaufhäusern im Ghetto geplant worden, so soll die Anklage gegen Bobby Seale in Connecticut nicht nur eine unbestimmte Furcht vor ›Bombenlegern, Kriminellen, Anarchisten‹ mobilisieren; vielmehr zielt die Anklage, Bobby Seale habe den Befehl zur Exekution eines angeblichen Polizeispitzels gegeben (die Parteimitglieder in New Haven hätten ihn ausgeführt), auch auf eine Verunsicherung innerhalb der Opposition, auf eine Spaltung der Linken. Daß für eine derartig hinterhältige und gemeine Anklage sich nur gefälschte Tonbänder von angeblichen ›Folterungen‹ und die gekauften Aussagen eines Psychopathen George Sams als ›Beweis‹ finden — wen könnte das erstaunen? In den USA von 1971 jedoch reicht schon das aus. Im Parallelprozeß gegen Lonnie McLucas, der als Präzedenzfall gelten muß, wurde bereits im Herbst 1970 ein präfabriziertes ›schuldig‹ ausgesprochen.

Hunderte von Mitgliedern der Black Panther Party werden in den amerikanischen Zuchthäusern gefangen gehalten. Die Kautionssummen werden immer mehr zu Lösegeldern gemacht, im Fall der ›New York 21‹ 100 000 Dollar für jeden. Die Prozeßkosten gehen ebenfalls in die Hunderttausende.
Spenden für den Rechtshilfefonds der Black Panther Party auf das Sonderkonto Rechtsanwalt Rupert von Plottnitz, Dresdner Bank, Frankfurt/M., Nr. 2 613 955.

Wenn Huey P. Newton der ideologische Kopf der Black Panther Party genannt werden muß, so war Bobby Seale ihr organisatorisches Genie. Nach der bewaffneten Demonstration gegen die Mulfordschen Waffengesetze in Sacramento war es Bobby Seale, der die Partei zur nationalen Organisation ausbaute.
Erst damit wurde die Partei Ziel der Angriffe von Bundesbehörden, jetzt schaltete sich auch das FBI ein. Um die von Regierung und Staatsorganen gefürchtete Partei, richtig einzuschätzen, um

ihre Bedeutung ermessen zu können, muß man sich vor Augen halten, daß mit der Schaffung der Black Panther Party als nationaler Partei zum ersten Mal seit mehr als 40 Jahren sich in den USA eine Partei mit revolutionärem Anspruch gebildet hat, die eine gesamtgesellschaftliche Perspektive entfaltet, wenn sie auch organisatorisch sich nur auf die schwarze Bevölkerung der Ghettos stützt. Hier ist eine Organisation, die nicht isoliert mit Friedensparolen über den Vietnamkrieg lamentiert, die nicht reformistisch an den Problemen der Arbeitslosigkeit im Ghetto, der Rattenplage, der Wohnsituation arbeitet. Eine Partei ist entstanden, die sowohl die kolonisierte Situation der farbigen Völker Nordamerikas wie die ausgebeutete Stellung der weißen Arbeiter, sowohl den imperialistischen Überfall auf Vietnam wie die militärisch-astronautische *waste production* in ihrem Begründungszusammenhang begreift. Die Black Panther Party als marxistische Partei schließt durch ihre gesellschaftliche Praxis aus, daß ohne weiteres der amerikanische Kapitalismus weiterhin seine Probleme und Krisen in gewohnter Weise verschieben könnte. Hatte seit dem 2. Weltkrieg die Wirtschaft zwischen Rüstungsboom und rezessivem Bruttosozialprodukt bzw. steigender Arbeitslosigkeit geschwankt, die für die Massen wie Naturereignisse erscheinen mußten, ist aus den Aufstandsbewegungen der Ghettos mit der Black Panther Party nun eine Partei entstanden, die diesen Zyklus erklären kann, deren Politik den Gesamtzusammenhang dieser kapitalistischen Mechanik angreift.
Die Kompromißlosigkeit und Entschlossenheit, die dazu erforderlich war, ergab sich nicht nur aus theoretischer Einsicht. Es waren die Zustände im Ghetto selbst, die zur revolutionären Veränderung drängten, die auch den theoretischen Ausdruck prägten. Mit der Black Panther Party ist eine Klasse politisch-organisiert in den Kampf gegen Ausbeutung und Unterdrükkung eingetreten, die bis heute selbst von marxistischen Theoretikern und den amerikanischen sozialistischen Parteien nicht beachtet wurde: das schwarze Lumpenproletariat.
Die Black Panther Party stützt sich vor allem auf die aus dem Produktionsprozeß ausgestoßenen Jugendlichen, die Vergessenen und Kriminalisierten in den Großstädten, die ohne Hoffnung. Huey P. Newton begriff das schwarze Lumpenproletariat als potentiell revolutionäre Kraft in der farbigen Kolonie Amerikas. Das hatten die Massenaufstände von Watts bis Newark, Harlem und Detroit bewiesen. Aber wo die Aufstände, spontan und unorganisiert wie sie waren, hohe Opfer mit sich brachten und Phasen der Passivität nach sich zogen, setzte jetzt die Black Panther Party die bewußte Organisierung, den politischen Widerstand, die bewaffnete Selbstverteidigung.
Dieser Ansatz darf nicht als ›Randgruppenstrategie‹ mißver-

standen werden. Die farbigen Völker der USA zählen über 30 Millionen. Die Mehrzahl von ihnen findet sich in der Situation der industriellen Reservearmee, in Teilzeitarbeit oder arbeitslos, kriminalisiert und als Zielgruppe des offen polizeilich geförderten Heroinhandels. Ihre politische Organisierung war jedoch nie isoliertes Ziel. Ihre politische Organisierung wurde vielmehr von der Black Panther Party immer nur als Voraussetzung für eine weiterreichende Mobilisierung und eines umfassenderen Infragestellens der amerikanischen Klassengesellschaft begriffen. Diese Perspektive hat sich als richtig erwiesen: heute existieren Organisationen der Puertoricaner und Mexikaner, der indianischen und der chinesischen Minderheiten in den USA, die in ihrer Praxis und Programmatik weitgehend der Black Panther Party ähneln: von bewaffneter Selbstverteidigung bis zum Schulfrühstücksprogramm. Diese Perspektive hat auch zum erstenmal einen Rahmen für Koalitionen mit weißen Arbeitern, mit revolutionären Studentengruppen abgesteckt.
Ob der Angriff auf die Black Panther Party zurückgeschlagen wird, wird nicht nur in den USA selbst entschieden. Auch wenn Justiz, Militär und Polizei einzelne Revolutionäre ermorden können, sie können sicher nicht die revolutionäre Bewegung selbst ersticken. Aber unsere Solidarität: sie kann helfen, den akuten Angriff auf die Speerspitze des revolutionären Widerstands in den USA abzuwehren.
Wenn sich in der Bundesrepublik amerikanische GIs und die deutsche Linke über die Lage in den USA informieren wollen, wenn Eldridge Cleaver zu einer Informationsreise eingeladen wird, dann ist Cleaver für den FDP-Innenminister Genscher »ein gewöhnlicher Krimineller«. Selbst seiner Frau, Kathleen Cleaver, ist im November 1970 die Einreise in die Bundesrepublik verweigert worden. Das FBI diskutiert mit dem Bundeskriminalamt über eine Verstärkung der Beziehungen. Genscher schlägt den Aufbau einer Bundespolizei vor. Schwarze Amerikaner, die Black Panther-Material verteilen, werden im November 1970 in Ramstein Air Base vom Posten beschossen und wegen »Mordverschwörung« bis heute in Zweibrücken in Untersuchungshaft gehalten. Neue Zahlungen für die Stationierung der US-Truppen in Westdeutschland sind vorgesehen, die USA fordern gleichfalls einen höheren Devisen›ausgleich‹. Die Dow Chemical baut in Niedersachsen mit Staatskrediten und einer Milliardenkreditlinie eines westdeutschen Bankenkonsortiums ihr größtes Zweigwerk. Die großen Konzerne, Ford, General Motors, General Electrics, Litton, sind längst supranational. Solidarität muß nicht selbstlos sein, nicht abstrakt, nicht bloß verbal, wenn sie sich mit den westdeutschen Verhältnissen anlegt. Und wir haben es mit westdeutschen Verhältnissen zu tun, auch wenn die Zentren der westdeutschen Großstädte kaum mehr

von New York, Caracas oder Saigon zu unterscheiden sind. *Man-on-the-spot!*

Es geht um das Leben von Bobby Seale. Es geht um mehr als das Leben von Bobby Seale. Die *detention camps* in den USA existieren bereits. Ein Willy Brandt betont die »Freundschaft mit dem atlantischen Partner in den USA«. Muß die Black Panther Party zurückgreifen auf ihre ›Warnung an Amerika‹*?

Januar 1971

Black Panther Solidaritätskomitee
(6 Frankfurt/M., Adalbertstraße 6)

* »Wir sind 25 bis 30 Millionen, und wir sind bewaffnet. Und wir sind uns unserer Lage bewußt. Und wir sind entschlossen, sie zu ändern. Und wir haben keine Furcht. Denn wir haben eine Garantie. Wenn das amerikanische Volk als ganzes nicht aufsteht, den augenblicklichen Kurs dieses Landes umkehrt, der, unkontrolliert, für Schwarze nur faschistische Repression und Völkermord bedeutet, werden wir, das schwarze Volk, gezwungen sein, mit einer Art Rettungskrieg zu antworten. Im Chaos seiner Durchführung und beim Versuch ihn zu unterdrücken würde dieses Land ausgelöscht und vollständig zerstört. Ehe wir Völkermord akzeptieren, werden wir die vollständige Zerstörung Babylons bewirken.
Es sollte heute eigentlich eingesehen werden, daß die Macht, die letztlich unsere einzige Garantie gegen den Völkermord durch die faschistische Mehrheit darstellt, unsere strategische Möglichkeit ist, dieses Land in Ruinen zu legen, von Grund auf. Wenn wir gezwungen werden, auf diese Garantie zurückzukommen, werden wir davor nicht zurückschrecken.« (Der Prozeß gegen Bobby Seale – Rassismus und politische Justiz in den USA, Verlag Roter Stern, Frankfurt/M. 1970, S. 70)

Leo Trotzki

Die permanente Revolution

Buch des Wissens
Band 1095

Trotzkis berühmtes Werk, 1929 erschienen, gehört zu den grundlegenden Schriften der internationalen sozialistischen Bewegung. Es hat in jüngster Zeit – mit Blick auf die Dritte Welt und die Neue Linke – wieder besondere Aktualität gewonnen.

Fischer
Bücherei